飯野頼治 著作集 1

【奥秩父人物風土記】

『飯野頼治 著作集』編纂室

目次

日本百名山　両神山風土記　山案内人　山中宗助山語り …… 15

大血川の山仕事人　この道六〇年・馬場三郎次 105

大滝村上中尾　人と生活……151

秩父浦山の暮らしと伝承　細久保・冠岩・武士平 ……191

秩父の職人と行商人　石屋・鍛冶屋・下駄屋・薬屋 …… 225

秩父の木地師たち　消え行く漂白の職人 …… 261

［読者のみなさまへ］

一　本著作集は、生涯を通して国内各地を自らの足で踏査した山岳地理研究家の飯野頼治による、さまざまな形で発表された著述や、未発表の原稿を可能な限りまとめた叢書です。

二　本著作集は、巻ごとにテーマを設け、分類・構成し編纂しました。

三　原本および原稿を尊重し、基本的に文章や図版類に手を加えることはせずに掲載する編集方針としましたが、以下の点については、著者のご遺族と編纂者の協議により、修正・訂正を施しました。

・明らかな誤字や脱字、間違いと思われる部分については修正・訂正を加えました。また、用字・用語を一部修正しました。

・敬称に不統一があり、またそれぞれのタイトルごとに、その規則が異なっていました。基本的に原文のままとしましたが、各タイトルごとの文中で齟齬や矛盾があった場合のみ、文脈に則って修正・訂正を加えました。

・地図や写真は、できるかぎり原版を探し、新たにスキャンしたデータを用いましたが、原版が見つからなかった場合は同様の図版に差し替えました。原本から転載せざるを得なかった図版の中には、発表時から粗い状態のものがありましたが、資料的な価値を尊重しそのまま掲載しました。なお、個人情報保護の観点から割愛した図版が数点あります。

四　既発・未発表ともに、文章および地図については執筆時のままなので、現況と異なる事項があります。なお、未発表原稿の地図の中には、メモ的に残されたラフなものを著者のスタイルで新たに書き起こしたものがあります。現在の地図と照合しながら、可能な限り正確なものを目指しましたが、山間を紹介するものも多く、書き落とした部分や現況と異なる部分があると思われます。本著作集を山歩きや街歩きをする際のガイドブックとして使用する場合は、くれぐれも注意して利用してください。

五　本著作集には、今日では差別的ととられかねない表現があるかもしれませんが、著者が故人であることと、取材時の時代背景を考え、原文のままとしました。

『飯野頼治 著作集』編纂室　春田高志

日本百名山

両神山風土記

山案内人　山中宗助山語り

一九九三（平成五）年八月三日、私家版として『奥秩父に生きる人々Ⅰ　両神山の案内人　山中宗助翁山語り』発行。おそらく著者自らがコピー印刷・製本し、希望者に配布していたと思われ、発行部数は不明である。その後、加筆再編集し、二〇一二（平成二四）年九月一五日、『日本百名山　両神山風土記　山案内人・山中宗助山語り』（発行所・山里探訪会）として再発行。こちらも実質的には私家版で、一〇〇部を製作し希望者に頒布した。好評につき翌二〇一三年一月二〇日第二版を一〇〇部発行。これも現在は在庫僅少となっている。

今回は二〇一三年第二版を底本とした。なお、二〇一二年版には大判の地図「両神山全図」が別刷で挟み込まれており、これは『両神山　風土と登山案内』（飯野頼治／実業之日本社・一九七五）に掲載された地図を、山岳雑誌『岳人　四月号』（ネイチュアエンタープライズ・二〇一一）がアレンジして使用したものを転載していたが、今回は著者オリジナルの地図を本文内に収載した。

また、二〇一二年版の巻末に著者の関係者二名による寄稿文が収録されていたが、今回は『著作集』という特性により割愛させていただいた。

四五年目の再会　山中宗助と原全教

秩父山地の西方に日本百名山、岩稜の霊山「両神山」がそびえている。標高一七二三メートル、頂部のそぎ落ちた異様な山容は見る人を引き付けずにはおかない。その表登山口の日向大谷《ひなたおおや》集落に、両神山登山二六一回の山中宗助が住んでいた。九〇歳になってからも晴天の日には、山斜面に開かれた畑の手入れに精を出していた。若い頃から長年両神山と共に生きた風貌は山人そのもの、穏やかな表情の額に刻まれたしわの一つにも、山の生活の厳しさをしのばせていた。

昭和五二（一九七七）年五月一四日、その日の宗助は朝から落ち着きがなかった。午後になると一層気持ちが高ぶり、時々庭先から周囲の山々を眺めては気を紛らわせていた。この日、原全教が奥武蔵研究会の人たちに誘われて、昨年始めたばかりの山中家の民宿両神山荘へ投宿することになっていたからである。

全教は昭和の初め、宗助の案内で両神山へ十数回登り山域全体を詳細に調査研究、名著『奥秩父・続編』の中で両神山を広く世に紹介した。昭和一〇年代になると、全教は両神山を訪れることは一度もなかった。

全教は夕刻、ようやく一行と共に新緑の中をやって来た。宗助とは実に四五年ぶりの再会であった。二人とも額のしわは増えたが、会った瞬間すぐに若かりし当時のことがよみがえった。宗助は最初にどんな言葉を掛けようかと、あれこれ考えを巡らせてはいたが、いざ全教を前にすると小さくうなずくだけであった。全教も同じで言葉にはならなかったが、お互いの無事を心の底で祝福し合った。五月の薫風が二人の間を吹き抜けていった。

この両神山最後の案内人・山中宗助（平成一七年九八歳没）の両神山との関わりなどを中心に、少しずつ話を進めていく。

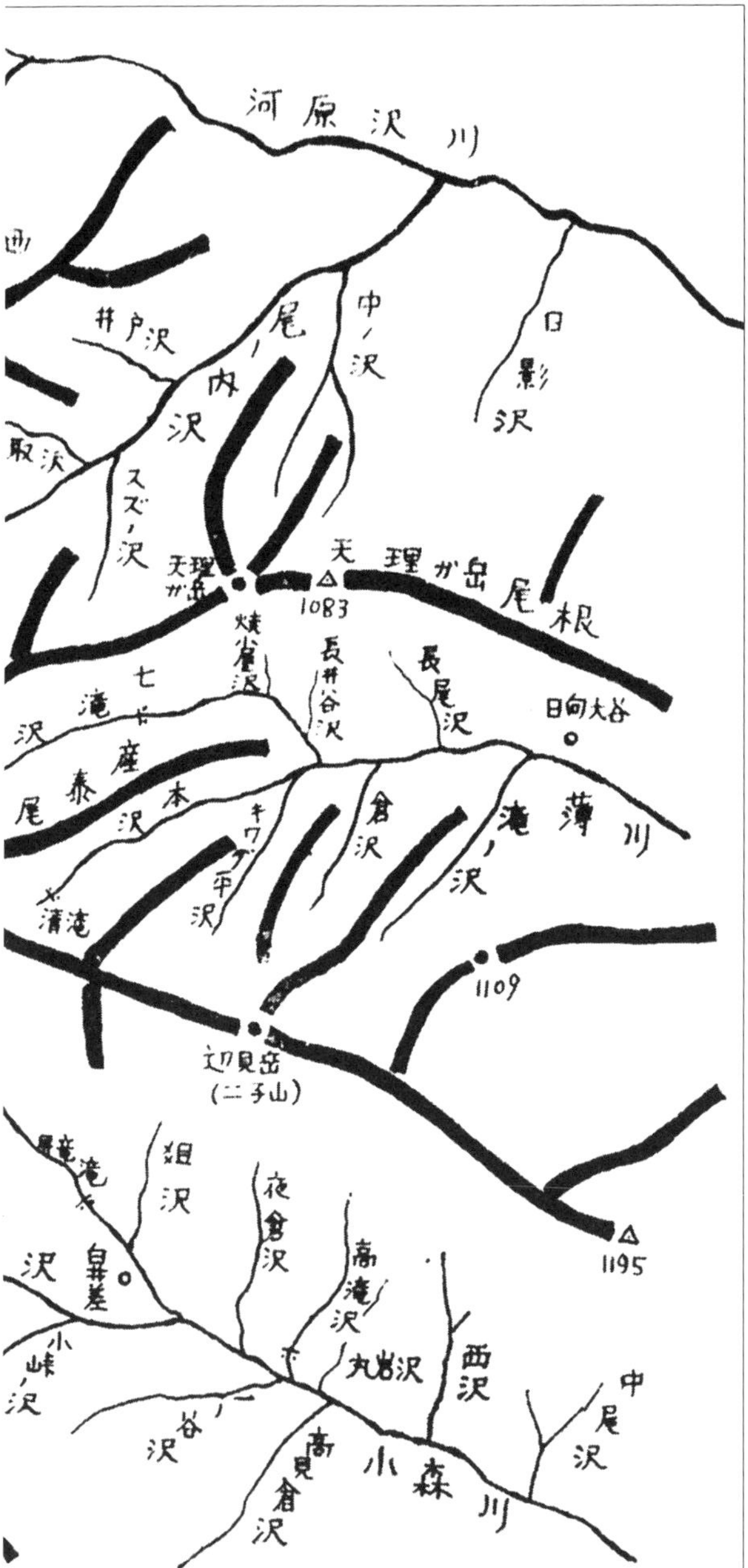

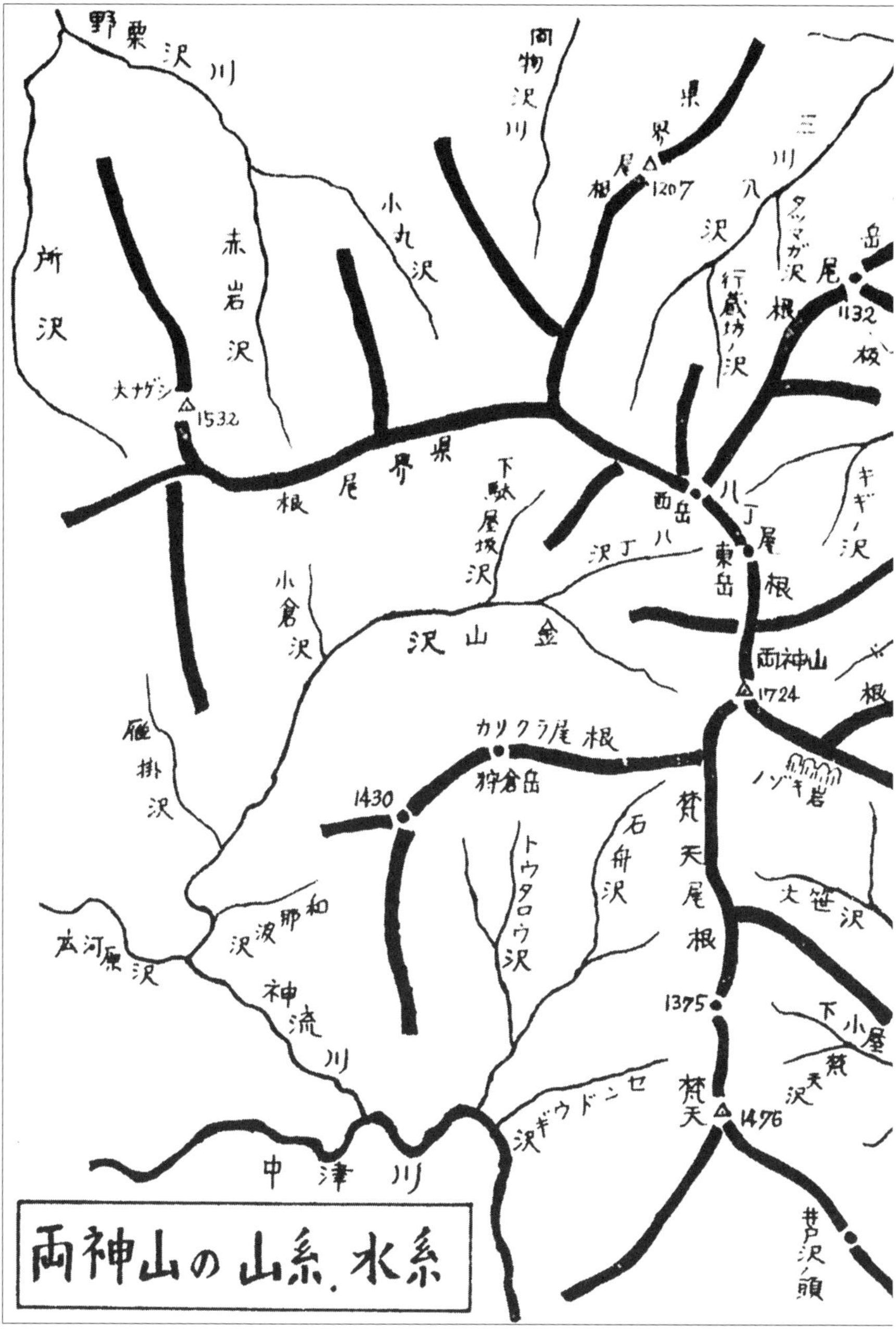
野栗沢川
所沢
赤岩沢
小丸沢
大ナゲシ
1532
県界尾根
1207
タツマガ沢
行蔵坊ノ沢
1132
下駄屋坂沢
小倉沢
八丁沢
金山沢
西岳
東岳
八丁尾根
両神山
1724
キギノ沢
カリクラ尾根
狩倉岳
1430
ノゾキ岩
雁掛沢
石舟沢
トウタロウ沢
梵天尾根
大笹沢
和那波沢
太河原沢
神流川
1375
下小屋
梵天沢
センドウギ沢
梵天
1476
中津川
井戸沢ノ頭
両神山の山系．水系

一　修験道の話

①　秩父の修験道

両神山は武甲山、三峰山と共に「秩父三山」と呼ばれている。いずれも修験の道場として開かれた、秩父を代表する霊山である。

奈良時代から現れた修験道が確立したのは、平安時代になってからである。修験道を大別すると天台系本山派、真言系当山派、諸山派の三つに分けられる。天台、真言系山伏の修験道場の中心は、大峰山や熊野三山などであった。本山派は熊野から峰入りして吉野へ、当山派はこの逆コースで峰入りした。

鎌倉時代に入ると修験道は秩父の山岳にも及び、室町時代には組織化が進んだ。特に本山派は、関東巡行で当山派なども自派に組み入れていった。そのため秩父の山岳修験は、主に本山派の支配下になった。江戸時代になると宗教統制下におかれ、本山派、当山派、羽黒派の修験などに統括された。『新編武蔵風土記稿』にみる秩父の修験寺院数は、本山派・五十三、当山派・五、羽黒派・三で、本山派が圧倒的に多かった。

②　両神山の修験道

両神山の修験寺院は当山派の観蔵院（日向大谷）と本山派の金剛院（浦島）であった。修験者では木曽の御岳信仰を中興させた、旧大滝村出身の普寛行者が知られている。修験者たちは諸国の霊山を巡って修行し、いろいろな知識や能力を身につけていた。火災、病気、雨乞い、たたりなどを呪術によって鎮めてくれる修験者は山伏とも呼ばれ、次第に村人の生活と結び付いていった。

その後山伏は徐々に土着化し、両神山のふもとにも土着化した山伏がいた。天明八（一八七七）年の薄村名主から役所に差し出された戸籍調査には、山伏三軒、人数六人となっている。「正禅淵」に名を残す大神楽集落の正禅は、土着化山伏の一人だったと思われる。山伏の土着化と共に偽の山伏も現れてきた結果、やがて民衆に嫌われるようになっていった。明治維新の神仏分離に伴い、民衆信仰と結び付いていた修験道は禁止された。

普寛行者

③ 遙拝所

遙拝とは遠く離れた場所から拝み見る場所で、両神山の遙拝所としては浦島の両見山や尾ノ内沢のシメハリ場などがある。本来霊山は山麓の里宮などから遙拝するだけで、修験者以外は入山してはいけないものであった。従って両神神社や竜頭神社の里宮は、両神山の遙拝所でもあったわけである。

浦島にある御岳神社里宮の裏山を二〇分ほど登った尾根には、杉木立に囲まれて小社が安置されている。これは御岳神社・両神権現の分霊をここに持って来て、金剛院の修験僧が両神山を遙拝した場所である。今は荒れているが昔は建物があった。草に埋もれて古株があり、神聖だった往時の面影がしのばれる。ここからははるかに仰ぐ両神山は誠に堂々たる威厳を備えて、その全貌をさらけ出している。修験者は遙拝所から両見山を経て尾根伝いに両神山

遙拝所（金剛院）

を目指した。

尾ノ内にある竜頭神社の遙拝所は、油滝から三〇分ほど登った小尾根の上の注連縄《しめ》が張られている所である。ここは「シメハリ場」と呼ばれ、尾ノ内沢の遡行中は見えなかった両神山が、初めて間近に見られる。風穴の切戸を挟んで、左は東岳や大ギギ、右には西岳から行蔵坊へと続く両神山主脈の岩稜がすごい迫力で迫ってくる。

講中登山が盛んな頃は、ここシメハリ場で遙拝してから岩頭の竜頭神社奥社目指して登ったのであろう。シメハリ場から先はヒンマワシ、キンササゲなど一段と道は険しくなるので、足の弱い人は遙拝所から引き返す場合もあったようだ。今でも毎年、竜頭神社で注連縄を張り替えている。

④ 二つの参拝路

両神山の山頂部には二社が隣接して建てられている。東に向いているのが両神神社、南向きの社は御岳神社である。向きの方角から両神神社は薄、御岳神社は小森の神社と思われがちであるがそうではない。東向きの両神神社は日向大谷の本社、南向きの御岳神社は浦島の本社で、どちらも薄と小森、両村の神社でもある。どちらが正統かの争いがあった。

両神山への参拝路は日向大谷から登るのが表参道、白井差からのコースは裏参道と一般には呼んでよいであろう。正確には次のような参拝路になっていた。

以前は弘法井戸の少し手前から清滝小屋への道と分かれて、一位ガタワへ

両神神社本社（昭和49年）

登る「三笠山通り」と呼ばれる参拝路があった。一位ガタワからは、白井差からの道と合わして尾根沿いに登ると御岳神社の前に出る。この道は御岳神社の表参道であり、両神神社の裏参道にもなっていた。当時、浦島の金剛院（御岳神社里宮）から尾根伝いに三笠山を経て一位ガタワに達する修験の金剛院道があった。この峰通りの参道は三合落、逸見ケ岳、三笠山を経て一位ガタワから、御岳神社本社に至る険阻な修験の道だったので、今ではすっかり忘れ去られている。

一方、清滝小屋から産泰尾根を登って両神神社前に達する参拝路は、両神神社の表参道であると共に、御岳神社の裏参道でもあった。このように弘法井戸の手前から分かれた登山道は、二つの神社の表と裏の参拝路になっていた。従って、それぞれ表参道から登った場合、社前に出るような向きに二社は建てられているのである。

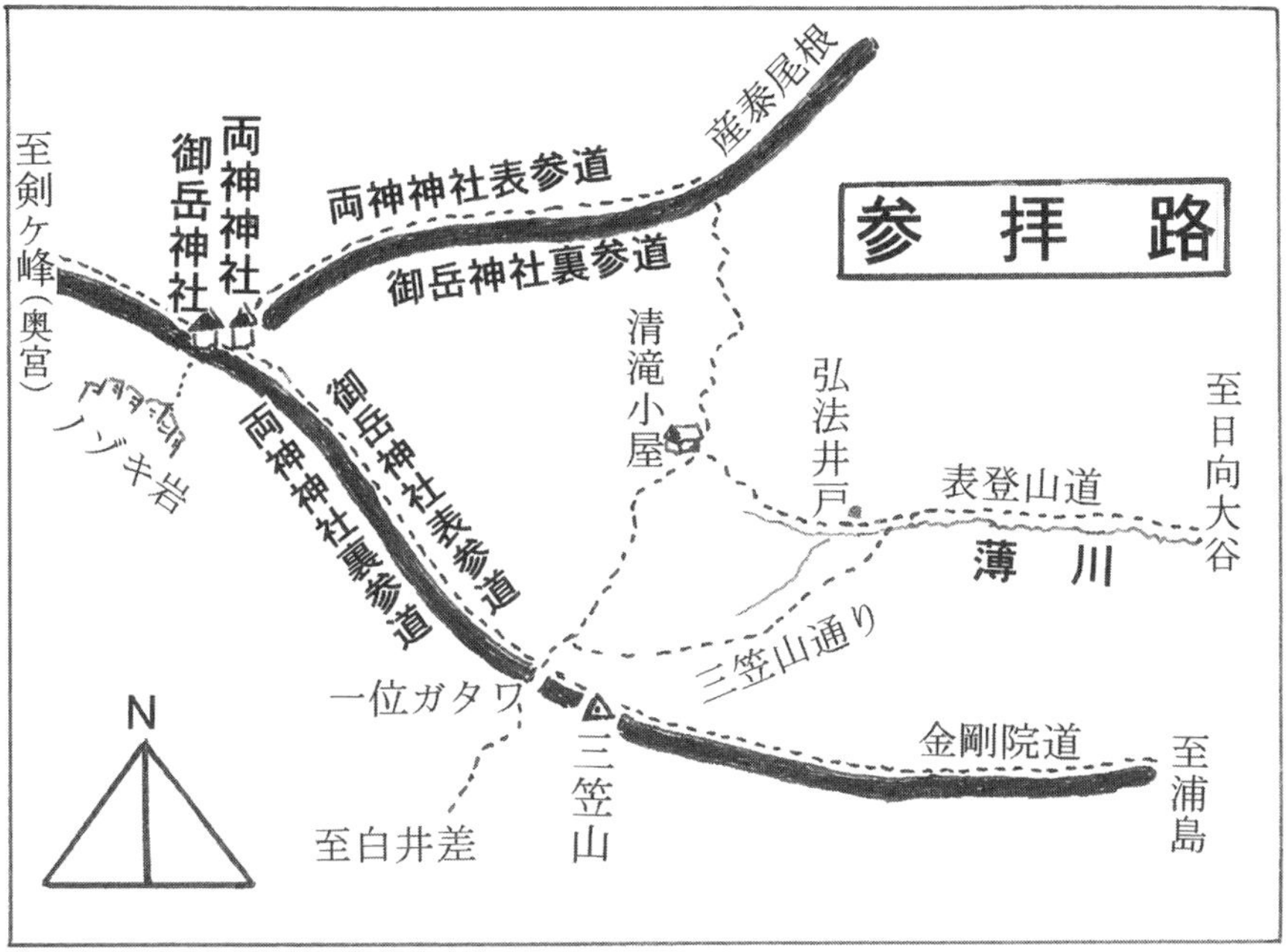

⑤坂東札所九番・慈光寺

ときがわ町の慈光寺は、秩父修験の総元締的な寺であった。白鳳二（六七三）年、僧慈訓が都幾山へ登り観音堂を建立したのが始めとされる。役ノ行者は伊豆に配流中、当山を修験道場としたという。続いて鑑真の高弟釈道忠は、当山に仏堂を建立し慈光寺を創建し初代住職となった。

源頼朝は奥州藤原征伐の際、寺へ戦勝祈願した。戦勝後はお礼に、土地の寄進と一山七五坊の営繕を実施させた。以後、関東代表の山岳寺院の密教道場、坂東札所の九番として重きをなしてきた。奈良時代から一三〇〇年間法灯を絶やすことなく伝えている、県内唯一の寺院である。

慈光寺は、秩父山地と武蔵野の境に位置している。比企と秩父は一連の山岳地帯で、古来から一体の修験霊地であった。慈光寺の日記には「役小角の流派は今に秩父郡・比企郡の先達なり。毎年四月一二日から慈光三峰（鐘岳・堂平山・笠山）に入山、秩父三山（武甲山・三峰山・両神山）の峰続きを苦修練行。峰伝いに六月一八日富士山に登り、七箇日夜修業してから慈光に帰る。九旬、三カ月の大回り」と記す。

修験者が富士や秩父の山岳から帰って来て寺へ入る前、岩に冠を置き法螺《ほら》貝を吹いて寺に合図した。すると慈光寺から迎えの僧が来て、帰還の儀式後に寺へ入った。今もその「冠岩」が残る。

慈光寺

二　両神山三社の話

①両神神社（観蔵院）

両神神社は『新編武蔵風土記稿』に両神明神社として、「小社にて東向、薄・白井指両村の鎮守とす…」と紹介されている。神仏混淆時代は観蔵院として、総本山は京都の醍醐三宝院、直接には上州安中の天照寺配下であった。当山派の修験寺名、金生寺として両神山の山岳信仰の中心だった。観蔵院は行者の名としても何代かに渡り継承された。中興の功労者とされる観蔵行者は、日向大谷の表登山口のお堂に祀られている。

両神神社は文化文政の頃まで、三峰山をしのぐ程の勢いであったという。両神山のお犬信仰は三峰山よりも古く、両神神社から三峰山へ御看属を七五体箱に包んで貸し出した。三峰山にはその時の「お犬様拝借の証」があるという。薄谷の奥は、この両神神社を中心とする日向大谷から集人、出原と開けて行き、太神楽までが「山ノ内」といい、両神神社の領域であった。

日向大谷は江戸時代末に火災にあって三軒全てが消失し、古文書類などは残っていないとされていた。ところが近年の調査で、両神神社里宮と山中家から火災前の文書などが多数発見された。修験関係が多く、両神山の山岳信仰の解明が待たれる。

日向大谷にある両神神社里宮は初め、「両神山両神神社」と呼んでいたが

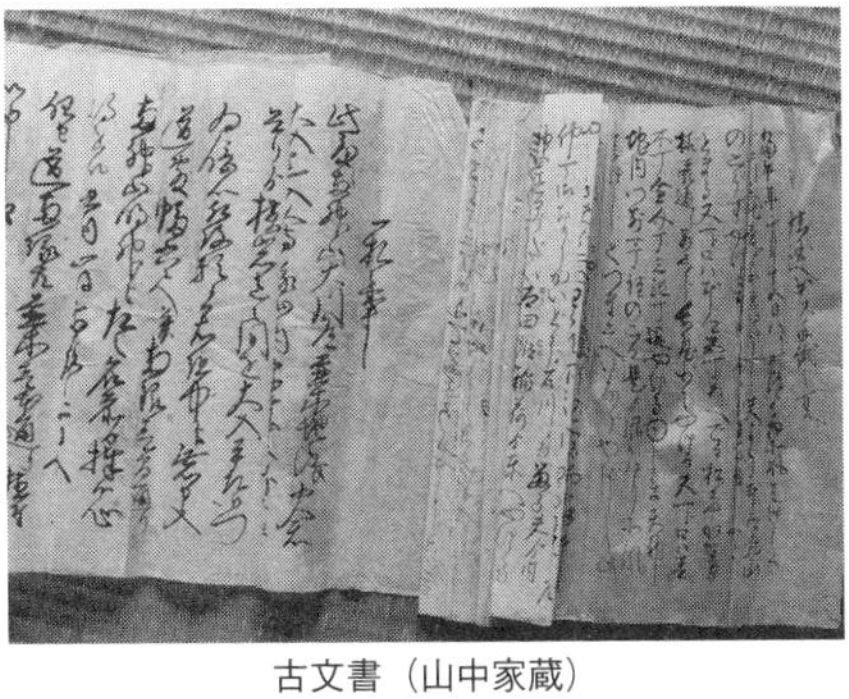
古文書（山中家蔵）

日向大谷の両神神社里宮

その後、「両神山八日見神社」と改め、大正一〇（一九二一）年ごろに元の社名に戻った。これは河原沢の八日見竜頭神社と、当社の間で正統争いをしたことがあったからだという。現在の里宮は、慶応二（一八六六）年に七五円で建てたものである。

里宮の本尊は神仏習合時代の大日如来とされるが、お姿ではなく大日如来と刻まれた文字である。文字の溝に流し込まれていた金が、江戸時代の火災で溶けた形跡があるとも言う。本社は産泰尾根を登りつめた頂に、御岳神社と接して東向きに建てられている。清滝小屋のなかった昔はここで御籠りをした。奥社は山頂の剣ガ峰にある小さな社である。

②御岳神社（金剛院）

御岳神社は『新編武蔵風土記稿』に、両神権現社として紹介されている。里宮は薄川の本流から分かれた浦島にある。神仏混淆時代は金剛院という修験寺で、今は御岳神社宮司薄平氏の住まいとなっている。

江戸時代の金剛院は、越生の山本坊の支配下にあり本山派の修験道場だった。両神山から二〇キロも離れているが、修験者たちの宿坊でもあった。裏山の遙拝所を経て、峰伝いに両神山へ至る行場コースが開かれていたのである。宗派を異にする両神神社当山派の観蔵院とは訴訟事件なども起こり、両神山を巡り角逐があった。

金剛院の修験僧順明は、普寛行者の高弟であり寛政四（一七九二）年、師に従い木曽御岳山の王滝口を開いた。その詳細については『御岳山開

浦島の御岳神社里宮

闘記』が金剛院に保存されている。

薄平氏の墓地には普寛行者の石像や順明の立派な墓碑がある。これを建てた最後の金剛院寿光は大峰山、熊野三山に度々登り、木曽御岳山には五〇年間に七七回も登拝している。慶応二（一八六六）年には、両神山の山頂に御岳神社の奥之院を勧請した。明治の神仏分離令により観蔵院同様に金剛院も廃寺になったが、今も金剛院の寺名は使われている。

③ 龍頭神社

古くは八日見神社とも呼び里宮は尾ノ内に、奥社は東岳と西岳の鞍部、風穴付近の尾根上にある。神社に伝わる康平七（一〇六四）年の『八日見山由来縁起』によると、龍頭神社の祖は真壁権太夫と言い、筑波山の神主で源頼義の家臣でもあった。奥州に阿部氏の乱が起こり、源頼義が討伐に赴いたが、乱は容易に治まらなかった。そこで権太夫は主君の戦勝祈願の旅に出た。武蔵の国に入ると秩父の奥山に峨峨とした八日見山がそびえていた。霊気を感じた権太夫はこの山に主君の戦勝を託した。山中で毎日祈願をしていると、ある夜、夢のお告げがあった。

「霊池に住む神竜が人々を苦しめている。諏訪の神をふもとに勧請し神竜は山頂に祀れ。神竜を鎮めたら、八幡の神に主君の戦勝を祈願せよ」と。

霊夢の通り行うと、まもなく頼義は乱を平定した。願いのかなえられ

尾ノ内の龍頭神社里宮

龍頭神社奥社

た権太夫は、寛徳二（一〇四五）年に八日見神社（龍頭神社）を建立した。彼の子孫は当地に住み代々神職を務めてきた。九世高野伊勢守吉忠を中興の祖とし、現在の二十代吉司まで高野家が神職を継いでいる。

明治の初めごろまでは、一番栄えていた諏訪神社を中央にして、左に八幡神社、右に龍頭神社が並んでいた。横浜の開港に伴い絹の需要がますます高まり、秩父の養蚕も更に盛んになったことを契機に、火防、盗難、特に養蚕の神として狼信仰の龍頭神社が中心になってきた。そこで明治一五（一八八二）年、諏訪神社を裏に移し現在の龍頭神社を造営した。

三　神官たちの話

① 観蔵行者

両神神社の神官は代々個性豊かな人たちであった。宗助の話を基に、世代順に紹介してみる。日向大谷から両神山の登山道に入ると、すぐに観蔵行者の石像を祀るお堂がある。この観蔵行者は、両神山日向大谷の表登山道中興の功労者である。江戸時代まで両神神社は観蔵行者の開いた金生寺という寺も兼ね、修験名で観蔵院とも呼ばれていた。

ある年のこと、観蔵行者が京都方面へ修行に行っている留守中、日向大谷に火災が発生した。神社では目の不自由な老婆が一人で留守を預かっていたので、めぼしいものはほとんど灰塵に帰した。この火災の原因を巡り、両神神社と浦島金剛院の両神権現社との間で争いが起こり、ついに奉行所の裁きを受けることになった。

京都より急いで帰郷した観蔵行者の奔走により、三年間の訴訟の末に両神神社の言い分が通った。両神神社では有難いことだとして、のちに観蔵行者の石像を彫って表登山道口に祀った。これが現在の観蔵堂である。ただし観蔵行者は「三代観蔵」の名もあり、また七代とも九代ともその名を継いだといわれている。

観蔵行者像

② 石像から涙

観蔵行者の石像には、次のような話がある。両神神社の神職を継いだある人物は、あまり真剣に職務に励んでいなかった。ある日その神官が二人の信者と一緒に両神山へ登り、お籠堂で一晩中火を焚いて泊まった。真夜中に一人の信者がふと目を覚ますと、神官が燃え盛る火の中に座っていた。

びっくりした信者は神官を火の中から救出しようと、懸命に神官の腕を持って引っ張った。だがどうしたことか、神官は石のように重くてびくとも動かなかった。あわてて眠っているもう一人の信者を起こし、急ぎ二人で火を消して神官を助け出した。ところが何と不思議なことに、神官の着物には焦げた跡が一つもなく、やけどもしていなかった。

これは先祖の観蔵行者が助けてくれたのだと信じた神官は、観蔵堂に毎日行って熱心に礼拝を続けた。すると百日目に、観蔵行者の石像の両目からキラリと光る涙がにじみ出てきた。それ以来その神官は職務に励むようになり、両神神社も再び栄えるようになった。

③ 神職鈴木家

最後の観蔵院と言われる両天（文化一二・一八一五年生れ）には後継者がいなかった。そこで長女の龍（天保二・一八三一年生れ）が山中家から大三（天保一二年生れ）を婿に迎えた。容姿端麗な龍は神子《みこ》舞をして多くの信者たちを集め、火災で焼失した神社の再建の資金作りをした。大三は神職の鈴木姓を継ぎ、義父両天や妻の龍と力を合わせて明治維新の神仏の混乱期を乗り切った。

両天は明治二〇（一八八七）年まで生存し、文久三（一八六三）年没の父両山と並んで建てられている立派な墓碑には「伝澄阿闍梨

両天（左）と両山の墓

前大先達両轉法印」と刻まれている。

鈴木姓は、神社で鈴を鳴らすところから、明治初年ごろ付けた姓だという。大三は江戸、明治、大正と生きて、昭和三（一九二八）年九月三〇日に八八歳の天寿を全うした。

④ 植物博士

大三の子嘉全は、慶応三（一八六七）年一二月二八日生まれで、両神山やその付近の地理天文によく精通し、とても話し好きであった。特に植物の知識はすばらしく、両神山に生えているどんな植物でも持ってきて見せると、直ちにその名前を答えたという植物博士だった。多分、両神山を度々訪れたという牧野富太郎とは、植物の話が弾んだことであろう。性格もおとなしく温厚誠実で、至って欲のない人物だった。

大正末期から昭和にかけて、原全教が両神山登山をしていた時も、彼は嘉全の教示を多く仰いでいる。それが基となり全教は『奥秩父続編』（昭和一〇年刊）で、「両神禮讃」と題し、両神山には八〇ページも割いて、奥秩父のどの山よりも詳しく記述している。全教は後に、そのお礼も兼ねて昭和八年、自身の作成になる「両神山全図」を里宮に奉納した。現在でも両神山塊の最も詳しい地図として拝殿に掲げられている。

鈴木嘉全の墓

原全教奉納「両神山全図」

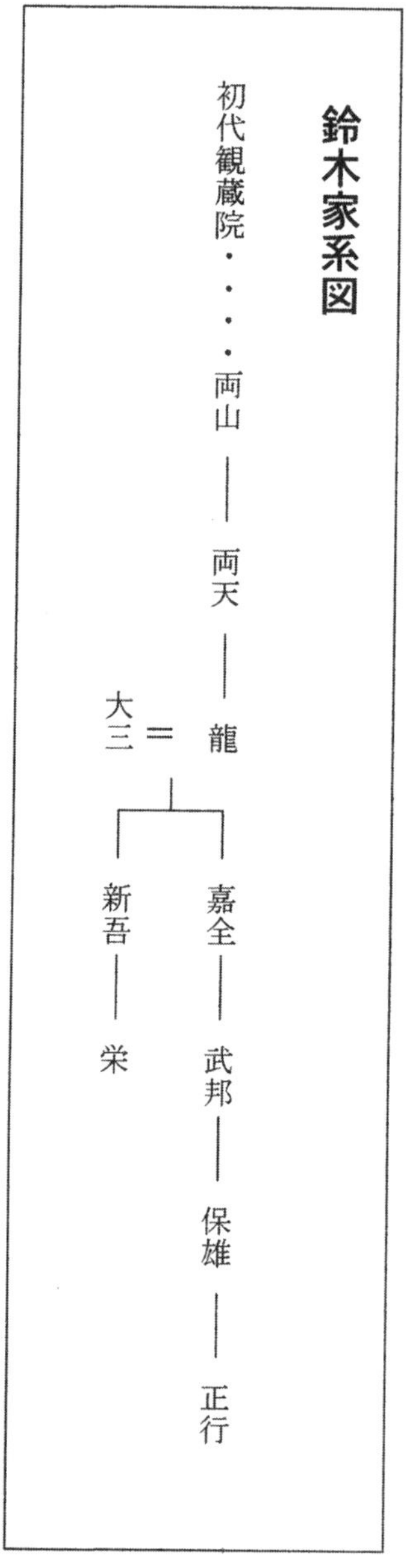

⑤ 火渡り修験者

嘉全の弟新吾は兄とは異なり、気性の激しい性格で火渡りなどをする修験者であった。彼はよく下の出原の河原で栗の木を高く積み、火を付けて燃やしながら祈祷をしていた。燃え尽きると、その火種のある灰の上に塩をまいてから、裸足で歩いて見せたりして人々を驚かした。

大正一二（一九二三）年、神社から分家独立して、少し東方にある勢至堂の近くに家を建てて住み「崩の鈴木」と呼ばれるようになった。ところが、家の側にそびえていた大杉に大きな割れ目が走り危険になったので、昭和三〇年ごろその下方へ移転した。その後車道開削の際に家の一部が道路にかかったため、更に今の所に移り新築した。

日向大谷の新吾の墓碑には、「両神山神社神職御岳教権大教正　昭和二一年一一月二二日　七五歳」と刻まれている。

⑥ 人徳神官

新吾の子の栄は、やせ型温厚で父とは性格がだいぶ異なっていた。字も達筆で三峯神社に入り、長年にわたって誠実に神社の職務を遂行した。次第に大滝村の人々から慕われるようになり、「神葬祭は鈴木さんに限る」と言われるまでの信頼を得た。晩年は病を得て、日向大谷へ引きこもってしまった。大滝村民からは、「早く良くなって三峯神社へ復職してほしい」と懇願されたが、養生のかいもなく、それから三年程で亡くなってしまった。

⑦ 法力神官

嘉全の子で本家を継いだ武邦は、父と異なり自らはあまり話したがらぬ性格であった。父の嘉全は神職をしてはいたが、出歩いてばかりいて仕事の草鞋《わらじ》を履かない人だった。その代わり武邦は日向大谷で、農業や奉公人を使って養蚕なども手広く行っていた。しかも神職のことについては何でもよく熟知しており、法力を持っている人だった。

次は、宗助が実際に見た話である。

ある時、神社の庭に大きな青大将が出て来たので、みんな気味悪がって遠まきにして見ていた。その騒ぎを聞きつけてやって来た武邦は、「しばらく寝かせておこう」と言うやいなや、青大将に向かって「エイッ」と、大きな声で気合いをかけた。すると青大将は腹を上にしてひっくり返り、そのまま動かなくなってしまった。

夕方そこへ行ってみると、まだ青大将はそのままの状態で腹を上にじっとしていた。

「このままじゃ可哀想だから、元に戻してやろう」と言って、再び武邦が気合いを入れると、法力を解かれた青大将は寝返りを打ち、慌ててその場から草むらの中へ逃げ込んだ。

⑧ 徒歩通学三時間

武邦の子保雄は昭和六（一九三一）年一月一日生まれで、全教が両神山を訪れ神社に立ち寄った時は、まだ可愛い幼児期であった。保雄は小学高等科の二年間、子供の足では片道三時間かかる里の小学校へ歩いて通学していた。自転車を買ってもらい乗って行くと、「山っこが自転車に乗るなんて生意気だぞ」と仲間からいじめられたからである。

長じては、両神神社宮司として務めに励みながら民宿も始めた。その後体調を崩し、神職は子の正行さんに譲って養生していたが、昭和六三年三月、まだこれからという五七歳で亡くなった。

四　日向大谷の話

①隠れ里

時は戦国時代の永禄一二（一五六九）年、志賀坂峠から侵入してきた甲州武田軍とこれを迎え撃つ北条軍との間に、三田川の軍平を中心に激しい戦闘が行われた。付近には今でもこの戦に関する地名伝説などが多く残る。その一つに、奈良尾沢峠から二〇〇メートルほど三田川側へ下った所に「上矢口場」、その下方には「下矢口場」という場所がある。戦いの時、ここで矢を作り軍平に送ったという。

この戦に敗れ傷ついた主従四名の武士が、奈良尾沢峠を越えて薄谷に落ちのびて来た。彼ら一行は日向大谷の西方、長尾と犬引尾根とに挟まれた長尾沢の小流の窪地に隠れ住んだ。ここは諏訪明神が祀られている所から大明神沢とも呼び、どこからも見えない「隠れ里」には絶好の最適地だった。

落人の主は山中姓を名乗り、両神神社の土地四、五町歩を借りてアワ、ヒエなどを栽培して細々ながらも新しい生活を始めた。ところがこの隠れ里はあまりにも狭く、陰気な土地だったので戦乱が治まった後は、両神神社が鎮座する明るく広い日向大谷へと移った。その後は両神神社、山中本家とその分家の三戸で、両神村（編注・現小鹿野町）薄谷上流の斜面に最奥の耕地「日向大谷」集落を形成することになった。

木炭の運搬

②製炭業

戦前の日向大谷の生業は、夏は畑での農作業と養蚕、冬は宗助同様に猟をする人もいたが炭焼きが主であった。畑は焼畑が多く、春の彼岸の頃山を焼いて一週間後にソバ、アワなどをまいて収穫していた。

日向大谷の尾根向こうの小森谷では、大正七、八年ごろから関東木材という、歌人前田夕暮の関連会社が、両神山塊の原生林の伐採事業を行っていた。それに伴い他府県から多くの林業従事者が入って来た。彼らの中には一年中専門に炭を焼く人たちも現れ、これらの子供たちのために滝前分校が建てられていた。大正一三年、滝前分校の記念碑には群馬、栃木、静岡、新潟、岐阜、富山、岩手、秋田などの出身者の名前が刻まれている。

原生林は薄川の杭岩や七滝沢の金山坂より奥にあり、良材は木材、雑木は木炭として焼かれた。金山坂までは馬道を作り、生産された木炭を運び出していた。キワダ平の滑滝の所には馬道の橋が 架かっていた。馬道は後にソリ道として木材運搬に利用されるようになった。木炭の搬出には地元の女衆も、背板で運搬して現金収入を得ていた。子供たちもよく運搬の手伝いをした。

③珍味イワタケ

日向大谷の男衆は両神山の登山案内役も務めたが、これはほんの小遣い稼ぎであり、イワタケ採りを専門にしていた人もいた。その中で宗助の父泰次と分家の山中卯重は、イワタケ採りの名人と言われた。イワタケは、日当たりが良

イワタケ採り中の山中龍太郎さん

くしかも霧の深い高所の断崖絶壁に生育しているので、山馴れた人でも採る者は限られていた。

現在イワタケ採りにはロープを使うが、当時は絶壁に縄梯子を架けた。縄梯子を岩壁先端の木などにしっかりと結び付け、上から降りながら採るのである。梯子の綱を片手で持ち、もう一方の手だけで岩に固く付着しているイワタケを採らなければならない。そのため非常にバランスがとりにくい。さらに縄梯子はぐにゃっとしているので、一段ずつ片足で梯子を探りながら降りた。馴れないとかなり難しい。

採ったイワタケは腰に付けた袋に入れた。袋の口は素早く入れられるように、針金で作りいつも開いていた。岩下から長い梯子を立てかけて採る場合もあった。この時は一度梯子の最上段まで上り、同じようにだんだんと下へ降りながら採った。晴天の日はイワタケが乾燥して割れてしまうので、雨や霧の深かった日の翌朝に採るのがコツとされていた。

現在は両神山荘の山中龍太郎さんが、三〇メートルものロープを使ったイワタケ採りを継承していた。妻マツヨさんは民宿客に、イワタケ料理を提供して喜ばれている。

イワタケの酢味噌和え

④ 日向大谷三軒

昔は日向大谷への谷沿いの道は険しく、丸太橋は薄川の増水の度に流されてしまった。下流との交通は途絶えがちだったので、日向大谷の人たちは安全な尾根道の奈良尾沢峠を越えて三田川へ出ることが多かった。したがって婚姻関係も三田川の河原沢との縁組が多い。それでもたまには、一日掛かりで小鹿野の街まで買物に出掛けることもあった。その日は朝の暗いうちに提灯をつけて出発し、街で購入した日用雑貨、食料品などを背負って、日向大谷へ夕方遅くに帰った。

こんなへき地の山奥でも行商人や旅芸人がやって来た。下駄屋職人も巡回に来て販売の他に、カワグルミの原木を提供すると注文に応じて下駄を作ってくれた。戦前までは秋の終り頃、手引きに引かれた瞽女《ごぜ》が三人ほどやって来た。その時は三軒で、それぞれ宿を提供して瞽女を泊めてやった。

このように山中家二軒と両神神社鈴木家の日向大谷三軒は、何をするにも協力し合いながら一家族のように物事を行っていた。山中本家では二町程の段々畑で農業や林業を営んでいたが、昭和五一（一九七六）年四月から民宿を始めた。自家の畑で採れる野菜などを多く利用した、山の味の宿として人気を高めている。

現在は分家の山中家が小鹿野町へ移住し、両神神社では昭和六三年に宮司の鈴木保雄が亡くなってからは留守がちとなり、日向大谷もすっかり寂しくなってしまった。近年車道が整備され、日向大谷まで町営バスも入り便利にはなった。

⑤ 諏訪神社

両神神社里宮のすぐ上方には、二軒の山中家が並んで建てられている。宗助の住む西側の山中家が本家で、東の山中家はその分家である。最初に山中

民宿「両神山荘」

戦前の日向大谷の人たち

家の先祖が住んでいた大明神沢には現在、諏訪神社を中央にして、左右に薄山稲荷神社と八幡神社が安置されている。これらの社は大入（日向大谷と集人の二耕地を合せた名称）で祀っているものである。毎年八月二三日には、日向大谷三家で諏訪神社に甘酒を持参して祝っていた。

昔、この社地は大入からあまりにも遠いので、相談の結果、日向大谷の勢至堂の脇へ移すことになり整地までした。ところがどうしたことか、大入の人たちが次々寝込むようになってしまった。そこで祈祷師に占ってもらうと、「お諏訪様が下りるのを嫌がっておられる」と言われたので、遷座を取り止めにした。そして元の大杉の所から少し上方の現在地に上屋を造って納めたのが、今の社である。神木の大ヒノキは群馬の人が買い取り、杣人《そまびと》が正目《まさめ》にとって牛に引かせて運搬した。

諏訪神社

⑥ 聖天宮

諏訪神社への途中には両神神社の末社、聖天宮が祀られている。宗助が子供の頃までは、縁結びの神として毎月一日、一五日、二八日の日には多くの人が参拝に訪れ、旗もたくさん奉納された。この聖天宮は本来、山中本家の屋敷内に祀ってあった氏神様だった。ある時、山中家当主の夢枕に聖天様が現われ、「わしはもっと広々とした所へ行きたい」と言ったので、現在地の広い所に移したものだという。聖天宮も毎月二八日、日向大谷三軒で回り番の宿をして祝っていた。戦後の食料難の時代も干しウドンなどを供えていた。

五　山中家の話

山中本家は、宗助の後を継いでいる龍太郎さんで十代目という。元禄時代（一六八八～一七〇四）以降の先祖は確認できる。五代四郎左衛門は寛政一〇（一七九八）年没。鷹屋と呼ばれた平左衛門は明治三三（一九〇〇）年、九一歳で亡くなった。宗助が生まれる六年前で、当時としては最高齢者の一人であった。平左衛門の子が畝四郎である。

次は宗助の語る、山中本家と分家の人々である。

① 鷹見衆

「わしの祖父、畝四郎は大正七（一九一八）年に八八歳で亡くなった。この時きゃわしは小学校六年生になってたんで、祖父のことはよく覚えているよ。当時としちゃあ大柄な体軀で、背丈は五尺四、五寸（編注・約二〇五～二〇九センチ）はあったな。名前は畝四郎《うねしろう》だが、どういうわけか村のてぇからはセシロウと呼ばれてた。頭の切れた人だったんで、明治になると村から請われて上薄の副戸長をしてぇた。それでなんかの功績で、時の名県令白根多助ちゅう人から表彰を受けたことがあったとよ。

また明治になるまじゃ、江戸の将軍家へ鷹納めぇよく行ったつうなあ。「御鷹御用」と書かれた木札を掲げて行くってぇと、江戸城内を

猟銃を手にする山中宗助

そのまんま通してくれたと。よくわしにも話してくれたっけが。畝四郎の親父は鷹屋平左衛門と呼ばれてぇた鷹見衆だったんで、多分若ぇじぶんにこの平左衛門に連れられて、上納に行ったんだと思うよ。」

②鉄砲名人

「親父の泰次は、慶応三（一八六七）年一二月一四日の、ちょうど赤穂浪士討ち入りの日の生まれで、祖父の畝四郎とは反対に小柄だった。ばくちが大好きで酒もよく飲んでぇたな。柿の木に登ってる時でも風呂に入ってる時でも、たばこを口から離したことがないちゅう、えれぇたばこ吸いだった。

こんなふうに若ぇ頃はなかなかの遊び人だったんで、家の財産をだいぶ減らしちまった。親父自身も三六の時まで、鎌と鍬《くわ》を持ったことがほとんどなかったと言ってたなぁ。その後はどうしたんか、心境の変化つうもんかねぇ、麦作り、養蚕、炭焼きなどに精を出して、今まで遊んだ分を取り戻すように朝暗ぇうちから夜遅くまで、人が変わっちまったように働きもんになったんだよ。それで親父は、日向大谷と集人の男衆で作ってた「両神山案内人組合」の組合長なんかも務め、人さまからようやく信望も得るようになったんだ。

親父はまた、鉄砲撃ちの名人でねぇ。当時は日向大谷、集人、小倉、出原六三軒中九軒に銃があったと。

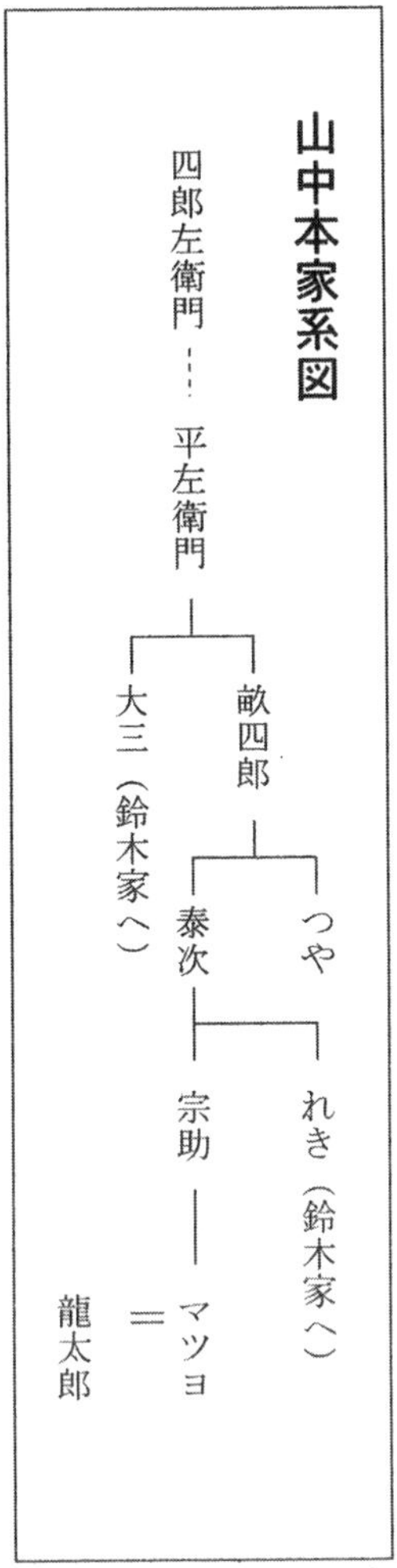

そん中で免許を持ってぇたのは親父だけだった。冬場の猟期になるっつうと、両神の山々を家の庭みてぇに駆け巡って、熊、カモ

シカ、ウサギ、ヤマドリなどを捕ってぇた。晩年はのんきに悠々自適に過ごしてたんで、昭和三四（一九五九）年に亡くなった時にゃ九二歳だったよ。」

③両神山のぬし

「今度はわしのことだが、生まれたんは明治三九（一九〇六）年九月一四日生まれで、兄弟には三人の姉がいた。三女のれきが両神神社宮司の鈴木武邦に嫁いだんで、親戚関係になった。もっとも畝四郎の弟の大三が神社へ婿に入って、その孫が武邦なんでもともとは親類だった。

　わしが両神山のてっぺんへ初めて登ったんは、大正七（一九一八）年一二歳の時だった。それからは猟や案内などで多い年にゃぁ四、五〇回登ったこともあったが、昭和五八年一〇月一七日の最後の登山までで二六一回になったよ。毎年大みそかにゃぁ三時半頃日向大谷の家から登り始めて、両神山頂で御来迎を拝むのが恒例になっちまって。

　わしは子供の時分から、親父に連れられて猟にも出掛けたもんだ。一四歳の時に、親父から村田銃を買ってもらったときにゃぁ嬉しかったなぁ。それからぁ農業の合間に、春から秋まじゃぁ両神山の案内役をしたり、冬場は猟を専

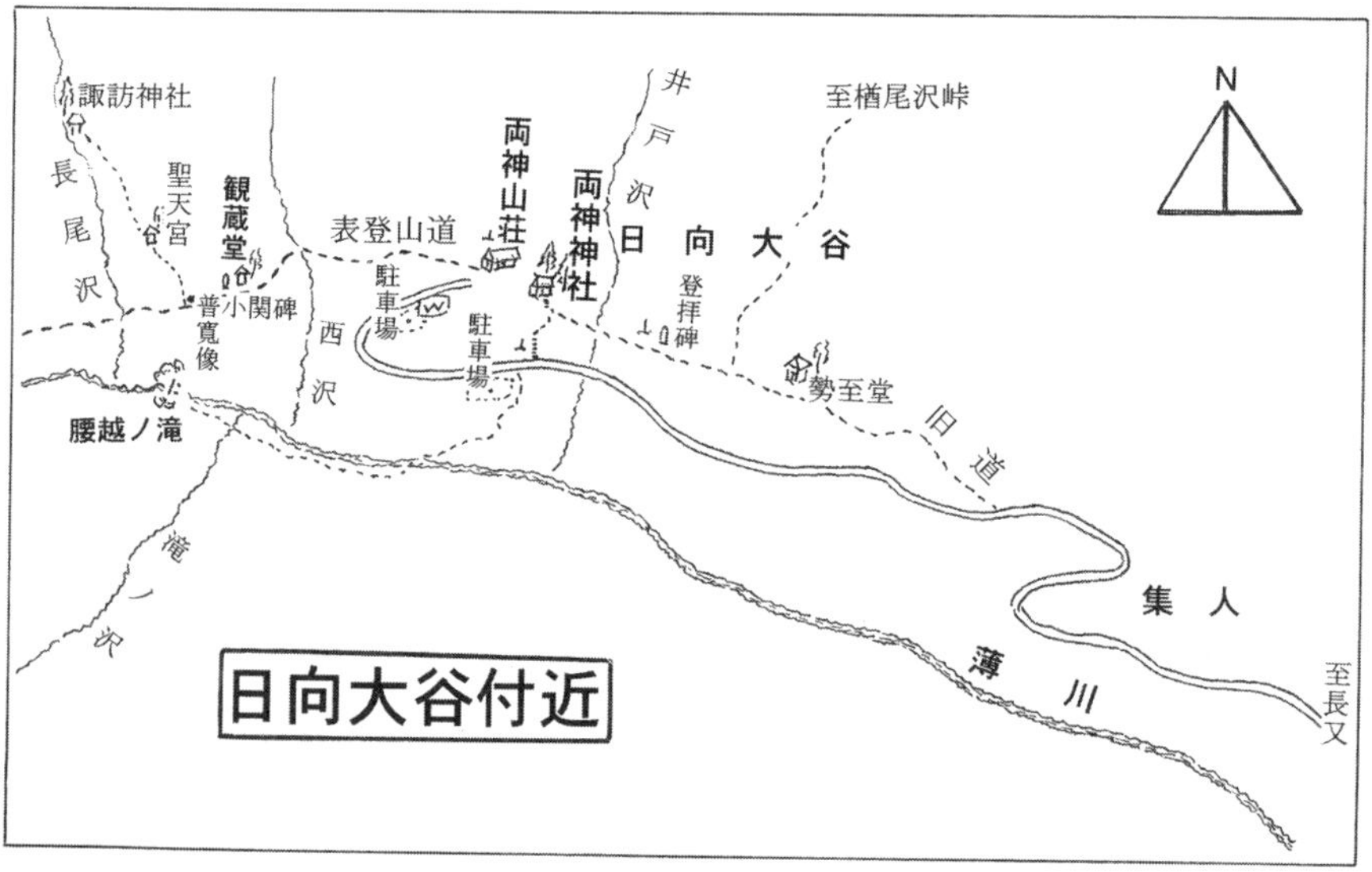

日向大谷付近

門に両神山と共に長ぇあいだ生きてきたもんだ。

わしは昭和一六年六月一〇日に召集され、満州の牡丹江《ぼたんこう》に派遣されたが、翌年の一〇月一五日にゃ帰ぇされた。軍隊の食事は、米・七に麦・三ぐれぇの上等なもんだった。日向大谷じゃあヒキワリ飯を食っていたわしにとっちゃ、とてもいい食事だったんで実はあまり帰ぇりたくはなかった。

こんなあんばいで、わしは一年余り外地へ行ってただけで、後ぁほとんど地元の日向大谷で過ごした。そんなこって自慢じゃねえが、両神山のことなら隅から隅まで何でも知ってるなぁ。両神山中だったらいくら暗ぇ闇夜でも、かすり傷一つ負わねぇで歩くことぐれぇ造作のねえことだったよ。」

宗助は家族が白寿祝いの準備をしていた、平成一七年四月三日に九八歳で亡くなった。

④ 強力と岩茸採り名人

「うちの東隣りの山中家は分家だが、かなり古くに分かれたらしいよ。江戸の寛保三（一七四三）年の御鷹見の古文書に、日向大谷三軒がこの任に当たってぇたことが書いてあるんで、分家したんは当然それ以前だったろうからねぇ。

分家の方もわしの家に負けねえぐれぇ、昔としちゃあ長生きの家で、わしと一緒に山案内をした鶴次は、平成元年に八八歳で亡くなった。鶴次の親父さんの福太郎は八二歳、祖父の和十は八五歳まで生きたからねぇ。いずれにしろ日向大谷は、空気がうめぇせいだと思うよ。

福太郎は明治一〇年ごろ、両神山の逸見ケ岳へそ

山中分家系図

和十 ┬ 福太郎 ― 鶴次 ― 高夫
　　 └ 卯重 ― 政市

りゃあ重い摩利支天の石像をたった一人で背負い上げたっつう強力の持ち主だった。その弟の卯重は、わしの親父と同じように両神山の岩壁に、イモリみてぇに張り付いてイワタケを採る名人で、村じゃ知らねえ人はいなかった。」

⑤逗留一週間

「昭和五八年に、分家の若ぇもんは小鹿野の街ん中へ引っ越しちまったが、鶴次夫婦はその後も日向大谷で、相変らずのんびりと山の生活を続けてぇた。でも数年もしねえうちに、連れあいのハナジが亡くなってしまった。それでも鶴次はしばらく一人暮らしをしてぇたが、息子夫婦に呼ばれて小鹿野へしぶしぶ移っちまった。

小鹿野へ行ってからの鶴次は、陸に上がったカッパみてぇに、さっぱり元気がなくなっちまってねぇ。そりゃあそうだろうよ。八〇年以上も山で生活してきた者にとっちゃあ、街の生活にゃなじめるはずがねぇもんねぇ。親父の気持ちを察した息子の高夫さんが鶴次を車に乗っけて、毎月一度、日向大谷に連れて来るようになってねぇ。

鶴次が日向大谷へ来てもわしと世間話をするぐれぇで、これっちゅう仕事や用事があるわけじゃねえ。何もねぇがらんどうの家に、一週間ただ泊るだけだったんだ。それでも、日向大谷の山ん中は良かったんだろうねぇ。日曜日に息子が車で鶴次を連れに来て小鹿野へ帰ぇっても、しばらくは元気になって鶴次の好きな酒の量も上がったっつう話だ。」

六　山犬信仰の話

①　山犬の御札

両神山の各神社では今でもお犬様の御札を分けてくれる。御札は講中の神社、各家の神棚や間口、土蔵の戸口に貼り、割竹に挟み田畑の畦《あぜ》に立てたりもして、火災、病気、盗難、農難などの魔除けにした。

御眷属と呼ぶお犬様はニホンオオカミのことである。昔から大口真神と呼び神聖な動物、犬神としておそれられ、あがめられてきた。山犬信仰は本来、田畑を荒らすイノシシ、鹿、キツネなどを追い払ってくれる農事の神としての信仰から生まれたものであろう。昔から養蚕の盛んな秩父地方では、カイコの敵であるネズミを退治してくれる、養蚕の守護神としても信仰されていた。

『新編武蔵風土記稿』には、「両神山の盗難、火難除けの山犬の御札は三峰山よりも古く、近国や諸郡から人々が年中引きもきらさず来て求めて行く」と記されている。

秩父地方では両神山の他、山犬の御札を発行している山や神社は一五社ほどある。精神病の一種狐憑《きつねつ》きを治すにも、これらの神社で四足落としの祈願をしてもらったりした。キツネが犬に大変弱いとされることから生じたものと思われる。

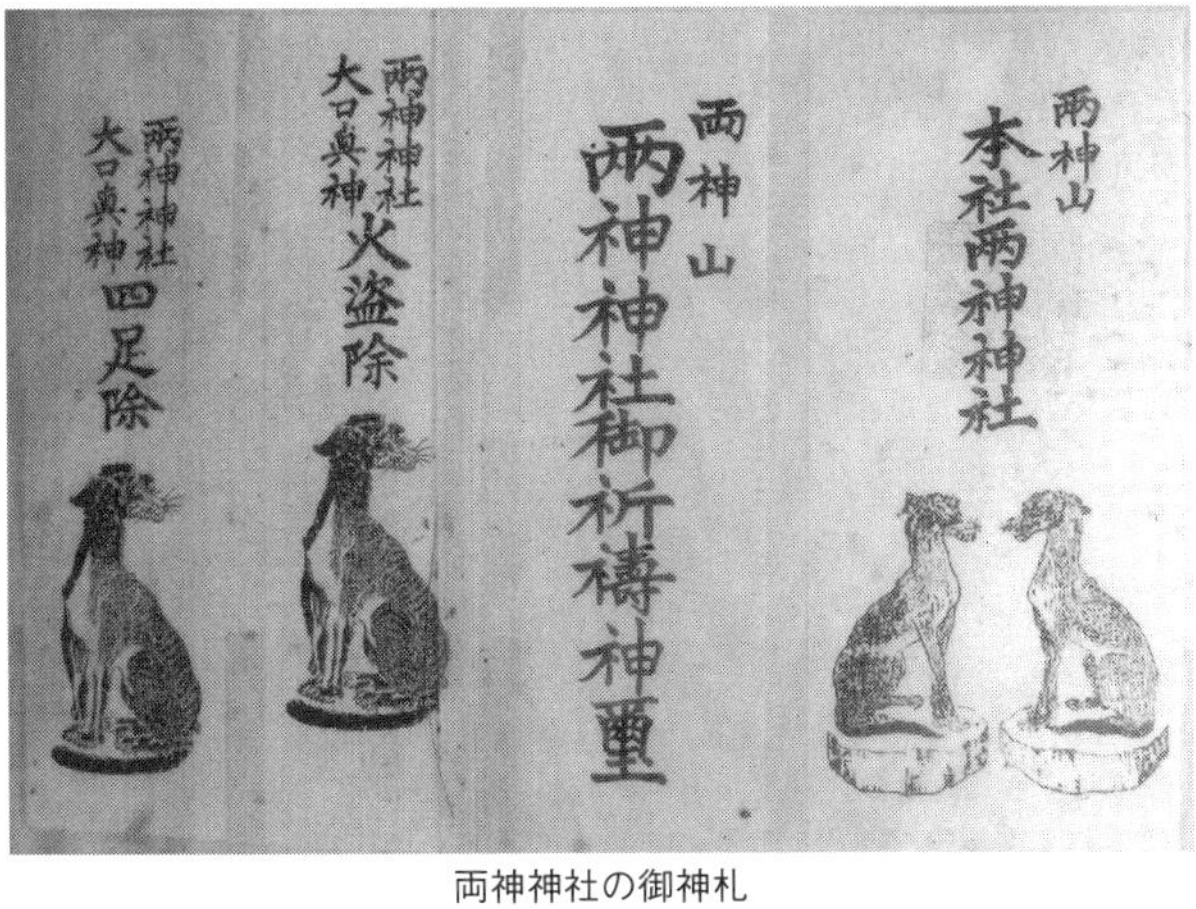

両神神社の御神札

② 狼の頭骨と毛皮

お犬様の正体と思われるニホンオオカミは、まだ秩父にいるのであろうか。正式な記録では明治三八（一九〇五）年、奈良県で捕らえられたニホンオオカミを最後に、日本のオオカミは絶滅したことになっている。柳内憲治は昭和三九（一九六四）年六月、両神山登山中にオオカミらしき動物に出会った。これが契機となり全国五〇〇山に登ってオオカミを探索し、『幻のニホンオオカミ』（さきたま出版会）の著書が生まれた。

明治の中ごろまでは、秩父の山域一帯にニホンオオカミがいたようである。その頃までオオカミが住んでいたという穴も発見されている。秩父郡内では小林茂によって、ニホンオオカミの頭骨が八例紹介されている。三峰山博物館は、秩父の民家から発見されたニホンオオカミの毛皮二点を収蔵している。

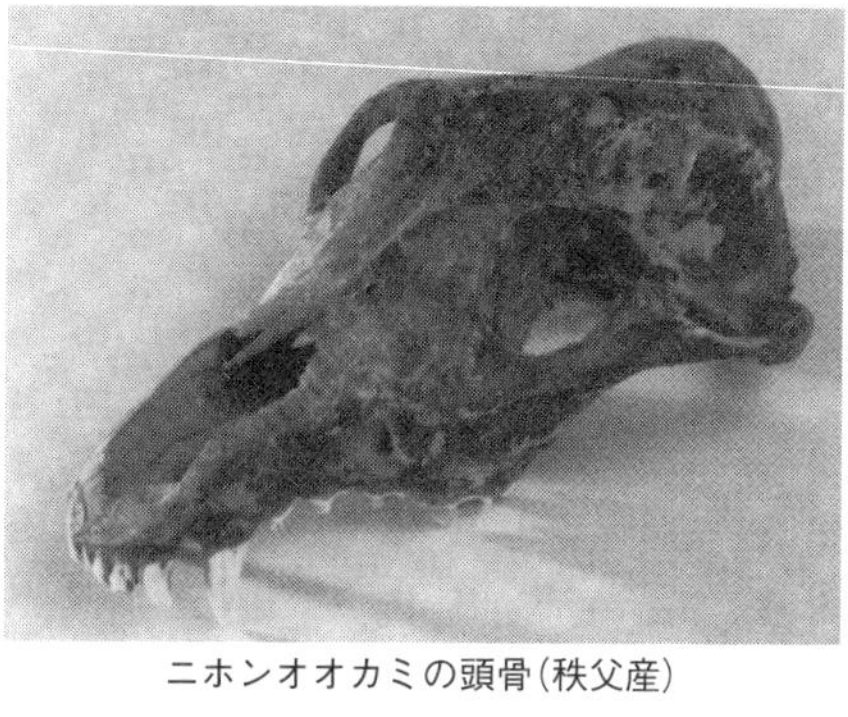

ニホンオオカミの頭骨（秩父産）

③ 狼の目撃談

宗助の話　「写真家清水武甲さんの弟の大典さんは、登山家で山の動植物研究者でねぇ、両神山へも度々訪れてぇた。ある時大典さんに聞いたところ、オオカミは世界各地にいて国によって多少の違ぇはあるが、これが日本のオオカミだというものはねぇと言ってた。わしも満州にいた時、落とし穴で捕獲したオオカミを見たが、犬とまったく違

ニホンオオカミ像（奈良県）

いがなかった。大正時代に両神山中でオオカミに出会ったという話を聞いておる。」

泰次の目撃談　「これは親父の泰次から聞いたんだが、親父は二〇歳から免許を受けて、冬は両神山中で狩猟をしてぇた。ある年のこった、親父は仲間と一緒にカモシカ猟に出掛け、男笹の清水の所でタツを張ってぇた。セコが大声で怒鳴りながら、清滝の方から尾根を登って来た。ところが突然、セコの声がぴたりとやんじまった。しばらくするとセコが、『お犬様が出たぁー』と言って、息せき切って親父のところへ飛んで来たそうな。何でもセコの話じゃ、立場へカモシカを追い込みながら尾根を登ってると、前方に一頭の口の裂けたオオカミが長岩の方に向いて、長い尾をぐるりと回し毅然とした姿で立ってぇた。耳の垂れた痩せた体で、ちょうど神社で出している御札のお犬様の姿にそっくりだったと。」

勇太郎の目撃談　次は浦島金剛院の薄平勇太郎（昭和二二年七一歳没）が、両神村の分教所で教鞭をとっていた頃の話である。

ある年秩父の郡長が両神山登山をした折、山頂にある御岳神社本社で火を焚きながら御籠《おこも》りをした。それを知った勇太郎は、郡長へ挨拶のため竹ノ平分教場と書かれた弓張り提灯を下げて両神山へと登った。御岳神社へたどり着いた勇太郎の顔は蒼白で、額にはびっしょりと冷や汗をかいてた。一〇月半ばだというのに、拭いても拭いても滝のような汗が体中から吹き出した。

不審に思った郡長がどうしたのかと聞くと、「御眷属に出会っちまったんだ」と、震えながらつぶやいた。勇太郎の話では、清滝からスズ平へ登った辺りでお犬様に出会ってしまい、途端に全身から血の気が引いてしまった。「お犬様どうかここを通して下さい」すぐに勇太郎は、地べたに額をつけて懸命に念じた。そうして恐る恐る顔を上げてみると、もうそこにはお犬様の姿はなかったそうだ。

七　雨乞い信仰の話

①雨乞いの神様

昔の人々にとって生きていくために農事が一番の関心事だった。その農事に最も重要なのは水、すなわち雨である。山に降った雨は山を流れ下り、ふもとや平地の田畑を潤す。その大切な水をつかさどる神が竜神だった。雨乞いの神は多くの場合、竜神である。竜神はふだん滝壺などの深みに潜んでいるが、時により雲を呼び寄せ大雨を降らせながら天に昇るという。

両神山はこの竜神伝説から生まれた山名とも考えられる。竜頭神社の祭神は本来竜神だったのだろうか。秩父札所三十四カ所のうち水や雲、竜などのつく観音霊場は三分の一の十一カ所もある。やはり水との信仰に深く関わっていたのである。

②両神山の竜神水

昔は日照りが長く続くと雨乞いをした。一般には各地に雨乞山や雨乞岩などと称する場所があって、村人たちはそこに集まり煙などを焚いて行った。秩父地方では音頭取りが、「○○山の黒雲、あれをこっちに引き寄せて、雨を降らして給われ」と唱え、一同は鉦《かね》や太鼓を鳴らしながら、「雨だんべー、竜宮なぁー」などとはやしたてた。

滝壺や淵で雨乞いをする場合も多い。竜神がすんでいると信じられていたからである。平地の人たちは「お水借り」と言って、このような場所から水を持ち帰り、神社の境内などで雨乞い行事をした。両神山の竜神水は関東一円にまで知られていた。薄川の腰越ノ滝、七滝沢の養老ノ滝、浦島沢の不動滝、小森川の昇竜ノ滝、尾ノ内沢の油滝などがこの竜神水に選ばれていた。

腰越ノ滝

③ 雨乞い行事

何日も日照りが続き作物が弱り始めると、集落では雨乞いの相談をして数名の代表者を選ぶ。代参になった人たちは水を汲む人と、汲んだ水を迎えに行く人との二組に分かれた。当日は夜の明けないうちに、滝壺などから竹筒二本に水を汲んで、両神神社里宮まで持ち帰り神前に供える。神官に祈願してもらうと、急いでその水をリレー式に集落へ持ち帰った。途中で休むとそこに雨が降ってしまうと思われていたからである。

両神の薄地区では、集落へ持ち帰った竜神水を、川の水をせき止めて即座に作った淵の中へ注ぎ込んだ。そのあと一同で水神様に祈願をすれば近いうちに雨が降ると言われていた。祈願通り雨が降れば、持ち帰った所に水を返すお礼参りをした。借りた水の中には、竜神の分身がいたと考えられていたのだ。

小森地区では、借りてきた竜神水を四阿屋山《あずまやさん》の神前に供えた。村人たちは鉦や太鼓を打ち鳴らしながら、神社の周りをぐるぐる回って祈願した。

八　信仰登山

①講中登山

信仰登山は永い間、山伏たちによって引き継がれてきた。彼らは山から下りると、民衆にいろいろな功徳を施した。山伏の権威が次第に落ち始めると、民衆は直接山の霊力に触れるため、信仰団体を作って登るようになった。

江戸時代には組織付けられ、講として発展した。両神山参詣の講は、近在はもとより上州方面にも豊岡、日出、宮本、入山など多くの講中があった。両神山中にある石仏や石碑などは、ほとんどが講中の信者たちが建てたものである。これまで山へ登るのは修業を積んだ山伏という専門家の分野だったのが、誰でも参加できる大衆のものとなった。山へ登ることが、人々の大きな楽しみの一つにもなってきた。

講中登山には二つの方法があった。講員が全員で登山する場合は「参拝講」と呼び、講の代表者が三、四人で登拝するのを「代参講」と言った。

両神山の場合、参拝者は神社で、「お犬様を拝借します」と言って、山犬のお札をもらってくるのが一般的であった。江戸時代、両神山の信仰登山は三峰山をしのぐ勢いだったともいう。三峰山の参拝者は、天保一〇（一八三九）年に七五三七人、安政元（一八五四）年九二三六人、明治元（一八六八）年には一二五七三人と次第に増えていく一方、両神山は交通の不便さや神仏分離令などにより、その繁栄を三峰山に奪われてしまった。

現在も両神山には、主に年配者で組織されている講が幾つもある。「何々講」と書いた旗やそろいの手拭いを首に掛けた信者が、団体を組んで神社に参拝する昔ながらの光景も時折見られる。最近の社会情勢を反映して、交通安全のお守りを受ける人が多くなってきたが、山犬のお札もまだ根強い人気を保っている。

② 御岳講

両神山の山頂近くには、日向大谷を里宮とする両神神社の他に、金剛院の御岳神社が祀られている。元は両神権現社と呼んでいたが、のちに木曾御岳王滝口を開いた普寛行者の御岳教と結び付き、両神山御岳神社と呼ぶようになった。金剛院の順明が普寛行者の高弟だったからである。

御岳神社の里宮は薄谷の浦島集落にある。里宮は寺号を金剛院と呼び、両神山浦島登山口として栄えていた。昔は、修験者がここから尾根伝いに険しい道をたどり、修業しながら両神山へ登ったのである。

戦前までは御岳講も盛んで、井戸、風布、金沢、日野沢、白石、安戸、寄居などにその講があった。両神神社里宮の近くには、「登山二千百度　普寛元講社日之出組」と刻まれた大正六（一九一七）年の登拝記念碑が建っている。大正七年から宗助は、これらの御岳講代参の人たちを毎年案内して登っていた。

宗助の話　「山頂から西方に見えるどっしりとした山が、木曾御岳山だと初めて教えてもらったんも、その頃に御岳講の人たちを案内した時だった。講の人たちは山頂に着くと、すぐに乱れた身なりを整え、かすかに見える御岳山の方へ向かって手を合わせ、そりゃぁ真剣に祈った。その間、まだ信仰心のないわしは信者のお祈りが終わるまで、それを静かにじっと見ているだけだった。木曾御岳山への参拝は、熱心な講の人でも三年に一度行く程度で、あとは浦島の御岳神社里宮の参拝で済ますことが多かったようだ。」

登拝記念碑

③ 渡辺講

女人禁制破り　両神山は女人禁制の山であった。昔この掟《おきて》を破って両神山へ登った巫女は、途中の一位ガタワの峠で石になってしまったという。この禁制は明治時代まで守られていた。大正三年、女人禁制を破って最初に両神山登山をしたのは、渡辺ひさが組織していた一心誠講とも呼ぶ渡辺講の数人の女性信者だった。

　女性たちは村民の止めるのも聞かず、山頂目指して登って行った。一日目も二日目も下りて来なかったが、三日目の夕刻になり、女性たちは心配していた日向大谷の人たちの前に無事戻ってきた。その後、女人禁制の掟は解けるようになった。

高価な奉納碑　渡辺ひさは東京都昭島市の人で財力があり、両神山登拝時にお供物をたくさん持ってきたので、地元からは歓迎されていた。ひさが入峰の時は、腰越ノ滝場で身を清めてから登るのが常であった。滝の落口には「参光明龍大神先達　渡辺ひさ」と刻まれた碑が建てられている。その他に渡辺講は山頂の清和天皇像、弘法井戸の大師像を始め、多くの石像や碑を両神山中に建てた。これらの石碑類は、強力の持子が背板でふもとから背負い上げたものである。

　渡辺講が奉納した中で一番高価なものは、清滝の洞窟に建てた「両神開山神魂霊神」の金属碑である。この碑は日向大谷から六人掛かりで八海山の所までやっと運搬した。その先の急坂は滑車のロープで引っ張り上げ、なんとか清滝小屋前まで運ぶことができた。洞窟へはロープでつり上げて納めたものである。運搬費用だけでも三五万円かかった。

渡辺講奉納の金属碑

へえとうのたたり　ひさは祈禱師としても知られ、次のような話がある。日向大谷下の集人《あつばと》ではどういうわけか、総領が早く亡くなることが多かった。そこで渡辺講のひさに拝んでもらうことになった。すると昔、集人へやってきた一人のへえとう（乞食）を釜ゆでにしてしまったことがあり、そのへえとうのたたりのためだと言われた。この霊を鎮めるため昭和三四（一九五九）年、当時の集人六軒で費用を出し合い、集落の登山道沿いに「火産霊神」の碑を建てて供養した。

④ 小関講

小関益次郎の碑　昭和五九年、観蔵行者の堂脇に「神道大教正風位真人之命」と刻まれた、小関益次郎の碑が建てられた。碑文は次のように記す。

「岡山市吉備津の出身　本名小関益次郎当山にて修業、神助により神道を志す。神託により世道人を説くこと貧富を問わず。漢字、漢方に通じ病苦の人々を救うこと四十余年、当山先達として同志世人をたすけ、八十五年の天寿を全うす」

益次郎は東大法科出身とも言われ、参謀本部のコックの経験があり、犬養首相が暗殺された五・一五事件の頃は共産党の幹部だったともいう。のちに肺病を患い、いくら養生しても病状は良くならなかった。そこで、日頃信仰していた法華宗の高僧に祈禱してもらうと啓示があった。「秩父の奥に両神山という霊山があ

小関益次郎の碑

る。その山に入って草や木の実を食べて養生すれば全快するだろう」と。

最後の修験者　益次郎は半信半疑だったが昭和一五年ごろ、同志の新井金治郎を伴って秩父へやって来た。集人の白石久太郎の案内で、初めて両神山登山をした。この登山で両神山と秩父の自然の虜《とりこ》になり、金治郎の亡くなった後は毎年春と秋の二回、一人で両神山登山をするようになった。するといつの間にか、病気はすっかり治っていた。これは両神山の加護のおかげと考え修験の信者をめざし、渡辺講の人たちと一緒に度々入山するようになった。

その後渡辺講と別れて小関講を組織し、講員の人たちを四、五〇人も連れて登拝するようになった。春に信者を伴って両神山へ登った後は、修験の山四国の石鎚山へ籠《こ》もった。その修行後は郷里の岡山でしばらく過ごしてから、一〇月ごろに秩父へ戻って再び両神山へ登る。これが益次郎の一年間のサイクルであった。

とうとう五月から七月までの三カ月間は、両神山登山に便利な小鹿野町に住むようになった。

管理人の回想　元清滝小屋管理人の白石愛次の話。「小関さんは一風変わった痩せ枯れた人で、白装束で日の丸を持ち、小鹿野近在の信者を多数連れてやって来た。一人で修行に来た時は、日向大谷の腰越ノ滝で行をしてから、両神山や天理ケ岳へ法螺貝を吹きながら登ったり、険しい岩場で二一日間の断食や火渡りなどの荒行をした。柔道の心得があって足などをくじいた人を治したり、顔色一つでその人の病名を当てたりした。

八五歳で亡くなるまで四〇年間、信者と共に両神山へ登り続けたので地元の人たちからは先生、先達、また親しみを込めて小関じじいと呼ばれていた。まさに両神山最後の修験者だった。」

⑤ 両神山の三不動

荒沢不動　両神山中には荒沢不動、清滝不動、三笠山不動の三不動がある。荒沢不動は、日向大谷からの表参道の薄川沿いに祀られている。不動尊前の本流には小さな不動滝が懸かっている。ここは雨乞いの水を汲んだ所であった。現在の登山道は変更され不動尊の後側の高所になっているので、二メートルもある立派な石像にも関わらず、気付かずに通り過ぎてしまう人がほとんどであった。そこで山中龍太郎さんたちが今の登山道脇に移動し、賽銭もたくさん上がるようになった。

清滝不動　ここは中央不動で、不動尊の裏手の滝を不動滝と呼んでいた。御岳講が盛んになると木曾御岳の清滝にちなみ、次第に清滝と呼ばれるようになった。講中登山の人たちはこの滝で身を清めてから登った。のちに滝の前に、講中登山者のための清滝小屋が建てられた。ここはスズが多い所から、通称「スズ平」と呼んでいた所である。清滝小屋から産泰尾根に登るまでの急坂を「スズガ坂」という。

三笠山不動　御岳講の人たちは木曾の御岳山から多くの神仏を勧請した。三笠山不動もその一つであり、その他にも両神山中には、木曾御岳山にちなむ地名や石碑などが数多くある。宗助の話によると、御岳講の先

荒沢不動

清滝不動

達は三笠山では霊山を汚さないようにと、小便をする時も地面に半紙を敷いてその上で用を足していたという。

その他にも、白井差側の小森川に高さ二〇㍍の立派な不動滝があり、やはり不動尊が祀られている。後に、白井差の元村長、山中倉次郎さんが「昇龍ノ滝」と命名した。

⑥両神山頂の石仏

山頂には、かつて大日如来と帝釈天の石像が祀られていた。宗助が六歳の明治末に、山頂の三角点の櫓《やぐら》を組立てた。その工事の時に帝釈天の頭部が欠けて、中津川側に転げ落ちてしまった。罰《ばち》があたっては大変と工事人みんなで、その首を手分けして探し、ようやく見付け出してきて元通りに付けた。

それから二〇年後の昭和五年に宗助が登った時には、その首はまた谷へ落ちてしまったのか、誰かが持ち去ってしまったものか無くなっていた。その後、この二つの石像は山頂から姿を消した。

九　山案内人の話

①両神山案内人組合

原全教著『奥秩父　続編』（昭和一〇年刊）の付録として、両神山案内人組合が次のように載せられている。

事務所	埼玉県秩父郡両神村日向大谷両神神社　鈴木嘉全・鈴木武邦（四二）
組合長	山中泰次（六九）　副組合長　鈴木新吾（六二）　理事　成沢駅蔵（七二）
組合員	山中福太郎（六三）　中井才吉（七〇）　飯野好郎（三九）　田村門造（五〇）
	山中鶴次（三五）　山中宗助（三〇）　成沢俊雄（三四）　中井　実（三八）
	山中卯重（五六）
案内料	食事自辦一円二〇銭（積雪季その他特に困難なる場合二割増）

紹介されている人たちは、日向大谷と集人の男衆である。この中で一番若かったのは三〇歳の山中宗助である。両神社の社務所が本部で、組合長は宗助の父秦次だった。実際には組織や規則などはほとんどなく、組合費も出さなかった。登山者が来ると手のあいた者が社務所へ集まり、一日案内をして日当をもらうだけであった。若い宗助に一番多く案内役が回って来た。ただ当時は登山者もあまり訪れず、それに第二次大戦が起こると登山どころではなくなり、組合も自然消滅してしまった。

② 組合員寸描

成沢親子　組合員の中で、既に紹介した人物以外について、宗助の話を基に簡単に触れておく。成沢駅蔵と俊雄父子の成沢家は、長野県からの移住者で勢至堂の下方に住んでいた。ところが火災を起こして家が消失したので、それを機会に秩父市へ移転した。現在は俊雄の長男政次さんが成沢家を継いでいる。

中井親子　中井才吉と実《みのる》父子である。才吉が小森の鳶岩《とんびいわ》集落から婿として集人に来て中井家へ入った。猟が飯よりも大好きという親子であった。特に実は、横浜山岳会の神谷恭の大のお気に入りで、神谷が両神山に来た時は大抵、実を伴って登山をしていた。実は鉄砲持参で猟をしながら、一般登山者のあまり入らない天理岳から八景岩、七滝などの山域を案内した。ヤマドリなどを撃ち落とすと、神谷がそれを自慢げに背負って歩いていた。昭和四九（一九七四）年九月、中井家は土砂崩れで押し潰されてしまったが、家族全員は九死に一生を得た。その時、高校生の孫の担任だった筆者は実に会ったが、既に枯れた感じの七八歳の老人であった。この災害後一家は、集人を去り薄の長又へ移った。才吉は昭和一四年に七七歳で、実は昭和五三年に八一歳で亡くなった。

田村家　田村門造は群馬県吾妻郡の出身で、板割り職人として両神村へやって来た。「板割り名人」といわれ、屋根なども葺いていた。体格のよい強力の持ち主で、昭和七年二月の浦高生遭難の時は、遭難者を背負っ

集人集落（昭和 43 年）

て日向大谷へ運び下ろした。中井才吉の長女カンと、当時としてはめずらしい恋愛結婚をして集人に住むようになった。

飯野家　飯野好郎は類蔵の子クメの婿として飯野家へ入った。飯野家は集人では資産家で、奈良尾沢峠の近くにある弘化二（一八四五）年の石宮は、類蔵の父源八が建てて納めたものである。

③ 初の道標設置

薄谷から日向大谷への道が整備されていなかった頃は、三田川の納宮から奈良尾沢峠の道をたどって日向大谷へ下り、両神登山をするのが一般的であった。宗助は近年まで、ほとんど登山者の通らなくなったこの峠道を自力で整備していたほど、奈良尾沢峠への思い入れが強かった。

宗助の回想　「わしが一七歳の時だった。六〇何年も前のその当時にゃ、年間何人も登山者は来なかったんで、まともな道標なんてぇもんはなかった。日向大谷のすぐ下で道

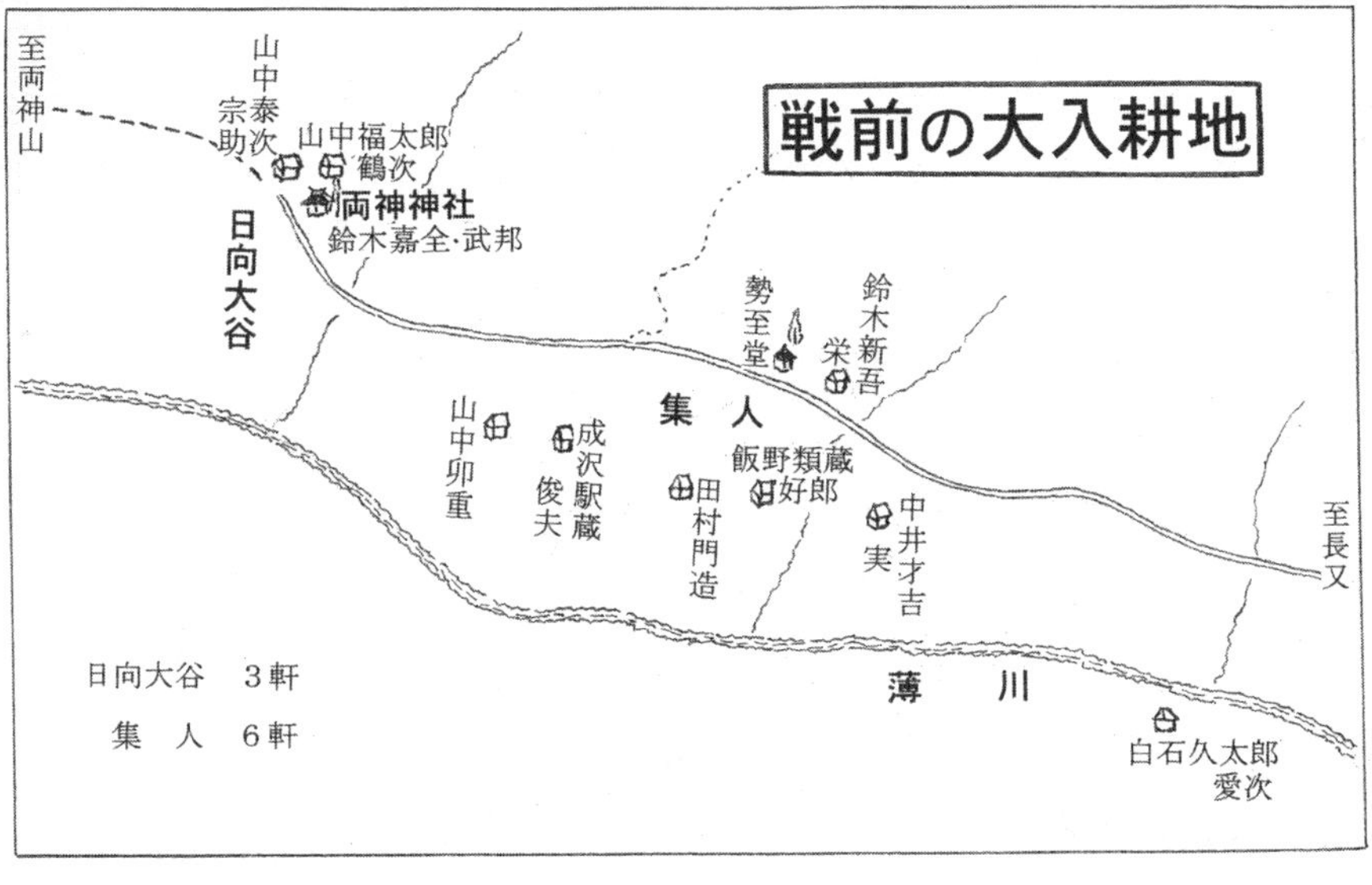

は左右に分かれてて、右の道が奈良尾沢峠を越えて納宮への下山道だった。ところが左の道が日向大谷三軒の桑畑へ行く道だったんで、よく手入れがされて歩かれていた。そんなことでほとんどの登山者が、この道に迷い込んじまって難渋してぇた。

そこでわしがその分岐点に、初めて奈良尾沢峠と書いた道標を立てたんだ。本当の漢字は楢尾沢が正しいんだと思うが、「楢」の字は難しかったんでつい奈良県の奈良を書いちまった。この道標を見たかどうかしんねぇが、その後は誰もが奈良尾沢峠と書くようになっちまって、登山案内書までそうなってしまった。

これはわしが悪かったんで、今となっちゃぁ取り返しがつかねぇ。地元じゃ昔から「ナロウ沢峠」と発音しているねぇ。峠の三田川側に大ナロウ、小ナロウという沢があるんで、峠名はこの沢から付けられたもんかも。

親父から聞いた話じゃぁ、長尾景春ちゅう武士が三田川の軍平から峠を越えてこっちへ敗走して来たんで、長尾沢峠が正しい呼び名ちゅうことのようだが。地元史家の福島幸八さんは、峠の所をナラヲネと呼び、長尾がなまったもんだろうと言ってたが。まぁ古い話なんで、どれが本当かはわかんないねぇ。」

④ 宗助最後の登山案内

戦前の登山者が両神山を訪れる時期は、雪が消える三月下旬から初雪の降るまでで、春と夏が最も登山者の多い季節だった。雪のある冬場は、登山者はほとんど訪れなかった。

宗助が案内した登山コースは、日向大谷から山頂までの表参道が大半であった。山頂から更に主稜を縦走して八丁峠まで案内したのは、二六一回の両神山行のうち三〇数回程である。当時の主稜コースは登山道も未整備で、満足な道標もなかった。そのため、特別な熟練した登山者でなければ立ち入らなかった。

八丁峠まで案内して登山者と別れた時は、いつも三田川の坂本へと下り、ここに嫁いでいたつやおばさんの家へ立ち寄って遊ぶのが習わしであった。帰りの際は、その日もらった案内料の半分をおばさんにあげて、夕方納宮から奈良尾沢峠を越えて、日向大谷の実家へと帰った。

宗助は足には絶対的な自信があった。一般的に下りの方が膝ががくがくして恐ろしいが、宗助はどちらかと言えば下りが得意であった。登山客を山頂まで案内すると、日向大谷まで三時間近いコースを、いつも一時間少々で一気に下っていた。

ところが昭和五八年一〇月、村から招待された喜寿の祝いを断り、NHKの「いっと6けん小さな旅」の撮影班一行五人を案内した両神山登山では、下りですっかり疲れ果てた。日向大谷手前の会所でしばらく休まねば歩けなくなってしまった。山頂から三時間かけて、やっとの思いで日向大谷へたどり着いた。この時にすっかり足が衰えたと感じ、それ以来両神山頂へは登っていない。

ＮＨＫの撮影班と山頂にて（右から３人目が宗助）

一〇　原全教の話

①　秩父の王子

詩人尾崎喜八から「秩父の王子」とたたえられた原全教は、明治三三（一九〇〇）年石川県鳳至郡鵠巣の某寺に生まれた。大正一二（一九二三）年に上京し、一五年ごろから足繁く秩父の山々へと分け入り、多くの山里の人たちから話を聞いた。それを基に調査研究を重ねて、のちに奥秩父全書ともいえる名著『奥秩父』の正、続編を著した。

特に両神山へは一〇数回訪れてその続編に、奥秩父のどの山よりも詳細に両神山を紹介している。一二年間の大陸出兵後、昭和一六年の『多摩秩父・大菩薩』では、最後の二三ページを割き両神山で締めくくっている。

全教が宗助と初めて会ったのは、昭和二年であった。全教二七歳、宗助は二一歳のまだ紅顔の残る青年時代だった。当時全教は東京市役所都市計画部の所属で、全く山とは縁のない勤務であった。宗助の話から全教の人となりが少し浮かび上がる。

宗助の話　昭和五年秩父鉄道が三峰口まで延長されると、週末に

原全教著『奥秩父』初版本

原全教（『奥秩父　続編』より）

東京の役所からそのままの背広姿で最終列車に乗り、三峰口から夜通し薄谷を歩いて明け方日向大谷へやって来た。来る時はいつも単独で、「山に登るには一人でないと味わいがない」というのが彼の信条でもあった。小柄ではあるががっしした体格で、足ごしらえだけはしっかりとして脚半に草鞋《わらじ》履きであった。

全教は日向大谷に着くとすぐに背広を脱いで、垢の付いた少しほころびのあるような上着に着替えた。休む間もなくすぐに、何か炭焼きにでも出掛けるような身支度で山へと入って行った。宗助が同行することもあったが、ほとんどは一人であった。

地元の人たちの話にはよく耳を傾け、いつもメモ帳と筆記具は手から離さなかった。登山中ゆっくり食事することがなく歩きながら食べるという風で、限られた時間をいかに有効に使うかを常に考えていた。腐りかけたむすびを食べても平気という、頑健な人であったが酒は飲まなかった。山から下りると日向大谷で預けた背広に着替えて、そのまま役所へと向かった。自分に与えられた自由な時間の全てを節約して山に当てるという、山への情熱は大変なものだった。

宗助との山行

昭和の初めごろ、宗助は、三田川の龍頭神社宮司、原全教、富田治三郎、鈴木栄と一緒に尾ノ内沢から龍頭神社の奥社へ登った。奥社に着くと好奇心旺盛な全教が宮司の許可を得て、まだ一度も開けたことがないという奥社の扉を開いた。中をのぞくと、何やら布に包まれているものが入っていた。全教が取り出して布を剥ぐと、さらに武者人形の鎧のような美しい布で包んであった。栄はびっくりしたように、ただ呆然と立って見ていた。

宗助は何だか怖いような気がしたので、少し後ろに下がってそっとのぞき込むようにして凝視した。みんなが固唾《かたず》を飲んで見守る中、布から出てきたのは、男女が合体している小さな木像であった。この御神体は盗難にあってはいけないからと、龍頭神社宮司が大事に持って降りた。

「原さんは、金銭面でちょっと変わった所があってねぇ。昭和五年ごろ、一緒に両神山へ登った時のことだが、山頂で休みながら、わしが持参した菓子を取り出して、原さんに食べるように勧めたことがあった。その菓子は先日、雑貨屋もしていた三田川の森本旅館で買ったもんだと話すと、途端に原さんの顔が険しくなっちまって、一つも食べないんだ。不思議に思ったんでその訳を聞いてみた。すると原さんは、『森本旅館に投宿した時はいつも一円二〇銭で泊っていたのに、二年程前はどうしたわけか一円五〇銭も取られたからだ』と話したんだ。」

全教の記録によると、昭和三年一二月の暮から昭和四年の新春にかけて行った、九日間の奥秩父の山旅の時に森本旅館に泊っている。前日は中津川の幸島家に宿を取り、当日秩父鉱山の廃墟から八丁峠を越えて坂本へ下って、尾ノ内へと来たのであった。

全教が泊った前日は神谷恭、前々日は河田楨が泊ったことが宿帳から分かっている。三日も続いて当時の山岳界の代表的人物が、森本旅館に投宿したのであった。神谷は『山と渓谷　第三号』（昭和五年九月）の秩父特集に「尾ノ内沢より両神山」の紀行文を載せている。

のちに宗助が全教の奥さんから聞いた話によると、老いても歩くことに自信のあった全教は、少しでも安い店があると、東京のどんな遠い所へでもすたすたと歩いて買物に出かけた。ところがお昼は外食して帰るので、かえって高い買い物になったと嘆いていたという。

② 宗助との再会

昭和五二年五月一四日、原全教は四四年ぶりに日向大谷を訪れて宗助と再会した。着くやさっそく両神神社に詣で、自分が作成して奉納した「両神山全図」の額が今もそのまま掲げてあることに、かつて日向大谷の人たちから受けた数々の温情と共に感謝した。当時はまだ可愛い幼児だった神社の鈴木保雄は、すでに壮年の宮司となり神事一切を主宰していた。

　その晩は、宗助宅で若かりし当時の両神山登山、今は亡き宗助の父泰次、イワタケ採りの名人山中卯重、神社の鈴木嘉全・武邦父子、その分家の新吾・栄父子の思い出話で尽きることがなく、夜中の二時までも語り明かした。

③両神山回帰

　この時の訪問がきっかけとなり、全教は再び日向大谷を訪れるようになった。昭和五二年六月三日、全教と宗助は子息の龍太郎さんの運転で、秩父随一と称される日本の滝百選、丸神ノ滝の見物に出かけた。この滝は全教が両神山登山の帰りにいつも見学したいと思いながらも見る時間がなく、以来五〇年間も心に温めていた名瀑であった。それが今ようやく実現し、三段となって落ちる全長七六メートル余りの滝が眼前にあった。全教は感無量の面持ちで、いつまでもじっと眺め続けていた。

　同年一一月三日には両神村長から「両神ふるさと祭り」へ招待された。その日は祭り見物の後、再び日向大谷へと向かい両神山荘に宿泊した。五日には宗助と両神登山を試み、四〇数年ぶりにその山頂に立った。両神山は以前と変らぬままで全教を迎えてくれた。

原全教（前列中央）と山中宗助（右）

丸神ノ滝　小森川の支流、滝越沢中腹の断崖に三段になって落ちる名瀑。上段一二メートル、中段一四メートル、下段五〇メートル、全長七六メートルもあり、埼玉県で唯一の日本の滝百選に指定されている。滝を巡る一周約一・七キロ、約一時間コースの遊歩道が設けられている。

滝へは小鹿野町役場から町営バスで滝前下車。小森川を渡り元の滝前分校脇から歩道で滝越沢へ入る。一度沢を渡り、左岸沿いを進む。安全確保のため、クサリ場もあるが危険な個所はない。二〇分程で下段五〇メートルの滝下に着く。岩壁をなめるように幅広く落下しているが中段と上段の滝は見えない。滝直下まで降りられるが滝壺はない。

丸神ノ滝

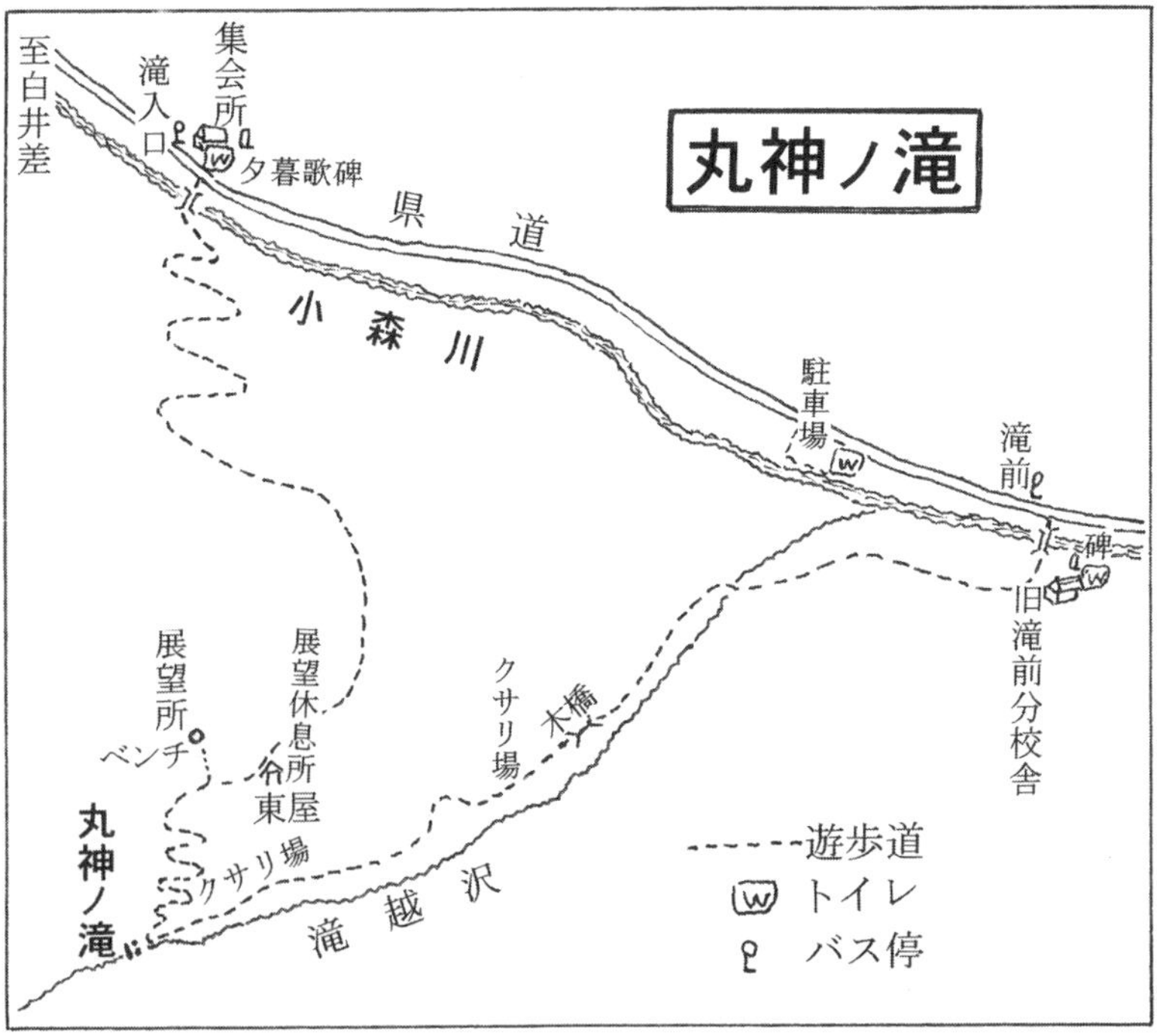

滝の上部まで眺めるには、急斜面を小尾根の展望所まで歩道で一〇分程登る。ベンチが置かれ、正面に三段の滝の全貌が姿を現している。下りは展望休息所を経て、滝入口の停留所へ降りる。集会所の脇には前田夕暮の歌碑が建てられている。

「洪水川《でみずかわ》あから濁りてながれたり地《つち》より虹はわきたちにけり」

④ 名著『奥秩父』復刻

その後も全教は憑《つ》かれたように度々秩父を訪れたが、久し振りに夫妻で神流川の不二洞などを巡り、浜平の鉱泉宿に宿泊したのが全教の山旅の最後であった。この旅の後、昭和五六年一一月一六日、八一歳の生涯を閉じてしまったのである。

「原さんが遺言でもしたもんかねぇ。ある日突然、息子さんが父の遺骨の一部を持ってわしの家へ訪ねて来て。その時はみんなびっくりしちまった。

その後も息子さんは東京からオートバイで日向大谷にやって来て、近況などを話して帰って行ったが。その話によると、親子二人で恵比寿方面で丸太小屋風の喫茶店を経営していたが、今はその店も畳んで赤城山麓方面に、再び丸太小屋風の家を自分自身で建てて移り住んでいるっちゅうが。これを聞いたわしは、原さんの血は争えないものだなぁとつくづく思ったねえ。」

昭和五二年某出版社から『奥秩父』正続の復刻版が発刊された。これは宗助が所有していた全教著名入りの初版本を、出版社が借りに来て復刻されたものという。清水武甲は数ある秩父山岳案内書のうち、原全教の『奥秩父』が一番詳しい最高峰だと述べた。

一一　登山者の話

両神山登山者としては戦前に、高名な植物学者の牧野富太郎が訪れている。昭和四二（一九六七）年の埼玉国体では両神山を舞台に山岳競技が行われた。

昭和五五年は皇太子殿下が白井差コースから登山され、紅葉の残る両神山登山を楽しまれた。帰りは表参道の日向大谷へと下山された。

近年ではエベレストママさんこと田部井淳子さんが、白井指コースの閉鎖を知り度々両神山域を訪れている。両神山から下山後も、すぐに次の目的地に向かって行ったという。

次の登山者は案内人宗助の関わった人たちである。

田部井淳子さん（中央）と山中龍太郎夫妻

①白ひげの大将

大正二（一九一三）年一〇月中旬、鮫島重雄陸軍大将が秩父へ来ることになった。一日目は両神村の忠魂祭に列席のため、大将は当時秩父に一台だけだったという幌馬車に乗って、秩父から小鹿野へとやって来た。両神村では「おらが村に大将が来る」と言って大騒ぎになり、両神小学校を会場に盛大な歓迎式典で迎えた。

二日目は両神山登山をするため、馬に乗って日向大谷へと向かった。日向大谷の人たちは大人も子供も、出原《いでわら》の河原まで行って大将が来るのを待った。大人は羽織袴《はかま》で、子供たちは先生の指導で道の片側に整列して出迎えた。大将が通り掛かるとみんなで一斉に最敬礼をした。

当時小学校三年生だった宗助は、「大将というからにはどんなに立派な人だろう」と思いながら緊張して待っていた。ところが左の胸に大きな勲章を一つ付け、白ひげをぼうぼう伸ばしたおじいさんが、村の在郷軍人に付き添われてやって来たので、一瞬自分の目を疑った。

鮫島大将は社務所の縁側に腰をかけて休息し、記念写真を撮った後、日向大谷の人たちに案内されて両神山へ向かって出発した。在郷軍人もその後に従った。八二歳とは思えない、腰の伸びたしっかりした足取りであった。途中の清滝の霊場に着いた時は、丁度秋雨後で滝も増水していて見事だった。それを見て大将は一首詠じた。

「水上は天の川にや続くらん両神山の峰の白雲」

無事に両神登山を終えた大将は、長瀞方面へ向かって帰って行った。

清滝

② 虎狩りの殿様

大正一四年一二月、虎狩りの殿様とも呼ばれていた、貴族院議長で公爵の徳川義親の一行四名が両神登山にやって来た。主婦の友の藤原記者も同行した。目的は登山というより狩猟の熊狩りであった。この年日向大谷では、すでに深いところでは八〇センチもの雪が積もっていた。その晩は両神神社社務所で、駆け付けてきた両神村長や村会議員の人たちと一緒に酒宴を張り、翌日は地元の猟師も参加して両神山へ登り猟をしたが、熊は一頭も捕れなかった。

その日の一行は山頂の両神山本社に泊まることになり、宗助を始め大入耕地の若い衆五人で炭、食料、布団などを背板で背負い上げた。本社付近は二〇㌢もの雪で足元が悪く、一度では運びきれず二往復もしてしまった。日向大谷と両神山とを一日に二往復したのは、宗助にとりこれが初めてであった。一泊した翌日、一行は猟をしなから白井差へ下り、当時施設されてあった森林軌道のトロッコに乗り帰って行った。

③ 近代スタイル登山者

宗助が登山者を案内したのは、主に大正の終りごろから昭和の初めにかけてである。

「大正一一年ごろだったから、わしがまだ一六歳だったかな。大熊さんという登山者を案内したことがあってね。大熊さんはピッケルを持ってやってきた。何だかへんてこなもんを持ってきたなぁと、その時わしはピッケルを初めて見た。おまけに小柄なのに、大きくてとても重そうな登山靴を履いてるんで二度びっくりした。当時はまだ草鞋の多い頃だったんで、こんな近代的な登山スタイルを見たんは初めてのことだったからねぇ。

その日は朝から良い天気で、お昼頃両神山頂に着いて展望も申し分なかった。大熊さんはしばらく周りを眺めてたが、突然はるか彼方に連なってる雪をかぶった峰を指差しながら、「あれが北アルプスですね」と、わしに向かって言った。その中で鋭く尖っているのが槍ケ岳で、その右に馬の背みたいな尾根が立山連山だと、丁寧に教えてくれた。

わしは今の今まで、両神山から北アルプスが見えるなんてぇこたぁ思っても見なかったんで、嬉しくて感激してしまった。その時分の登山者ときたら、ただ黙ってわしの後から黙々と山へ登るだけで、愛想なんてぇものはなくて、山の名前なんぞ教えてくれる登山者は誰もいなかったしねぇ。その後わしは、二百数十回ぐれぇてっぺんに立ったが、槍ケ岳を見たんはあまりなかったねぇ。一〇月の中旬ごろ、光線加減で北アルプスがはっきり見えることがあるぐれぇで。」

南アルプスは甲斐駒ケ岳が少し見えるだけ、北アルプスは奥穂高岳から白馬岳に続く主稜が遠望できるときがある。

④ 最後の郡長

「秩父に郡役所がまだあった時分、東大出身の岡松生さんちゅう若い人が、最後の秩父の郡長になってね。この人はまた大変な登山好きで、大正一四年に役所の連中を三、四人連れて村へやってきた。それで村長や村会議員なんかも誘って、両神山に登るっちゅうことになった。まだ清滝小屋はなかったんで、日向大谷のてぇが手分けで、夜具類を両神神社の本社へ背負い上げた。ここで一泊して翌日、わしらの案内で両神山登山を楽しんで帰っていったっけが。」

⑤ 日本山岳会会員

「その頃の特に印象ぶけぇ登山者といやぁ、大正一五年から昭和三年まで、高名な登山家の神谷恭さんちゅう、横浜山岳会の人を案内して歩いたことだねぇ。まだ会員数の少なかった日本山岳会会員だった。

神谷さんは当時でもあまり登山者の入らねぇ山域を好んで登る人で、アルプス方面にもよく出掛けると話していたっけ。登山中、地図と地形を見比べながら歩いていて、写真もいろいろ違った角度から撮らねぇと気の済まねぇ人だった。当時は地形図なんかを持って、山を詳しく観察したり研究しながら登る人なんて、めったにいるもんじゃなかったねぇ。」

⑥ 三越仕入部主任

「昭和五年時分だったと思うが、東京三越仕入部主任の伊藤さんを案内した時のことだがねぇ。伊藤さんは小鹿野町から薄川に沿って、三時間もかけて日向大谷へ歩いてきよった。「チリンチリン」とよく音のする鈴を杖に付けてたんで、わしが信仰のためかと聞いたら、『これは熊避けに付けてきたんだ』と言ってた。

わしは熊除けに、鈴を使うっちゅうことを知ったんはこの時が初めてだった。両神山中は熊のすみかで、そのこらぁ熊をたくさん捕っていたからねぇ。伊藤さんにゃ山頂で一緒に記念写真を撮り、あとで送ってもらったんで忘れられない一人だねぇ。」

山頂の二人（左・宗助 24 歳　右・伊藤さん）

⑦ 白根山の噴火

「珍しいものを見たこととといやぁ、白根の噴火かねぇ。昭和の初めごろ、若ぇ登山者を案内して登った時のこった。両神山のてっぺんで休みながら何気なく北の方を眺めるちゅうと、浅間山の右手方向の山から真白ぇ煙が東へなびいてるんが目にへぇった。びっくりしたんで、指差しながらその登山者に教えると、地図を広げてよく見ていたっけが、「あれは群馬の草津白根山です」と、丁寧に教えてくれた。

わしは良い土産話が出来たと喜んで、山を下るとさっそく日向大谷の連中に、「山頂へ行ったら丁度うめぇぐぇに群馬の白根山が大噴火したところだったぞ」と、得意になって話した。ところが誰一人として、わしの話を信用してくれる者がいないんでがっかりしちまった。その後は、山頂へ登るたんびにその山を注意して見てぇたが、煙が出てるんのをはっきり見るこたぁなかった。

ところが最近のこった。その当時の白根山の噴火の様子を偶然テレビで見て、確かにあの時ゃぁ大噴火のあったことがわかった。その瞬間に、六〇年も頭の隅っこに引っ掛かってた謎が解けたような気分になっちまって。そのときぁ、今はいねえ先輩連中に夢中になって話したことが、とても懐かしく思い出されちまって。」

⑧ 山頂から太平洋

「もう一つ山頂で見たものがあってねぇ。三峰口駅ができた時分、そこの駅員さんと登った時だった。その日わしは案内方々、秩父鉄道から頼まれた道標板を立てながら登り、その日のうちに山頂まで立てちまった。残る一つは八丁峠へ立てれば終るんで、その夜は二人で本社に御籠《おこも》りをした。

中秋で夜の冷え込みが厳しく、薪を燃やし続けてぇた。それでも寒くてろくろく眠れねぇんで、しょうがなく早起きして山頂へ登り夜の明けるんを待っておった。

その朝は横雲が多くて、御来光は見えんかったが利根川はよく見えてた。その川の切れた先に、灰色をしたものが広がってぇた。雲は、間隔をおいたその少し上に浮かんでる。まだ太陽の光線が差す前で、目を凝らすと広い灰色のものはまぎれもなく海だった。

太平洋が見えたんだ。二人で、「珍しいもんを見たなぁ」と話し合っていたが、光が差しはじめると消えちまった。「山頂から太平洋が見えた」と里の人に言ったが、これも当然信用してもらえなかったねぇ。」

⑨ 奮発の案内料

「その頃の登山案内料は、一日一円二〇銭と決められてぇた。武蔵野鉄道の山田さんを案内したときぁ、山頂からさらに梵天尾根の白井差峠まで案内してやったら、二円ももらっちまってとても嬉しかったなあ。

　近衛文磨呂内閣時代、県立公園主任の佐々木さんを山頂まで案内したときゃ、何と三円ちゅう倍以上の案内料を手渡された。このときゃ間違いではねぇかと聞き返すほどびっくりしたねえ。当時の三円てぇば、そうとうな高額だった。佐々木さんは近衛総理にとてもよく似ておったんで、今でもはっきりその風貌が思い浮かんでくるよ。自分でも、「今の総理に似ているので、私を覚えておいてくれ」と言ってぇたほど、本当にそっくりだった。」

山旅はがき（画・とよた時）

一二　山小屋と管理人の話

①　清滝小屋の建設

昭和初期、両神山一帯を大嵐が襲った。原生林を薙ぎ倒し大量の風倒木が出たが、しばらく放置されたままになっていた。このまま腐らせてはもったいないので、小鹿野講中の人たちが中心になり、その利用が再三協議された。その結果、両神神社の本社を建て替えるか、山小屋を建てるかの二案に絞られ、結局山小屋の建設に決定した。建設場所は不動滝（清滝）前。ここは江戸時代末期、不動尊を祀るお堂を建てる計画があった所で、すでにかなり整地されていた平地があった。

建築された清滝小屋は、両神神社へ参籠所《さんろうじょ》として納められた。その小屋は現在の清滝小屋の北側にある講中小屋で、今も小屋の入り口には「両神山小鹿野講社建設」と書かれた大きな表札が掲げられている。

清滝小屋は戦後も引き続き両神神社で管理していたが、両神村の観光協会が小屋を借り受け、傷みのひどい屋根などの葺《ふ》き替えをして修復した。その工事をした白石愛次が、清滝小屋初代の管理人となった。その後二代目清滝小屋が造られ、モダンな小屋として登山者に親しまれていたが、平成元年一二月一六日全焼してしまった。ログハウス風の新しい小屋が出来るまで、類焼を免れた講中小屋を仮小屋として急場をしのいだ。現在の清

現在の清滝小屋

最初の清滝小屋

滝小屋の管理は小鹿野町振興公社に移り、無人の避難小屋となっている。

② 鎌仙人富田治三郎

雲取小屋初代管理人の富田治三郎は当初、清滝小屋管理人になろうともしていた。宗助の話。

「富田さんはわしより四つ先輩で、当時はみんな小学校卒業だったのに、秩父農林学校を中退した程で頭も良く、山の記事なんかを雑誌に出すくらいの文才もあった。

昭和の初めごろ、体格の立派だった富田さんは、国民服を着て大きな鎌を担ぎ、腰には鉈《なた》と鋸《のこぎり》を差して両神山へよくやって来たもんだった。当時すでに山小屋経営を考えていたんで、両神山へ入るか雲取山へ入るかでとっても迷っていた。そのとき両神山を秩父の王座と称え、よく足を運んでは、山の地形や条件などをいろいろと調べてたねぇ。

その結果、雲取山の方が将来見込みがありそうだと、両神山の方は断念したようだ。秩父鉄道が雲取山に小屋を建てると、人間鎌一丁あれば山で生活できるんだと言って、昭和五年にさっそく小屋の管理人になっちまった。現在の両神山と雲取山とを比べたら、富田さんの判断は正しかったというもんだ。」

治三郎は登山者の安全や自然保護を考えるあまり、不心得な登山者には、びしびし厳しい忠告をするので反感を買うこともあったが、それも次第に理解されて雲取の鎌仙人、通称「鎌仙」と呼ばれ、登山者仲間から親しまれるようになっていった。

富田治三郎レリーフ

③ 管理人白石愛次

清滝小屋の初代管理人は白石愛次だった。白石家は父の久太郎が三歳の時、祖父民吉が一家と共に炭焼人として秩父へやって来た。実家は新潟県新井市で、駄菓子などを商っていた雑貨屋だった。祖父と父は両神山中で炭焼きを始め、集人《あつぱと》のすぐ下に家を建てて住むようになった。大正七（一九一八）年三月一六日、愛次はこの家で生まれた。

成人した愛次は、父の仕事の炭焼きなどを手伝っていたが、どうしても仕事に身が入らなかった。昭和二三（一九四八）年、両神村役場から清滝小屋の屋根の葺き替えを依頼された。丁度定職も無くぶらぶらしていた時だったので、請け負った。当時は戦後の混乱期で食べるだけでもやっとだったので、良い仕事など無い時代だった。

小屋の修復が終わると、再び両神村役場から小屋の管理人にどうかという話になった。どうしようか迷っていると父久太郎が、「小屋の管理人なら良いだろう」と言ったので、そのまま小屋に居着いてしまった。それで管理人に村役場から支給される給料は、当時一番安い役場の女子職員と同じくらいの千円であった。それでも愛次は黙って小屋の石垣を築いたり、付近を整備したりして登山者の便宜をはかった。管理人の仕事は、やればやるほど無限であった。

昭和二〇年代は、まだ登山どころではなく二、三週間たっても一人も来ない時もあった。昭和三〇年代になると世の中も落ち着き、一般の登山者も訪れるようになり、管理人本来の仕事も忙しくなってきた。ところが給料は、昭和四〇年代に入っても最高で二千三百円と安かった。これでは増えた家族を養っていけそうもなく、そろそろ管理人をやめて転職しようかと考えていた。

そんな折り、秩父山岳連盟の清水武甲が清滝小屋へやって来て、「昭和四二年の埼玉国体の山岳会場が両神山に決まったので、その大会が終るまで我慢してくれ」と言われた。清水武甲の強い説得で思い直し、もうしばらく小屋に留まることにした。埼玉国体の山岳の部は、一〇月二三日から四日間の日程で行われた。清滝小屋へは二三日に各県の代表チームが宿泊し、翌朝両神山頂目指して登って行った。

国体も無事に終り、予定通り愛次は二〇年間務めた小屋の管理人を辞めて山を降りた。希望がかなえられたのに、心にはぽっかりと空洞ができたようであった。幸い小屋の管理人は、兄の虎松ミツ夫妻が引き継いでくれていた。ところが虎松は、五年後に子供のないまま亡くなってしまった。ミツは両神神社の鈴木家の出であったが、晩年は愛次が引きとり世話をした。

里に下りた愛次は、山のことは忘れて新しい仕事に励んだが、七〇歳を過ぎた頃から、山小屋生活を懐かしく思い出すようになった。その大半は、山小屋にやって来たいろいろな登山者と交流したことである。以下は、愛次の回想である。

消失前の２代目清滝小屋

④ 植物図鑑

両神山は植物研究者にとって、大変興味のそそられる宝の山のようだ。高名な植物学者牧野富太郎博士も、戦前には両神山を訪れたと聞いている。

ある年のこと、植物研究をしている大学の先生が来て小屋へ泊った。翌日、先生は小屋付近の植物を丹念に調べていたが、私が近付いてのぞき込むと自分では知っているのに、「この植物は何と言うのかね」と、振り向きざまに聞いた。私は答えられず、ただ頭をかくだけだった。先生は続けて、「山の植物を知らないようでは小屋番は務まらないよ」と優しく言い、その付近の植物の名を、あれこれと丁寧に教えてくれてから帰って行った。

それから一週間後、先生から立派な植物図鑑が郵送されてきた。私の感謝の印は植物を覚えることだと思い、暇を見つけては外に出て、その図鑑を見ながら一所懸命に植物の名前を覚えた。覚え始めると、次第に植物への興味と愛着が湧いてきた。

それから丁度三年後、その先生がまた小屋へやって来た。今度は自信を持って、植物の名を答えることが出来た。「三年間、よく勉強したね」と言って、先生は大変喜んでくれた。ある年、一九日間登山者が一人も来ない時があり、イワタケ採りなどをして過ごしていた。二〇日目に清水武甲さんの実弟、清水大典さんがひょっこりとやって来た。退屈している私に、いろいろと植物の話をして気を紛らわせてくれた。幸い私に植物の知識があったからこそ、楽しい会話ができた。

⑤ 愛鳥家

ある年のこと、はるばる大阪から七二歳の老人が小屋へのんびりとやって来た。この人は耳が少し遠かったが、小鳥の声を聞くことか何よりも大好きという人だった。小屋に三泊もして毎日小屋の周辺を散策しながら、静かに聞き耳を立てて一日中小鳥の声を聞いていた。最後の四日目の日は、朝早く小屋を出て日向大谷に向かって下山した。

のちに両神神社宮司の話によると、その老人は夕方の六時頃日向大谷へと下って来た。その日小屋を早朝に出発したのだったが、小屋のすぐ下の弘法ノ井戸の所で腰を降ろし、二時間も小鳥の声を聞いていたのだという。他でも登山道の途中で立ち止まったり休んだりして、小鳥の声を聞きながら下ったので、小屋から二時間足らずの日向大谷まで、何と丸一日もかかってしまった。結局その人は、さらに社務所に一泊して翌日帰って行ったそうだ。

⑥ 犯罪人

戦後まだ間もないある日、鋸《のこぎり》の目立てなどをしているという、やくざ風の三人連れが小屋に泊った。ところが三人合わせても、一五〇円持っているだけだった。「米はあるから、おやじはおかずを出せ」とリーダー格の一人が少々すごんだ声で言った。宿泊代さえ払ってもらえそうもなかったが、怖かったので言う通りにした。夕食の後三人は、他の登山者と一緒に小屋の二階へ上っていった。そのうち三人連れの一人が降りてきて、階下にいるわしに、二階に聞こえるほどの大声で世間話などを話しかけてきた。だんだん話が弾んで夢中になり、羽生の洋服問屋をだまして三人で詐欺したことを得意になってしゃべり出した。

話し終ってしばらくすると、宿泊者の中の一人の男が、二階からこっそりと静かに降りてきた。そして私の耳に小声で、「無線はないか」と変なことを聞くので、「あんたは誰だい」と、すかさず聞き返した。その人は刑事だった。「ここで捕り物をされても困るんだがねぇ」とわしが言うと刑事はうなずいて、その夜はそのままにして寝た。

翌日刑事は、三人をうまく誘導しながら下山した。結局、熊谷駅で三人逮捕したことを後で聞いた。

弘法ノ井戸

⑦ 臆病東大生

ある年のこと、東大生一三人が両神山登山のため日向大谷へやって来た。丁度わしが日向大谷から小屋へ、背板で荷を運んで行こうとしている所だった。東大生たちはわしも登山者の一人と思い込んでしまった。「おじさん、一緒に登ろうよ」としきりに誘うので、そのまま登山者に成り済まして同行することにした。登り始めてからしばらくの間は、抜きつ抜かれつしながら登って行った。最初は「ヤッホー」などと元気な声を出して登っていた東大生たちも、登りがきつくなるに従い声も出なくなり次第に歩みが遅くなってしまった。

わしはさっさと先へ行ってしまい、小屋に着くとすぐに火を燃やし湯を沸かして東大生たちが来るのを待った。ところが彼らはなかなか姿を見せず、一時間二〇分ほど経った頃ようやく小屋へ到着した。わしが澄ました顔で何気なくお茶を出すと、一同はびっくりした。

「なんだ、小屋のおじさんだったのか。道理で僕たちより早いわけだ」と彼らはその時に初めて気がついた。

その晩はにぎやかな食事の後、東大生たちは二階に上がって先に休み、私もその後で火を燃やしたまま階下で床についた。

「おじさん、半鐘の音がするぞ」。夜中の一一時過ぎに、数名の東大生が起き出して不安気な顔で降りてきた。「それは両神山のお天狗様だよ」と私がすかさず答えると、彼らは怖くなって外にある便所へ行けなくなってしまった。

「おじさん、便所へ一緒に付いて来てよ」と言っているうちに、大杉のこずえ辺りから、「ゴーン」というお寺の鐘のような腹に響く音が鳴り出した。とうとう彼らは外へ出られなくなり、小屋の入口の戸だけ開けて、土間から外に向かって数人が一斉に並んで放尿した。

一三　遭難者の話

①覗岩の遭難

両神山は険しい岩峰と険悪な谷が多く、昔から遭難事故が絶えない。両神神社本社から数分下ると、展望の開けた大岩壁の上に出る。ここは修験者たちが身を乗り出して深い谷底をのぞいた修行場で「東覗岩《のぞきいわ》」と呼ばれていた。この岩場付近が両神山中で一番遭難事故などの多い所である。

昭和初期ごろまでは、東覗岩には一本の細い下り道がつけられていた。霧の深い日などには登山者がこの道へ迷い込み、転落して亡くなることもあった。戦時中はこの岩の上から飛び降り自殺をした人もいた。誰かが後ろから背中を押して突き落としたのだという噂も立った。西覗岩でも秩父市野坂の人が飛び降りて死んでいる。その他イワタケ採りで、岩壁から落ちて死んだ人もいた。

平成六年一月、地元の小鹿野署は前年新築した清滝小屋に「県警山岳救助隊臨時詰所」を設置した。両神山は秩父山系では特に遭難多発山塊のため、冬山シーズンを迎え、万一に備えて小屋の二階の一室が救助隊員の拠点になった。

覗岩からの展望

②浦高生の遭難

昭和七年二月二三日、四人の埼玉県立浦和高校の生徒が厳冬の両神山へ登った。その下山途中、積雪のため道に迷い、先頭を歩いていた黒沢正好君が氷穴の前で足を滑らせ、氷壁の谷底へ落下した。仲間の一人が深雪の中を息絶え絶えに、日向大谷へと通報してきた。すぐに日向大谷と集人の人たちが集結し、九人が布団などを持って急ぎ現場へと向かった。当時二七歳だった宗助も、若手の一人としてその救助に参加した。

現場へ着いた時には、残った仲間の一人がリュックを下に敷いて遭難者を寝かせ、必死に人口呼吸をしているところであった。すでに遭難者は冷たくなっていた。頭部を強打して内出血を起こしたらしく、血は全然出ていなかった。日向大谷で一番の力持ち田村門造が、遭難者を背負って三〇《メートル》程歩いた。だが雪が深くそのうえ暗くなって来たので、その日一同は寒さに耐えながら、遭難現場付近で一夜を明かした。翌日一七貫（編注・約六四キロ）の遺体を宗助始め若い者が交代で背負い、雪の登山道を下って日向大谷へと降ろした。

当時両神山の案内人の一人だった、集人の中井実の話。

「ふもとの日向大谷では、わらの灰は暖まりやすいからと、貴重なわらを沢山集めて焚き火をし、遭難者が運ばれて来るのを待っていた。とにかく山の遭難などは珍しい時で、小倉、出原からも支援が来て炊き出しをして、村中がそりゃぁ大騒ぎだった。」

この遭難事故について仲間の一人が、半紙一枚に遭難状況を記述していた。それによると遭難者の黒沢君は、皆野町国神の出身でスキーが出来た。一行は三田川の森本旅館に泊まり、翌日尾ノ内沢から両神山へ登った。下山途中に氷穴付近へ来たとき黒沢君が、「僕ならこのくらいの所は滑れる」と言って、勇敢にも凍った雪の上を滑って見せているうちに、誤って谷へ落下したのだという。

原全教の『奥秩父・続編』には、この遭難について次の記述

遭難現場の治三郎（左）と宗助

がある。

浦和高校ではその日の夕刻、仲間の学生たちが「秩父へ行った四人は大丈夫かなぁ」と、誰となく不用意に不安の言葉を漏らした。折しもどこからともなく、物体の墜落する鈍い音が続けざまに二度響きわたった。その瞬間ぞくぞくと寒気が襲い、一同は不吉な予感に戦慄した。後に下山した学友の話を総合すると、その時刻と音の様子とが、黒沢君の遭難と全く一致していた。

この遭難の数日後、富田治三郎は雲取小屋を下って日向大谷へと向かっていた。両神村へ入り薬師堂の所まで来た時に、村人から両神山で遭難事故のあったことを知らされた。若い命の消えたこの遭難に心痛んだ治三郎は、その夜社務所に泊まり込んで、宗助たちから事故の一部始終を聞いた。それを基に、山の雑誌に「両神山のアクシデント」と題する小文を発表した。激しい気性の反面、後に宗助と一緒に遭難現場へ行ってその霊を慰めるという、内面はとても気持ちの優しい人だった。

③ ふもとの救援

昭和二五（一九五〇）年、白石愛次が清滝小屋へ入った三年目に、初めて遭難者に出会った。その日登山中に一人の娘が、誤って谷へ落ちて頬を深く切ってしまった。その娘は顔を血で真っ赤に染めながら、夕刻自力で小屋に救助を求めて来た。愛次は初めてのことだったので、びっくりして気が動転してしまった。

「山小屋には最低さらし一反と膏薬《こうやく》くらいは置いておけ」と言われていたが、まだそのようなものは何も用意していなかった。手拭いが六本だけあったので、とりあえずそれで縛って応急手当てをして夜の明けるのを待った。

翌朝、娘を背負って下山しようと思い一度は試みてみた。ところが何しろ大柄な娘なので、小柄な愛次ではとても無理だった。娘を小屋へ残し日向大谷へと急報した。すぐに大人の男衆が一三人も集まり、救援に小屋へ登ってくれた。このように両神山麓の人たちはいつも協力的であった。

④ 気象観測

白石愛次は植物の観察と共に、登山者の安全確保のため両神山の気象にも注意を払っていた。長年観察を続けた結果、その年の台風の予報などがある程度出来るようになった。

清滝小屋から東方約五、六〇〇メートルの所に、薄川本流にかかる白藤ノ滝がある。毎年五月五日ごろから、六月一〇日ごろにかけて風のない静かな日、滝カマチとも呼ばれる岩壁に囲まれた谷間から、白い霧の玉がゆっくりと上昇してくる。両神山の山頂付近まで昇ると、その玉がふいに消えてしまう奇妙な現象が起こる。

愛次は長年の観察で、この霧の玉が大きければ大きいほど、その年は大型の台風が襲ってくることを突き止めた。伊勢湾台風が日本を襲った時には、今までにないとても大きな霧の玉が両神山の山頂へ向かってゆらゆらと昇って行ったので、「今年は大きな台風が来るぞ」と、登山者などに話していた。案の定その年は大型台風が日本に大被害をもたらした。その反対に小さな霧の玉の時には、大きな台風が不思議と来なかったのである。

ある時この現象を気象庁に話してみた。「それは貴重な現象ですね、ぜひ観察を続けて下さい」と言ってくれた言葉が励みとなり、それ以後

薄川源流の霧玉発生付近

もずっと観察を続けて確証が持てた。愛次は清滝小屋へ入った昭和二三（一九四八）年から、ずっと日記を書き続けていた。小屋にいた二〇年間は、気象などを中心とした観察日記であった。この日記を整理した結果、年によって日照りや雨が多いといっても、両神山では年間を通すと一三日ぐらいしか違わないことがわかった。

一四　動物の話

①ニホンカモシカ

両神山には、いろいろな動物が数多く生息している。かつてはオオカミもいたと言われるが、現在貴重な動物は、ニホンカモシカやコノハズクなどであろう。日本のカモシカは明治、大正期の乱獲で絶滅の危機に瀕《ひん》したが、昭和三〇年に国の特別天然記念物に指定されて以来だんだん増加した。今では全国で一五万頭程が確認されているという。

昭和五七、八年にかけて行った、埼玉県の「ニホンカモシカ生息密度調査」によると、県内には約四〇〇頭以上いると推定されている。そのうち生息密度は岩稜の両神山が最も高く、頂上から中腹にかけて約五〇頭以上が生息しているものと推定される。環境庁の調査では旧大滝村、旧両神村と秩父市の一部に限られていた生息区域が小鹿野町、秩父市吉田にも広がっていることが確認された。ここ二十数年間、頭数はあまり変わらないが、最近は時々日向大谷の谷にも水を飲みに現われる。

②コノハズク

コノハズクは体長二〇センチぐらいの鳥で、日本では最も小さなフクロウの一種である。夜行性で昼間は木の上でじっとしているので、その姿を見た人はほとんどいない。夕方六時頃から明け方の四時頃まで「ブッポーソー、ブッポーソー」と鳴き続ける。これは縄張りを主張しているのだという。本当のブッポウソウは「ブッポーソー」とは鳴かず、長い間誤認されてきた。

この鳥は夏鳥として五月ごろ南方から渡って来る。秩父山系では、両神山以外めったにその声は聞けない野鳥である。両神山では清滝小屋付近の大木の洞《うろ》などに、二〇羽近くも営巣のあることが確認されている。

愛次の話　「コノハズクは四月から五月ごろ鳴き始め、特に曇りの日は朝から晩までよく鳴いている。晴れている日は、夕方から夜中にかけて鳴く。ある日、水穴の付近へ薪を取りに行ったところ、大木の枝に巣のようなものがあった。目を凝らしてよく見たらコノハズクだった。すぐ小屋へ駆け込み長い棒に鳥もちを付けて捕ろうとしたら、両羽根を大きく広げて暗い方角に向かって飛び去ってしまった。二〇年間もコノハズクの多くいる場所に近い小屋にいて、姿を見たのはこれ一度だけだった。」

以前は日向大谷でも、コノハズクの声はうるさいほど聞かれた。両神神社や勢至堂の周囲は、大樹がそびえている鬱蒼とした森だった。

宗助の話　「勢至堂を地元じゃ、三夜堂と呼んでいる。一月二三日の昔の縁日にゃ、サントウ店（露天商）も出て、そりゃにぎわったものだった。その頃お堂の付近は、大きな杉やケヤキが高くそびえていて、そけぇブッポウソウが住みついていてぇた。両神山のブッポウソウは渡りをしていなかったようだ。ところがケヤキを木屋へ売って切り倒しちまってぇからは、だんだん周りが明るくなっちまい、ブッポウソウはほとんど寄り付かなくなっちまった。」

③　御巣鷹山と鷹

御巣鷹山　江戸時代までは、両神山一帯にいくつかの御巣鷹山があった。「御巣鷹山」とは江戸の将軍が、鷹狩用として使う鷹を捕獲するための山として、特別に設けられた指定区域のことである。

宗助の曽祖父平左衛門は「鷹屋」の屋号を持ち、両神神社の観蔵院らと共に御巣鷹山鷹見衆であった。鷹の巣かけの監視や幼鳥の捕獲などが主な役目であった。監視していた御巣鷹山は、河原沢村の尾ノ内沢上流にあった出北、丸山の二カ所であった。いずれも岩峰が幾つも切り立った、一般の人には足の踏み入れることの出来ない危険な所である。

幼鳥を巣から取り上げることを巣下ろしといった。巣下ろしされた幼鳥は、餌付けされてから将軍へ献納された。御鷹上納の時も、山中本家を中心とする日向大谷三家の者が、「御本丸御鷹御用」と書かれた木札を掲げて江戸へ上った。片道四日を要した旅であった。

御鷹御用の木札

現在宗助宅には、御巣鷹山に関する古文書と共に、縦三二センチ、横八センチ、厚さ一・五センチの御鷹御用の木札が保存されている。表面に漆の塗られた軽い板で、裏側に棒を差し込む部分がある。これを手で高く掲げて登城したものと思われる。木札の裏には「武州秩父郡薄村鷹屋平左ヱ門」と墨書されている。

宗助の話　「前に言ったかもしれねえが、祖父の畝四郎はわしが子供だった頃、江戸の将軍家へ鷹納めに行った話をよくしてくれた。この御鷹御用の木札を見せると、江戸城内を自由に通れたと自慢してぇたことが思い出されるねぇ。両神山の岩稜には、近年まで鷹がすんでぇて時にゃその姿を見かけたもんだが。表登山道沿いの、コックイ岩ちゅう巨大な岩峰には鷹の巣があってねぇ。その巣は岩峰に生えてぇた大きいツガの木のてっぺんに、枝を集めて作られていて下からも見えたもんだ。この大ツガは戦後木

秩父産クマタカ

材として伐採されちまって、それからぁ、コックイ岩から鷹の姿は消えちまった。」

昔は高い岩場を好む鷲や鷹などの猛禽類がすんでいた。両神山にすんでいた大鷲はとても飛ぶのが早かった。毎日、江戸の小塚原まで、処刑されたさらし首を食べに行った。いつも決まった時刻に、「バサバサ」とそれは大きな羽ばたきをしながら飛んで来るので、付近の人々は、何時頃か分かったという。

④ 山案内犬

初代モコ 宗助宅では、モコというメス犬を飼っていた。モコは白井差の山中家に飼われていたポチの子である。ある日のこと、見馴れぬ犬が宗助宅の玄関から土間に入って来て、家族に馴れ馴れしくして居着いてしまった。龍太郎さんの山仕事に二週間も付いてくるので、首輪の所をよく見たら「白井差・ポチ」と書いてあった。白井差の山中宅へ電話で知らせ、引き渡す時、利口な犬なので子供が生まれたらぜひほしいと話しておいた。譲ってもらったポチの子は、もこもこしていたので「モコ」と名前を付けた。

モコをもらった当初は、ポチが白井差から尾根を越えてやってきて、モコを白井差へ時々連れて行ってしまった。そんな時は、宗助宅で手土産を持ち車でモコを迎えに行った。白井差へは一度長又まで出てから、もう一度戻るように小森川をさかのぼって行かねばならず、片道で三〇キロ近くもあった。しかもカーブの多い狭い道なので、車でもかなりの時間がかかった。

そのうちモコが白井差のポチのところへ遊びに行くようになった。

「モコが今そっちへ向かって帰ったからね。」白井差の山中家からこんな電話があると、まもなく尾根を越えて帰ってきた。モコは自分の通り道を持っていて、日向大谷と白井差の間を行ったり来たりしながら、山を駆け巡って遊んでいて一週間も家へ戻らない時もあった。

ある年モコが、一月一日から何日経っても山から帰らなかった。家族で心配のあまり毎日手分けをして、手弁当で両神山中を探し回ったが見つからなかった。諦めかけた二月一二日、三三日ぶりでひょっこりモコが戻ってきて家族を喜ばせた。その時のモコはすっかり痩せ細り、巻いていた尻尾もだらりと下げ、黒かった鼻も白くなっていた。

モコは猟と山歩きが大好きで、ウサギをくわえてよく持ってきたがヤマドリだけは捕れない。タヌキを木の上へ追い詰めて捕ってきたことがあった。そのタヌキは、剥製にして土間の入口に置かれ、愛嬌よく民宿客を迎えている。

登山者が宿泊すると、翌朝は案内人気取りで先頭に立って歩き、登山者から感謝されていた。愛情を奪われては大変だと思っているのであろうか、猫だけは目の敵にしていた。こんなモコでもどういうわけか、雷だけは極度に怖がり、雷が鳴り出すとあわてて家の中へ飛び込んできた。夜中に雷鳴を聞くと、寝ている宗助の布団の中へ潜り込んでぶるぶると震えている始末であった。

このように家族の一員だったモコは、昭和六三（一九八八）年三月、山へ入ったのを最後に、今度はいくら待っても帰らなかった。犬は一年で人間より四、五年歳をとるので、一七年生きたモコはすでに老齢だった。山を死に場所に選んだのであろう。

二代目モコ　次に飼った犬にも「モコ」と命名した。白の目立った初代モコと違い、二代目は茶系だった。この犬は初代以上に

宗助と初代モコ

山好きで、まるで昔両神山中にすんでいたという山犬のようだった。登山者も時々オオカミと見間違えたらしい。毎日のように登山者を案内していた。一四年生きたが晩年は足腰が弱ってしまい、よたよたしながらも登山者を見ると案内していた。橋から落ちはしないかと、かえって登山者を心配させていた。

ある登山記事　〈薄川を渡って右岸を登って行くと、対岸の高みを犬が走り過ぎて行った。一瞬野犬ではないかと思ったが、すぐに姿は見えなくなった。しばらくして最後部の仲間の後ろに先程の犬が寄って来た。その後は何度となく犬は後ろから追い抜いて行く。清滝小屋に着くと犬が我々を待っていた。小屋前の日だまりで食事をとり始めると犬が擦り寄って来たので、おにぎりを分けてやったが、おかかや鮭など味のついた所だけ食べて御飯は食べない。お座りやお手などの芸をして、乾燥芋やバナナに飴など甘いものは喜んで食べる。

　私がザックを背負って立つと、登山道の先に回り込んで待っていた。七滝沢コースへ下る分岐点でも待っていて、我々が着くと頂上方向に向かって走って行く。その後も山頂まで分岐路では待っていた。下山になると犬は、五〇メートルほど前を間隔を保ちながら下って行った。途中の沢で休息中、犬はもう安心と思ったのか、姿が見えなかった。

　両神山荘へ着くとそこには犬の姿があった。女将さんに犬のことを尋ねると、山荘の犬で朝からいなくなっていて、帰って来てから食事を与えても、ほとんど食べないのでおかしいなと思っていたと

分岐で登山者を待つ二代目モコ

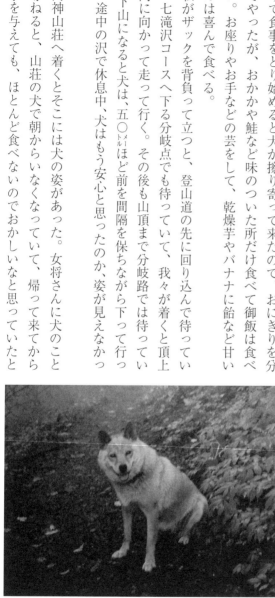

のこと。我々の道案内をしてくれたと言ったら、「家ではなんの役にも立たないのにねぇ」と言って笑っていた。犬の名前を尋ねると「モコ」と教えてくれた。大きな声で「モコ」と呼んだら、一目散に走って来た。実に人懐っこい犬であった。

日本百名山のうち秩父の山で唯一、未登峰であった両神山は一日中犬とかかわりあった珍しい山行であった。

平成八年一月二七日　坂口奉正〉

ポコ・ポン　平成二三年四月現在、ポコとポンの親子の案内犬を飼っている。取材を頼まれた両神山荘のマツヨさんはポコの案内で両神山へ登った。すでにポコのお腹は大きく、食べるものも変わってしまっていた。それから間もなくしてポンが生まれた。マツヨさんはポコが妊娠していることに気付かず、「犬にもつわりがあることを知っていればねぇ」と、山頂まで連れて行ったことを悔やんだ。ポコは二代目モコとは違い、あまり本気では案内しない。

ある時、ポコが幼いポンを連れ出して下の出原の山へ遊びに出かけて、ポンを置き去りにして帰って来てしまったことがあった。しかし、ポンは何と三カ月も親が迎えに来るのを待っていたという。

またポンは四カ月の頃から、夕方に町の放送で流す「夕焼け小焼け」のメロディに合わせて吠えるようになった。歌手のつもりで歌うのである。足のけがで一時入院して中断したが、人間同様に幼い頃の記憶は忘れないのであろう。

テープに合わせて歌うポン

今では録音したテープを流しても歌うようになった。

まだ二歳に満たないのに山案内犬としても一犬前になり、最近も山頂から八丁峠まで縦走して、坂本まで登山者を案内した。

一五　狩猟の話

①カモシカ猟

宗助の話「わしが両神山中で狩猟を始めた大正の頃は、まだけっこうカモシカが生息してぇて狩猟の対象になってた。カモシカのよくいた場所は大キギ、小キギちゅう岩峰の周りと、あとは七滝沢に三カ所ぐれぇあった。仲間と一緒に、一頭の大カモシカを一五日間も追いかけまわして、ようよう仕留めたことが忘れられねぇ。三年間一頭も捕れねぇことだってあったからなぁ。」

カモシカは夜行性でしかもほとんど一頭で行動しているので、昼間ただ山中を歩いているだけでは出会うことはまずない。また人の気配やわずかな物音でも、敏感に感じてすぐに逃げてしまう。筆者も五十数回の両神山登山中、カモシカに出会ったのは一度だけである。

②熊猟

両神山の狩猟で、大物と言えば熊やカモシカである。宗助は主に熊猟の仲間に入っていた。熊猟は、冬眠のため岩穴に入っているところを捕獲する穴熊捕りであった。両神山中で熊穴は、三六ヵ所ほど確認されている。

熊が入っている穴を発見したら、頭だけ出せる格子を丸太で作って入口を塞いだ。そして穴の近くで大声を出したりして、冬眠中の熊を起こした。ノコギリの音を出すと目を覚ますと言われていた。起き出した熊が格子か

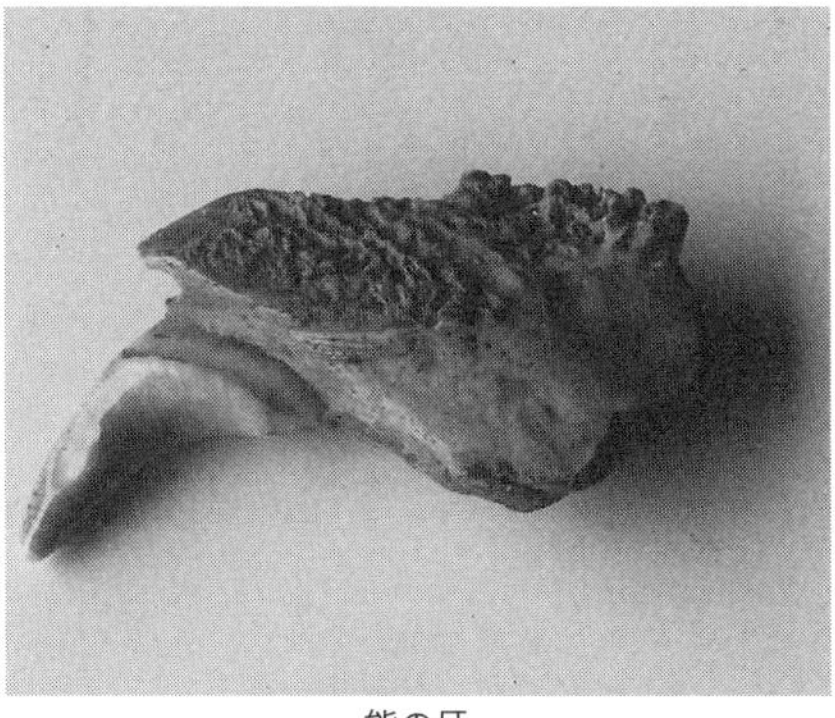

熊の牙

ら頭を出して、真っ赤な口を開けたところを至近距離から狙って撃った。一冬で三頭も捕ると、仲間からねたまれたものという。

宗助の話 「仲間で熊を捕った時にゃぁ皮は売ってしまい、はらわたはその晩囲炉裏を囲んで、大鍋でぐつぐつ煮ながらみんなで突っ突いて食べた。肉の方はその人数分で平等に分配した。その頃は冷蔵庫もねえ時代だったが、寒中なんで肉はかなり長持ちがした。肉は一〇貫ぐらい（編注・約三七・五キロ）の小型の熊ならうめぇが、一七貫（編注・約六四キロ）以上になると硬くてまるでゴムをかんでいるようで、あんまりうめぇものじゃあない。冬眠中の熊は脂が乗ってるので肉を煮ると脂がえれぇ出て、この脂の汁がまたとてもうまかった。熊の肉は、子供の出来ねえ夫婦が食べると子宝に恵まれるという程で、体の中がポカポカと芯から温まってきた。でも三度も続けて食うとものすごくて、あとは食いたかぁねえなぁ。」

③ イノシシ猟

イノシシはたまに上州方面から、猟師に追われたものが来るくらいで、昔から両神山中にはほとんどいなかった。それでも宗助が母の胎内にいる頃、父の秦次は三六貫（編注・約一三五キロ）の大イノシシを仕留めた。そのイノシシの頭骨と牙が山中家に保存されている。

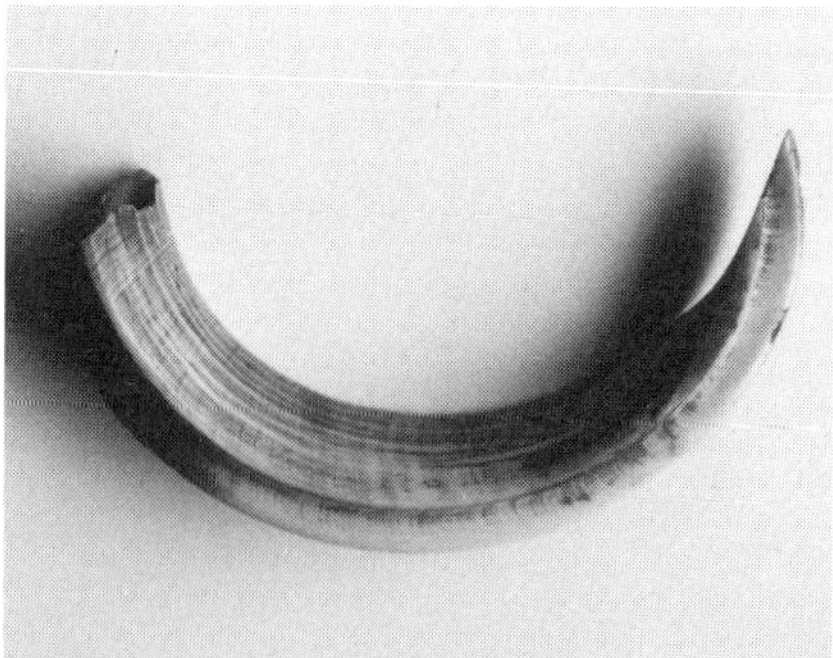
猪の牙

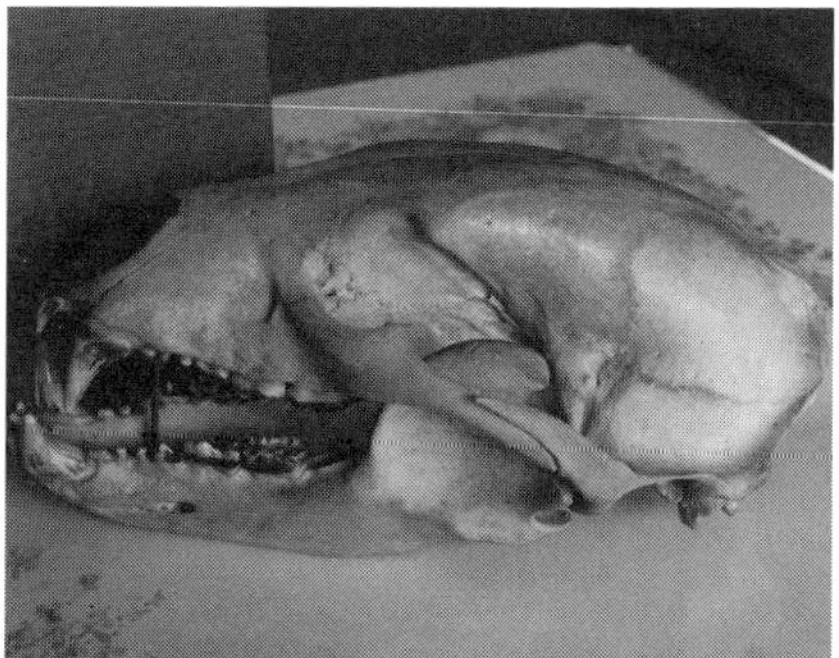
熊の頭骨

宗助の話「あの日航機の事故以来、上州から山伝いに逃げて来たんかしんねぇが、両神山にイノシシが増えちまって。最近じゃイノシシの野郎、カニをとるんでワサビ田を荒したり、クズの根を掘っくり返しては大穴を開けるんで、杉の木が倒れちまうなどの被害が出ている。猿もうんと多くなって、畑の作物を荒しちまって、相手は知恵があるからその対策にゃとんと困ってる。また日向大谷の里近くで、白いカモシカも見かけるようになったなあ。最近、両神山になんだかわかんねえ異変が起こってるんかねぇ。」

④ 猟銃

熊猟などに使用した山中家の猟銃は、明治一七（一八八四）年まで火縄銃であった。山中家には三丁あったが二丁は供出してしまい、現在一丁だけ残っている。この火縄銃は長さ一三六㌢、重量五キロで、江戸時代から明治一七年までの四〇年間山中家で使用していた。明治一八年からは村田レミントンの新銃となり、大正九（一九二〇）年宗助一四歳の時、この性能の良い銃を父から与えられ、宗助は一人前として猟をするようになった。

当時、火薬や弾丸は自分たちで製造した。火薬の原料はハンの木の炭の粉と硫黄の粉、それとインド産の硝石で、これは床下の土にも含まれていたが、これらを調合して製造した。ただし手製の火薬は主に、炭木を割るのに使用していた。

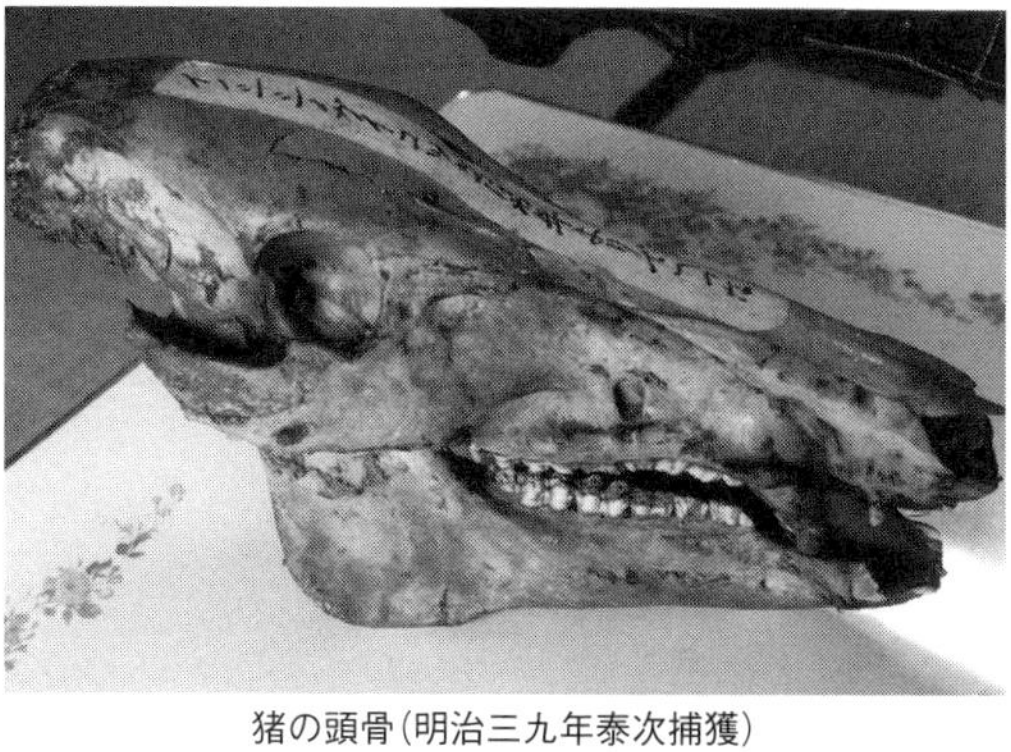

猪の頭骨（明治三九年泰次捕獲）

山中家では村田銃の弾丸は、火縄銃のナマリの弾を溶かし、鉄製の鋳型《いがた》に流し込んで一粒ずつ作っていた。弾丸の直径は一・二センチくらいで、これを「ツメゲエキ」と呼ぶ口の部分をカモシカの角で作った袋の中へ入れて、一粒ずつ袋から取り出して使用した。

「まだまだ話してぇことはうんとあるが、またの機会にしておこうかのう」

上からサヤゴウ・ツメゲエキ・イカタ・弾丸

資料

①『新日本山岳誌』（平成一七年・日本山岳会編著）から飯野頼治執筆部分を抜粋

両神山《りょうかみさん》　標高一七二三m　別称・八日見山、竜神山、竜頭山、鋸山

埼玉県秩父郡小鹿野町（旧両神村）と秩父市（旧大滝村）にまたがり、険しい主稜は上武国境の見界尾根へと延びている。山頂からの展望は三六〇度さえぎるものがない。

山名由来を『新編武蔵風土記稿』にみると、薄村と小森村（現小鹿野町）は山頂近くに両神明神社と両神権現社を祀って伊弉諾尊、伊弉冉尊を祀るゆえに両神山と称し、河原沢村（現小鹿野町）では山頂の北、東岳と西岳の間に竜頭神社を祀り八日見山という。八日見とは日本武尊が東夷征伐のおり筑波山に登り、この山を八日間見ていたと述べたとの所伝を元にしている。また竜神社を祀るので竜神山ともいう。

このことについて木暮理太郎は、「両神山は竜神山竜頭山であって、伊弉諾・伊弉冉は関係なく竜神を祀ったのが正しい。竜神が両神となり、ここに伊弉諾・伊弉冉を奉祀したものであろう」と述べている（『山の憶い出　下巻』平凡社）。

鋸山の名は山頂部を指して呼んだものであろう。役小角が開いたという伝承があり、修験の山、信仰の霊山として栄えてきた。江戸時代には一般人も講を組織して登るようになった。眷属としてのお犬信仰は、盗難・火難除けの山犬を貸し出したのは三峰山よりも古く、この犬を借りるものが多かったので守護札として配布したのが今に続き、両神、御岳、竜頭の各社で配布している。

表参道の山頂部には両神神社と御岳神社が祀られている。両神神社の里宮は表参道口の日向大谷にあり、

山頂の剣ケ峰の小社は奥社である。神仏習合時代は観蔵院と呼んで、安中の天照寺という修験の寺に属していた。御岳神社の里宮は浦島にあり、寺号を金剛院といい、越生の山本坊の配下にあった。金剛院順明は木曽御岳山を普寛行者とともに中興して両神山に御岳信仰を広めたが、明治の神仏分離令で両社ともに本来の神社に戻った。また竜頭神社の里宮は尾ノ内に、奥社は主稜に祀られている。竜神は水の支配者であり、雨乞い信仰の神として崇拝され、尾ノ内沢の油滝は雨乞い場であった。

両神山を形成する主な岩石は、古成層のチャートと粘板岩である。チャートは硬く風化されにくいので険しい尾根や絶壁を作り、谷間では中津峡に見られるような深い峡谷をつくっている。

江戸時代には平賀源内が、この山塊で石綿を発見し金山開発にも着手した。近代になると主に鉄鉱石の産地として繁栄した時期があった。露岩が多く土壌が浅いので、下草には独特の植物相が見られ、牧野富太郎も採集に訪れている。なお、両神山を代表する植物はヤシオツツジである。

ニホンカモシカの生息地であるとともに、以前はワシやタカが舞う姿を見ることもあった。江戸時代までは御巣鷹山があり、日向大谷と白井差の鷹見衆が幕府にタカを献上していた。清滝小屋の付近はブッポウソウの営巣地である。

登路　登山道は旧両神村の日向大谷から薄川沿いに観蔵院～会所～清滝小屋～両神神社を経て山頂に至る表参道ルート（三時間三〇分）、秩父市（旧大滝村）日窒鉱山の上落合橋から八丁峠に登り、岩稜伝いに西岳・東岳を経て北から登るルート（四時間）、小鹿野町の坂本から八丁峠に登り上落合橋からのルートに合流するルート（五時間）がある。

国土地理院の地図、古いガイドマップ、ガイドブックには、白井差からのルートを記載しているものがあるが、このルートは二〇〇一年以後廃道となっているので注意を要する。

地図　五万図（万場）、二・五万図（両神山）

② 両神山を知る本

『奥秩父・続編』（原全教・昭和一〇年・朋文堂）
『多摩・秩父・大菩薩』（原全教・昭和一六年・朋文堂）
『両神山・風土と登山案内』（飯野頼治・昭和五〇年・実業之日本社）
『両神山・りょうかみ双書』（村史編纂委員会・平成二年・両神村役場）
『日光山と関東の修験道』収載「両神山の信仰（執筆　千嶋寿）」
（宮田登、宮本袈裟雄編・昭和五四年・名著出版）

あとがき

本書は、両神山表登山口の日向大谷に住んでいた両神山登山二六一回の記録を持つ、両神山最後の案内人・山中宗助さん（平成一七年・九八歳没）の山語りを中心にまとめたものです。

昭和六一年の訪問以来、度々宗助さんから日向大谷の山村生活や両神山と関わった人たちの貴重な話を伺うことが出来ました。宗助さんは高齢にも関わらず頭脳明晰、記憶力抜群でしかも向学心が旺盛でした。

今では故人となられた清滝小屋初代管理人の白石愛次さん、両神神社宮司・鈴木保雄さんからも御教示をいただくことが出来ました。また、黒沢和義さんには宗助さんなどの絵を、岩田豊太郎さん、打田鉄一さんからは玉稿を賜りました。

両神山荘の山中竜太郎さん、マツヨさん夫妻にはいつも温かく迎えていただき、大変お世話になりました。関係各位に対し、ここに厚くお礼申し上げます。

拙書は両神山の登山案内書ではありません。両神山は危

麦の刈り上げ儀礼準備中の宗助さん

険箇所も多いので、登山する場合はガイドブックなどで充分に下調べをしてから入山して下さい。打田鉄一著『埼玉県の山』（平成二一年・山と渓谷社）には、両神山を代表する五コースが詳しく紹介されています。

文中には多くの人物が実名で登場しますが、記録として残すため関係者にはご了承願います。

平成二四年七月　　著者

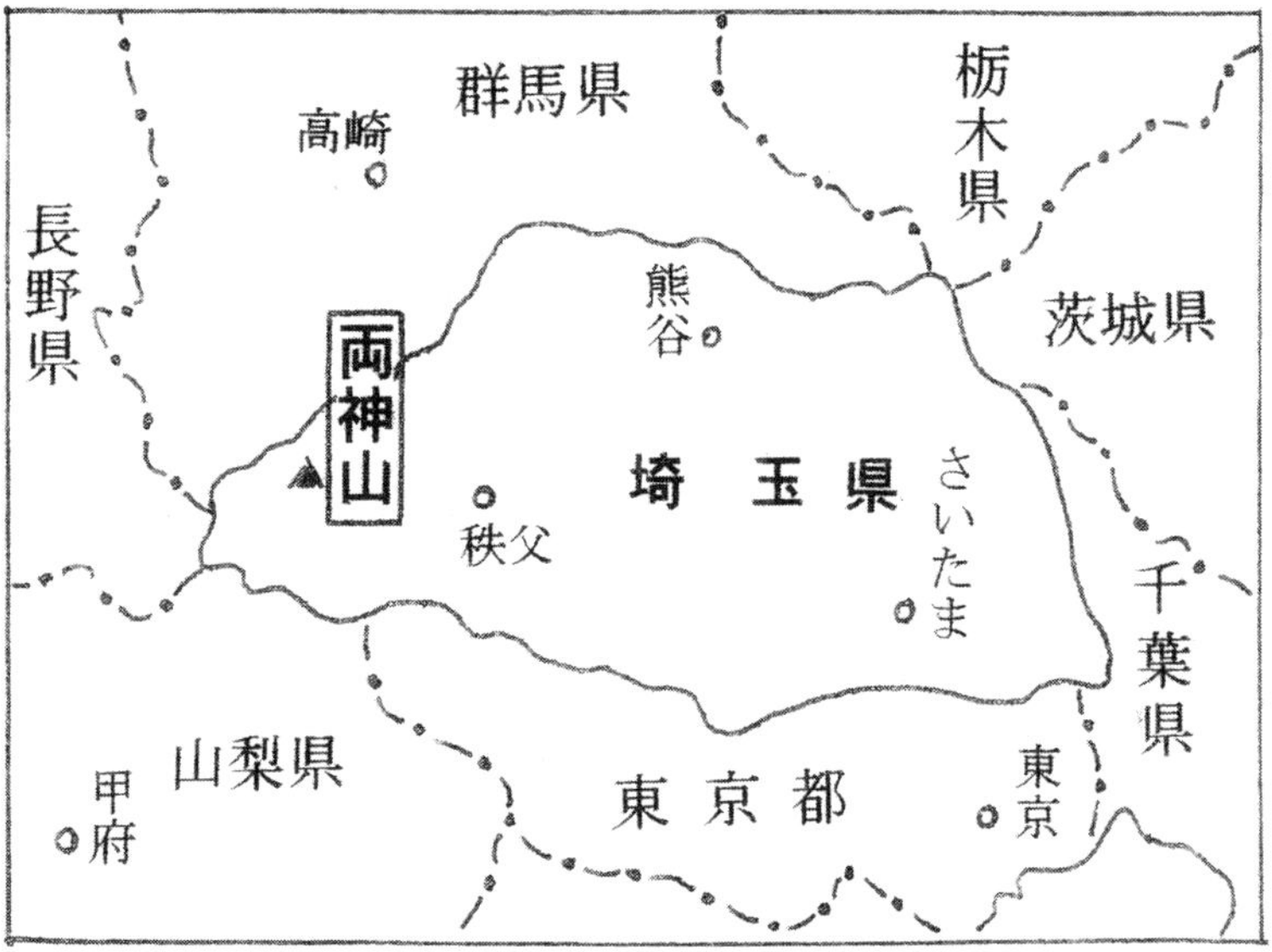

大血川の山仕事人

この道六〇年・馬場三郎次

一九九三（平成五）年九月一五日、私家版として『奥秩父に生きる人々Ⅱ　大血川の山仕事人　この道六十年・馬場三郎次』発行。おそらく著者自らがコピー印刷・製本し、希望者に配布していたと思われ、発行部数は不明である。初版以降の改訂版の存在は確認できなかった。

はじめに

この冊子は、大滝村（編注・現秩父市）大血川の馬場三郎次氏（本文中敬称略）の六〇年にわたる山仕事を中心に、大血川の山村生活と関わりを持った人たちからの聞き取り調査をまとめたものである。

私と大血川の人たちとの関わりは、昭和六一（一九八六）年に荒川総合調査の時に渡場大血川の黒沢八郎氏宅訪問が最初であった。翌年沖大血川の黒沢武次氏宅で狩猟の話を伺っている際に、馬場三郎次氏を紹介され、馬場宅を訪問するようになった。

馬場三郎次夫妻と黒沢武次夫妻は、いつも変わらぬ笑顔で私を暖かく迎えてくれた。馬場黒沢両氏にお会いするのは、決まって雨などの天気の悪い日である。それは両氏共まだ山仕事の現役で、天気の良い日には山に入り、家にはいないからである。

これからも元気に、山仕事を続けられることを願ってやまない。

一九九三年九月　飯野頼治

馬場三郎次氏

炭焼き小屋と炭焼き人たち

大血川の渓流

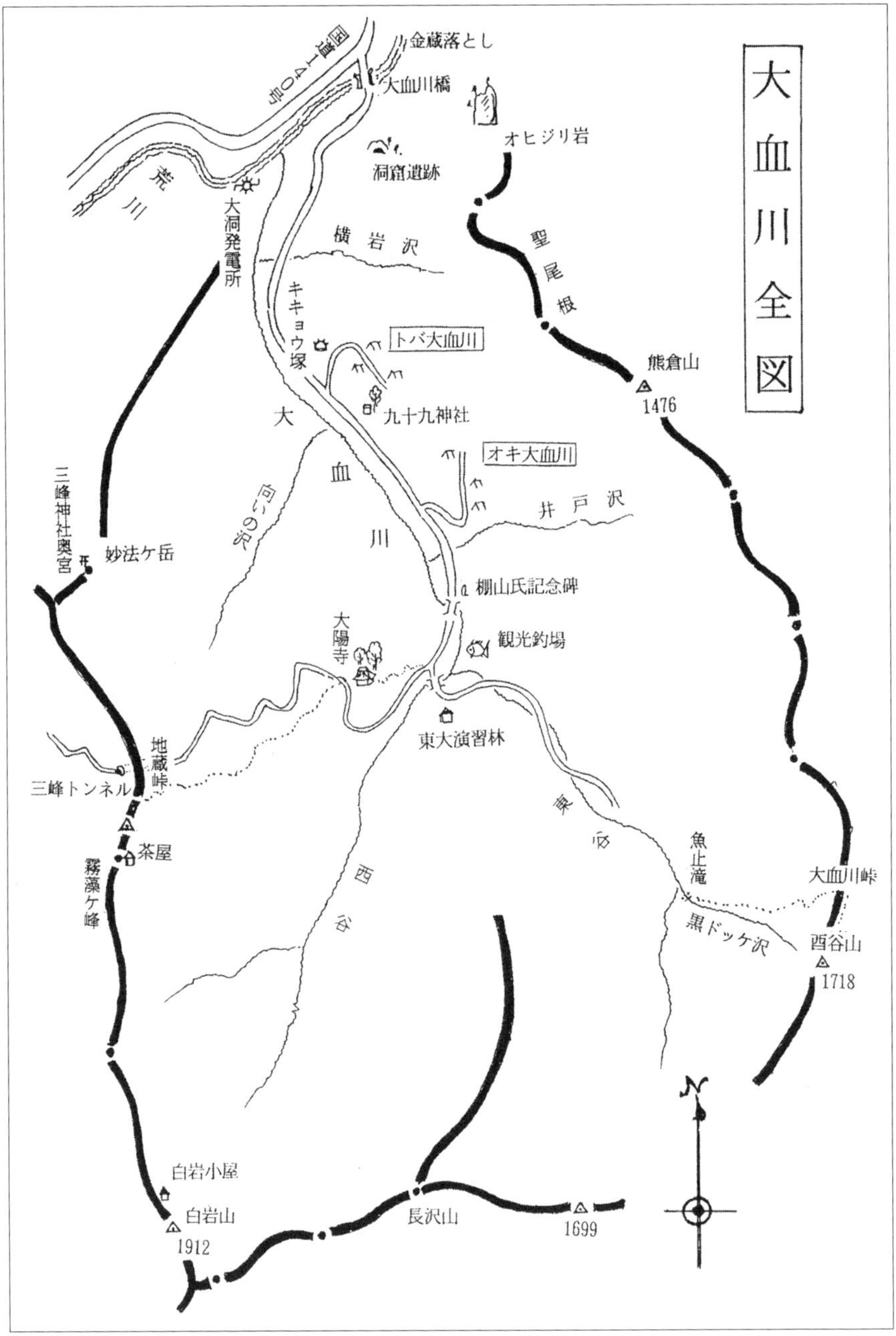
大血川全図
国道一四〇号
金蔵落とし
大血川橋
オヒジリ岩
洞窟遺跡
荒川
大洞発電所
横岩沢
聖尾根
キキョウ塚
トバ大血川
九十九神社
熊倉山
1476
大血川
オキ大血川
向いの沢
井戸沢
三峰神社奥宮
妙法ケ岳
棚山氏記念碑
大陽寺
観光釣場
東大演習林
地蔵峠
三峰トンネル
茶屋
霧藻ケ峰
東谷
西谷
魚止滝
大血川峠
黒ドッケ沢
酉谷山
1718
白岩小屋
白岩山
1912
長沢山
1699

一　大血川の集落

集落起源伝説

大滝村を流れる荒川に、大血川という渓谷美の優れた支流がある。この谷の斜面に、三〇戸程の大血川集落が点在しており、手前の集落は渡場《とば》大血川、奥の方を沖《おき》大血川と呼んでいる。この沖大血川に、幼少から七六歳の現在まで山仕事一筋に生きてきた馬場三郎次がいる。この三郎次の山語りを中心として、山仕事に生きた人たちを紹介していこう。

三郎次が生活の舞台としている大血川は、平将門の伝説地として知られている。『新編武蔵風土記稿』は次のように記す。

「土人伝へ云、此所にて将門の妃九十九人自害せしとて、今尚古塚存せり。さてもその時血の流ること、七日七夜に及べりと云ふより、地名となるよし。一説には重忠この辺にて誕生せし川筋なればとて、於乳川と書せしとも云」

現在、渡場大血川の石塔平と呼ばれる斜面の畑の中に、二基の古い五輪塔がある。これが侍女三人近達九九人と共に、難を逃れて当地へやってきて自害した将門の妻桔梗《ききょう》御前の墓という。渡場大血川の旧家黒沢家一六代黒沢八郎は、次のように大血川集落由来記を記す。

「天正元（一五七三）年頃、落人黒沢勘解由、此の地に来り。此の上は武士の運も計り知れず、此所を我が住果る所と定め、妻子を引き連れ此所に引籠り土民の道に相励み、心安く月日を送りしと云う。同志追々集り七、八軒程平和に事もなく。餘終に向い勘解由、子孫に土民になる上は、所持の系図武器等我が墓所え埋納、武家になり出世之心無く百姓の道に励むべしと戒めたという。干時黒沢勘解由没年文禄二年三月」

九十九《くじゅうく》神社は、当地で自害した桔梗御前、近達九九人を祀る集落の総鎮守である。創建当初は石塔平にあり、九十九前社と呼んでいた。天明三（一七八三）年に宮の尾根に御遷宮、更に明治一五（一八八二）年現在地に新築上棟御遷宮した時に、現社名の九十九神社に改名した。

石塔原の桔梗塚（渡場大血川）

現在の集落

大血川集落の戸数は戦国末期八軒、江戸末期一八軒、明治一〇年ごろ二三軒と少しずつ戸数が増加していった。明治末ごろからは、他地域から炭焼きの人たちが家族で大血川の谷の奥へ移り住み、大正年代から昭和初期の最盛期には一〇〇名以上もの炭焼き人がいたという。戦後製炭業は衰えたが、それでも昭和三〇年代ごろまでは四〇軒程あった。現在は三〇軒程で渡場大血川に二〇軒、沖大血川に一〇軒余点在している。そのうち屋号を持つ旧家は一七軒程である。

大血川は西谷《とりだに》山（一七一八メートル）方面に源を発する東谷と、白岩山（一九二一メートル）方面に源を発する西谷とが大陽寺下の大日向で合流して流れ下り、荒川本流に注いでいる渓谷である。集落は大日向から下流の東斜面で、ここは熊倉山（一四二六メートル）から西へ伸びた尾根の末端にあたり、対岸の前方には三峰山奥之院の妙法ケ岳（一三三一メートル）がそびえている。

明暦元（一六五五）年の検地帳によると、一番悪い下々畑が七町六反で全体の畑の七五パーセント以上を占めている。このように昔から地味《ちみ》の悪い斜面に開かれたわずかな耕地と山仕事で、厳しい自給自足の生活を営んできた秩父でも代表的な山村であった。現在は過疎化が進み、若い人たちは勤め人となり、残った老人たちの多くは山仕事などに精を出している。

二　馬場家

馬場甚平

大滝村へ　沖大血川の馬場三郎次宅は、大滝村では馬場家を名乗る唯一の家である。明治の中ごろ、埼玉県比企郡都幾川村（編注・現ときがわ町）の明覚《みょうかく》から、馬場甚平《じんぺい》という若者が木挽き職人の見習いとして、小鹿野町小判沢の山の元締の所へやって来た。そして数年の修業の後、小鹿野町を始め上吉田の山へもよく入り、木挽き職人として働いた。後に三郎次が吉田へ行った時、「昔、甚平とかいうよく働くわけえ木挽きが来て、山仕事をしていたがなあ」と、吉田の古老が懐かしそうに話した。「おれがその甚平の息子だ」と三郎次が言ったら、「そりゃまたほんとけぇ」と相手はびっくりしてしまった。

ある時、甚平は親方から呼ばれて、「お前も木挽き職人としてようやく一人前になったことだし、独り立ちして大滝村へ行かねえかい。大滝村は寒いところだが、山持ち大尽がいて、えれえ金持ち村で山の仕事もたくさんあるぞ」と言われた。甚平もそろそろ独立を考えていた時だったので、二つ返事で承諾した。親方は出発に先立ち、甚平に大工職人などの若い衆三人を付けてくれた。大滝村へやってきた甚平一行は、大血川の黒沢亀松宅に一時逗留して、近所の平野家の普請の仕事などをしていた。そのうちに「秩父座」などの大きな建物も大工と一緒に建てるようになった。

馬場甚平

結婚　甚平が逗留した黒沢家の当主亀松は、両神村大平の木地屋小椋《おぐら》家の出で、黒沢家へ婿養子に入りマツと結婚した人であった。その亀松の子に、気立てのよいタツという娘がいた。甚平は毎日顔を合わせているタツに、いつしか心を奪われていった。タツも働き者の甚平に引かれていた。ある日のこと甚平は、厚かましいとは思いながらも決心し、勇気を出してタツと結婚したいことを亀松夫妻に申し出た。案の定、黒沢家では大反対で「他国者に娘はやれねえ」と断られてしまった。

しかし甚平はあきらめず、その誠意に折れた黒沢家は、二人の結婚を許すことにした。すでにタツの姉は平野家へ、平野家の娘は小椋家へ嫁いでいた。甚平夫妻は、結婚後しばらく黒沢家の隠居所を借りて新婚生活を始めた。数年後に甚平は黒沢家の下方に、自ら全ての木挽きをして一人で自分の家を建ててしまった。

炭俵編み　その後、甚平はあまり収入のない木挽き職人に見切りをつけて、すぐに現金収入の得られる商売に転職した。主に反物や駄菓子などを仕入れて、各地を売り歩く行商であった。木挽き職人時代にためた一〇〇円の元金で始めたこの商売も、貸し倒れが四〇〇円にもなってしまった。もともと商人出ではなく気前のよい甚平は、人から頭を下げて頼まれるとどうしても断われない性分で、商売には不向きだったのである。

甚平自身もそれを自覚し、当時大血川で炭焼きが盛んになったのに目を付け、炭俵編みの仕事に再び転職した。ちょうどその頃、大血川の山で大きな山火事があり、その焼跡に生えてきた茅《かや》を利用しようとしたのである。

甚平は各農家の主婦などが内職程度に炭俵を編んでいたのを、「上の小屋」と呼ぶ山小屋を茅の沢山ある山に建てて、八人くらいも人を雇い大大的に始めた。三郎次は子供の頃遊び仲間から、「ヂンペイ会社」などと言われてからかわれた。当時はまだ会社という言葉はなぜか気が重い感じで、それを言われる度に嫌な思いをし、子供心を大変傷つけられた。

甚平の炭俵作りもようやく順調になった矢先、原料の茅が不足して調達出来なくなってしまった。山村の人たちが、軌道に乗ってきて現金収入の多い甚平をねたみ、いじわるく茅を売らなくなってしまったからである。結局炭俵作りは一年程でやめざるを得なくなり、今度は炭焼き業に転職した。甚平は郷里の都幾川村から、炭焼き職人の岩田という知人を大血川へ呼び寄せ、炭焼きの指導を受けて技術を修得した。馬場一家は山に小屋をかけて移り住み、本格的に木炭の生産に乗り出した。六、七歳だった三郎次はそれ以後あまり小学校にも行かずに、父の炭焼き仕事を手伝った。この製炭業もうまくいかず、最後は県造林の仕事に就いた。

このように甚平は失敗を繰り返しながら、いろいろと仕事を変えていった。その間、タツとの間に九人もの子宝に恵まれ、それぞれ子供たちも成長して男子は父の仕事を継ぐようになった。晩年の甚平は、昭和二八（一九五三）年七一歳で亡くなるまで安楽に暮した。親切で人にくれ好きな性分は終生変わらず、大血川へやって来た見ず知らずの他人でも、よく家へ招き入れて泊めたりした。妻のタツは、九〇歳の長寿であった。

馬場姓は都幾川村では名家の一つで、萩日吉神社の例祭日に行われる流鏑馬《やぶさめ》の神事の射手の四家の一つである。馬場家は久寿二（一一五五）年、源義賢が大蔵館（比企郡嵐山町）で源義平に討たれた時、当地へ逃れて土着した臣下の子孫という。この事件の時、義賢の子の駒王丸は助け出され、木曽に落ちて後に義仲となった。

馬場三郎次

養女民子　甚平夫妻には、なかなか子供が出来なかった。その頃、子供好きな夫妻のところへ、近くの炭焼き小屋の民子というかわいい女の子がよく遊びに来ていた。民子さんが六歳になったある日、「もう家に帰らない」と突然言い出して夫妻を困らせた。そこで甚平は炭焼き小屋の家へ行き、民子さんを養子にしたいからと申し出た。子だくさんだった炭焼き小屋の主人は、「馬場さん夫妻なら、民子を大事にしてくれるだろう」と言って承諾した。ところが民子さんを養子にもらった途端、大正六（一九一七）年五月一五日に長男の三郎次が生まれた。それからは次々に郁蔵、泉、甲四郎、チエ、義恵、宏、九蔵と子宝に恵まれた。甚平夫妻はいくら子供が増えても、養女の民子さんを実子同様かわいがり立派に成人させた。そして中津川の木地師、小椋信春の元へ嫁がせた。民子さんは木地師の妻として木鉢作りの仕事を手伝いよく夫を助けたが、不幸にも信春は若くして亡くなってしまった。後に民子さんは再婚して、現在も小鹿野町で元気に暮らしている。

子供の遊び　馬場一家は三郎次が小学校へ入学する頃まで、黒沢家の隠居小屋を借りて生活していた。黒沢家には三郎次より一歳上に従兄弟の武次さんがいて、幼少より一番の遊び相手であった。三郎次は小さい頃から体力のある子だったが、決して人をいじめたりしたことはなく、武次さんとも喧嘩をしたことは一度もなかった。その武次さんとは、今も一緒に造林の仕事をしている。当時は女の子とも仲良く遊び、女の子も男の子と一緒に木登りなどして遊んでいた。

　正月の一五日には、オッカドという木でテンギという小さな農具の模型を作り、それを神棚へ上げる風習があった。子供たちはそのオッカドの棒を削って木刀を作り、それでチャンバラごっこなどした。テンギが神棚から下ろされると、子供たちはそれを払い下げてもらい「テンギ返し」という遊びをした。これはテンギを等間隔で地面に立てて、三、四メートルくらい離れたところから順番に棒などを投げつけて、いくつテンギを倒すかという今のボーリングのような競技である。

小学校　三郎次が小学校へ入学する頃、馬場一家は炭俵作りの茅を刈るため大血川奥山の小屋に移り住んだので、山小屋から尾根伝いに山道を通って小学校へ通学しなければならなかった。そこで通学に慣れるまで、当時一三、四歳だった民子さんが毎日三郎次を小屋から学校の途中まで送ってくれた。

　小学校は明治三六（一九〇三）年、渡場大血川の繁慶寺という寺跡に建てられた大血川分教場であった。分教場は、一年生から六年生まで五〇人程が一教室の複式学級で、先生が一人で教えていた。卒業式の時は、朝の暗いうちから歩いて中津川にある本校の鶉平《うずらだいら》小学校まで行った。このように沖大血川の炭焼き小屋などからでは距離も遠く、就学年齢になっても小学校へ行かない子が当時は何人もいた。

造林小屋　三郎次が一三歳の時、父は大血川にある東大演習林の木を製炭用に一山買った。ところが演習林だったため、良い木を基準に契約させられてしまった。その頃、強石《こわいし》の炭問屋へ卸していた木炭の値が一俵四五銭であった。買い取った原木の値が一俵につき三〇銭くらいで、強石まで運搬する持ち子に払う金が一〇銭、その他の雑費が五銭以上かかったので赤字になってしまった。炭問屋にも多額の借金をつくる結果となってしまったので、炭焼きに見切りをつけた父と共に一六歳になった三郎次は、県造林の仕事をすることになった。結局この造林業が、三郎次一生の仕事となるのである。

　父はその頃、三峯神社奥之院（妙法ケ岳）の下方にあった「ナベシマ小屋」と呼ばれる造林小屋に入る予定であった。この小屋は栄ちゃんという造林仲間の一人が、この小屋でミイラのようになって死んでいたの

炭焼き窯から木炭の搬出

が発見されたところから「エイボウ小屋」とも呼ばれていた。このようにこの小屋はあまり縁起がよくないので、その上方に新しい小屋を建てた。この新小屋には父の甚平と三郎次の他、弟の郁蔵、甲四郎、それに他の男衆も四、五人入って一緒に住んだ。まったくの男所帯の共同生活であった。

三郎次兄弟は若僧なので造林小屋での仕事は、カシキ（食事）や水汲み、風呂炊きなど、女のやる家事が中心であった。三郎次は造林の仕事を一時間程早く切り上げて急いで小屋へ戻り、食事の仕度をして先輩たちがおなかをすかしながら山から帰るのを待った。夕食後は、先輩たちが食休みをしている間に後片付けをした。続いて休む間もなく、翌朝の食事の用意をしてから一番遅く床についた。朝だけは先輩たちが交代で早く起きて、御飯だけ炊いてくれた。冬の沢水での洗い物は、手がしびれて一番つらかった。

班長　三郎次たちは、日中は先輩たちと同じ山仕事に精を出した。昼食事の一時間も休む間がなかった。食べ終えると自分と先輩たちの鋸《のこぎり》の目立てや鎌研ぎ、更に薪拾いなどをしなければならなかったからである。その間、先輩たちはのんびりと昼寝などしているのでうらやましく、早く一人前になりたいと思った。

造林の山仕事には県から監督が派遣されて来たが、ただ立って我々の仕事ぶりを見ているだけだった。監督は暇なので退屈しのぎに、「その鋸を貸してみろ」などと言ってそばの立ち木を試し切りし、「三郎次の目立てた鋸はよく切れるなあ」と言いながらよく褒めてくれた。帰りは昼休みなどに拾って集めておいた薪を背負って、「スズタケの中から熊が出やあしないか」と心配しながら、先輩たちより一足先に造林小屋へと戻った。その当時大血川には熊がたくさんいたのである。

三郎次はよく働いてくれるからといって、六〇銭の給料をもらった。人夫頭が七〇銭、働きの少ない大人で五〇銭だったので、入りたての若僧としては大人並み以上の高額であった。そして三年後には、日頃からのまじめな仕事ぶりが認められて一九歳で班長に抜擢《ばってき》された。班長になったので、県では白久出身の二人の人夫を三郎次に付けてくれた。三郎次と初対面した二人は、「班長と言うからにはもっと年配者かと思ったら、何だいまだ小僧じゃねえか」と、しげしげと三郎次を見て言った。

兵役　昭和一三（一九三八）年九月、二一歳の三郎次の元へ招集令状が来た。監督責任者の新井氏の計らいにより、造林小屋で仲間から出兵祝いの会を開いてもらい小屋から出兵した。派遣された場所は、孫呉《そんご》というソ連と満州国境の黒龍江沿いのとても寒い所であった。満州の任地では近衛兵になり、山仕事で鍛えた体力と抜群の肺活量があったので、三名のラッパ吹きの一人に選ばれた。そのおかげで牡丹江へ行かずに済んだ。牡丹江に派遣された仲間は、当地で全員戦死してしまった。

ラッパ吹きの最初の訓練は、裸馬を乗りこなすことであった。毎日の練習で、とうとう両足の股が擦れてしまいヒリヒリ痛くてしかたがなかったが、次第に慣れてきて上手に乗りこなせるようになった。次にラッパの訓練を受け、起床と消灯ラッパを毎日吹いたが、消灯ラッパの方が難しかった。二年目からは、初年兵の教育係や新馬の調教などが主な仕事になった。冬の満州の気候は想像以上に厳しく、黒龍江は一メートル程も厚い氷が張りつめて、戦車もその上を自由に通ることが出来た。冬の水汲みも大変な仕事の一つで、敵に見つからぬよう支那人に変装して黒龍江へ水汲みに行った。一面張りつめた黒龍江の氷に穴を開けておき、そこから紐の付いたバケツで水を汲み上げた。しかし汲む時にこぼれ落ちた水が穴の周囲で凍り、それがだんだんたまって氷の山となった。穴も少しずつ小さくなるので、時々敵に気を配りながら氷の山や穴を削らねばならなかった。

満州には二年間いた後、二三歳の昭和一五年八月に一度内地

招集時の馬場三郎次

へ帰り、世田谷の野砲一連隊に所属した。その頃三郎次は、干している馬の敷きわらの上で軍隊仲間とよく相撲を取って強かった。その年の秋に双葉山一行が巡業に来て、余興としてプロの力士と対抗相撲を取るため、部隊から五人選抜された一人に三郎次は選ばれた。そして序二段力士と取り組み、相手力士を負かしてしまった。

昭和一六年七月、再び近衛兵として招集されて一二月に広島へ移った。翌一七年一月二日の新年には台湾へ派遣され、更に同年の三月一日にジャワ島へ渡った。ジャワ島では、六〇〇人程いたインドネシアの兵士たちにも、ラッパの吹き方を教えたりした。子供好きな三郎次の周りには、いつもインドネシアの子供たちが集まって来た。みんな純朴な子で、日曜日になると映画を見せに、子供たちを引き連れて映画館へ行った。ジャワの映画もあったが見たのは主に日本映画だった。市電を貸し切って、子供たちに乗せてあげたこともあった。

終戦後はイギリス軍の捕虜となったが、昭和二一年八月に、五年間いたジャワ島から無事に帰国することが出来た。

双葉山一行巡業時の三郎次

再び県造林へ

帰国後の三郎次は、再びの県造林の仕事に従事するため兄弟など七人で山へ入った。大洞谷の三峰集落の下方、ネコニタの対岸に皆で協力し合って小屋を建てた。付近の木を集めて骨組みを作り、周りは枝で囲い、屋根は茅で葺いた。

戦後は食料事情が悪く、麦を背板で運び上げ、小屋で粉をひいて作った焼饅頭などが主食だった。小屋の近くには、自然に生えて丁度木に絡まったカボチャがあり、一日一個ずつ取って皆で、「おいしい、おいしい」

と言って食べた。時々大洞谷へ降りて、魚を捕まえてきておかずにしたり、時には、三峯神社奥之院の供え物などを失敬したこともあった。

この頃は造林の仕事もあまりあるわけでもなく、伐採した木材を自らテングルマで運搬したりいろいろな山仕事をしなければ食べていけない時代であった。

生涯山仕事で　三郎次は昭和二二年から五四年まで、沖大血川一三軒の組長として三三年間地区のためにも働いた。戦後しばらくの間は配給制度だったので、強石へ自転車で味噌、醤油、衣類などを取りに行った。これらの品物を自転車に付けて大血川の自宅へ持ち帰ると、ふれを出して隣組一三軒の人たちに家へ集まってもらった。そして初めに品物の明細帳を皆に見せてから、全員で公平に分けた。それ以前は組長が品物を一人で分けて、個々に配っていたので不満も出ていたのである。

現在は埼玉県秩父農林振興センターの元で、埼玉県造林企業組合の一員として、引き続き造林事業に携わっている。秩父全体では二〇組あり、大血川の組は三郎次を責任者として大血川の人たち六人で構成され、大血川の山三八〇町歩を任されている。そろそろ引退したいのだが、「馬場さんがいないと困る」と仲間から言われているので、働けるうちは生涯現場で造林の仕事をしたいと思っている。

三郎次の子供好きは今も変わらず、既に嫁いでいる三人の娘の

造林作業中に熊の寝床でくつろぐ三郎次

孫たちがよく泊まりに来ている。母が帰った後でも、一人で一週間や十日くらいいても泣きもせずによく遊んでいる。馬場夫妻の子供好きな心が、幼児には分かるのであろう。

毎年正月元旦には三郎次兄弟の子供たちが、それぞれ親たちを呼んで一同に集まる「従兄弟会」をすでに何年もかかさず恒例行事として行っている。三郎次の兄弟がお客として招待されるこの会には、孫もたくさん集まって来るので多い年には六、七〇人にもなる。親兄弟もなかなか仲良く出来ない今の世では、大変珍しい会と言えるであろう。これも長兄三郎次の人徳に負うところが多いと思われる。

三　黒沢家

黒沢武次

三郎次と従兄弟関係の黒沢武次氏宅は、沖大血川の旧家の一つである。約二〇〇年前までの祖先はたどれるという。武次さんは三郎次より一歳年上の大正五（一九一六）年生まれで、三郎次とは一番の遊び友達であった。成人してからは会社勤めをしたこともあったが、現在は三郎次と一緒に造林業の仕事に従事している。従って三郎次とは幼少の頃から今日まで七〇年以上の付き合いである。

父の種英さんは器用な人で、竹で各種の籠を編んだり、わらで蓑《みの》などを作ったりしていた。また狩猟が大好きで、七〇歳を過ぎてからも猟を楽しんでいた。昭和四二（一九六七）年、白岩山の付近で大鹿を見付け、三日間追い回した末にようやく捕獲した時は、写真入りの新聞記事になった。三段角を持った一〇〇キロもの大物であった。武次さんも父の影響を受けて戦前から昭和三〇年ごろまで熊や鹿の大物猟をしていた。一冬で熊は二頭、鹿は二〇頭から多い年で三〇頭も仕留めたこともあった。

次は武次さんの語る狩猟話である。

鹿の雌は捕獲禁止になっているので、雄鹿が狩猟の対象であるが、経験を積まないと雌雄の区別がつきにくい。一番の目安は角の有無であるが、若鹿の雄はこぶ程度で角がよく出ていない。また雄が逃げる時は角を背中に背負って走るので、角はほとんど見えない。従って角による雌雄の見分けは難しいが、雄は首が短くて黒っぽいたてがみがある。猟を重ねるとこのようなわずかな特徴から、雌雄を見間違えることは決してない。また雄の爪の足跡は、雌と比べてやや丸みを帯びている。

ある冬、日野官林で角のない雄鹿を捕獲して背負ってきた時、役人に雌だろうと疑われたことがあった。

そこで鹿を下ろし、「よく見ろ」と言って、腹の下を見せたら男根がちゃんと付いていたので、役人は、「なるほど」と言って納得した。

猟銃は村田銃を使用していたが、後に二連発の銃を使うようになった。弾丸の鉛は、鉄製の柄杓《ひしゃく》に入れて囲炉裏で暖めた。早く溶けるようにと、熾火《おきび》を直接鉛に入れることもあったが、溶けた鉛は、熾のごみなどと混じることは絶対になかった。

溶かした鉛は鋳型《いかた》に流し込んで、一つずつ丸い弾丸を自分で作った。鹿用は豆粒くらいの鉛玉を一二個程、熊用は小さい梅の実くらいの弾を一つ薬莢《やっきょう》に入れた。獲物に当った弾丸は変形してしまっているが、捨てずにそれを溶かし変えて使用した。一度当った弾丸は縁起が良いとされていた。

熊や鹿の大物は、その場で腹を裂いて臓腑を取り出し、頭部は空洞になった腹の中へ押し込んだ。そして前足と後足とでそれぞれ縛り、体を丸くさせた。運搬は一人の場合、背負縄で直接背負って家まで運んだ。二人の時は頭部を腹の中へ入れずに、手足を縛った間に通した棒を前後に担いだ。

鹿は頭部を切って皮にしてから、広い板に内側を表にして周りを釘で止めて張り付け、約一週間くらい二階の養蚕室で日陰干しにした。干し上がると皮の目方は五、六キロになってしまった。黒沢家へは皮買人が定期的にやって来て、目方で購入していった。

昭和六〇年ごろ、八〇歳くらいの盆栽売りの老人が黒沢家へやって来た。武次さんは何となく、どこかで会ったことがあるような人だなと思った。そのうちその老人が、「昔よくお宅へ鹿の皮を買いに来たことがあってね」と言ったので、やっと思い出すことが出来た。そして商売の盆栽から、昔の猟の話が中心になってしまった。

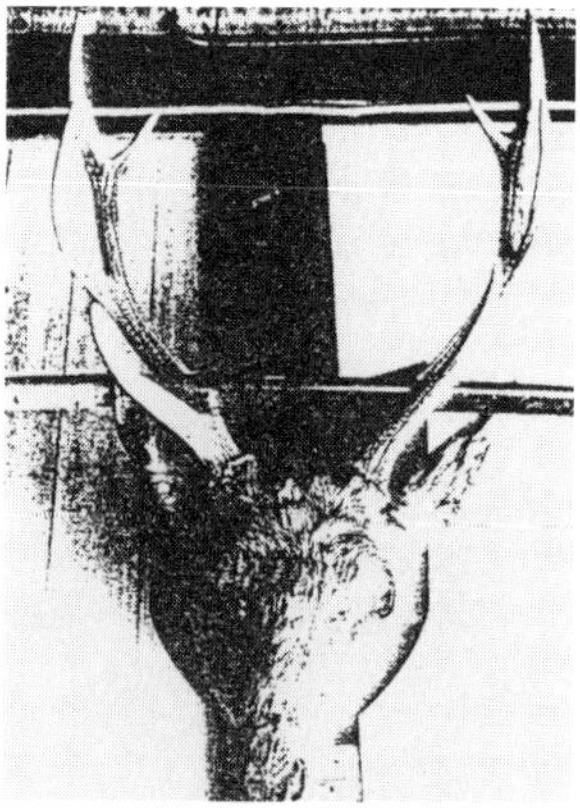
大鹿の頭部（黒沢家蔵）

黒沢亀松

武次さんの祖父亀松さんは、両神村大平の木地師小椋藤兵衛の子で、大血川の黒沢マツさんと結婚して黒沢家へ婿養子として入った。木地師とは、木を伐採して現地で木鉢、椀、杓子などを作る工人のことである。彼らは原材のトチノキなどを求めて山から山へと移動し、良材があるとそこに一定期間小屋を掛けて製作に従事した。

藤兵衛は故郷の近江の国東小椋村から、父の住右衛門に連れられて秩父の山へと入った人だった。亀松さんの兄七之助さんは後に両神村に定住し、その孫の弥一さんは秩父最後の現役木地師として今も木鉢などを製作している。この小椋家は昭和の初めごろ、大血川入り口の現在の発電所付近に出小屋を建てて、木地屋の仕事をしていたこともあった。

亀松さんは黒沢家に来てからも、木地師として山の小屋へ入り、あまり家にはいなかった。日清、日露の両戦に出兵した軍人でもあった。亀松さんが作っていたものは木鉢が中心で、注文で立臼も彫っていた。亀松さんは昭和三年に六二歳で没したが、妻のマツさんは八二歳まで長生きをした。

黒沢家では亀松さんの作った木鉢を、今でもうどんこねなどに使用している。

木地屋発祥地（滋賀県旧東小椋村蛭谷）

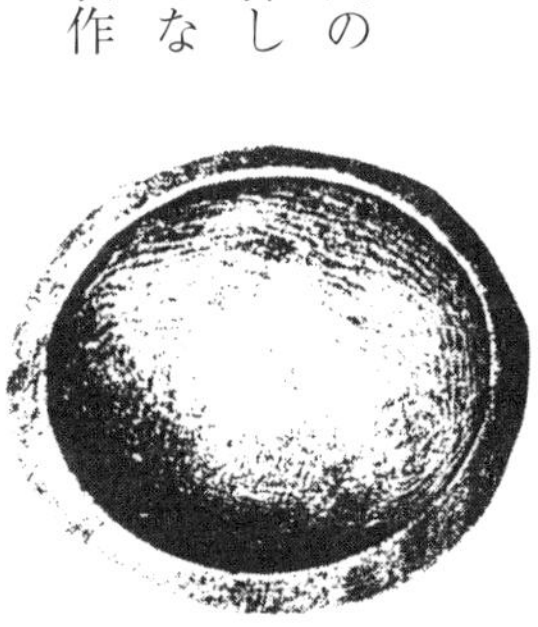

黒沢亀松製作の木鉢

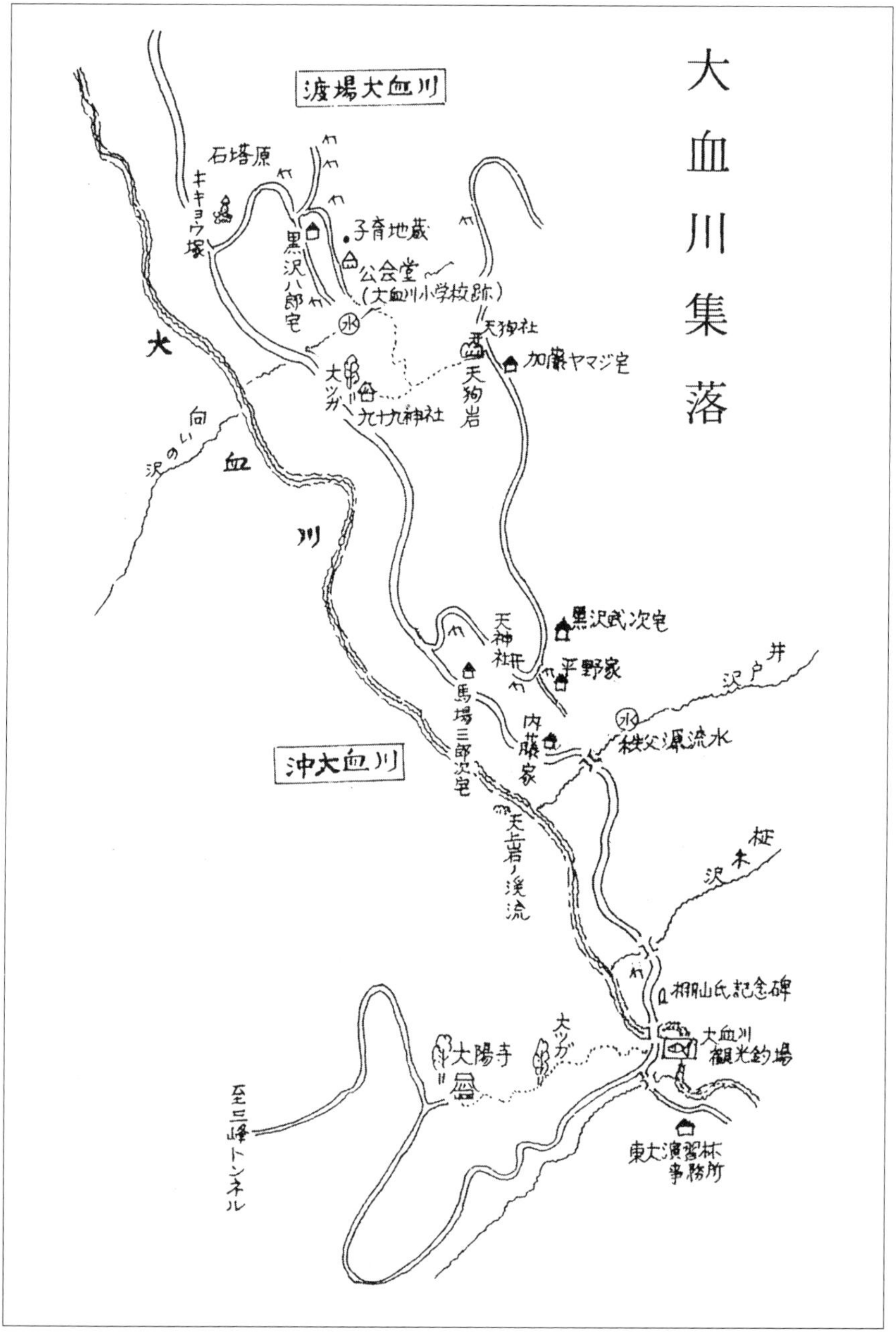
大血川集落
渡場大血川
石塔原
キキョウ塚
黒沢八郎宅
子育地蔵
公会堂
(大血川小学校跡)
天狗社
加藤ヤマジ宅
天狗岩
大ツガ
九十九神社
大
血
川
向いの沢
黒沢武次宅
天神社
平野家
井戸沢
馬場三郎次宅
内藤家
秩父源流水
沖大血川
天岩ノ渓流
棚山氏記念碑
大血川
観光釣場
大陽寺
大ツガ
至三峰トンネル
東大演習林
事務所

四　山の女たち

馬場やす子

三郎次の妻やす子さんは、大正一二（一九二三）年八月二四日、大里郡男衾《おぶすま》村（編注・現寄居町）の浅野家に生まれた。生後一週間目に関東大震災が起こった。男衾地方も大変な揺れ方で、堀井戸にもひびが入り危険な状態になった。

大きな揺れが来た時、家族は取る物も取らず、大慌てで皆裸足のまま庭へ飛び出してしまった。家の中で寝かされていた赤ん坊のやす子さんに気が付いた父は大声で、「ヤス連れ出さにゃ死んじゃうんだんべえ」と言った。これを聞いた兄が子供ながら家の中へ取って返し、やす子さんを抱きかかえて無事に外へ連れ出してくれた。それ以来やす子さんは「シンサイッ子」と呼ばれるようになった。

やす子さんの青春時代は丁度戦時中で、伊勢崎市の鉄工所で勤労奉仕に励み、鉄砲の玉作りなどの軍事作業に従事していた。つらく暗い戦争がようやく終った昭和二一（一九四六）年、復員してきた三郎次との間に縁談が起こった。寄居で大工をしていたやす子さんの姉の夫は、三郎次の父甚平の妹の子であった。

このような縁で二人は、昭和二二年二月二二日の全て二のつく日に結婚した。ところが三郎次の弟の郁蔵さんは、すでに同名のやす子さんという人と結婚して大血川の実家に同居していた。そこへ新婚の三郎次夫妻が同じ屋根の下に住むようになり、同じやす子では紛らわしいので、後から結婚したやす子さんの方をシズと呼ぶことにした。それ以来大血川ではシズさんで通り、やす子さんと呼ぶ人はいない。

結婚後のシズさんは、木炭用の雑木を背板で背負って、炭焼き窯の所まで運搬するのが主な仕事だった。男衾の平地の生活で育ったシズさんは、背板で坂の多い山道を登ったことは一度もなかったので、慣れるまでは肩や腰が痛くて大変であった。特に山の坂道を登って背負い上げる時は、はいつくばって登るようであった。長女の美枝子さんを身ごもった時でも、大きなお腹を抱えながら、一所懸命に大陽寺下の炭焼き作業を手伝っていた。

新妻の手や顔は、毎日炭で真っ黒になった。冬場は手の甲にひびが出来、その中に炭の粉が入って何度洗っても落ちなかった。特に風呂に入る時は、ひびに染みて我慢出来ない程痛くてつらかった。後に、熊の油を手の甲に付けてひびを防いだ。

その後シズさんは炭焼き仕事はやめたが、引き続き今日まで四〇数年間ずっと夫と共に山仕事を続けている。昭和四六、七年ごろはたった一人で山へ入り、県造林の仕事に従事していた。七〇歳になった今も杉の枝打ちなどの時は、高い木に登って作業することもある。ある時、うっかり枯れ枝に乗ってしまい枝が折れて足を踏み外し、辛うじて片手でぶら下がり落下を免れて助かったこともあった。

千島速子

大滝村入り口の強石に、現在一人暮らしをしている千島速子《すみこ》さんがいる。明治三五（一九〇二）年生まれで九〇歳以上の高齢にもかかわらず、天気の良い日には外に出て農作業に従事している。住まいは上強石集落の斜面の一番上で、ここからは杉ノ峠を越えて落合に抜ける、旧秩父往還の山道が通っている。

速子さんは、昭和の初めごろから農業の傍ら、炭焼き小屋から背板で木

木炭を背負い出す50年前の千島速子さん

炭の運搬をしていた。同じ運搬仲間には、巣場集落のおコウさんら三人くらいの婦人たちがいた。速子さんたちは主に、上強石から二尾根向こう側の栗ノ木立という沢の所にあった馬場さんの炭焼き小屋から、強石の炭問屋の吉井へと運搬していた。片道で約四〇分かかり、一日二往復であった。

最初は炭の袋を四袋運んでいたが後に炭俵になり、仕事の合間をみて一日三俵を背板で運搬した。そのうち自動車が木炭車になり、炭の需要もますます増えてきたため、毎日専門で運搬するようになった。当時炭焼き小屋で生活していた大血川の馬場一家は、速子さんの家へ風呂をもらいに、よく提灯を下げて夜の山道を歩いてやって来た。馬場家では戦時中、三郎次が兵隊に行ってしまったのでその間、弟の郁蔵さんが中心となって炭を焼いて一家を支えていた。また速子さんの義父は、定吉さんという馬方であった。毎日朝早く馬を引いて小川町方面へ出掛けた。帰りは米などの物資を積んできて、三峰山へ小荷駄で運搬していた。

現在の速子さん

上布麻子

妹たち　現在大滝村宮平で雑貨商を一人で営む上布《しょうふ》麻子さんは、若い頃大血川奥の炭焼き小屋で生活していた。祖父は富山の人で、名前を市兵衛といった。同じ富山出身の棚山氏を頼って、一家は大血川の奥へやって来た。棚山氏が大血川に入ったのは明治二八年で、左五右衛門という人が最初に当地で製炭の事業を起して成功した。彼は大血川一帯の炭焼きの指導者として、木炭を大量に生産していた大経営者であった。今も大血川の奥に俗称「左五山」の名が残っている。上布一家の住んだ炭焼き小屋は、大血川奥の「黒ドッケ」という所で、すでに県境の西谷山《とりたにやま》に近い山奥であった。

麻子さんは父幸太郎さん、母トキさんとの間に明治四五年二月七日に生まれた。ただし出生届を遅れて出したので、実際は明治四四年生まれである。

山奥の黒ドッケでは、病気になると大変であった。それでも小鹿野から近藤先生という医者が草鞋《わらじ》履きでやって来て、一軒一軒丁寧に見てくれたこともあった。麻子さんの二歳下の妹エイ子さんが三歳の時、風邪をこじらせて肺炎になってしまった。妹は何も食べられないので、見る見る痩せて小さくなってしまった。医者にかけるお金もなく困っていると、小川義三郎という親切な人が妹を綿にくるみ、外気に触れないよう自分の懐に入れて山を下り、自宅へ連れて行き看病してすっかり治してくれた。その人のおかげで命の助かったエイ子さんは成人後、栗原家に嫁ぎ今も秩父の大野原で元気に過ごしている。

次に生まれた妹のハマ子さんは、一家の生活が苦しいので子供のいない人にくれることになった。荒川村（編注・現秩父市）白久の人が、赤ん坊用の半纏《はんてん》などを持って小屋まで妹をもらいにやって来た。ところが両親はいざとなると子供が不憫《ふびん》になり、結局妹を養女に出すのを断ってしまった。その妹は麻疹《はしか》にかかり、一年と五日目に死んでしまった。その時は、やはり人にくれないでよかったと両親は話し合っていた。最近その妹を埋葬した付近の山の土を少し持ってきて、秩父の新しい墓地へその土を埋めて七〇年ぶりに妹の供養をしてあげた。

父の死　大正六（一九一七）年、麻子さんが七歳の時に、大血川一帯は大豪雨に見舞われ、川の氾濫で小屋が流されてしまった。小屋の台所には、米が九俵積んであった。父の幸太郎さんは、流された米を一俵でもよいから引き上げようとして川に入り、足を滑らせて流されてしまった。

祖父の市兵衛さんは、「死骸だけでもよいから」と言って、濁流に浮き沈みして流されている父を長い鳶《とび》で引っかけた。ところが運よく腰の帯に引っ掛かり、父の幸太郎さんは奇跡的に助けられた。父は命拾いしたものの、家もろとも家財道具食料など全て流失してしまい、一家はこれからどう生活しようかと途方に暮れてしまった。しかもせっかく助かった父は、翌年病気であっけなく亡くなってしまった。まだ二九歳の若さであった。
　父の遺体は、荼毘《だび》に付されて山へ埋葬した。数年後に父の墓地へ行ってみると、雨で土が流出し父の白い骨が散乱していたので、祖父がその骨を拾い集めて埋葬し直した。祖父の市兵衛さんが亡くなった時は、大陽寺の浦山に埋葬した。一帯は深い山なので目印のため、墓石の前に二本の木を植えておいた。
　その後は、祖父の墓地へ一度も行く機会を持たなかった。近年墓参してみると、二本の木は大きく成長していたが墓石はなかった。付近をよく探してみると崖下に落ちていたので、拾い上げて元の墓地へ戻して手厚く供養した。

塩沢へ　父の幸太郎さんが亡くなった後は母のトキさんが中心となり、一家は黒ドッケからとばの柾木沢《まさきさわ》へ移り、さらに柏平という大陽寺のふもとに移った。母は沖大皿川の黒沢家へ蚕の手伝いに行ったりしていたが、働き手を失った一家の生活はますます苦しくなった。一〇歳になった麻子さんは口減らしにと、一度は雑用の手伝いとして和名倉沢の炭焼き小屋へ預けられた。預かった方も生活が大変になり、結局麻子さんは半年後に米一斗をもらって送り帰されてしまった。
　その後の母は、八貫目（編注・約三〇キロ）の木炭を背負って大血川から強石の炭問屋へと運搬する、持ち子の仕事を専門にするようになった。市兵衛とリテの祖父母は、既に中津川の塩沢に移っていたので、麻子さん母子も祖父母を頼って塩沢へと移住した。

弥兵衛　一方、小鹿野に弥兵衛さんという人がいた。踊りなどが大好きで、とうとう親から勘当されてしまったので、大血川へ入り炭焼き釜の煙から酢酸をとるドカンかけの仕事をして生計を立てていた。しかし性に合わなかったのか、しばらくしてこの仕事は辞めてしまった。

次に、浜平の木炭の出荷所で働くようになり、次第に信用も得られて重要な帳簿付けをするようになった。その出荷所へ麻子さんの母トキさんの父、浅賀善太郎さんがよくやって来た。善太郎さんはまじめによく働いている弥兵衛さんを見て、「お前まだ独身か」と聞いた。弥兵衛さんがうなずくと、「実はうちの子が、夫を早く亡くしてまだ若い後家だが、考えてみてはくれまいか」とトキさんとの結婚を勧めた。これが縁で二人は結ばれることになった。大正九年、弥兵衛さん三九歳の時であった。これにより弥兵衛さんは、麻子さんの義父になった。

その頃、宮平に発電所の建設工事が始まり、外人技師や朝鮮の人たちも労働者として多数やってきて働くようになった。これに目をつけた弥兵衛夫妻は宮平の近くの落合で饅頭を作って、この発電所建設工事に従事する人たちに売るようになった。これが現在の大滝村名物「やへいまんじゅう」の起こりである。

弥兵衛さんは本格的な饅頭を作るため、姉が小鹿野で饅頭屋を開いていたので、そこへ往復三六キロの道を自転車で習いに行った。そのおかげで饅頭作りの腕も上がり、自宅に店を出すまでになった。店には大滝村の奥地から、木炭などを積んだ小荷駄の馬方も立ち寄るようになり、「立場のやへい」として店は繁盛した。

饅頭作りを始めてから二〇年、ようやく軌道に乗った昭和一四（一九三九）年ごろから、戦争による政府の統制で物質不足となり、饅頭作りも一時中断せざるを得なかった。

戦後は昭和二五年ごろから、再び饅頭作りを始めて「やへいまんじゅう」をとうとう大滝村名物の一つにまで高めた。特徴はつやの良い茶饅頭で、玉砂糖で作った蜜で粉を練って蒸し、その時の加減で独特の皮の色と甘い香りを出した。

弥兵衛さんは温厚で、とても親切な人柄であった。子供好きでもあったので、宮平

やへいまんじゅう

の平神社の祭には子供たちを集めて相撲をとらしたりした。また玄人の域にまで達していた踊りを、若い衆に手ほどきなどして楽しんでいた。このように「まんじゅうの弥兵衛おじい」と皆から親しまれた弥兵衛さんは、昭和四二年八八歳で惜しまれつつこの世を去った。

上布屋　成人した麻子さんは、栃本の千島幾見《いくみ》さんと結婚した。そして昭和八年に中津川の入口に当る宮平の当地へ、うどんなどを商う「上布屋」という飲食店を出した。ここは大滝村最奥の入川にあった製材会社丸共《まるきょう》のトロッコの終点で、毎日トロッコが一六台も入川から来て、木材の集散地として賑わっていたので上布屋も繁盛した。すでに昭和六年には、秩父鉄道が三峰口駅まで開通していたので、大滝村の兵隊送りの人たちが駅まで兵隊を送った帰りに、店に立ち寄りうどんなどを食べて行った。

うどんは昭和四〇年ごろまで売っていたが、その後は雑貨を商うようになった。昭和五一年夫を事故で失ってからは、現在まで一五年程一人で店をやってきたが、歳も八〇歳を越えたので、そろそろ六〇年近く続いた店を閉じようと思っている。

上布麻子さん

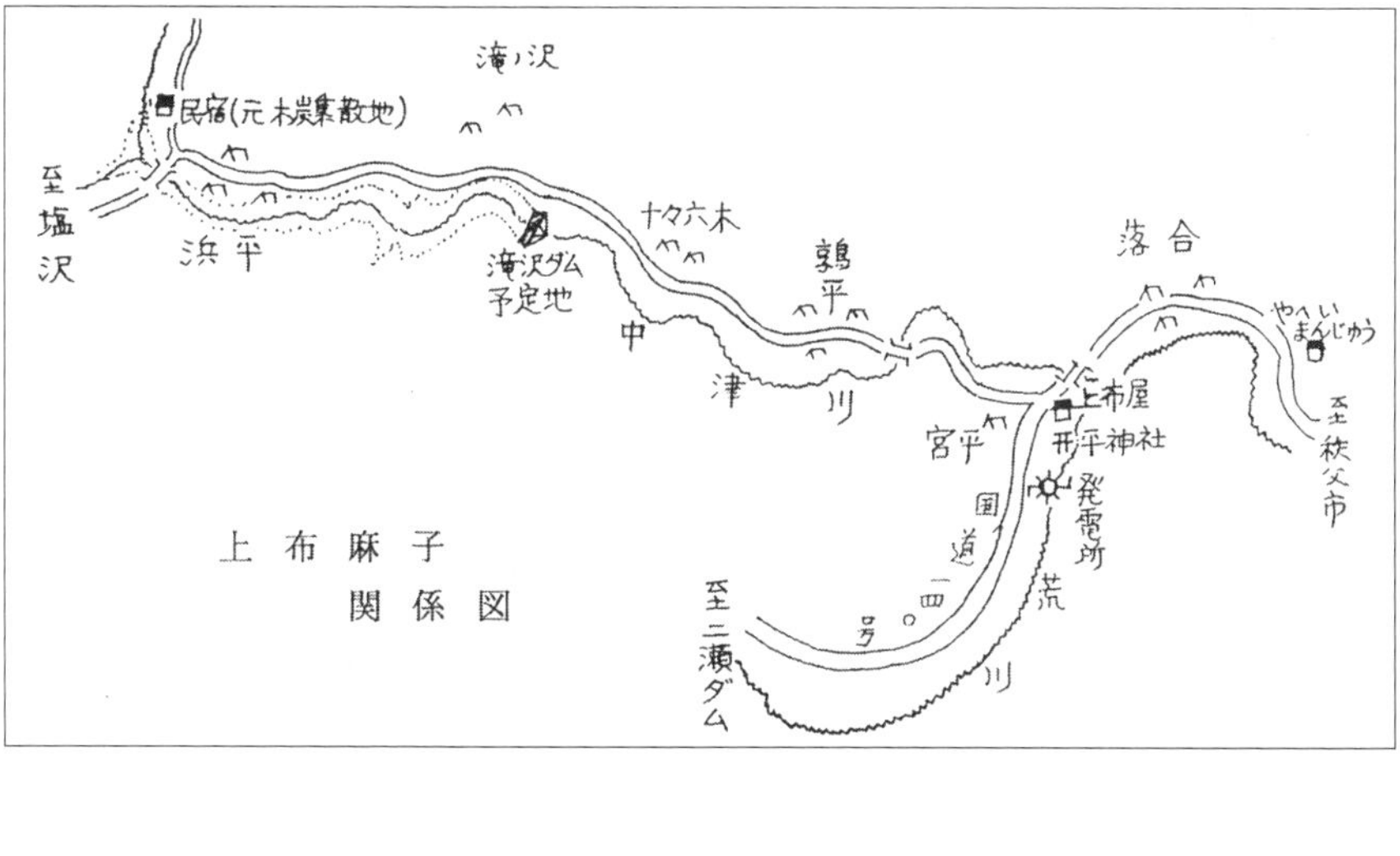

上布麻子関係図

五　山仕事と山村生活

木材の搬出

川流し　昭和の初めごろまで秩父の各地では、山から切り出された木材は主に、川を流して運んだ。大血川は水量が少ないので筏《いかだ》に組まず、「管流し」と言って、木材を一本ずつ流した。川流しに従事する木屋の人たちを「木遣《きや》ん坊」と呼び、次のような役割分担があった。

木鼻《きばな》役人は、木材を流す前に川筋を見て歩き、障害物などを取り除いて良く流れるようにした。

伸べ役人は、木材の流れと共に鳶《とび》を持ちながら木材と一緒に川を下った。

木尻《きじり》役人は、木材を流した最後に出発し、一本も残さないように流した。

この他に「かしき」と言って、第一線から身を引いた老人などが食事番をした。これら木屋たちを一切仕切り、彼らの世話をする人に庄屋がいた。川流しの期間中、木屋たちは大きな民家を木宿として泊まりながら仕事に従事した。

木屋は「通ラズ」などという両岸の岸壁が狭まった淵のある難所に来ると、うまくバランスを取りながら太目の木材に飛び乗り、鳶を使って通過させた。岩瀬のような浅い所では、川の中に木材でシラを作りシバクサなどで目を詰めて、木材がつかえないように川の流れを良くしたりした。大血川の上流の西谷には「鉄砲出し」という名称の場所が残っている。これは水量の少ない沢に木材を組んで堰《せ》き止めてダムを作り、ここへ木材を沢山集めておき、ダムの堰《せき》を切って一気に木材を下流へと押し流した。

当初木材は、秩父市の武の鼻まで流していたが、大血川の道が次第に良くなってくると、渡場大血川の地蔵尊の所で陸揚げして、後は荷車で運んだ。戦後は牛馬の車が大血川の奥まで入り、直接運搬するようになった。

シラ　これは丸太を樋のように組んで沢筋へ並べて、切り出した木材を上から滑走させて落す装置である。切り倒した木材は、決められた一二尺（編注・約三・六メートル）の長さに鋸《のこぎり》で切った。しかし実際は、運搬途中丸太の先端の消耗を考慮して一尺長い一三尺くらいであった。これを窪（谷）へ降ろして集めた。この集める作業を「シバヌキ」と呼んだ。

一般にシラは下方から上方へと、集めた木材の所まで組んで行った。木材はシラの中を阿修羅の如く轟音を立てながら一気に滑り落ちるので「修羅」とも呼んでいた。集めた木材を全て滑り落としたら、上から順にシラを解体しながらシラに使った木材も落とした。

シラ作りは七、八人いつも組んでする仲間がいた。シラの樋になる部分は、丸太を九本使用したが、状況に応じて数本抜かすこともあった。このシラの本体を組むには、最初に谷筋へ枕木を二本間隔をおいて並べた。上を「枕」、下の方を「ケツ枕」と呼んだ。この枕木の上に三本の「坊主」を置いた。これはシラの底にあたる部分なので、節のないすべすべしたやや細めの丸太を選んだ。坊主の横には太めの丸太の「坊主脇」を左右から置いた。

次に坊主脇の両側から「矢蔵《やぞう》」を打ち込み、矢蔵と枕の間には「矢蔵枕」の丸太を入れて、矢蔵をしっかりと支えるようにした。坊主脇には、二本ずつ太い「入れ木」を置き、一番上の

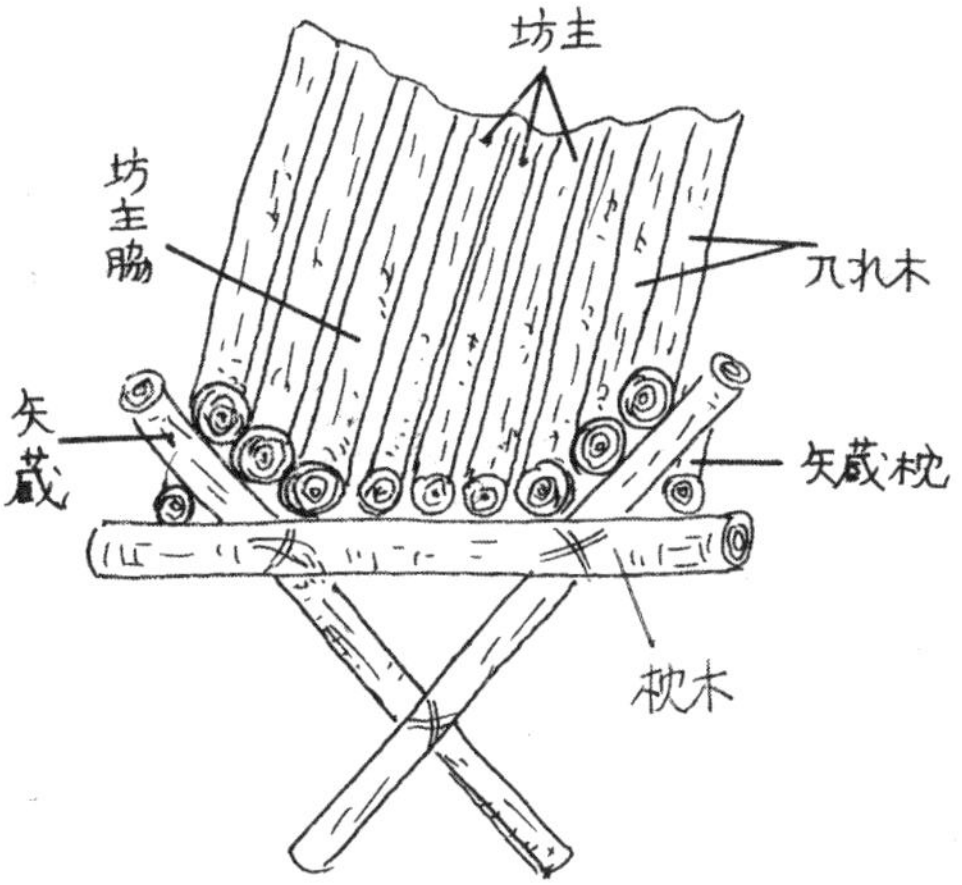

シラ

入れ木には木釘を打ち込み、それに藤蔓《ふじづる》などを絡ませトメヨコなどに縛って固定させた。「トメヨコ」とは、一枚のシラと次のシラとの接続部分の所で、そこへは木材が順調に滑るように、丸太を横に挟んで置いた。

大血川の小谷では、普通四、五〇メートルのシラを組んだ。奥の原生林では、二〇〇メートルくらいの長いものも作った。一日で一人二枚、二人で四枚は組むことができた。スピードが出過ぎそうな急斜面では、ダンコをつけておき、勢いよく滑ってきた木材がガクンとけつを振って、スピードを落とさせる工夫もした。また冬場はシラに水を打って凍らして、滑りを良くさせたりした。

ソリ　ソリは木馬《きんま》とも呼び、大きさは長さ二メートル、幅四〇センチくらいで、かじ棒と肩縄が付いていた。ソリの材料はケヤキ、ミズメ、ウシコロシなどの堅い木がよかったが、肩に担いで下から上へ運ぶ時に重いので、実際はヒノキや杉が多かった。ただしソリの底にはカシの歯板を付けて、本体の磨滅を防いだ。歯板は木のクサビで止めておき、減ったら取り替えられるようにした。

かじ棒は使う人の癖などによって、左右のどちらかに付けた。かじ棒を付けない場合は、積んだ木材を一本だけ長く出しておき、これをかじ棒の代わりにした。かじ棒の片側に付けた肩縄は、シュロを芯にして周りを木綿などで巻いた。

不況の時など木材運搬の仕事を見付けに組へ行くと、そこの組長に、「それじゃあ、木馬を作ってみろ」などと言われ、材料を一式渡された。慣れている人は半日で組み立ててしまったが、普通は一日で組み立てられれば合格で、使ってもらえたという。この手際などを見て、その人の経験や技量が試された。

ソリは一度に七石（一石は直径一尺、長さ一〇尺の丸太）くらい積んで運搬出来た。運搬には細心の注意を払っていた。その一例として、積んだ木材だけ鎹《かすがい》でしっかり留めておいた。もしも木馬が傾いても木材だけ谷へ落ちて、木馬や人は巻き込まれて一緒に落ちることがないように、安全性を第一に考えていたのである。そのため木材を積んで山の斜面の木馬道を下る時、人は必ず谷と反対の山際によって木馬のかじをとった。従って人が木馬の左右どちら側に付くかは、その山の地形によっていた。

ソリ道は、「サオ」と呼んでいる二本の丸太に、「バンギ」と呼ばれる細い丸太を枕木のように等間隔に付けて設置した。ソリは、このバンギの上を走らせた。桟橋などではソリが横滑りしてサオを乗り越えても、落下しないようにサオの外側に寄せ木を付けてここで止まるような工夫もした。

ソリ道のカーブの部分は内側を低くすると、曲がった時にソリが傾いて倒れてしまうので、逆にカーブの外側を低くするのがコツである。こうしておくと木材の重みでバランスがよくなり、自然とスムーズに曲がることが出来た。

ソリに使う油は、使用した車のオイルや食用油などを竹筒に入れて、かじ棒の近くにつるしておいた。ソリの滑りが悪くなりギシギシと音がし始めた時は、一つおきぐらいにその油をバンギへちょいちょいと付けた。油を付ける棒は、藤蔓などの先端を潰して筆のようにしたものを使った。平坦な所では「ナゲバンギ」と言って、ただ細い丸太を等間隔に並べておくだけでよかった。

ソリによる木材の搬出

製炭業

炭焼き　大血川の炭焼きの最盛期は、明治時代から大正時代の中ごろまでで、大日向付近には、五〇戸程の炭焼き小屋あった。そして一〇〇名ぐらいもの人たちが、大血川上流の西谷や東谷の原生林に入って焼いていた。炭焼きの山は、炭焼きの元締や木炭問屋が山の木を買い、炭焼き従事者に賃金を払う仕組みになっていた。大正一〇（一九二一）年ごろまでは、まだ奥にもかなり炭焼き人がいたが、大正末期になると大血川の奥にはほとんどいなくなってしまった。

製炭業に従事する人たちは、木を伐採する人、炭を焼く人、炭を運搬する人などに分かれていた。「焼き子」と呼ばれた炭焼き人は、三郎次のような地元の人は少なく、ほとんどが富山や新潟方面から来た次男、三男が多かった。その理由は、一山の伐採が終わり製炭してしまうと、次の山に移動しなければならなかったからである。炭焼きの人たちは、一山終ると小屋を解体して他の山へと移動して行った。

「持ち子」と呼ばれた運搬人は、大滝村、荒川村など

持ち子による木炭の搬出（強石の問屋に着いた所）

地元の人たちが主であった。持ち子は、三時頃の真っ暗いうちから自宅を出て大血川の奥へ入り、大きな背負子に五貫目俵を三、四俵、強い人は五、六俵も高く積んで、強石の木炭問屋まで運んだ。強石から再び大血川へ入る時は、炭焼きの人たちに依頼された米、味噌、四斗樽の酒などを運んだ。婦人たちも頼まれてよく運搬していた。小学生たちは高学年になると、光岩小学校へ行く時、一俵くらい背板に付けて登校した。

大陽寺住職浅見禅喜さんの話。

「大正の初めごろは大陽寺持の東谷一帯の雑木の山に、五、六〇人もの炭焼き人が入って白炭を焼いていた。イブリで真っ赤な炭を釜庭にかき出して、ゴバイという灰をかけて白消し炭にしていた。そして炭焼き釜がまだ熱いうちに次の木を入れるという風で、炭焼き人は休む暇がなかった。当時はどこの家でも麦飯であったが、炭焼き人は現金収入が多いので、普段でも米の飯を食べていた。炭焼き人は家族で小屋に住んでいた。子供たちは、渡場大血川の分教場へ何キロもの道を通学しなければならなかったので、一〇歳くらいまで学校へ行かない子もいた。大正六、七年ごろ大風邪がはやり、多くの炭焼き人が亡くなり、大陽寺の裏山に埋葬された。寺から一・五キロ程の山中に草に埋もれて彼らの石塔があり、今でもたまに、その縁者が供養のために寺へ訪ねてくる。」

棚山氏記念碑　大血川製炭業の中心人物は、富山県出身の棚山左五右衛門氏であった。この棚山氏を称える記念碑が、沖大血川大日向の無名橋の近くに建てられている。碑の表面には「棚山翁碑記」と題して、棚山氏の略歴、業績などが刻まれている。裏面には、寄付者九〇名程の

棚山左五右衛門記念碑

炭焼き関係者の氏名が見える。その中の発起人三名、世話人一二名は問屋関係者であるという。この人数を見ても、記念碑の建てられた大正六年当時の、大血川製炭業の隆盛がしのばれる。

碑文は、およそ次のような内容のものである。

「大血川の奥に、俗称で左五山という所がある。これは通称左五右衛門と言った、棚山翁よりこの名が起った。翁は富山県新川郡愛本村の名門、棚山三九郎の三男であった。性格は温厚で篤実があり、実業に精を出して治家興産の誉れが高かった。明治二八年、翁は大血川の地に身を移し、製炭業に専念した。更に酢酸石灰の製造も試みた。十有余年経営をして産額も多く、炭焼き釜の煙が大血川の山から盛んに立ち上った。左五山の名が付けられたのも当然と言える。このように多大の業績を残した棚山翁も、明治四四年二月一四日に七三歳で没し、遺骨は上州松井田の本照寺に葬られた。その嗣子は翁の遺志を継いで、事業も更に拡張し現在に及んでいる。この隆盛も温情の厚かった翁のおかげである。ここに没後七年たった今、翁の業績をたたえ、記念の碑を建ててその徳を後世に伝えるものである」

酢酸の製造　棚山翁も手掛けた酢酸は、炭焼きの副産物として製造した。酢酸の製造法は、次のような過程を経て行われた。

まず炭焼き釜から出る煙を、土に埋めたりした土管に通した。土管の途中には、小さなマンホールのような四角い受けを作っておき、それに冷えてたまったタールを取り出した。このタールを大きな鉄釜に入れ、煎じるようにしてぐつぐつと時間をかけて煮た。更にこれを、浅くて大きな鉄鍋に移して炒った。これに石灰を混ぜて固形状にして、南京袋に詰め「酢酸石灰」として高崎方面

酢酸製造に使用した大鉄釜

へ出荷した。この製造も大正年代までであった。

炭俵作り　木炭の俵は、主に地元の大血川の人たちが茅《かや》で編んでいた。山持ちの人は、それぞれ山に茅畑を持っていた。秋に刈り取り、乾燥した頃に背板で家へと運搬した。俵編みは冬場の女の仕事で、早い人は一日に三〇枚くらい編んだ。熊倉山方面は特に茅が多く、馬場家のように現地に小屋を建てて住み、家族で炭俵作りをしていた一家もあった。編んだ炭俵はモノグサ車などに積んで、強石の問屋へ持って行って売った。

俵編みの横縄に使用する縄は、年寄りなどが昼間に米俵をほぐしておき、夜になると家族みんなで囲炉裏を囲み、鍋につっかけた甘酒などを飲みながら縄ないをした。長く編んだ縄は、炭俵を一巻きにする寸法に切って、四本で俵一枚分として扱った。一人で一〇枚分くらいの縄を編むことが出来た。編んだ縄はそれぞれ自分のそばに積んでおいたので、誰が沢山編んだか一目で分かり、みんな競争して編んだ。

杉皮剝ぎ

杉皮は、山村の民家の屋根葺きの重要な材料であった。商品として取り引きされたので、杉皮剝ぎは山仕事の一つとして行われた。二伐採した杉丸太は、リン台に乗せてすぐに皮を剝ぐ作業をした。二尺二寸の尺棒（この長さに切った杉皮などで代用）を当て、この幅に回し、鎌で丸太の周囲を輪切りにした。次に皮剝ぎへらで縦に一本傷をつけてから、その隙間にへらを差し込んで皮を剝いだ。これら三つの道具は、すぐ順に取り出せるように、腰に付けたさやに入

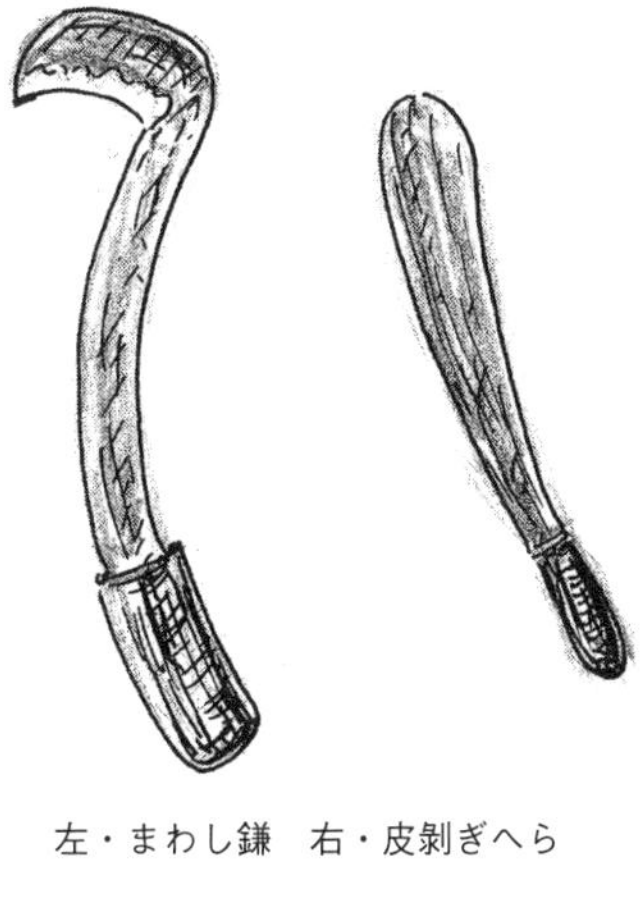

左・まわし鎌　右・皮剝ぎへら

れてぶら下げていた。

この作業の第一のコツは、回し鎌の先端を鋭く研いでおくことで、ここが命である。この先端を杉に当てて、くるりと一回りさせながら皮に深く傷をつけて切った。回し鎌はおよそ長さ三五チセン、刃の部分は七チセン。皮剝ぎへらは長さ二五チセンくらいで、どちらも特別注文で鍛治屋に作ってもらった。

剝いだ杉皮は、二尺二寸の正方形にした。この一枚は「ヒトッペ」と言い、これを一枚ずつ交互に重ねて、七枚積んだものを一束と呼んだ。幅の狭い杉皮を何枚か合わせて一枚にすると、その間に多少の隙間が出来て少し得をしたような気分になった。そこで広い杉皮を、わざわざ幾つかに裂いて一枚にする人もいた。一日で三〇束から多い人で五〇束くらいの皮を剝ぐことが出来た。三〇束で一般労働者の日当の三倍近くになった。当時は人に負けまいとして、飯は立ち食いするくらいにして、ほとんど休まずに働いたものという。

剝いだ杉皮は、現地に積んでおいた。一束の一番上の一枚だけは、少し手前にずらしてはみ出させておき、これを一五束くらい積んだ。こうしておくと、はみ出した杉皮の数をかぞえるだけで、何束積んであるかすぐにわかった。

現地はどこも山の斜面なので、下地をならして平らにして高く積み上げ、一番上に石などを乗せて更にその上に、直接雨に当らないように杉の枝などをかぶせておいた。そして業者に売り渡す時は、一束ずつ針金などで縛り、背板で山から運び出した。

造林作業

現在大血川一帯の造林作業は、主任の馬場三郎次と妻シズさん、黒沢武次さん、山中一鹿氏夫妻の五人が組を作って行っている。いずれも気心の知れた、沖大血川の人たちである。正式には埼玉県林業組合の仕事で、場所は大陽寺が四分六分で県に五〇年期限で貸している大陽寺持ちの山である。範囲は大陽寺西側の山で、お清平、霧藻ケ峰の尾根までの三九〇町歩もの広い区域である。

この大陽寺山は、大正年代に製炭林としてほとんど伐採されてしまい、その後、杉やヒノキを植林した。現在はそれも伐採され、ちょうど植林と造林の時期を迎えている。

次に一年間の造林作業を追ってみよう。

◉地ごしらえ　新たに植林する山は一月から二月の冬場に、地ごしらえをする。チェーンソーなどで切った雑木は、山の斜面へ段々のように横へ長く集めておく。

◉植え付け　四月から五月ごろ、杉、ヒノキの苗を掘った穴に植え付ける。一日に二五〇本から三〇〇本くらい。足場の良い所では、これ以上植えることが出来る。植えた苗に肥料などはやらない。

◉下刈り　植え付けた最初の年は八月末ごろ下刈りを一度行い、二年目からは二回行う。一回目は六、七月ごろ、二回目は九月ごろである。これを五年間くらい行い、木がある程度成長すると、五年くらいは放置しておいて下刈りはしない。

◉枝打ち　これは成長した木の枝を切る作業で、一〇月から三月ごろまでに行う。三月を過ぎてから行うと、木は水を吸い始めているので、幹の皮がむけたりして木を痛める。

このように山の仕事は一年中あり、特に夏はハチが襲ってきたりして作業の

造林作業風景

邪魔をする。冬でも暖かい日は、ブヨが出て来て目や耳の穴などに入り込んできて閉口してしまう。昆虫の嫌がる薬を体に塗ったりしているが、これという利き目の良い薬はないようである。昔は雨が降っても、簑《みの》を着て作業を続けた。現在は雨の日は朝から休むようになったので、昔と比べてそれだけでもずいぶん楽になった。

登山道の整備と森林巡視

道普請　大血川で一番よく利用されている登山道は、大陽寺から地蔵峠への道である。この登山道は、地蔵峠で三峰山から雲取山への縦走路に出会うため、雲取山からの下山や、霧藻ケ峰の登山などにもよく利用されている。

この登山道が、二〇数年前から荒れ始めてきた。子供たちなどは、手足をイバラで傷だらけにしながら下山してきた。これを見た三郎次は、大滝村役場へ登山道の道普請を申し出た。役場からはお金はあまり出せないが、自分たちだけで自主的に行うのならと許可が下りた。さっそく三郎次は、沖大血川の暇そうな年寄りを三人程集めて実施した。しかし年寄り相手なので、一日では終らずに二日間かかった。

現在は夏と秋の二回、区長からの通知によって各戸一人ずつ割当てで出ることになっている。その補助金として役場から支給される六千円は貯金して、地区の共同使用物の購人に当てている。そのおかげで共同の椀、箸などをそろえることが出来た。

道普請当日男衆は鎌、鉈《なた》、鋸、弁当などを持参して、七時三〇分ごろ大陽寺上の林道に集まる。ここで二班に分かれた一班は、役場で用意してくれた新しい道標を担いで、登山道の分岐などに立てて行く。道標は朽ちたり、向きを変えられたりいたずらされているものもある。

残りの人たちは、全員で道造りをした。各自持ち寄った道具で、下から上方へ向って登山道の両側の灌木や笹などを刈り払った。水の湧き出ている所は「水掘り」と言って、登山道を斜めに横断する溝を掘り、道に水があふれないようにした。急な坂道には木の棒で階段を作ったり、その修復をしたりした。階段は登山者の他に鹿やイノシシなども通り、半分埋めた木の棒の軟らかい土の部分に、動物たちも足で穴を開けてしまうのである。

女衆はお茶番で、地区の公会堂に集まって道普請が終った後に行う納会の準備に当たった。男衆は三時ごろ山から下りて来て公会堂へ集まり、夕方からにぎやかに納会が始まった。

十数年前に一度日時を決めて、大血川と尾根の反対側の三峰から同時に道普請を行い、尾根で落ち合って両地区の交換会をしたことがあった。大血川側からは野菜、肉、ウイスキーなどを持参して、草刈りをしながら上がっていった。三郎次が途中に落ちていたトタン板を拾うと、そばにいた仲間の一人が「そんなもの拾って何する気だい」と言ったが、その場は笑いながら黙って持って行った。

尾根に着くと三峰側から登ってきた人たちと一緒になり、さっそく合同の昼食会となった。三郎次は下から拾ってきたトタン板を棒でトントン突いて丸味を出し、即席のトタン鍋を作った。これに持参した野菜や肉を入れ、みんなで談笑しながら焼いて食べた。このように道普請は、一種の地域のレクリエーションだった。

大血川地区の道普請は、霧藻ケ峰を下った尾根の鞍部のお経平までで、以前は三峰山奥之院の妙法ケ岳へ登るカケゴシ道も行っていたこともあった。霧藻ケ峰の茶屋には、雲取小屋管理人新井信太郎氏の実母フミさんが、登山者のために一人で寝起きをしながら茶屋番をしていた。尾根上で水がないので茶屋の飲料水は、秘密の場所からモーターで汲み上げていた。その水口がどこかは、荒らされると困るので誰にも教えなかった。

フミさんはとても気さくな人で、大血川の人たちが道普請に行くと、御苦労様と言いながらお茶やビールを無料でサービスしてくれた。代金を払おうとすると、「わしゃ金もうけでしているのじゃない、もともと体が弱かったので健康のために山で生活しているのだから」と言って、どんなことがあっても決して受け取ろうとはしなかった。普段の日でも三郎次たちが茶屋の近くで下刈りなどをしているのを見つけると、わざわざお茶や冷したビールなどを届けてくれた。

このようにフミさんはとても親切で、登山者仲間からも「茶屋のおばさん」として親しまれていたが、残念ながら数年前に亡くなられてしまった。

森林巡視員　現在大血川区長の内藤力雄さんは、長い間大滝村の森林巡視員をしていた。昭和三〇年代の末ごろ、大洞原《おおぼら》生林跡地で二十日間も燃え続けた大山火事があった。大滝村の全消防団が出動し、自衛隊も消火に当った。この時内藤さんは、三峰の無線交信中継所で活躍した。この大火が契機となって大火後、山林保全巡視員の制度が出来た。内藤さんは昭和四〇（一九六五）年一一月、県から委嘱されて巡視員になった。大滝村の巡視員は八名で、一人一人の分担区域が決まっていて、内藤さんは大血川区担当であった。

森林巡視員の内容は山仕事の人たちの焚き火やたばこなどの火の始末、登山者や植物愛好者の草木の持ち帰り、河原のキャンプでの火遊びなどの監視が主であった。巡視日数は年間約六〇日で、三月から五月は月六回以上、一〇月から一月は四回以上、七月から九月はそれよりもやや少なかった。巡視時間は、午前八時から午後四時までが建前だったが、実際は午前中または午後からの半日の場合が多かった。

お茶作りとカワノリ

お茶　大血川では、以前はどこの家でも自分の家でお茶作りをしていた。そのうちの何軒かは、お茶を作る作業小屋を持っていた。三郎次の父甚平さんはお茶作りがとても上手で、あちらこちらから頼まれてお茶を作って大変喜ばれていた。最近三郎次が荒川村柿平の旧家に行った時に古老から、「甚平さんのお茶は特別おいしかった」と懐かしそうに言われた。

お茶作りの工程は、おおよそ次のようである。

最初に、ホドと呼ばれる深さ五〇センチ程の穴を掘る。穴の底は少しすり鉢状にして、周りは粘土で固める。この穴の中へ半俵くらいものケヤキ、ブナなどの太めの白炭を大量に入れてお茶作りの間、炭の継ぎ足しのないようにする。次に炭火をおこしたこのホドの上に、木の枠に張ったトタン板を乗せる。この上に蒸したお茶の葉を一貫目くらいのせて、徐々に乾燥させる。この間、両手でお茶を混ぜながらよくもんでいく。「熱いホドでお茶は冷たく作れ」がお茶作りのコツである。ホドの炭はなるべく熱くしてトタンをよく焼き、しかもお茶は焦がさないように両手でまめによく混ぜながら作れということである。このように強い炭火で熱く焼けたトタンの上でもむので、お茶作りは誰も手が火膨れになった。

最近三郎次は、昔やった経験を生かしコンロを二つ使って、お茶作りと同じ方法でアマチャヅル茶を作ってみた。

カワノリ　三郎次は、秩父でも数少ない川のりの製造を伝える一人である。現在も毎年大血川から採取したカワノリで、焼のり、酢の物、佃煮などを作って家族で食べたり、知人にあげたりしている。筆者も焼のりをいただいて試食してみたが、風味は市販の海のりとほとんど変わらず、むしろ甘味があっておいしかった。

カワノリは、ササの葉状をした淡水の緑藻類の一種である。

カワノリの採取

きれいな水温の低い清流に成育するので、秩父では荒川の支流のしかも上流部に限られている。夏から秋にかけて天気の良い日にビクを持って川へ入り、岩石に付着しているカワノリを手で一枚ずつ丁寧に摘みとる。採取したカワノリは自宅へ持ち帰り、よく水洗いをしてごみなどを取り除く。次にきれいになったカワノリを、包丁で細かくよく切り刻み、それをスノコですく。

スノコの材料は、湿地帯に生えているチガヤで作った。チガヤは大血川にはないので三郎次の場合、寄居方面から取り寄せている。すいたカワノリは、天日でよく乾燥させてから取り入れて焼のり用の製品に仕上げた。

カワノリすき

沢水の利用

発電　沖大血川は、戦後もしばらくの間ランプ生活であった。昭和二四（一九四九）年、集落の中央を流れている井戸沢に三キロの共同自家発電所を作ることになった。三郎次が資材調達の責任者になり、砂、砂利は大血川の河原から上げて建設した。

電灯が沖大血川に初めて灯《とも》ったとはいえ、冬場の渇水期は電灯が暗くて、結局ランプを取り出して使用するありさまだった。そこで昭和二七年ごろ、不動尊の祀られている近くの本流に、今度は一二キロの発電所を建設した。これは五年くらい使用し、今もそこには水路跡などが残っている。それでも電気が足らなくなったので、その後東電に依頼し、上流の柏平に更に大きな発電所を建設してもらった。しかし遠方だったので途中で電気が逃げてしまい、集落までは十分に電気が来なかった。

飲料水　渡場大血川は、昭和三三年から簡易水道になっているが、それ以前は、イザノ沢の通称「水壺《みずつぼ》」という水源から送水した沢水を利用していた。水壺からは、竹筒で集落の中心に作られていた「床舟《とこぶね》」と呼ぶ水槽まで一キロ程引いた。竹筒は金棒で節を開けてつなぎ、三〇チセン程土中に埋めた。それでも冬は凍ってしまい、水漏れなどの故障が多かった。故障箇所からは水が吹き出したり、じめじめしているので発見はしやすかった。毎年秋の終りごろになると「井戸普請」と言って、みんなで新しい竹筒と交換していた。

大正八（一九一九）年ごろからは、故障しやすい竹筒に変えて二尺の素焼き土管にした。この時、床舟も木製から、コンクリート製の水槽にした。現在の簡易水道が出来るまで、この水槽から大きな柄杓《ひしゃく》で桶にくみ出し、天秤で各家庭へと運搬していた。

大血川の最高齢者・加藤やまじ（八六歳）さんの話。

「私の家は集落の一番高所にあるので、床舟は使えなかった。そこで、直接沢の中に深みを掘り、それに水を溜めて桶にくみ、天秤で一五分程の距離を家まで運んだ。一日平均一〇回程で、六割は風呂水、残りは飲料水や洗濯などに使用した。洗い物の大きなものは、沢まで運んで洗った。主に養蚕用の三尺や六尺籠、みながわ、むしろなどで、洗い終えたらまた背負って帰った。イモ類、ラッキョウなどを沢で洗った時は、帰りにその器に水を入れて戻り、掃除用の水などに使った。夏の沢水は冷たくて気持ちがよく、洗濯も沢でした。洗った衣類は沢に直接干しておき、乾いた頃取りに行った。冬場は厚さ三チセンくらいの氷が張り、それを割って水をくんだ。道も凍っていて滑りやすく、運搬も大変であった。現在は自分の山の清水を一度タンクにため

源流水運搬車

て、消毒してから使用している。水道料は無料、水量も豊富なのでこの水を池に流し込み、マスなどの魚を飼っている。」

秩父源流水　大血川の沢水の水質は良く、特に沖大血川集落を流れる「井戸沢」は名水として知られている。沢名のごとく長い間、沖大血川の人たちの命をつなぐ飲料水であった。簡易水道が完備した現在でも、沖大血川ではこの沢水を直接引き入れて使用している家も多い。

この沢水は少し甘みがあり、大雨の時でも決して濁らず、真夏でも八度前後でとても冷たい。この名水は昭和五八年から商品化され、「秩父源流水」として一リットルボトルに詰め、関東中心に売り出している。次第に人気が高まり、一日に三回ぐらいもタンク車で小鹿野の工場へ運ばれて商品となり、今では大阪方面へも出している。

最近ではこの名声を聞いて、遠方から容器を自家用車に積み、直接この沢水をくみに来る人たちもいる。将来は処理工場を井戸沢の水源付近に建設する計画もあるという。

大滝村上中尾

人と生活

一九九三（平成五）年一〇月一五日、私家版として『奥秩父に生きる人々Ⅲ　大滝村上中尾人と生活』発行。おそらく著者自らがコピー印刷・製本し、希望者に配布していたと思われ、発行部数は不明である。初版以降の改訂版の存在は確認できなかった。

はじめに

この冊子は旧秩父往還筋にあたる、大滝村（編注・現秩父市）上中尾集落の人とその生活についての聞き書きである。昭和六一（一九八六）年、荒川総合調査の際、上中尾に住む山中又太郎氏に出会って以来、多芸の持主でしかもアイデアマンである氏の話に引き込まれていった。（文中又太郎氏のみ敬称を略させていただいた。）

又太郎氏の義弟邦治氏は、四〇年も十文字小屋の管理人をしている。二〇数年前に、小屋でただ一度お会いしただけの私を覚えていてくれたのには感激した。

上中尾は、大滝村一番の長寿者集落である。邦治氏の母ヒコさんは明治二九（一八九六）年、山中義平氏と大村久吉氏は明治三〇年生まれで、いずれも村の長寿番付では横綱を張っている。

米寿の祝いをした又太郎夫妻は、最近秩父市内に移られた。私の勤務校にも近いので、これからもいろいろな話を伺いたいと思っている。

一九九三年一〇月　飯野頼治

一　上中尾集落

地形

大滝村から甲州へ抜ける秩父往還沿いの栃本集落の東に、上中尾と呼ぶ戸数二〇軒程の集落がある。栃本は、国指定の関址のある民宿村として世に知られているが、上中尾はほとんど知られていない。このごく普通に見られる山村の一集落を中心に、そこに住む人たちと、その生活などを追ってみよう。

荒川本流は、上中尾集落の方に接近しながら流れている。これは対岸の硬い岩盤に比べて、こちら側が軟らかく削られやすいためという。この崩壊を防ぐため上中尾には、竹が多く植えられている。このように上中尾は耕地が狭く、「裏がない」。これは尾根の向う側も急俊で、畑などに利用出来ないということである。これに比べ栃本集落には裏があり、尾根の両面が有効に利用出来たので、五〇数軒の大きな集落となった。

上中尾は集落のほぼ中央に小沢があり、その沢の下方のいつでも水が湧き出している所を「オビヤ水」と言って、セリ摘みの場所として親しまれていた。上中尾はこの沢を境として、東と西の地区に分かれている。従ってここを「大境」と呼んでいる。

五月の上中尾集落

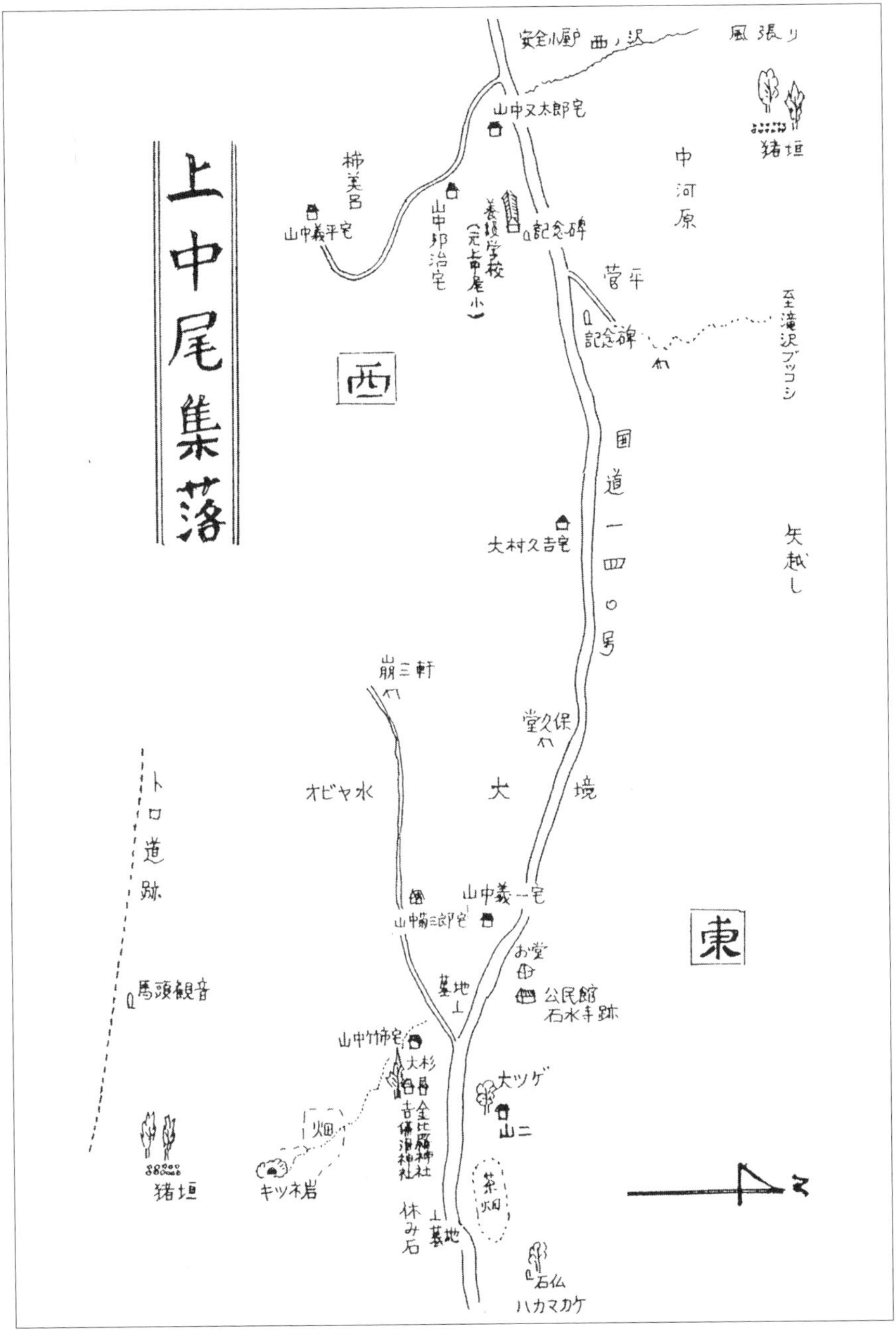
上中尾集落
西
東
安全小屋
西ノ沢
風張り
山中又太郎宅
猪垣
中河原
柿美呂
山中義平宅
山中邦治宅
養護学校（元上中尾小）
記念碑
菅平
記念碑
至滝沢ブッコシ
国道一四〇号
大村久吉宅
矢越し
崩三軒
堂久保
オビヤ水
大境
トロ道跡
山中義一宅
山中菊三郎宅
お堂
公民館
石水寺跡
墓地
馬頭観音
山中竹佛宅
大杉
吉備津神社
金比羅神社
大ツゲ
山二
畑
猪垣
キツネ岩
茶畑
休み石
墓地
石仏
ハカマカケ
N

集落の移動

最初の集落は西にあったが、いつの頃かは定かでないが、この地区に大崩壊が起こり、集落は壊滅状態になってしまった。そこで集落は、安全な東の地区へそっくり移動したという。西地区の「柿美呂《かきびろ》」と呼ばれている平坦地は、この時の崩壊で出来たとも言われている。またここに祀られてあった観音様は荒川へ押し出され、流れ流れて浅草の観音様になったとの伝承がある。

西の外れには「安全小屋戸《あんぜんこやど》」という地名が残っている。多分崩壊の際、避難小屋のようなものがあったのであろうという。また西集落の北麓に「中河原」と呼ぶ暖傾斜地がある。大雨時にはしばしば土砂が押し出す所で、明治四三年の大嵐の時は、大洪水となって立ち木などが大量に押し流された。

西はこのように危険地帯だったので、一度集落は東へ移った。その後、東の分家は西へと出て、他地区からも移転して来た人たちで再びここにも集落が形成された。東地区の一〇軒程は全て山中姓に対し、西地区は山中姓の他に、千島、大村、沢登、高橋などの姓があるのはそのためだという。

次に、この上中尾集落に生きる人たちと、その生活などを紹介してみる。

二　山中家

山中又太郎

母の死と結婚　西地区の一番はずれの秩父往還沿いに、山中又太郎夫妻は住んでいたが、近年、次男隆太郎氏のいる秩父市内へ身を寄せた。この又太郎翁の山中家を中心に、しばらく話を進めてみる。

又太郎は、明治三九（一九〇六）年八月四日、勇三郎てふ夫妻の長男として、上中尾の西地区で生まれた。又太郎は一人息子として、可愛がられて大事に育てられたが、七歳の時に母が二八歳の若さで急に亡くなってしまった。

それからは、祖父留五郎氏の実家（現山中菊三郎氏宅）へ預けられたりして、又太郎の苦難の道が始まった。父勇三郎氏はヒコさんと再婚し、又太郎は生家へ戻り義母たちと一緒に生活するようになった。父は一徹なところがあり、子供の意見などには一切耳を貸さなかった。ばくち好きで、借金もだんだん増していった。

義弟の邦治さんが生まれると、又太郎は早く所帯を持って独立し、一人前として認めてもらいたいと思うようになった。そこで親戚筋にあたる、山中新市氏の娘ゆうさんを嫁にしたいと思い、一五歳の時、本人には知らせずに結婚を申し込んだ。ゆうさんは一八歳の娘盛りであったが、又太郎があまりにも若すぎるという理由で、この時は断わられてしまった。「おれの女房はこの娘をおいてはいない」と、一度心に決めた又太郎はその後八年も待ち、昭和三（一九二八）月二五日、めでたく二人は結ばれた。又太郎二三歳、ゆうさん二六歳であった。

妻ゆう　ゆうさんは、明治三七年二月一七日生まれであるが、実際は明治三六年生まれである。父の山中新市氏は、琴平神社の横に住んでいたので通称「コンピラ新」と呼ばれ、当家は三代法印の家であったという。当時新市氏は、大滝村奥山の股ノ沢金山で働いていた。

この金山は、戦国時代の甲州武田氏の金鉱採掘跡であった。付近にはまだ金鉱石が散らばっており、それらを集めて精選したり、昔の坑道を掘り返したりしていた。このように新市氏は、普段は実家に帰らずに金山で働いていたので、ゆうさんの出生届が遅れてしまい、旧正月に山から下りて来た時に出生届の手続きをしたのである。

長女イソコさんが生まれてからは、次第に居づらくなったので、又太郎二六歳の時に実家から独立した。それからは実家の畑仕事を手伝ったり、植林事業の山仕事、東京電力の宮平発電所工事などをしたりして生計を立てていた。

家ではゆうさんが主となって、小さな雑貨店を始めた。ここは秩父往還沿いで人通りも多く、上中尾小学校児童の寄宿舎があり、先生も近くに泊まっていたので商売になった。戦後もしばらく商っていたが、いろいろな行商などが頻繁に来るようになり売れなくなったので、昭和二五年ごろに二〇年間続いた店を閉じた。

兵役　昭和一六年、三六歳の又太郎の元へ招集状が来て、満洲の牡丹江東寧県に配属された。主な任務は、土木関係の測量係であった。コンパスなど渡されたが、使ったこともないので目見当の勘で測量したが、あまり狂いはなかった。道路を造る測量をすると、翌日には工兵隊がやって来て、素早く道を造ってしまった。

ゆうさんは四人の子供を抱えており、出稼ぎなどには行けないので、家の雑貨商に力を入れて収入源とした。お茶や香煎などと一緒に、商売でためたお金の一部を小遣いとして、夫の元へ送った。ところが届いた時には途中で荷がごっちゃになり、お茶と香煎が混ざってしまった。戦友からは、「変わったお茶を飲んでるな」と冷やかされたが、又太郎は妻からの心が込もったお茶なので我慢して飲んだ。まだ四歳だった隆太郎さんは父がいなくて寂しがっていたので、そのうち父はロバを連れて満洲から帰ってくるからと、ゆうさんはごまかして納得させていた。

この隆太郎さんは現在、山中工務店主として事業に励む傍ら、秩父夜祭上町棟梁として夜祭に打ち込んでいる。その情熱は個人で秩父屋台資料館を造った程である。

又太郎は三六歳と歳を食っていたこともあり、昭和一七年の暮れに除隊になった。牡丹江から朝鮮へ入り、釜山港から船に乗ることになった。船はよく撃沈されていたので、松山という泳げない戦友に、「一緒にいてくれ」と頼まれた。夜間に船へ乗り込み、撃沈された時の用意にと、そばに空の醤油樽を一つ置き、フカに食べられないように、手拭いを四本つないでおいた。海に投げ出された時、これを腰に付けてヒラヒラさせれば、フカが寄ってこないと思ったからである。

結局郷里の大滝へ帰った時には、フカ防御用の手拭い四本を持ち帰っただけだった。しかし又太郎たちの後から出た船は敵に撃沈されてしまったので、命があっただけでも幸いであった。船は玄海灘で大揺れして今にも沈みそうになった。全部明りを消して、甲板へ出てはいけないことになっていたが、門司港の灯が見えてくると、二千人余りの全員が灯の見える甲板の片側へ出て来てしまい、船は傾くかと思われる程であった。

道路改修工事　帰郷してからは、東電にいた先輩に勧められて正式に入社し、昭和一八年六月から、土木関係の仕事に従事した。戦後は昭和二一年の秋から翌年にかけて、宮平、二瀬間の道路改修工事をした。戦前までは、宮平から二瀬を経て川又まで馬が引くトロッコの軌道が走っていた。工事はこの軌道を取り外して、自動車道に切り替えることであった。川又、栃本、上中尾、寺井、麻生、大久保、三十場、宮平、三峰の九つの耕地からいつも一〇〇人以上、多い日は三〇〇人もの人夫が出て工事に携わった。ほとんど男衆が出たが、都合のつかない家庭は女の人が出て、鋤簾《じょれん》でかいたり、お茶汲みなどをした。

この道路改修に、直接関係ないと思われる三峰集落の人たちが参加したのには、次のような理由があった。当時酒樽などの重い物は、神庭から馬の背で山上の神社まで運び、三峰集落への物資は、主に二瀬から背板で運搬していた。そこで三峰の人たちはどの集落よりも、二瀬まで車の入る道路を強く望んでいたのである。

又太郎は東電での仕事ぶりを見込まれ、村から依頼されて現場監督の立場でこの工事の総指揮を取った。大久保耕地の千島稲太郎氏は、帳付係りであった。後にこれらが縁で、又太郎の長女イソ子さんは千島家へ嫁に入った。現在当家は、三国建設として発展している。

現場監督と言っても、鍛冶経験のある又太郎自身が、鞴《ふいご》を使って曲った鏨《たがね》などを直した。工事人たちはその出来栄えに、又太郎が鍛冶屋ではないかと疑った。更に鶴嘴《つるはし》、鋤簾、金梃《かなてこ》、鋸《のこぎり》、玄能《げんのう》、鏨《たがね》などの道具類の調達や、翌日の手順を決めたりで休む間もなかった。工事は朝七時半頃現場に集まり、軌道の取り外しや道路拡張の仕事に取り掛かった。レールを持ち上げておいて、枕木を強くはたくと、クギは簡単に抜けてしまった。

山中又太郎氏と石灯籠

上中尾まで自動車が入れるようになったのは、昭和二四、五年ごろ。普及はずっと後で、長女イソ子さんが千島家へ嫁いだ時も、一一人の地元の人に旧道を通って嫁入り道具を担いで運んでもらった。完全に道路が良くなったのは昭和三五、六年である。

森林軌道　二瀬からは、大洞の谷へも森林軌道が走っていた。レールは、大洞川の右岸に沿って敷かれ、鮫沢まで伸びていた。その奥にはカセギザン官林があり、東洋木材という会社が大々的に原生林を伐採していた。主にブナ、ナラ、ケヤキ、カツラなどの木材と木炭運搬用の軌道であった。

軌道から終点の二瀬へは、荒川の崖になるので、最後は索道で降ろした。二瀬に集められた木材は、五トン車のトラックで、直接東京の木場へ運ばれた。この軌道は、昭和七年ごろに森林組合が開設し、昭和二五年ごろまで運行していた。

又太郎は戦地へ行くまでの昭和一〇年代、この手押しトロッコの仕事をしていた。能率を良くするため、木炭を二〇俵積んだままでトロッコごと索道で二瀬へ降ろした。これは索道の責任者棚山貞次郎氏が、又太郎と相談して最初に始めたものであった。また木材や木炭を下ろして空になったトロッコは、一人で一台奥地の現場へと押して行くのが普通であったが、又太郎は二台も押していた。方法は一台を一方のトロッコの上に乗せて押すという、ちょっとしたアイデアであった。当時人夫代は一円二五銭だったが、又太郎は能率良く働くと言って喜ばれ、二円で雇われていた。

昭和一九年ごろ、日光へ派遣されて行った時のことである。トロッコで一日五〇台しか運べない工事を、又太郎独特のアイデアで倍の一〇〇台出来たので、工事終了時に七〇円のボーナスをもらった。これは一四日分の日当に相当する大金であった。

仕事と趣味　又太郎は土木関係が主な仕事であったが、それがまた何よりも好きであった。いろいろな体験を生かし、自分で工夫しながら出来る仕事だからである。しかも思い通りに完成した時には、何物にも代えがたい喜びであった。

ある年、地下隧道《ずいどう》の工事に従事していた時のことである。両側から同時に四〇〇メートル程掘り進み、いよいよ最後の開削で貫通するまでになった。しかし又太郎は長年の勘で、左へ七〇センチ程曲げて掘れば、ちょうど向こう側の穴とぴったりに合うからと進言した。技師たちは、計算ではそんなはずがないと言い張り、そのまま掘り進んだらやはり七〇《チセン》程ずれていた。

二瀬の集落がダムの湖底に沈むとき、今のみやま商店の黒沢氏が、どの辺へ家を引っ越したら良いか相談に来た。又太郎はダムの高さと、地形やその他あらゆることを総合判断して、最適地を教えてあげた。何と判断した高さが、一《メートル》と違わなかったので大変感謝された。

またある時のこと、石工が黒御影石を四角に切ろうとしていた。ちらっとそれを見た又太郎は、上の方がやや狭いと感じたので話したら、石工は、「そんなことはない」と言い、憤慨した顔で作業を進めようとした。そこで又太郎は、「ちょっと待ってくれ」と言って測り直したら、やはり三《チセン》程上が短かかった。「切る前で良かった」と、石工からは厚い礼を受けた。

又太郎は、石垣積みもよくやった。たくさんある材料の石の中から、「ここへはこの石がちょうど入る」と選んだものが、いつもぴたりと合った。このように体験で得られた人間の勘は、器具で計る以上に正確なことが多いものである。

近年では、下の畑から家まで索道を引いて荷を楽々と運ぶ装置を作ったり、どこにも電線が見当たらないのに、石灯籠に電気をつけて見せたりして、人々をびっくりさせた。お産も頼まれて、一四人の赤ん坊を取り上げたことがある。このように万能ぶりを発揮する又太郎だったので、定年後も請われて一〇年程東電に勤めた。

花火作りは、趣味として長年手掛けてきた。筒も自分で作り、上げる技術を持っている。打ち上げの時に述べる口上も、自分で考えて作文している。ゲートボールは大滝村でも各地で盛んになってきたが、又太郎はその草分けの一人である。ゲームよりその槌《つち》を作るのが趣味で、すでに幾つも作っては人にあげて喜ばれている。

山中邦治

十文字小屋管理人　又太郎の弟の邦治《くにはる》さんは、大正一〇（一九二一）年一月五日に勇三郎氏、ヒコさんとの間に生まれた。山中家は長寿の家系で、父勇三郎氏は九一歳、祖父留五郎氏は九五歳まで生きた。明治二九（一八九六）年三月七日生まれの母ヒコさんは、九七歳の今も元気な大滝村一の長寿者である。

邦治さんは十文字小屋の管理人として、四〇年間も登山者たちのための小屋と、周囲の自然を守り続けている。現在小屋に入っている期間は、雪も溶けて登山者が多くなる、四月中旬の新緑の頃から紅葉が終る一一月末までである。

この期間中、邦治さんはほとんど小屋で生活するが、妻の時子さんは時々上中尾の実家へ帰り、畑仕事や近所の用事などを済ませてから、食料などを持って夫のいる小屋へ戻る。邦治さんは年末年始の期間も小屋に籠もるため、久しく新年を里で迎えたことがない。

邦治さんが小屋の管理人になったのは、旧十文字小屋が峠道の埼玉県側に完成したての昭和二七（一九五二）年だった。その年の七月から小屋へ入り、妻の時子さんも生まれて間もない子供を背負って、夫の仕事を手伝った。当時は夏山シーズンの七、八月の二カ月間だけの開業であった。

邦治さんが管理人になるきっかけは、前年奥秩父縦走登山の学生グループを案内して無人小屋に泊まった時という。学生たちが、「この小屋におじさんのよう

山中邦治氏（上中尾にて）

な人がいたらなあ」という言葉が強く心に残っていたからである。

昔の山里ではこれといった仕事もなく、父は畑仕事の合間に、荒川の河原から玉石や砂などを背負い上げて、それを売って現金収入を得ていた。また山の奥へ入って五葉松やイワタケを採ってきたりもしていた。ある年は鶏冠山の岩山から、一七貫（編注・約六四キログラム）ものゴヨウマツを家まで背負って来たこともあった。邦治さんは小さい頃から、この父に連れられてよく山歩きをしていた。

鍾乳洞の発見

このように父と一緒にゴヨウマツなどを見つけながら、山歩きをしていた昭和一七（一九三二）年のことである。十文字峠道の岩ドヤという岩壁の根に、小さな穴を見つけた。邦治さんが中をのぞくと真っ暗で、とても深そうであった。穴の入口の土を掘り出し、二人で中へ入った。思った通り穴は奥に続いていたので、マッチを擦りながら前進した。この穴は、鍾乳石などがきらきら輝く鍾乳洞であった。マッチも尽きてきたので、その日はあまり奥深く入らずに、大発見をした思いで興奮しながら家へと帰った。

さっそく次の探索の準備にかかった。鍾乳洞には熊が潜んでいるかも知れないので、鉄砲を持って行こうかとか、父とあれこれ相談した。二度目は、懐中電灯を照らしながら中へ入り、行けるところまで進んでみた。奥行き約一五〇メートルの立派な鍾乳洞であった。この鍾乳洞発見は誰にも話さず、戦争も激しくなってしまったので、そのままになってしまった。

戦後も昭和二七年になり、邦治さんが十文字小屋の管理人になったのを機に、登山家であり、植物学者の清水大典氏に依頼して、鍾乳洞の学術的調査をした。これが報道されたので、その後洞内に入る者がいて、気が付いた時には鍾乳石などが掻《か》かれて持ち去られたりして、すっかり洞内が荒されてしまった。これでは観光的価値がなくなり、今にして思えば、入り口をしっかりと塞いでおかなかったことが悔やまれた。しかしこの時の調査が縁となり、清水氏とは現在まで親交を暖めている。

この鍾乳洞の発見以来、邦治さんは山を歩く時には穴に注意している。昭和三一年には中津川の大ガマタで、侵食中の鍾乳洞を発見した。しかし深さ八〇《メートル》程の小規模だったので、残念ながら観光用にはならなかった。

最近雁坂峠中腹の大滝村側で、洞内に滝がかかる長さ一・五キロ程の、日本有数の大鍾乳洞がケービングクラブの人たちによって発見された。大滝村では観光名所にして村の活性化の一つにしようと、期待を掛けてその調査と観光整備を急いでいる。邦治さんはまだ奥秩父の山には、未発見の鍾乳洞があると信じており、あと一つくらいは自分の手で見付けたいと思っている。

山中小三郎　邦治さんは父との山歩きが経験となり、その後は栃本の有名な山案内人であった山中小三郎氏について山を歩くようになった。小三郎氏は栃本関址の大村宅のすぐ下に住んでいて、渓流釣りや狩猟などを好んで行っていたが、登山者を泊めていた大村家から頼まれると、登山者に同伴して奥秩父の山々を案内した。頑健で立派な体格を持ち、しかも超健脚であった。

ある年のこと、十文字峠から登山者を案内しながら甲武信岳へ登り、雁坂峠、雁峠を経て雲取山までの大縦走をした。無事に案内を終えた小三郎氏は、更に三峰を経て栃本へ下り、その日のうちに家まで帰ってしまったという。何と一日で奥秩父を一周してしまったのである。昭和四九年七月一三日、小三郎氏は八七歳で他界した。

邦治さんは小三郎氏に代って、昭和二三年ごろから二六年まで、登山者を案内するようになっていた。これらが縁となり小三郎氏の姉マシさんの子、時子さんと結婚した。昭和二六年に十文字小屋が出来て、小屋の管理人を探していることを知り、翌年から管理人として小屋へ入った。邦治さん三〇歳の時であった。

この頃に若き新井信太郎さんが、十文字峠から甲武信岳を経て雲取山まで、初めての奥秩父縦走を試みた時、邦治さんは風雨の中を上中尾から十文字小屋まで、信太郎さんを案内した。この時の山旅の印象が強かったのか、その後信太郎さんは鎌仙人と言われた富田治三郎氏の後を継いで雲取小屋に入り、現在まで三〇数年間、今では新井仙人と呼ばれるまでになり、管理人として小屋を守っている。

十文字峠のシャクナゲ

昭和四二（一九六七）年、埼玉国体の山岳の部が奥秩父を会場に開催された時、新しい小屋が十文字峠近くの武信県境に建設された。新十文字小屋付近は、コメツガ、シラビソ、トウヒなどの暗い原生林の中に密生しているアズマシャクナゲの大群落で、六月初旬には一斉にピンクの花で覆われる。

邦治さんはこのシャクナゲを多くの人たちに見てもらいたいと思い、昭和四三年から四五年にかけて、シャクナゲの中を巡る道を独自で開発した。「カモシカ新道」と称するこのコースは、峠から信州側の千曲川源流部へ至るものであった。

この十文字峠のシャクナゲが、マスコミなどに取り上げられて脚光を浴び、開化の季節には日に何百人もが訪れる程のブームになった。その結果、邦治さん一人の監視ではどうにもならず、シャクナゲの枝は折られ、心ない人たちによって根ごと持ち去られたりした。善意が踏みにじられた思いで、邦治さんの心は痛み、カモシカ新道の手入れにも身が入らず、せっかく苦労して作った新道も廃道になってしまった。ブームが去った現在は花のシーズン後に、翌年も美しく開花し、多くの人たちに自然の花を楽しん

十文字峠付近の原生林

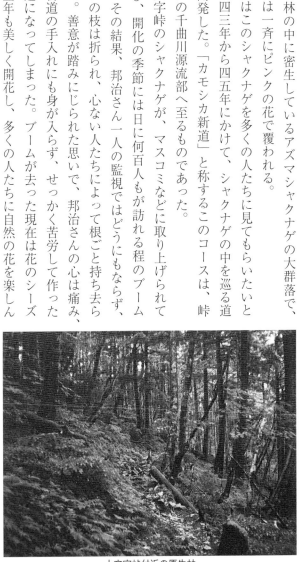

でもらおうと、下枝切りや倒木の片付けなどをしている。最近カモシカ新道を復活してほしいという要望もあるが、以前の二の舞にならないかと心配で躊躇《ちゅうちょ》している。

昭和五二年には、地道な自然保護の活動が認められて、埼玉県から妻と共にシラコバト賞を受けた。七〇歳の今もしっかりした足取りで、小屋付近の山々を自分の庭のように歩き、自然保護や登山者たちの安全に努めている。

登山者の変化　登山者も時代と共にずいぶん変わってきた。以前は大学、高校の山岳部や先生に引率された子供たちの団体などが多かった。シャクナゲブームの頃は、若い娘たちのグループも目立った。今は中高年の人たちが主で、それも六〇歳以上が多く、中には八〇歳くらいの人もいる。特に子育てを終えた婦人たちのグループは、明るく元気でとても活力がある。

最近は不登校の子を連れた親が自然に触れさせて、少しでも子供の心を開かせようとやってくることもある。邦治夫妻はこれらの人たちのためにも、あと一〇年くらいは小屋で頑張りたいと思っている。

昭和四六年七月、筆者は中津川側から旧道を旧三国峠へ登り、県界尾根を通って十文字峠を目指したことがあった。旧峠道は、夏草に覆われてすっかり荒れており、やぶをかき分けながら登ったため体力を消耗してしまった。そのため予定時間をだいぶ超過し、十文字小屋へたどり着く前にすっかり日は暮れてしまい、途中でビバークの羽目になってしまった。

翌日はふらつく足を一歩一歩進めながら、やっとの思いで十文字峠小屋へたどり着いた。この時、山中夫妻から食事をもらい、親切にしていただいたことが忘れられない。その頃から夫妻は野生のリスに餌付けをしていて、小屋の前に大きなリスが出て来たことを記憶している。今でも小鳥やリスに餌を与えており、邦治さんが口笛を吹くと、餌場にコガラ、ヒガラ、ホシガラスなどが集まってくる。

平成四年三月、筆者は上中尾に邦治夫妻を訪ねた。挨拶の後、二〇年以上も前にお世話になった礼を述べようとしたところ、「以前小屋で会いましたね」と先に言われてしまった。何と一時間程の、しかも二〇年前に会った私を覚えていてくれていたのである。

甲武信小屋　長男の徳治さんは小さい頃は、母に連れられて父の守る十文字小屋で過ごすことが多かった。成人後は里で働いていたが、他からの要請があり、山小屋への愛着もあったので、昭和五九年四月から前管理人千島氏の後を引き継ぎ、甲武信小屋の管理人になった。

この年は、小屋の周囲にヤナギランが一面に咲き乱れて、新しい小屋の管理人を祝福しているようであった。おまけに秩父地方へは、台風が一度も来襲しなかったという珍しい年であった。小屋を継いで早くも一〇年目を迎え、十文字小屋の父とは、無線を使って近況や登山客の状況などを交信している。これからも親子で微力ながら、奥秩父を訪れる人たちに少しでも快適な登山をしてもらおうと誓い合っている。

最近の小屋の話題としては、昭和六一年、甲武信小屋敷地内に「荒川水源の碑」が建てられた。これは埼玉県が実施した荒川総合調査の一環として、荒川の源流点を調査して確認出来たのを記念したものである。この事業に全面的に協力した徳治さんは、県から感謝状をいただいた。

秩父営林署の前原稔之氏は、甲武信ケ岳（二四七五メートル）に源を発する千曲川と荒川の源流水を使い、山頂でソバ打ちをして、森林と水について山男たちと語りあった。

原生林を巡回中の邦治氏

三　上中尾の馬方

馬の供養碑

上中尾集落下方のトロッコの軌道跡の近くには、昭和八（一九三三）年五月に建てられた高さ一・八メートル《メートル》程の馬頭尊の碑がある。この碑の台石には、一七名の氏名が刻まれている。彼らは、入川と宮平を結ぶ馬トロッコを引いていた当時の馬方たちで、馬の供養と安全のために建てたものである。

軌道終点の宮平の平神社境内には、同じく昭和八年に建てられた軍馬表功碑がある。こちらの記念碑は、軍馬として戦地へ徴発されて行った愛馬のために、大滝村中九四名の馬方たちが建てたもので、上中尾では三人の名が見える。山中竹市氏は九〇歳で亡くなったが、明治三〇年生まれの大村久吉翁と山中義平翁は村の最長老で、九五歳の現在も天気の良い日は外に出て、畑仕事などをしている程の元気者である。

大村久吉

久吉さんは二年程小荷駄をした後、馬が引くトロッコ、通称馬トロの馬方になった。こちらの方が歩合が良かったからであった。馬トロは、綱を付けた一台のトロッコを一頭の馬で引いた。馬方は、荷を積んだトロッコの前方に乗って手綱を取った。最盛期には馬トロの馬方が、久吉さんを含めて一八名いた。

大村久吉氏

馬とトロッコは、個人持ちであった。トロッコは簡単な構造だったが、車輪の部分は故障しがちであった。脱線もよくするので、トロッコの荷台の下に二本の丸太を付けておいて、脱線の修復に備えた。

久吉さんの一日の馬方稼業は、およそ次のようであった。

朝の七時頃、上中尾の自宅を馬を引いて出発し、二瀬の事務所へ行った。ここで奥へ運ぶ食料や酒などをトロッコに積み込み、川又を経て入川まで運んだ。ここには、丸共と呼ぶ製材会社があって多くの木材関係者が住み、七〇戸程の集落が形成されていた。久吉さんは食料などを降ろしてから、前日に指示されていた木材や木炭を、代りにトロッコへ積んだ。仲間の馬方に協力してもらうこともあったが、一人で積むことが多く、積み終るまでに約一時間はかかった。ここで持参した昼食を食べてから、帰りは下りなので、時々ブレーキをかけながら宮平へと向った。

宮平で荷を降ろし終えると、上布屋で一休みしてから、空になったトロッコを馬に引かせて二瀬の事務所へ行き、その日の運搬に応じた日当をもらった。そして明日の運搬の指示を受けてから、馬を引いて家へ帰った。このように一日一往復の仕事であったが、荷の急がしい時は、一日で二往復した。この日は朝五時頃家を出て、帰りは夜の九時過ぎになってしまった。

今も残るトロッコの軌道

強い馬は五年くらい使用出来たが、トロッコを引くことは重労働なので、一般には三年もすると馬が駄目になった。取り替える時期になると、馬喰《ばくろう》はそれをちゃんと知っていて、「そろそろどうだね」などと言いながら若駒を連れて大村宅へやって来た。一頭一〇円から一五円くらいが一般的な相場で、当時の日当は三〇銭くらいの時代であった。

山中竹市

久吉さんと同じ上中尾の馬方、山中竹市さんは大正の初めごろから四〇年間、馬方稼業に精を出していた。最初の二〇年間は小荷駄の馬方で、後の二〇年間は馬トロを引いた。小荷駄は八貫（編注・約三〇キロ《キロ》グラム）の炭俵は六俵、四貫のものは十俵、大滝村の入り口にあたる強石まで運んだ。そして帰り荷として味噌、醤油、一六貫の米俵は、馬の背に振り分けて二俵運搬した。秩父の街から強石までは自動車道が通じていたので、当地は物資の集散地として繁盛していた。大滝村中の小荷駄もここへ集まり、多い時は一〇〇頭以上もの馬で前がつかえてなかなか進まず、今の交通渋滞のような騒ぎであった。

大滝村の農家では、運搬用の馬とは別に、わらや草を踏ませて堆肥《たいひ》をとる目的で、馬を飼うことの方が多かった。一般には子馬を育てながらその間、畑にまく堆肥をとり、三年くらい飼って運搬用に使える立派な大人馬になると、馬喰などに売って、また子馬を購入して飼育するという方法であった。

子馬は、馬喰などが信州まで山道を歩いて購入してきた。竹市さんは頼まれて幾度か買いに行ったことがあった。秩父でも遠方の人は栃本で一泊して、翌日十文字峠を越え、更に信州側で一泊して子馬を購入した。信州では八ケ岳山麓の現在「市場」と呼ばれている野辺山の辺りに馬の競り市が立った。信州の農家では、二月から四月にかけて生まれた子馬を、八月と九月に開かれる競り市へ出した。地元の人たちは少しでも高く売ろうと、各地から集まった買手を酒や馬肉でもてなした。

一人で七、八頭も買うことがあり、十文字峠道を通る時は、先頭の一頭にだけ綱を付けて引くと、残りの子馬はぞろぞろとその後からついて来た。全部の子馬を数珠つなぎにすると、その中の一頭が道を外れて谷へ落ちると、他の馬も引きずられて全部谷へ落ちる危険性があったからである。峠を越えて来たその日は、栃本の小屋へ馬を集めておき、翌日秩父の各地へと運ばれた。馬喰に引かれた子馬が、何頭も秩父往還を通るのは、夏の頃の一種の風物詩であった。

後になると、峠越えでの購入は大変なので貨車を一両借り切り、小諸を回り小海線で、買った子馬を秩父まで運んだ。竹市さんも一度だけ貨車の中で、馬と一緒に寝て来たことがあった。

山中義平

義平さんは明治三〇（一八九七）年七月二八日生まれで、大滝村の男子では最長寿者である。山中家も長寿の一族で、父の源平氏は八二歳、寺井の神塚家から嫁いだ母のリクさんは九六歳まで生きた。母は働き者で、栃本から上中尾まで、背板による木炭運搬に精を出していた。父の姉のリマさんも同じ九六歳まで長生きをした。

義平さんは四人兄弟の長男で、次男の直平氏は九一歳、三男の安平氏は八〇歳で他界したが、八四歳の四男勝平氏は健在である。平成五年現在、大滝村の最長寿者は明治三〇年生まれの三名で、七月生まれの義平さんを筆頭に一一月の横田義松氏、一二月生まれの大村久吉氏と、いずれも元馬方たちである。

義平さんは子供の頃から健康で、病気一つしなかった。今まで医者にかかったのは、目医者だけである。酒とタバコは好きであるが、目医者にかかった時にたばこはやめた。酒の方は、今も晩酌は欠かさない。

このように義平さんは、体には自信があったが背が低かったので、徴兵検査は不合格になってしまった。当時は大変不名誉なことで、肩身が狭かった。このことが心の底にあったのか、義平さんは若い頃は地元を離れ、新潟、長野などを転々とし、関東大震災の時は群馬県にいた。主に木炭の運送や木材関係の仕事をして、各地を遊びながら渡り歩いていた。

義平さんが故郷の上中尾へ戻ったのは昭和の初めで、すでに三〇歳を過ぎていた。その時、八王子からカツという女性を伴って来て夫婦になった。その頃に丸共という木材会社が、両神村（編注・現小鹿野町）から大滝村の入川に移ってきていたので、運送も盛んであった。

義平さんは馬方として、小荷駄で木炭を栃本の大村家から、強石まで運搬するようになった。朝栃本から木炭六俵を馬の荷鞍に積み、ほとんど休息をとらないで歩き、昼頃強石に着いた。帰りのアゲニは、依頼された米、味噌、醤油、うどんなどの食料を積んで、上中尾に着く頃は夕方であった。

山中義平氏

義平さんが小荷駄の馬方をしていた期間は短く、その後は軌道を走る馬トロの馬方になった。これも数年でやめてからは養蚕をしたこともあるが、ほとんど実家でのんびりと農業をしながら今日に至っている。

四　昔の生活

猪垣と野獣の害

焼畑　上中尾地区の農家は戦前まで、大麦、小麦、ジャガイモ、サツマイモ、野菜などを中心とした、自給的な貧しい生活を送っていた。現金収入は、蒟と自然生《じねんじょう》のコンニャクくらいのものであった。蒟は雁坂峠を越えて、甲州から泊まり込みでやって来た蒟買い人たちに売った。コンニャクはアラコにして、馬の背で出荷した。

明治、大正ごろまでは、山を焼いた畑で豆、アワ、ヒエ、ソバなどを作っていた。この焼き畑は、山を伐採して火をかけて燃やし、その後へ種をまいた。土地が肥えているので肥料なしで三年から五年くらいは栽培出来た。しかし焼畑は、猪鹿などの野獣の害に悩まされていた。

江戸時代に編纂された『新編武蔵風土記稿』大滝村の項には、「夜な々々、板木を打或は声をあげて、猪鹿を防ぐこと風雨といえども怠らず、其難知んぬべし」と記されている。特にイノシシは山の高所よりも、里に近い谷の湿地帯に住み、爬虫類、両生類、カニ、地下茎植物など何でも食べる雑食性である。畑の芋、豆、アワなども好んで食べるので、山の畑は、よく荒されてその被害が大きかった。

そこでその被害を防ぐため明治の初めごろまでは、山の畑に仮小屋を建てて春から晩秋まで交代で移り住み、大声をあげたり板木を叩いたりして、猪鹿を追い払った。上中尾の山中菊三郎さんは、次のように語る。

「わしが子供の頃の大正年代の初め、山の出小屋で、板木があるのを見たことがある。厚いケヤキの板で、長さは六尺（編注・約一・八メートル）近くもある大きなものだった。この板を木の槌で強く打って音を出し、イノシシを威嚇して害を防いだということを年寄りから聞いた。ただしわしは、実際に打って音を出しているところを見たことはない」。

猪垣　イノシシの害を防ぐ方法としては板木の他に、イノシシの侵入を防ぐ頑丈な石垣を畑の周りに築いたり、イノシシの通り道などに落し穴を掘っておくこともしていた。上中尾には、猪垣が三カ所残っていた。その一つは、埼玉県の文化財に指定されている。一番小規模だった猪垣は、最近道路拡張の時に取り壊されてしまった。

県指定の猪垣は、秩父往還から一〇分程北の斜面を登った杉林の中にある。高さは一メートルくらいの低いものであるが、又太郎の話では、この猪垣は明治四三（一九一〇）年の大嵐の時に、上方から大量の土砂が押し出してきて、猪垣を一メートル近くも埋めてしまった。元は畑をぐるりと取り囲むように築かれてあったという。

猪垣は、力の強いイノシシに鼻や牙で壊されぬように、頑丈に積む必要があった。そのため石の短径を表面に出すので、普通の石垣では一〇個の石で済むところを、一三から一四個くらいと、よりたくさんの石が使われている。

案内板は、次のように紹介している。「この猪垣の規模は、全長四五メートル、断面は上辺が一二〇センチ、底辺が一四〇センチ、高さ九〇センチから一三〇センチの台形をなした石積みである。往時は、猪、鹿などによる農作物の被害は庶民生活に多大の影響をもっていた。従ってこれを防ぐには、さまざまな苦心が払われたが、猪垣もそうした中の一つとして生まれた生活の知恵である。地元の人たちは、シシグネと呼んでおり、明治三年、山中篤信氏の祖父清喜氏が酒造業を営む傍ら、この場所を焼畑として開墾し、その時、猪、鹿

上中尾の猪垣

などの被害を防ぐため、耕地の南北境に構築したものである。休耕時の通行の便も考え、全長のほぼ中央に一メートル程の間隔が設けられている」。

この猪垣を築いた山中家は、現在の山中義一宅である。旧家の酒屋でもあったので、もとは三階建ての大きな構えの家だった。昭和の初めごろ、この家は取り壊された。その時に出た大量の木材で、木炭を焼いたという。

野猿の害　現在、イノシシの害は少なくなったが、時々熊が出没してくる。又太郎は、熊よけ用の丈夫な金網を作った。それよりも、十数年程前から上中尾の里近くに出没する野猿の害が深刻な悩みになった。

以前の猿は山にいて里へはめったに現れなかったが、現在は雑木が少なくなり山での食料が減ってしまったためらしい。畑の作物は何でも食べてしまい、キャベツの芯まで残さずにそっくり食べ尽くされてしまう。他の動物と違い猿は知恵があるので、どんなに工夫をしても防ぐことは出来ない。今では山に帰らず一年中里にいるので、上中尾の山際の畑では、青いものは一つも作れない。年々その被害は大きくなる一方で、大滝村全体では相当の被害額である。

戦後山が雑木林から杉林に変わってしまったことは、山の動物たちだけでなく、里の人たちもいろいろな被害を被るようになった。杉林では保水の能力が低く、大雨になるとすぐに涸谷も増水して、土砂崩れの発生も多くなった。また乾燥すると沢の水が干上がってしまう。

最近は杉の花粉もたくさん飛ぶようになり、地元の人たちも花粉症にかかるようになった。十文字小屋の主、山中邦治さんの妻時子さんも、数年前から春先になると毎年花粉症で悩まされている。

猿に芯を食べられたキャベツ

生活水の確保

寺井戸　大滝村を流れる荒川の本流の谷は深く険峻で、村民は日常生活において荒川との関わりは比較的少なかった。上中尾地区でも、沢水や湧水を利用して生活していた。上中尾の東集落では「寺井戸」、西集落では「西ノ沢」の水を飲料水や風呂水、洗濯などの日常生活に利用していた。

寺井戸は名前の通り、昭和三七（一九六二）年ごろまで石水寺という寺にあった岩間から湧き出していた井戸であった。寺名もこの湧水に由来していたであろう。この井戸は、昭和初期まで八件程が利用していた。サワラの木に三角形の溝を彫って、湧水から家の近くまで送水し、家の中へは鉛管で引き入れていた。

昔は長さ五メートル程の松の大木を、縦に二つ割りにしてくりぬき、湧水をためておいて柄杓《ひしゃく》でくんだりした。舟の形をしているところから、これを「舟井戸」と呼び、ドラム缶二本分以上の貯水量であった。松材は水に強いので四、五〇年は腐らずに使用出来た。

ソソヤケ　西ノ沢も名前通り、集落の西端を流れる沢で、上中尾全体の二倍の戸数が使用してもまだ余る程、水量豊かな沢であった。この沢の近くに住む山中又太郎は、水に関して詳しくいろいろと工夫しながら実践したので、地元では「水神様」の名を頂戴してしまった。

昔、山中家ではソソヤケという一年生の植物の茎を利用して、西ノ沢から水を引いていた。この植物は、丈が二メートル以上に伸び、茎の直径は太い部分で二センチ以上にもなる。茎の中が竹のように空洞になっているところから、正式にはタケニグサという。こ

ソソヤケ

の空洞の中には、釣り餌に良いトウゴロムシという三、四《センチ》の虫が大抵入っている。こんな大きい虫がいるくらいなので、茎はきれいで毒がないとされている。この茎を長さ一・五《メートル》程に切り、釣竿のように順につなぎ、沢から五〇〇《メートル》もの距離を家まで送水した。二年くらいは十分に使用出来た。

　その後山中家では、丸竹で沢から送水した。竹は節を抜くのが難しく、一般には鉄の棒で節を抜いた。しかし何度も鉄棒を動かさねばならないので、又太郎は鉄棒の先から順に、だんだん大きめのネジをはめこんで使用した。この方法で完全にきれいに節が抜けた。この竹をつなぎ合わせて、竹の周りをモルタルで包み、土中に六〇《センチ》くらい埋めこむと三〇年は使用できた。この竹管から、時代と共に鉄管、ポリ管へと変っていった。

　水量が豊富だった西ノ沢は、十数年前から水量が極めて少なくなり、上中尾に水不足が起こった。この沢の上流に、滝沢ダム建設のためのボーリングをした結果、水脈が断たれてしまったのである。そこで対岸の大除沢から、一七〇〇《メートル》の長い水管で上中尾へと送水した。それでも冬の三カ月くらいは水が不足するので、大血川の井戸沢から給水車で運搬した。

洗濯　上中尾のすぐ下の麻生集落では、主婦たちが一週間に一度程天気の良い日に、荒川本流まで降りて行って洗濯をしていた。当日は子供連れの数家族で、洗濯物を詰めた盥《たらい》を背板に付けて川まで運搬した。親たちが洗濯をしている間、子供たちには川岸に小さな水たまりを作ってやり、その中にオタマジャクシなどを入れて遊ばせておいた。

　洗漼が終ると火を焚《た》いて、平らな石を見つけてきれいに洗い、それをあぶって味噌を乗せて焼いたり、お湯を沸かして持参した弁当をおしゃべりしながら食べた。昼食が済むと、親たちは川木を集め、子供たちには再び川遊びをさせた。その間に、大岩の上に干しておいた洗漼物が乾いた。これを盥に詰めて薪用に拾った川木と一緒に背負い、集落までの急な坂道を一時間程かけて家まで登って帰った。一日がかりの洗濯は、主婦たちの楽しみの一つであった。

このように大滝村の人たちは長い間、生活水の確保には苦労してきた。そこで大滝村では昭和六二（一九八七）年に国の補助を受けて、栃本、上中尾、麻生など、村の奥に位置する集落全域に給水出来る、「大滝村南部簡易水道」という大規模な水道を建設した。水源は荒川上流の豆焼沢の支沢で、この八〇〇人分の水の使用が可能な南部水道の完成により、水に関する苦労はようやく解消された。

上中尾小学校

児童　上中尾小学校は、約八五年程前に現在地に建設された。それまでは、石水寺が小学校だった。昭和の初めごろ、分教場を建て直して分校になった。この時建設の木材は、製材関係の元締であった、ヤマニの山中さんなどが協力してくれた。地元の人たちは人夫として働き、又太郎も石垣積みを手伝った。

大正末期から昭和の初めにかけて、大滝村の奥へ木材関係者が多数入山した。上中尾の対岸の大除沢《おおよけざわ》奥にも多くの炭焼き人が入った。昭和五年ごろの最盛期には、この大除山に四七世帯の炭焼き人がいた。

この炭焼き小屋から、子供たちが暗いうちから起きて遠距離通学してきた。そのため学校では居眠りばかりしていて勉強にならず、また小さい子供の足では、学校まで何時間もかかるので、就学年齢に達しても入学しない子もいた。そこで小学校では前例がなかったが、児童のための寄宿舎を学校の近くに建設することになった。

寄宿舎　このようにして昭和一四年ごろ、県下で唯一の小学生用寄宿舎が完成し、昭和四二年ごろまで使用された。最盛期には、五〇人近くの児童が寝泊まりしていた。当時は珍しがられて、昭和一六年には映画撮影が行われた。実際にはそのようなことはなかったが、馬の背で二つに振り分けた籠の中へ入った子供が、寄宿舎から学校へ向かうシーンなどが撮られた。

寄宿舎に泊まった児童は、川又から奥の入川や大除沢奥に、山仕事関係で入山した他府県から来た人たちの子供たちが多かった。尾根向こうの中双里、中津川の子供たちの中には、鶉平小学校へ通うのが大変なので、山ノ神峠の尾根を越えて上中尾小へ入学して、寄宿する子もいた。寄宿の子供たちは、土曜日の午後になるとそれぞれ両親の元へ帰り、日曜日の午後に寄宿舎へ戻ってきた。

寄宿舎は、総二階の六〇坪くらいの建物で、山柴さんという賄い夫妻の家族が住み込んでいた。妻のシモさんとその娘のフミさんが中心となって、三食の炊事など子供たちの面倒を見ていた。高学年の子供たちは、洗濯などを自分でしていた。教員も二人泊まっていて、寄宿舎での生活指導をしていた。その一人の代用教員は娘のフミさんと結婚した。寄宿舎がなくなった後、その教員が大滝村へ来た時は、懐かしそうに草ぼうぼうの道をたどって、寄宿舎跡を見に行ったりしていた。

沿革記念碑　現在上中尾小学校は、光の村養護学校秩父自然学園になっている。その校門付近は、大滝村の面積のちょうど中心で、上中尾は村のヘソと言われているそうである。校門を入るとすぐ左に、学校の沿革記念碑が建てられている。

この記念碑にはおよそ次のような碑文が刻まれている。

「明治五年の学制により大滝小学校が開校された。その二年後、秩父往還沿いの大久保耕地以西の住民のため、上中尾耕地の石水寺を分教場にあてた。明治四十二年、地域住民たちが労力、資材を投じ、熱情を傾けてこの地に校舎を建築した。その後、敷地拡張増改築をして、当時全国に例のない小学校寄宿舎建設と高等科設置、国民学校を経て、戦後の学制変遷の後、分校となり独立、上中尾小学校となる。百十余年の経過のうち、住民関係者の努力は弛みなく続けられ、一時は二百五十三名を数え、地域文化の中核として幾多の人材を生んだ。この栄光の学び舎も、児童数二十五名となり、大滝小学校に合併、昭和五十六年三月ついにその幕を閉ず」。

峠を越えた花嫁

十文字峠道は「信州道」として、古くから秩父地域と信濃とを結ぶ、交易、信仰などの道として利用されていた。特に峠を挟んだ秩父側の大滝村と信州側の川上村とは交流が盛んで、縁組などが成立することが多かった。上中尾では、「ヤマ二」の屋号を持つ集落のとばの旧家である山中家と、同じく川上村秋山の旧家川上家とは、古くからの姻戚関係であった。両家の花嫁が真綿帽子をかぶり、十文字峠を越えて嫁入りした。長い道中のため途中で歩けなくなり、同行した若い衆に背負われて峠越えをした花嫁もいた。

昭和二二年五月、上中尾の山中かつよさんが川上家へ嫁いだのが、十文字峠を越えて嫁入りした最後の花嫁と言われている。髪だけ結った花嫁は、モンペ姿で峠を越えた。春とはいえ、峠道のところどころには、まだ雪が消えずに残っていた。今でもかつよさんは、その残雪の白さを鮮明に思い出すことがあるという。

ヤマ二の山中家の近所に住む山中義一さんの話。

「かつよさんは小さい時から聡明な子で、小学校は二年生から始めて、五年で卒業してしまった。かつよさんの祖母のコイシさんは、信州の川上家から来られた人で、とてもきれいな人だった。一方川上家へは山中家からオイマさんという人が嫁いでおり、かつよさんは、おばさんに当たるその川上家へ嫁ぐことになった。前日、川上家から嫁を迎えにやってきた人たちと宴を張り、翌日、かつよさんの兄弟、縁者、それと近所の人が七、八人持ち子として花嫁行列に従って、川上家へ目指すことになった。私もその中の一人として頼まれ、箪笥《たんす》、長持《ながもち》、鏡台、布団などを皆で分担して背負い、朝の七時に山中家を出発した。花嫁は、栃本まで用意された馬に乗って行った。峠道の途中では、持参した大きな握り飯などを食べながら、夕方にようやく川上村へ着いた。千曲川の冷たい水で、疲れて火照っている足の裏を浸した時の、大変気持ちが良かったことを、昨日のことのように懐かしく思い出される」。

長男が誕生して二歳になった昭和二五年、両親に大きく育った孫の顔を見てもらうため、上中尾の実家へ里帰りした。この時も夫が子供を背負い、かつよさんは荷物を持ち一日掛かりで十文字峠を越えて行った。後にその長男が将来自分の伴侶となる人を見付けた時には、「おかあさんの越えた峠を通って来たよ」と言って、その娘を連れて十文字峠越えで、かつよさんの前に現れたという。

川上かつよさんと川上犬

五　上中尾から栃本

上中尾

上中尾へ　二瀬ダムから国道をとって、上中尾への道を案内する。すぐに三六〇メートルの駒ケ岳隧道で、これを抜けると秩父湖畔に出る。道はまもなく左右に分かれる。左は湖畔に沿う直接川又へ向かう道、右が上中尾を経て栃本、川又への秩父往還である。右の道をとり、坂を登ると麻生集落である。ここには栃本関の補助として設けられた、麻生加番所だった旧家の千島家がある。旅人はここで手形を見せて印鑑をもらい、それを栃本の関所に差し出すことになっていた。麻生から寺井集落への道には、秩父往還の旧道の一部分がまだ残っている。

寺井を過ぎて上中尾の集落に近付くと、右のセメントを吹き付けた崖上に老松がそびえ、その根元に二基の石仏が見える。一基は寛政一〇（一七九八）年に建てられた千部供養塔で、馬頭観音像の台座には「当村馬持講中」と刻まれている。ここは「ハカマカケ」と呼ぶ旧道跡で、かつては馬の小荷駄が往来した道であった。

ハカマカケ下の新道の左沿いには、猪垣の一部が残っていたが、道路拡張の際に取り壊されてしまった。右手斜面の茶畑を見ながら進むと、左下に一本の老梅と墓地があり、この辺を「休み石」と呼ぶそうである。現在それらしき石はないが、地元では天狗《てんぐ》様が休んだ所とも言っている。ここはハカマカケの坂道を下って来た所で、昔は旅人が腰を下ろして休むによい石があったのであろう。

琴平神社と吉備津神社　上中尾集落に入り、最初の右手の大きな構えの民家は、ヤマニの屋号を持つ山中家である。旧家にふさわしく、庭には樹齢二〇〇年、村指定の大ツゲがある。山中家と国道を隔てた左下のうっそうとした森の中には、琴平神社と吉備津神社が鎮座している。

琴平神社は一枚岩の巨岩の上に建てられており、以前は鰐口や神鏡などもあったが盗まれてしまった。吉備津神社はお産の神様として信仰が厚く、この神様が守っているので、上中尾にはお産で死んだ人がいないという。

昔は琴平神社の春祭りと、吉備津神社の秋祭りのどちらかの祭日に笠鉾がひかれた。又太郎の話では、明治一〇年代（一八七七～八六）に、荒川村（編注・現秩父市）白久で使用していた笠鉾を買い受けたものという。大正一〇（一九二一）ごろ、経済的な理由などで中止されてから以後はひかれていない。昭和一六（一九四一）年に預けておいた家が火災にあって、腰幕などは焼失してしまったが、本体は、石水寺仮堂の中に収納されている。

境内には、村指定天然記念物の杉とヒノキの巨木がある。標識には「杉二本高さ三五メートル樹令五百年、桧二本高さ二六メートル樹令二百年」と記されている。このうちの一本の杉は藤蔓が絡み付いたため、幾つにも枝分かれした変った杉である。これらの巨木の空洞には、ムササビやコウモリなどがすみ着いていて、夕暮れになると穴から出て来て活動を始める。

キツネ岩　琴平神社境内南側の細道を下ると、すぐに茶畑が現れて、その中に「キツネ岩」という長径一〇メートル余りの巨岩がある。南面は雨宿りが出来る程の岩庇になっていて、その奥には深い穴が開いている。昔はこの岩穴に、キツネがすんでいたので岩名になったという。今はこの付近一帯には、猿が出没して畑を荒らしている。

キツネ岩の下方の杉林の中には、保存状態の良い猪垣が残っている。長さ

キツネ岩

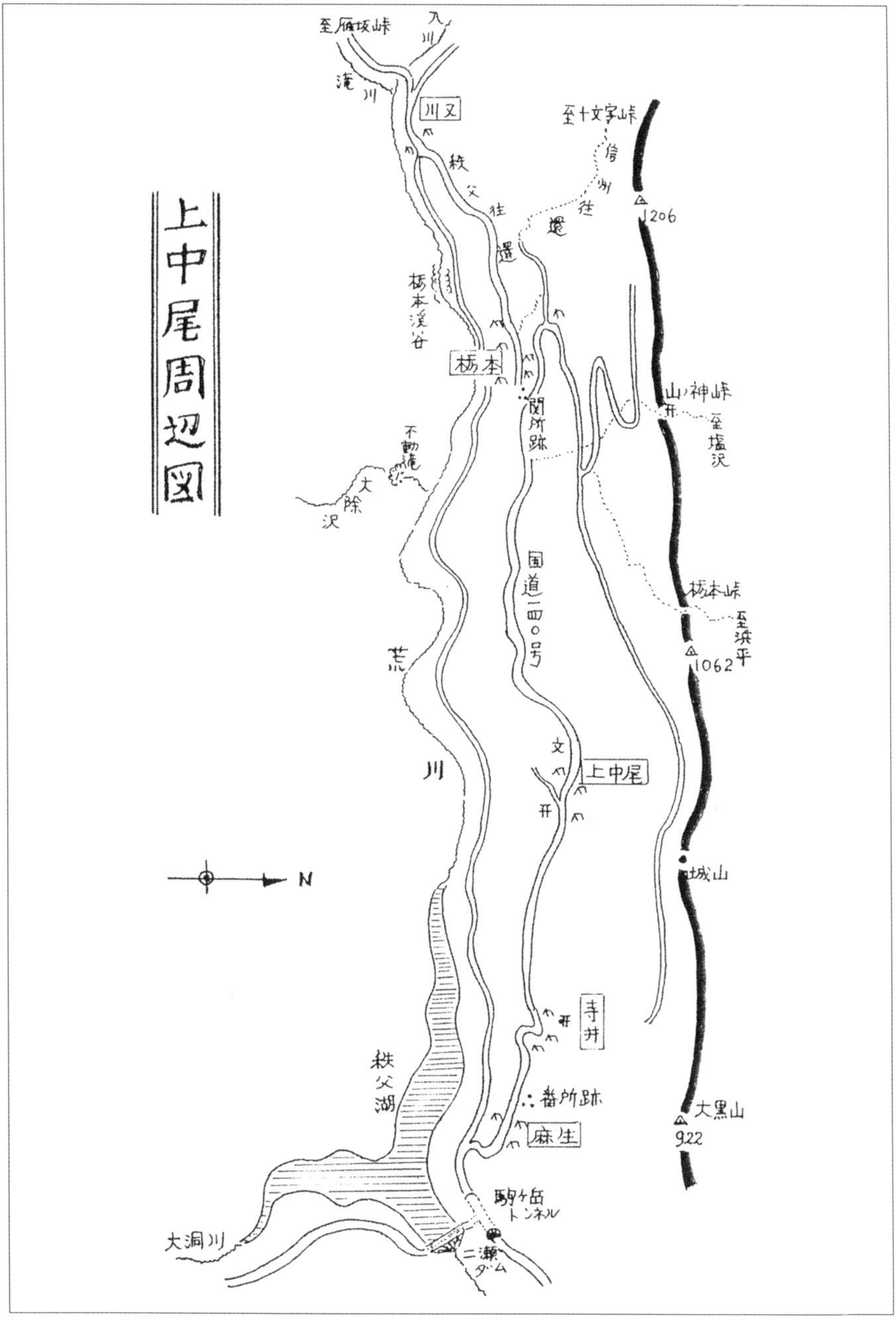
上中尾周辺図
至雁坂峠
入川
滝川
川又
秩父往還
至十文字峠
信州往還
1206
栃本渓谷
栃本
関所跡
山ノ神峠
至塩沢
不動滝
大除沢
国道一四〇号
栃本峠
至浜平
1062
荒川
文
上中尾
N
城山
寺井
秩父湖
番所跡
麻生
大黒山
922
駒ヶ岳トンネル
大洞川
二瀬ダム

一七メートル、上辺幅九〇センチ、高さは一・二メートルで、斜面の下方に向かって次第に低くなっている。昔はこの猪垣の西側に畑が二、三枚あって、アワ、ヒエ、麦などを栽培していた。
　猪垣の更に下方には、トロッコの森林軌道跡が残っている。機関車の前は上中尾の馬方などが、自分たちの馬でトロッコを引いていた。

石水寺跡　秩父往還へ戻るとすぐ右の消防車庫裏にお堂があり、何体もの仏像の他に、昔使用した手押しポンプなども保管されている。お堂の側の上中尾公民館は、石水寺の跡地に建てられている。寺の裏手には「寺井戸」という、岩間から湧出する良い清水があり、太いカラマツをくりぬいた舟に水をためて、上中尾の人たちに飲料水を提供していた。石水寺は、明治末年に上中尾小学校が開校するまでは、子供たちの勉学の場でもあった。
　秩父往還を行くと、集落の中程には小さな沢があり、ここを「大境」と呼び、集落はこの沢を境に東西に分かれている。この辺は土砂の崩壊を防ぐ竹林が目立ち、「崩《くえ》三軒」などと呼ばれている家々もある。

上中尾小学校跡　元馬方だった大村宅を過ぎると、右に見上げる程の大きな記念碑がある。これは昭和一五年に、馬トロの組合だった奥秩運輸組合が建てた記念碑である。ここで右へ分かれる道は、中津川谷の滝ノ沢への峠道である。地元では「滝ノ沢ブッコシ」と呼び、杉林の急斜面を三〇分程登るとその頂に達する。峠の尾根には大峰林道が走り、上中尾側に向かって、山ノ神の小社が祀られている。以前は滝ノ沢への下り道があったが、現在は廃道に帰してしまった。
　再び往還へ戻り、元は上中尾小学校だった光の村養護学校の校舎を左に見ながら行く。学校を過ぎると山中又太郎宅で、この辺りの緩やかな傾斜地は「おどり場」の名があり、小学校が建てられる予定地だったという。

右から落ちる沢は、上中尾の西地区の飲料水の水源だった西ノ沢である。この所に全国でも珍しい、上中尾小学校の寄宿舎があった。この沢の西辺には「安全小宿《こやど》」の地名が残っている。また沢の上方を「風張り」と言うそうである。

上道 集落を過ぎ、南へ張り出している妙見尾根を回り込む。この尾根の先端には地蔵尊が安置されている。この尾根には妙見様も祀られ、神楽殿もあったという。ここから右の杉林の中へと登る山道がある。この道は元は上中尾集落の「菅平」と呼ばれている辺から、栃本の関所を通らないで、牛蒡平《ごぼうだいら》を経て信州へ抜けた道である。

この間道は、秩父往還の上方を通っていたので「上道《うえみち》」「ゴボウ道」などと呼ばれていた。

栃本の秩父往還から分かれて牛蒡平へ登る信州道は急坂なので、空馬なら通れたこの上道も大いに利用された。今でもその道の一部が残っていてたどることが出来る。

上中尾と茶畑

栃本

概観 栃本は、白泰山（一七九三メートル）から東に伸びる尾根の南斜面に、古くから開かれた五〇数戸の集落である。ここは雁坂峠を越えて甲州へ至る秩父往還と、十文字峠を越えて信州へ至る信州往還との分岐点に当る交通の要地で、江戸時代には関所が置かれていた。

明治から大正に至り、峠交通は衰えてしまったが、戦後、大衆登山などが盛んになるにつれ、栃本は民宿を中心とした観光、登山基地として復活した。

馬つくれ場　栃本集落の入口付近は「フセギ場」の名がある。一般には、悪霊、疫病などを集落に入れないように追い払う所であるが、ここは敵の侵入を防いだところだろうという。戦前までは馬を飼育している家が多く、ここで定期的に馬を検査した「馬つくれ場」でもあった。馬を一頭ずつ囲いに追い込んで、獣医が馬の血を採って検査したり、病気にかからないようにと、焼コテで尻尾の骨を焼いたりした。

集落に入ると右に「栂《つが》の尾根いくつか越えて栃本の、里えいそぎし旅を忘れじ」と刻まれた田部重治の歌碑がある。これは小暮理太郎と共に、名文で奥秩父を広く世に紹介した氏の功績を称えて、昭和四八（一九七三）年に秩父山岳連盟が建てたものである。田部、小暮らは関所の大村家を登山基地として奥秩父を歩き、森林と渓谷美を深く愛した。

栃本関址　集落の中心に進むと、左に栃本関址がある。この関所は、甲州の武田氏が設置したのに始まるという。後に関東へ入国した徳川氏が、関東郡代伊奈氏の支配のもとに、亡命していた武田氏の家臣、大村与一郎を関守に任じた。以後大村氏は明治になって関所が廃止されるまで、代々関守と名主を務めていた。

役宅は文政六（一八二三）年に消失し、現在の主屋はその時に建てられたものである。玄関、上段の間、外部の木柵などに関所の面影をとどめており、昭和四五年に国指定史跡となった。主屋の中へ入ると、一段高い奥に上段の間、続いて中の間、玄関の間などがある。黒光りする柱や鴨居は太く、梁《はり》には、袖《そで》

栃本関址前の秩父往還

搦《がら》みなどの捕物用具が掛けてある。

秩父往還　栃本関址西の栃本会館前に、昭和六二（一九八七）年、秩父往還が日本の道百選に選ばれた時の記念碑が建てられている。碑文には「この道は、往時甲州街道と中山道を結ぶ軍要な街道であった。沿道の栃本関所跡や路傍の石仏などが、歴史を感じさせることから、特色ある優れた道の一つとして、日本の道百選に選定された。」と刻まれている。

栃本は昔から甲州とのつながりが深く、米や日用雑貨を雁坂峠越えで甲州へ買いに行った。甲州からは、ユタンという大きな袋を持った繭買人などがやって来た。彼らは関址の大村家に泊り込み、繭を買い集める人と、それを運搬する人がいた。

秩父往還の下側に沿っては、幅一米《メートル》程の細い旧道がある。「国替道《くにがえみち》」と呼び、同名の屋号の家もある。大村氏などが甲州から武州へ、国を替えたことからの名称ともいわれるが、元は国谷道と書いていたともいう。

信州往還　集落の中心を過ぎると往還沿いには民宿が並び、広瀬商店の所から、十文字峠への道が分かれている。この道は信州往還と呼び、信州川上村へ抜ける古くから開かれた峠道である。入口には、古い石灯籠や二十三夜塔と一緒に「右ハ信州道、左は川又を経て甲州道」と刻まれた道標が建てられている。上方の牛蒡平までは、昔のままの旧道が残っている。

信州往還の十文字峠道は、今でこそ登山者が利用するくらいになってしまったが、往時は交易、信仰の道として多くの往来でにぎわった。秩父側からは峠道を利用して、信州側へ出稼ぎに行った。主な仕事は山林の木材関係で、ツガ、トウヒ、カラマツの切り出しや、屋根材にした杉皮剝ぎ、栗、カラマツのうす板作りなどであった。

戦前までは、十文字峠を越えて信州側へ子馬を買いに行った。その準備として道を広げ、丸太橋を架け直し、急坂を緩やかにするなどの整備を、三日から多い時は一〇日間もした。三峯神社でも信州側からやって来る信者のために、時々人を雇って道普請をしていた。従って昔の方が、現在の道よりずっと歩きよかった。

栃本集落を抜けると道は川又への下りになり、秩父湖岸に沿って来た道と合う。ここは奥秩父最奥の川又集落で、現在ここより奥へは、雁坂峠を随道で甲州へと抜ける国道の開削工事が進められている（編注・一九九八年、雁坂トンネル有料道路として開通）。

栃本の旧信州往還

浦山の暮らしと伝承

細久保・冠岩・武士平

一九九三（平成五）年一二月二四日、私家版として『奥秩父に生きる人々Ⅳ　秩父浦山の暮らしと伝承　細久保・冠岩・武士平』発行。おそらく著者自らがコピー印刷・製本し、希望者に配布していたと思われ、発行部数は不明である。初版以降の改訂版の存在は確認できなかった。

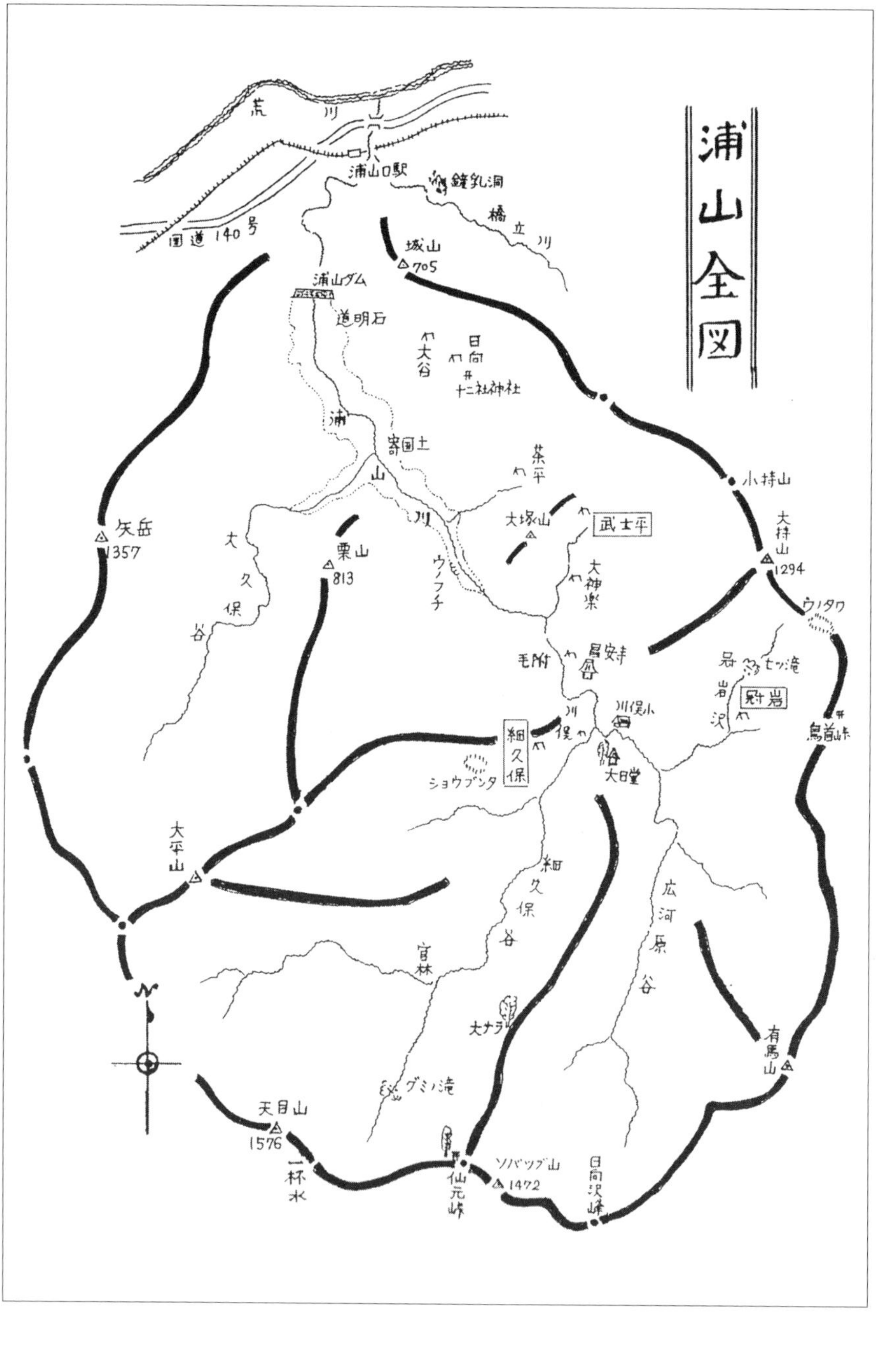
浦山全図
荒川
浦山口駅
鍾乳洞
橋立川
国道140号
城山 705
浦山ダム
道明石
大谷
日向
十二社神社
浦山川
寄国土
茶平
大塚山
武士平
矢岳 1357
大久保谷
栗山 813
ウソブチ
小持山
大持山 1294
大神楽
ウノタワ
毛附
冠岩
七ッ滝
冠岩沢
鳥首峠
川俣
川俣小
細久保
ショウブンタ
大日堂
大平山
細久保谷
広河原谷
官林
大ナラ
有馬山
グミノ滝
天目山 1576
一杯水
仙元峠
ソバツブ山 1472
日向沢峰

一　浦山略史

秩父市浦山地域は、昭和三一（一九五六）年影森町に合併されるまでは一村を成していた。浦山川が侵食した深い峡谷の当地域にも、古くから人が住み着いていたようで、岩合、大谷などから縄文時代の遺物が出土している。

その後の浦山は、近世までほとんど世人に知られないままに時が経過した。江戸時代には天領、後明治維新まで忍《おし》藩領となっていた。当時の村の様子については『新編武蔵風土記稿』に、その厳しい自然風土と共に、農民の困窮な生活ぶりが挿絵入りで語られている。

明治になると考古学者・鳥居竜蔵が当地を訪れ、『秩父浦山の土俗』を発表し、日本の代表的な秘境の一つに数えられるようになった。大正時代には県道が奥の川俣まで入り、今までの山村の生活に変化が生じてきた。『武蔵野歴史地理』の著者高橋源一郎は、『新編武蔵風土記稿』や鳥居博士の記述に見える浦山郷を期待して昭和初期に当地を探訪したが、既に古い土俗はあまり見られなかったという。この頃は、木材関係者や炭焼き業者なども他地域から多数入植して人口も増加し、村の変貌が著しい時期であった。

浦山の主要集落は大谷《おおがい》、日向《ひなた》、岳《たけ》、茶平《ちゃだいら》、武士平《ぶしだいら》、大神楽《おおかぐら》など「ウワゴウミチ」と呼ばれる旧道沿いの、日当たりの良い武甲山の南西斜面に点在している。下方の浦山川の谷に沿った県道が開通すると、旧道と県道を結ぶ上下の道も開かれ、交通に便利な県道沿いにも次第に民家が建てられるようになった。

戦後は日本経済の高度成長に伴い、若い人たちは村を離れてしまい、急速な過疎化現象が起こった。現在それに拍車を掛けるように、浦山ダムの建設で県道沿いの民家五八戸が他地域への移転を余儀なくされている。

昭和五五年より工事が進められている、重力式コンクリートダムの堤高は一五五メートル、高さだけなら日本で五本の指に入るという。貯水された湖の面積は、西武球場の約九〇倍にもなる大ダムである。このダム建設に伴う水没地区ではないが、浦山最奥の高所にある細久保、冠岩、武士平の集落は交通の不便さなどから、今では廃村やそれに近い状態となってしまった。この三耕地に生きた中山頼之助、上林為吉、浅見伊吉ら翁たちの語る山村生活や、伝承などを中心に話を進めてみよう。

二　三耕地への道

①　細久保へ

県道上名栗秩父線を最奥の川俣方面へ進むと、毛附集落の手前で対岸の金倉への道が分かれる。細久保へは、浦山川に架かる橋を渡って金倉の集落へ入る。金倉には、イノシシを落として捕らえる猪倉《ししぐら》が一つ残っている。猪倉は、中山成行宅から細いやぶ道を一五〇メートル程登った所にある。そっとのぞいてみる程深かったという穴も、今は一メートル足らずに埋まってしまっている。長径一メートル一〇センチ、短径九〇センチ程の、やや方形の穴である。穴の周囲は、自然の平石を積み重ねて作られてある。この穴の上方には、猪打《いのうち》（射）岩という岩もある。

細久保へは金倉の最後の民家、中山良作宅前を通り山道へと入る。良く整備された静かな道で、左手眼下に赤い屋根の昌安寺を中心に、毛附集落がよく見える。金倉から一五分程登ると、小さな尾根上に達する。ここは「峠の尾根」といい、また地蔵尊が祀られているところから、近年は地蔵峠の名で呼んでいる。地蔵尊の傍らには、安政年間（一八五四～六〇）に建てられた二十三夜塔がある。この石塔は、地元民の力石でもあったという。大ナラの根元には石宮があり、昔はここへ大草鞋《わらじ》をつるした、ふせぎ場でもあった。

峠からは、細久保への近道であるスグジ道もあったが、急な旧道のため今は使用されず廃道に帰した。しばらく尾根道を行ってから左の山道を取ると、細久保の小字非後沢《ひじりさわ》の中山住三郎宅前に出る。これより沢の源頭を回り込むようにして行くと、中細久保の中山頼之助宅に着く。

浦山川の清流

以前は十数軒あった細久保集落も、現在はこの両中山氏の二軒だけになってしまった。しかも頼之助は、もう長い間一人暮らしである。ここからは、細久保谷に向って二〇分程下ると川俣へ降りられる。

② 冠岩へ

浦山で最も奥の集落冠岩へは、金倉への道を見送ってそのまま県道を進む。すぐに毛附の集落で、左手の最初の民家は、「関戸」と呼ばれる市川家である。昔ここに関所があったと言われるが、詳しいことは分かっていない。浦山で語り継がれている空中を飛ぶ伝説の快魚は、この市川家の先祖にいた弓の名人が射殺して退治したという。

続いて秩父十三仏の昌安寺を左に見て、毛附を過ぎると川俣集落である。名のように、ここで南から細久歩保谷が合流する。そのまま本流を行くと、対岸に昌安寺持ちの大日堂が見える。縁日の一〇月一五、一六の両日に行われる獅子舞は有名で、近在はもとより遠方からも多くの見物客が訪れる。

冠岩橋の手前で、冠岩への道が左に分かれている。しばらく冠岩沢を右に見て林道を進み、沢を渡ると山道になり冠岩の集落は近い。かつて八軒程あった冠岩は、近年上林為吉宅を残して山を降りてしまった。その上林家も、今は秩父市へ出てしまっている。

③ 武士平へ

当地へは山掴《やまつかみ》の先の県道から分かれて、大神楽を経て行く林道もあるが、旧道のウワゴウ道をたどってみる。日向の浦山小学校の裏手から、ウワゴウ道へ入る。練馬区のキャンプ場を過ぎると分岐で、ここには地蔵尊や馬頭尊が祀られた墓地になっている。右の道を少し下ると、十二社神社が鎮座している。武士平へは左の道を取り、杉林の中の平坦な道を行く。小尾根の先端には、聖徳太子、大黒天の石仏がある。これより緩やかに下ってから、小沢を渡って登ると分岐で、昭和六（一九三一）武士平の浅見伊吉の建てた石の道標がある。ここは右の道をやや登って、大杉の根元に地蔵尊と馬頭尊が安置されている峠に出る。小峠から沢に下ると地形図上の茶平で、廃屋が目に付く。ただし本来の茶平は、この谷間の少し下方である。

再び下って沢に降りると、左岸には林道が付けられている。林道を横断して登ると大塚山と雄山の鞍部に達し、雄山を回り込むようにして行くと、まもなく戸数四軒程の武士平である。十二社神社宮司だった旧家浅見伊吉宅は山を下りてしまった。

三　細久保集落

① 中山頼之助

浦山川は川俣で広河原谷と細久保谷の二つの谷に大きく分かれる。その細久保谷の南東斜面の高所に、細久保耕地がある。細久保は更に萩原、中細久保、非後沢の三耕地に分かれている。その中細久保耕地に、中山頼之助の家がある。細久保は三耕地合わせて一四軒あったが、昭和三〇（一九五五）年・一二軒、四〇年・九軒、五五年・四軒と次第に戸数が減ってしまい、今では頼之助宅と、非後沢の中山住三郎宅の二軒だけになってしまった。

頼之助は明治四四（一九一一）年二月二五日生まれで、四歳まで実家で育ったが、五歳になると祖父の文助が住んでいた隠居小屋に預けられた。小屋は実家から少し離れた上方の稲荷神社のそばで、曾祖父の時代からあった。

頼之助は七歳で昌安寺の分教場（川俣小学校）

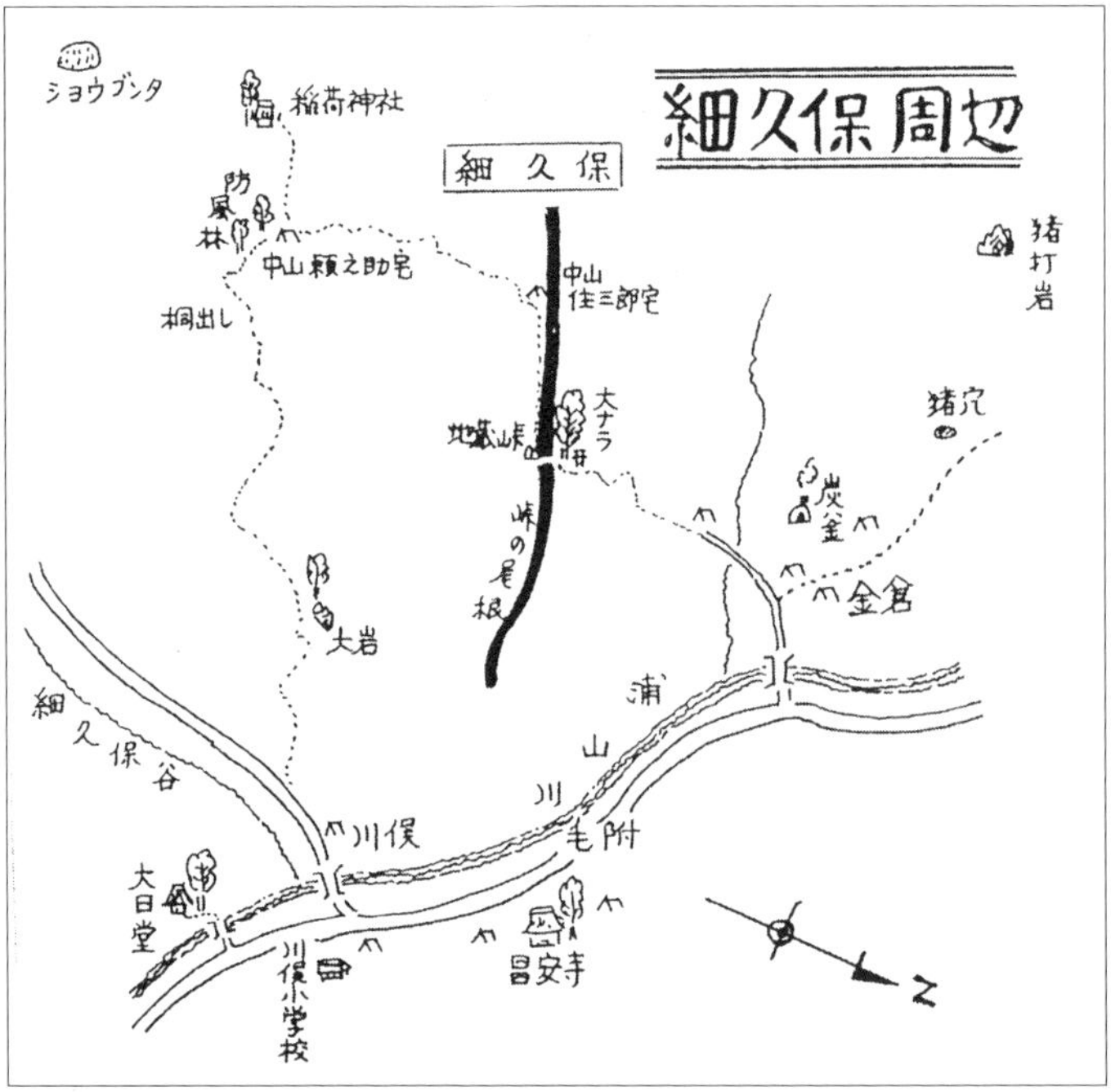

へ入学した。先生は男女一名ずつであった。寺の庭は狭いので、主に前を流れる浦山川の河原で川遊びをした。一二歳まで祖父と一緒に生活していたが、影森の高等科へ弁当を持って通うことになったので実家へ戻った。頼之助は八人の子供に恵まれ、成人するとそれぞれ家を離れていった。妻のウラを亡くしてからも、一人で細久保に残った。現在長男は影森に家を建てて住んでおり、長男からは、父の部屋も用意してあるから、山を降りてくるようにと再三勧められている。

しかし街に住めばやることもなくなり、昔からの知人もいなくなるので、一日家の中でテレビでも見て過ごすことになるだろう。それより一人でも長年住み慣れた細久保で、のんきに農業をしていた方が、余程充実した日々を過ごすことが出来る。体の動けるうちは多少不便でも当地にとどまる覚悟で、山の中の一人暮しを楽しんでいる。

このように気丈な頼之助でも、「俺が死んだらこの家も廃屋になり、だんだんに朽ちてしまうだろう」と考える時、ふと寂しくなることもある。

②山上の生活

来村者　昔の生活はほとんど自給自足で、山から下りての街での用事などはほとんどまれであった。呉服屋や魚屋などの行商人も背板に荷を付けて登って来たので、不便と感じたことはあまりなかった。

大日様のお祭りごろになると、坂戸方面から五、六人の瞽女《ごぜ》が下駄《げた》履きでやってきた。中山宅が瞽女宿で、二、三泊して行くこともあったが、そんな時には家の女たちはあまり歓迎していなかった。瞽女は奥の炭焼き小屋の方へも出掛けて、小屋にも泊めてもらっていた。

当地へは消防車が上がって来れないので、どこの家でも火の用心には最大の注意を払い、拍子木を打ちながら夜巡回した時もあった。頼之助の記憶によると、細久保では火事を一度も出さなかった。電気は昭和二五（一九五〇）年ごろ入り、それまでは石油ランプの生活だった。手の小さい子供たちが、毎日ランプ掃除をした。どこの家でも夜の八時か、遅くても九時には寝てしまった。

農林業　主食は山の斜面の畑で作った大麦、小麦、ソバなどで、陸稲《おかぼ》（米）は中山宅で一度土の深い所に作ってみたことがあったが、ほとんど実らなかった。大麦は碾割《ひきわ》り飯《めし》、小麦は碾臼《ひきうす》で粉にしてうどんなどを作って食べた。ソバは山を焼いた跡にまくと、数年は肥料なしでもたくさん収穫出来た。コンニャクは各家の自家製で、市販のものよりこくがあった。その他に野菜や豆、芋類など何でも栽培した。養蚕は四、五軒がしていた。秩父の街から繭買いが山に登って来て、ユタンという大きな袋に買った繭を入れ、デイマンカゴで背負って帰って行った。

浦山の原生林は大正時代まで細久保谷、広河原谷とも川出しをしていた。流れの弱い箇所にはシラを張り、上手に流していた。木炭業者も二つの谷に多く入り、その煙から酢酸を採り、これも良い収入源になっていた。広河原谷の事務所には、大きな金庫が置いてあった。事務所の付近には、酒屋、雑貨屋、菓子屋などがあった。川俣小学校の児童の一〇〇人中三〇人から三五人くらいは、他所から移って来た木材、木炭関係の家族の子供たちであった。地元の人たちは麦飯であったが、これらの人たちは現金収入があり、米の御飯を食べて良い生活をしていたので、ちょっぴりうらやましかった。

戦時中から戦後にかけては食料難の時代だったので、山を開墾して耕地を増やした。その後はまた山林となり、もともと耕地だった所までも植林が行われて、杉林となってしまった所が多い。杉は木材とし

農作業中の中山頼之助氏

て切り出した他に、その皮もむいて現金収入とした。

職人　細久保谷の山には他所から、木工人たちも入って来ていた。昔は近江の東小椋村から、木地屋が入って来た。昭和の初めごろ、日原から来た職人が、細久保官林で木鉢やお蚕上げ用のコゾロ（小さく浅い木鉢）を作っていた。養蚕農家ではコゾロを買っていった。

官林では小田原から来た人が、職人を使って戦後しばらくまで、ショウジのお盆作りもしていた。その他、カワグルミから下駄材の疎取《あらど》りや、白木の箸作りの人も入っていた。また山中には、小屋を建てて住みながら、茅《かや》を刈って木炭の俵を専門に編んで生活している人たちがいた。

家畜と野獣　家畜は羊、ヤギ、ウサギなどを飼っていた。ウサギは子供たちが、山から刈ってきた草で育てた。大きくなると皮買いに売って子供の小遣いになり、肉は家で食べたりした。馬は冬場だけと決めて、借りて飼う家が多かった。これは馬肥しの堆肥を取るのが目的であった。運搬は馬の小荷駄であったが、浦山川に沿う道が整備されると、牛車なども現れてきた。牛を数頭飼って、人を使って専門に運搬する運送業者もいた。

現在頼之助の最大の悩みは、猿やイノシシの害である。これらの動物は、昔は山にいて畑にはほとんど出没しなかった。猿はダイコン、甘藷《かんしょ》、馬鈴薯《ばれいしょ》、トウモロコシ、ハクサイ、インゲン、ウリなど何でも食べてしまう。野菜類は笹の葉で隠してみたが、すぐに見つけられてしまい駄目だった。イノシシには、ワサビ田を荒らされる。好物のサワガニをとるため、鼻でワサビ田を掘り起して、ワサビを駄目にしてしまうのである。今年はまだ一度も、出荷出来ない状態である。

頼りは足　昔は細久保から街へ出るには、自分の足に頼る他はなかった。浦山の小学校には高等科がなく、一番近い所でも影森まで出なければならなかった。そこで浦山では、高等科へ進む者はまれであった。まして浦山最奥の細久保から、通学しようという者は誰もいなかった。

しかし、向学心に燃えていた頼之助は進学を志して、家から一二キロもある影森の小学校へ二年間通学しとおした。いくら急いでも片道二時間以上かかるので、毎日六時に家を出発した。冬場は往きも帰りも、提《ちょう》灯《ちん》をつけての通学であった。特に、ただ一人で山道を登って帰る時は、子供心に怖くて辛かった。幸い健康には恵まれ、遅刻や欠席は一度もしなかった。武甲山登山の遠足の時も、浦山から登れば近かったが、家から影森小学校まで歩き、武甲山へ登ってから、また歩いて帰宅した。

このように頼之助は、子供の頃から歩き慣れているので、歩くことを苦に思ったことはなかった。大人になってからは、よく日帰りで鳥首峠を越えて、吾野の子ノ権現様へお参りに歩いて行ってきた。

父の背を見て育った子供たちも、山上の生活をそれ程不便とも感じていなかった。秩父市内の高校へ進学した次男は、雨風の日も休むことなく、毎日自転車で通学した。その後、細久保から川俣まで山道を整備して、バイクが通れるようにした。頼之助も一時バイクに乗ったこともあったが、若い人でも危険な道なので乗るのはやめた。今はゲートボールの責任者で、一時間かけて下方の競技場まで歩いている。

嫁入り行列　中山宅からは、奥多摩の日原方面へ越す仙元峠道の尾根の全貌がよく見渡せる。頼之助は子供だった頃、この尾根道を奥多摩の氷川から浦山毛附の原島家へ嫁に来たノリさんの花嫁行列が通るのを見たことがあった。

遠い氷川から持ち子が、箪笥《たんす》、長持《ながもち》、布団などをみんな担いで歩いて来た。ようやく峠からの山道が終りに近付く大日堂の裏山にある「一ノ休ん場」という見晴らしの良い頂まで来ると、行列は止まって休んだ。にぎやかな話し声も、谷を隔てた細久保まで聞こえてきた。七〇年以上たった今でもじっと目を閉じれば、頼之助にはその時の光景が目に浮かんでくる。

後に頼之助の世話で、細久保の中山テイさんを日原の旧家へ嫁がせた。この時には妻のウラさんが、仙元峠を越えて花嫁を日原まで送って行った。浦山では鳥首峠を越えた名栗村の白岩、名郷との交流も盛んで、両地域での婚姻関係も多かった。その頃は全て歩いての峠越えの時代であった。

③ 防風林

現状　標高約七八〇メートル、中山頼之助宅の南側の幅三・五メートルの私道沿いには、全長二八メートルにわたって杉などの巨木の防風林が植えられている。普通の防風林は冬の季節風を防ぐ目的で、家の北や西側に植えられる。しかし中山宅は北に山を背負っているので、北風に対しては安全である。ところが、南面の三〇〇メートルもの深い谷から吹き上げてくる強風や、特に秋に襲う台風の横殴りの暴風はすさまじく、まともに当たったら家ごと吹き飛ばされる程である。

従ってこの防風林は、これら南面からの谷風を防ぐために植えられたもので、山間の高所の気象と、人間との関わり合いを示す珍しいものである。県内ではここでしか見られず、昭和五六（一九八一）年に「浦山細久保防風林」として秩父市の有形民俗文化財に指定された。約二八本の防風林の中には樹令四〇〇年以上、目通り四メートルの老木も見られる。この老木は過去帳などから、当所へ住み始めた中山家四六〇年の歴史と共に生きてきた。

防風林は南に面しているので日当りをよくするため、毎年こずえの枝を切り落としている。そのおかげで木造二階建て、三三〇平方メートルもの大きな中山宅は、防風林のこずえから日が当たり日陰にはならない。

頼之助の話。

「この防風林の老杉は、四五〇年程前に家の茅葺《かやぶ》き屋根を取り替えた時に植えられたと先祖から伝えられている。太い老杉は五本程あったが、そのうちの三本は枯れてしまった。防風林は日当たりの邪魔にならないように、年に一度木に登り、上部の若芽を鉈《なた》で摘み、上に高く伸ばさず横に枝を張らしている。私が四〇歳くらいまでは、秋に杉の芯を詰める時、枝から枝へと猿のように飛び移り、鉈一丁で順に切っていった。鉈の方が鋸《のこぎり》で切るより、芽が出やすかった。

ここの集落は細久保谷の南面の急斜面上にあるので、特に南からやってくる台風の時は、風雨が斜面を伝わって下から猛烈な勢いで吹き上げてきた。防風林のない家は、幾度も屋根ごと持っていかれた。一番立派な防風林のある私の家でも、四〇歳の頃、板葺き屋根を瓦に変えたら、その瓦を何度となく吹き飛ばされた」。

防風林

桐出し　中山宅の畑のすぐ下方に、今は杉林となっている「キリダシ」と呼んでいるところがある。頼之助は祖父の文助から、次のような由来話を聞いている。

浦山大日堂の獅子舞は昔から、細久保、川俣、冠岩、毛附、金倉の五耕地で行っていた。今はたったの二軒になってしまった細久保も、当時はどの耕地も戸数や人数は多く一四軒あった。獅子舞に使用する獅子頭や太鼓の胴は、ここにあった太い桐の木を切り出して作ったものだと代々言い伝えられていた。そこで「桐出し」と呼ばれるようになったという。

浦山の獅子舞

毎年一〇月一五、一六の両日に行われている当地の獅子舞は、代表的な秩父の獅子舞として、今では多くの観光客を集めている。

④ 細久保の祭りと信仰

石地蔵　細久保集落への入り口に当たる峠の尾根には、地蔵尊が祀られているところから、地蔵峠とも呼ばれるようになった。峠の石地蔵様とも呼び、現在も信仰が厚く信者によって、赤い頭巾や前垂れなどがいつも掛けられている。

この石地蔵は、大きな杉の切り株の上に安置されている。この大杉は頼之助が子供の頃、地主が材木業者に売ってしまい、木挽き職人が二、三人来て切り倒し、二つ割りにして運び去った。それまでは枝振りの良い見事な大杉だったので、この下で雨やどりをしても全然濡れずにすんだ。

地元の中山重次郎氏の話。

「昔この峠の尾根に病気持ちの山犬がすんでいて、細久保耕地の人々にいろいろな危害を加えていた。そこで耕地の人々が集まり相談して、石地蔵を造って峠の尾根に建てた。すると山犬は金倉、川俣方面へ行ってしまい、細久保へは来なくなった。言わば山犬除けの石地蔵でもあった」。

石地蔵の傍らには、「細久保女人講中安政三辰六月吉日」と刻まれた二十三夜塔が祀られている。この石塔は三〇貫（編注・約一一二・五キログラム）程あり、よく若い者の力比べの石として利用された。

ある時酒に酔った男が、酒の勢いにまかせて担ぎ上げたところ、よろけて細久保谷側へ転げ落としてしまった。しかたがないので屈強な男が、代わる代わる峠まで担ぎ上げて元の場所へ戻した。女人講の行事については、細久保の古老も記憶になく、かなり昔に行われなくなってしまったのであろうという。

峠の石宮　峠には太いナラの老木があり、その根元には「浦山村細久保耕地一同世話人中山彦作大正六年五月建立」と刻まれた石宮が祀られている。これは木の社が古くなり朽ちてしまったので、今度は新たに石宮を造って安置した。その世話人は、峠の登り口の金倉の中山氏である。

この石宮はホウソウ神でもあり、昔はここに穴のあいた大きなふせぎの草鞋《わらじ》と、木で作ったサイノメをつるして、厄病神や疫病が細久保耕地に来ないようにしていた。そのおかげで他の地区に病などが流行した時でも、細久保ではそれにかかる人はいなかったという。

この石宮の祭りは旧暦の四月八日で、この日は細久保の人たちが、酒や煮しめなどを持参して集まり、ナラの大木に絡む満開に咲いた藤の花の下でお日待ちをした。耕地の人たちにとっては、これが花見を兼ねた何よりの楽しみであった。

稲荷神社　細久保の氏神は、頼之助宅から五分程登った裏の山に祀られている稲荷神社である。八坂神社などを合祀した社で、昔は旧歴九月一九日にお日待ちをしていた。当時は耕地の戸数と人数も多く、親戚なども来てにぎやかだった。

その後はだんだんと耕地の戸数も減り、今はたったの二軒になり、これでは旗も立てられないので、大変寂しいことであるが行っていない。

四　冠岩集落

① 上林為吉

浦山最奥の標高七〇〇メートル程の高所に、冠岩という小集落がある。ここは名栗村方面へ越す鳥首峠の西斜面に当り、木地屋が開いたともいわれ、浦山でも古い集落の一つである。昔は八軒程あったというが、近年は五軒で全て上林姓である。そのため紛らわしいのでそれぞれ、ニイエ、タツミチ、ヨコミチ、オオシタ、ナカシタの屋号でも呼ばれていた。

「ニイエ」と呼ばれる上林為吉宅は、もともと冠岩沢に面して建てられていたが、沢の侵食により屋敷が削られて崩壊したので、今の安全な東側に新しく家を建てて移ったからという。為吉宅の上方にあった「タツミチ」は、当家へ真っすぐに登る道があったからである。「ヨコミチ」は当家の前を鳥首峠へ向かう道が、横に付けられていたことによる。「オオシタ」は集落の一番下、その上方の「ナカシタ」は集落の中程に位置していたからである。

上林姓は茶平集落にもあるが、この家は冠岩から分かれたものという。鳥首峠の名栗側の白岩にも同姓があり、こ

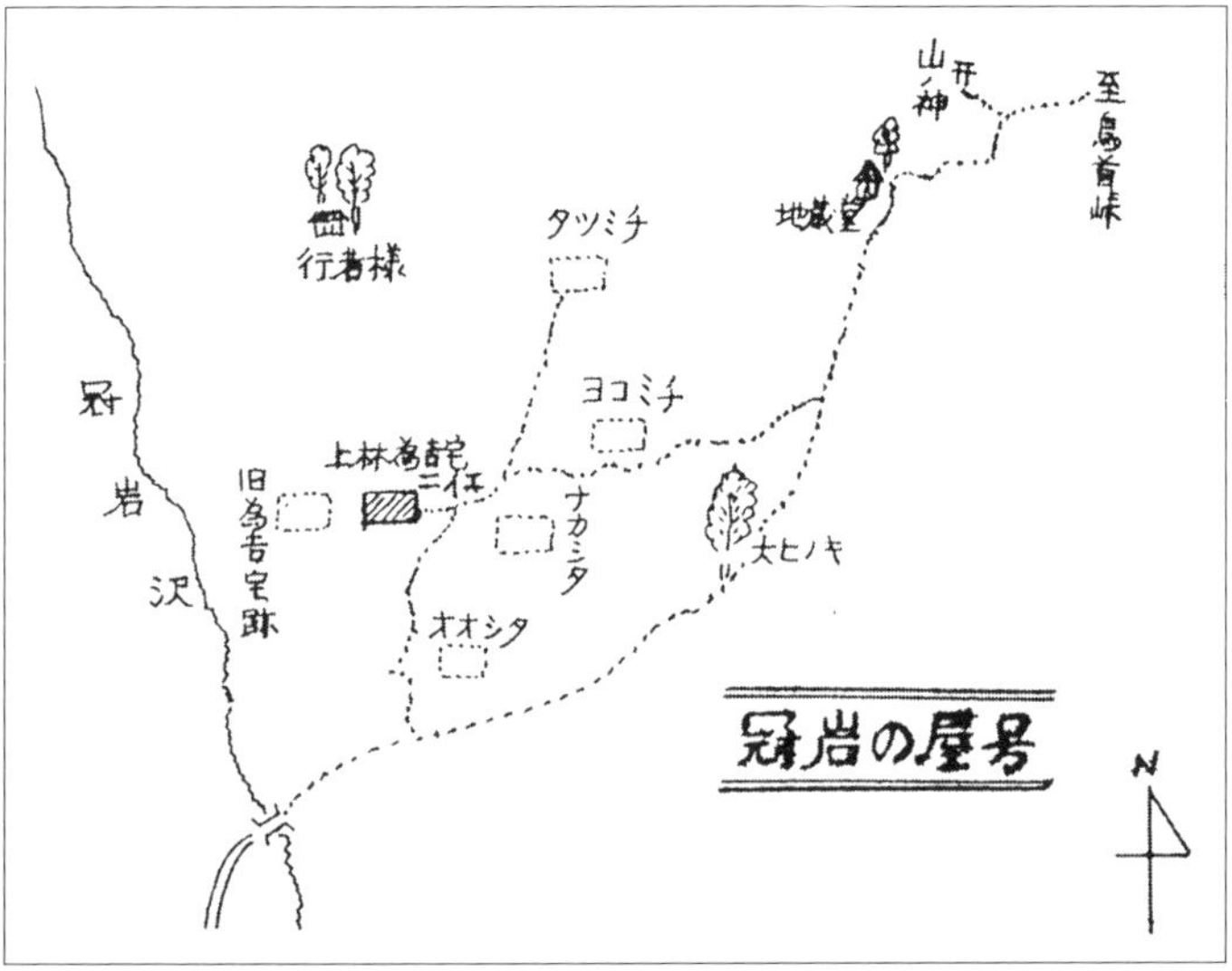

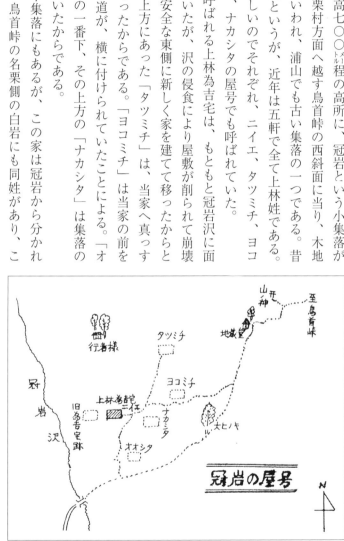

ちらは神林と書いている。冠岩の上林家が白岩から移るとき、神では恐れ多いと言って、「神」を「上」に変えたという。一説には鎌倉方面から落人の一行がやって来て住み着いたとも言われるが、冠岩は大正年間（一九二一〜二六）に火災で一度集落が全焼しているので記録がなく、あまり古いことは分からないという。

冠岩集落は、五軒程の小集落で長い間協力し合いながら山の生活を送ってきた。しかし交通の不便さから一軒、また一軒と去り、最後に一軒残ったニイエと呼ばれる上林為吉宅も一五年程前に、秩父市内の上影森へ出てしまった。しかし、長年に渡り山暮らしをして来た明治四〇（一九〇七）月生まれの為吉には、里の生活はなかなかなじめなかった。里に移ってからも時々冠岩へ登り、全然金にはならないが杉の枝打ちなど山の手入れをしながら、一人で山の生活をするようになった。八五歳の現在でも、山が恋しくなると冠岩の山上生活を楽しんでいる。

②山上の生活

木炭業　冠岩の生業は炭焼きであった。二人で一カ月近くかかって炭釜を作り、よその山の木も買い取って炭を焼いた。炭焼き人は冠岩沢の七ツ滝の方へも入っていた。広河原には他地域から移って来た人たちが、一度に三〇俵も焼ける大きな釜を作って焼いていて、同時に酢酸の製造もしていた。そこには一工場谷、二工場谷の地名が残っている。小学校の遠足は、この大きな炭焼き工場の見学であった。

製品は炭焼き小屋で俵に詰め、背板で広い道の来ている広河原谷の冠岩橋まで運び出した。背負子は、名栗側の白岩の娘たちも鳥首峠を越えて炭

冠岩集落

背負いに来ていた。女は二表、男は三俵が一般的であった。雑木も薪として売れたので、背負い出していた。

運送業　集められた木炭は、馬に三俵ずつ振り分け、その上に一俵乗せたので七俵くらいを小荷駄で運搬した。浦山の道は狭く、「鞍つけえ岩」の名も残っている。この岩の張り出した所へ来ると、鞍がつかえてしまったので、鞍をはずして通過したからという。後に道が良くなると、馬車や牛車などに積んで秩父の炭問屋などへ売るようになった。

馬方は地元の人たちの他に、荒川、久那、影森、横瀬などからも専門の馬方が来ていた。他地区からの馬方は、早朝三時ごろ家を出て浦山へとやって来た。冬の寒い時期になると、空きの荷馬車の中へ行火《あんか》の炬燵《こたつ》を作り、朝が早いので、それに入ってウトウト眠ってしまう馬方もいた。それでも馬はちゃんと浦山へ入り、目的地まで来たという。荷馬車が谷などにそれなかったのは、荷車の轍《わだち》が道にしっかりと二本ついていたからである。

農業　昔は耕地も広く、大麦、小麦、アワ、ヒエ、ソバなどを主に栽培していた。米は大正時代まで、冠岩では誰も食べたことがなかった。後に米を購入するようになったが、それもわずかで、麦と混ぜて煮た米が勘定出来るくらいであった。正月には餅を少しついた。蚕は年に二回くらい育てた。繭買いの人がユタンを持って上って来て、背板に付けて買っていった。

為吉宅では、三軒の共同で馬を一頭飼っていた。この馬は、畑にまく堆肥をとるのが目的であった。夏の頃は下方の沢まで連れて行き、腹や足などをわらたわしで洗ってやった。夏でも沢の水は冷たく、そのため馬が病気になったりした。今も各所に「馬洗い淵」の名が残っている。

小学校　当時の小学校は、毛附の昌安寺であった。近くの子は、昼食に家へ帰って食べたりしたが、冠岩や細久保のような遠い子は弁当を持って登校した。ところが学校へ行かないで、途中で遊んでいて弁当だけ食べてから、家へ帰ってしまう子供もいて、大変悠長な時代であった。冬になると雪が一メートル程も積り、皆で雪掃きをした。通学路だけでなく賃金をもらって、馬の通る道を掃いたりもした。

昔は子供たちが多かった当地区も年々減り続け、平成元年には川俣小学校の児童は全校で一二名になってしまった。それでも運動会は子供たちが二四の瞳を輝かせて楽しみにしているので、秋季大運動会と銘打って一〇月一日に実施した。子供たちだけではすぐに終わってしまうので、父兄、老人なども、赤白に分かれて総出で親子だるま転がしなどの競技に出場した。校舎には「がんばれ一二人の子供たち」と大書した励ましの言葉を掲げた。

この川俣小学校は平成三年度に廃校となり、影森小学校へ統合され、明治三一（一八九八）年に昌安寺に開校以来、その長い歴史の幕を閉じた。

③ 冠岩の信仰

風の神　冠岩集落の裏手には、三〇〇年くらい経たと思われる大きな杉やヒノキに囲まれて、三つの小さな社が祀られている。向って左から諏訪の神、行者様、風の神である。行者様の祭日は一一月七日で、当日は武士平の浅見伊吉神官に祈ってもらい、皆で一杯飲んだ。冠岩の各家では赤飯を炊き、川俣、細久保、毛附などからお酒や供え物を持ってきてくれた人たちをもてなした。その代りに細久保の稲荷様の祭りなどには、こちらからも酒などを持参して出かけた。

冠岩も細久保同様に、山の高所にあるため風の強い地域である。初め谷の下方から吹き上げてきた風は、一度尾根に当り東風となって冠岩を激しく襲う。これらの強風を鎮めるために、風の神を祀っている。

鳥首峠の頂には、古くから山の神が祀られている。本来は峠向うの白岩集落で祀ったものであるが、冠岩でも信仰が厚く共同管理している。

地蔵堂　冠岩から鳥首峠への山道を行くと、すぐに青石塔婆の納められている地蔵堂がある。この十数基の古い板碑には、哀話が秘められている。

「昔一五人の落人が、鳥首峠を越えて当地へやって来て住むようになった。これを知った浦山の人たちは、彼らを皆殺しにしてしまった。この悲報を知った遺族の人たちは、供養のために一五基の青石塔婆を作り、鎌倉から三峰山方面を経由して当地を訪れた。ところが誰の墓がどこにあるのか分からなかったので、持ってきた青石塔婆を一カ所へ置いて立ち去った」。

地蔵堂には、毛附の市川家が奉納した、長さ二《メートル》三〇《センチ》程の古ぼけた弓もある。市川家は「関戸《せきとう》」と呼ばれ、昔はここに関所があったからという。当主も関三郎を名乗っている。当家の先祖は関守りの頃、罪人の首を切ったりした。そこでたたられて家が衰えると困るのでその霊を弔うため、また峠を越えてくる悪霊も入れさせないように、浦山最奥の冠岩にこの地蔵尊を祀ったという。

昔この市川家に、荒川村の日野の方まで矢を飛ばしたという、強弓を引く弓の名人がいた。地蔵堂に納められている弓は、この名人が、空を飛ぶ伝説の怪魚を射た時のものという。川俣の山中登喜夫氏は、怪魚伝説を次

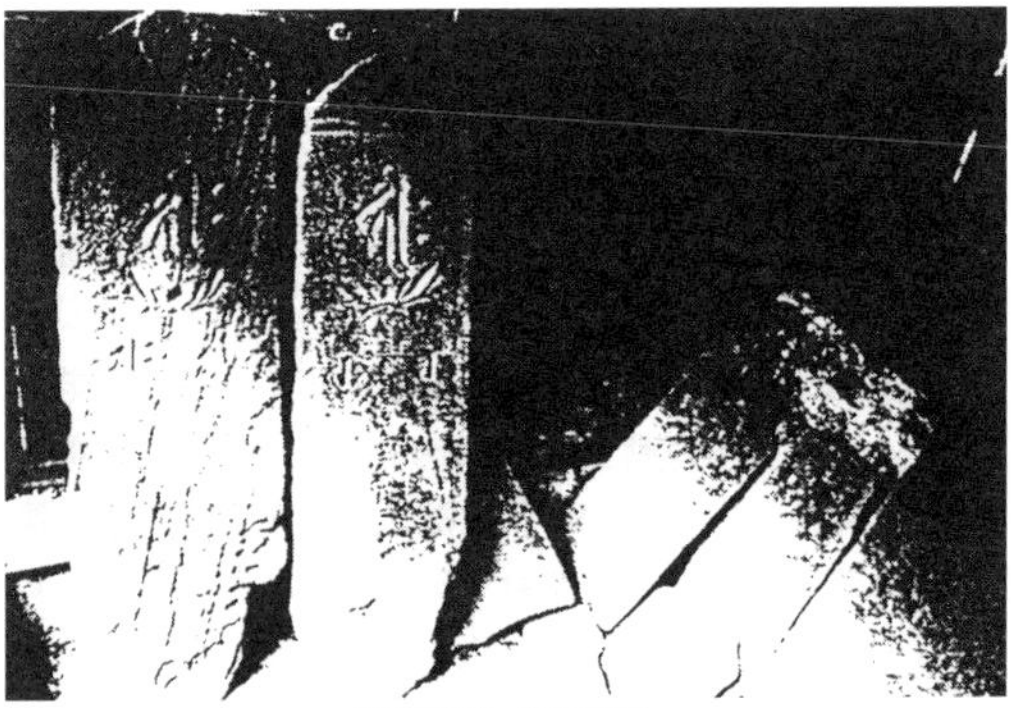

青石塔婆（地蔵堂）

のように語る。

「昔浦山の冠岩の山の頂にウノ田という小沼があった。向いの細久保にはショウブン田、そして土性という河原にウノ淵があった。この三つの湖沼を一匹の怪魚が、主《ぬし》として治めていた。怪魚が三湖沼を往来するときは、怪蝶として空中を飛んでいたという。ある時、この怪蝶を市川家の先祖の弓の名人が射落としたところ、何とそれは歳を経た大きな緋鯉《ひごい》だった」。

青石塔婆や弓の納められている地蔵堂

五　武士平集落

①浅見伊吉

浅見伊吉は明治三四（一九〇四）五月八日、浦山の武士平の農家に生まれた。浦山の総鎮守十二社神社の宮司で地元の諸事に精通し、浦山を訪れる人たちは伊吉の話に耳を傾け、頼めば快く当家に泊めてもくれた。宿泊した人たちが自由に書いた宿帳が一〇冊にもなった程である。妻の岩子の手打ちそばの味は格別で、それが目当ての常連客もいたという。

昭和四四（一九六九）年、武士平に建てられた「浅見伊吉翁之碑」を参考に、翁の略歴を追ってみる。

「翁は若年より家事に従事する傍ら、宗教心厚く御嶽教の信者となり、深山の滝に打たれて修行を重ねた。方位、占い、易学などにも明るく、昭和四年に神社神道の郡神職会に加入した。昭和二二年、浦山の十二社神社の宮司に任命されてからは、神域の整備、社務の運営、部落の発展に尽した。特に世人の最も恐れる火災防止に力を入れ、十二社神社を火防の神社にまで高めた。時々秩父神社にも奉仕、一二月三日の秩父夜祭の時は、猿田彦の大天狗に扮して、山車行列を先導すること十数年に及んだ。

昭和一八年、浦山武士平から武甲山へ通ずる六キロ余りの登山道を開き、武甲山遭難の人命救助では、県警察本部長より感謝状と記念品を頂いた。地域の生活道路整備にも意を注ぎ、分岐には独力で石の道標を建てたりした。昭和七年二月からは、民生委員浦山支部長として村のために尽力し、永年勤続四〇年として厚生

浅見伊吉翁之碑

大臣より感謝状が送られた。また小学校児童へ雨傘、ノートなどを送り続けて感謝された。近年は一家と共に浦山の武士平を去り、平地の荒川村で家族と暮らしていたが、昭和六三年八七歳で没した」。

次に伊吉翁の残された記録を、なるべく原文のままで紹介してみる。

②浦山由意書

「この浦山は、武甲山の裏側に当っているところ故の裏山でなく、三浦、壇ノ浦の「浦」で、昔秩父市方面湖水でありし時、陸地であったと断定される。今の橋立の鍾乳洞は湖水の反動にて掘れて石灰洞が出来、横瀬は入海だったと言う。

浦山名栗境にある鳥首峠は、むかし山賊が度々旅人の首を取ったので「取首峠」と呼んでいたのが、後に鳥首峠になったのだと。浦山と東京都の境にある仙元峠は、浅間の「センゲン」にあらず。昔この山に仙人が住みし伝説より仙元山と言う。今の仙元わきにある一杯水は、その仙人の井戸水なりと言う。

浦山で有名なる獅子舞は、元は日原より渡来の獅子舞と伝う。これには、男獅子女獅子大雄の三種の舞いあり。神剣を口に加えて勢い良く舞うのが特徴で、詳しくは五耕地の氏子に聞くべし。

この他に当村には、日向五兵衛と言いし名主総代を致し時の人、知らぬことあらば浦山の浅見五兵衛に尋ねべしと言うくらい、大岡様の如くの有名人物でありと伝う。いもころばしなどの面白い数々の笑話あり」。

浦山の里今と昔

「昔の浦山は、今と違って豊富だったようです。個人持ちの山林は申すに及ばず、共有地等も各部落にありました。しかし世の中は思うにまかせず、大切な土地、財産は七分通り他町村の住人に売渡し、現在は材木搬出、杉山の下刈りで労力を提供する生活に変ってしまったのです。

昔をかえり見れば、村内にも十四カ所の社有地あり。そのところには、昼も暗い程の老木深々と生茂り、現在持っているとしたら、屈指の富有林であったことでしょう。明治四十年三月、当時の三枝村長村会議員議決で売り払ったことは誠に残念なことです。

秩父市とは言へ浦山は特に山が険しく、谷は深く、各部落も山の中腹に点々と散らばり、段々畑に猪と作物を奪い合いといったことで、耕運機その他農業に使える機械化更におぼつかない。これでは村の若衆が都会へ去るのも当り前のこと。住む人たちも一戸減り、二戸去り将来が案じられます。

浦山の誇りとする所は、部落の皆様注意のたまものか、火事の少ないことと大日如来縁日の獅子舞でしょう。浦山の発展は、早く浦山から仙元峠通過、西多摩へ貫く道路が出来ることです。浦山の南口が開けたら方位も良く、一変して前途も明るくなることでしょう。現在不便きわまりない浦山ですが、皆一心協力し視察研究萬改して、一日も早く豊かな、そして明るい浦山に暮したいと念願する者です。


昭和四十年十月記」

武士平集落

三〇数年来火事の無い村

「奥秩父武甲山の裏側にある浦山部落は、面積約六阡余町歩散々たる部落。この地区内の総社十二社神社は、祭神天神七代地神五代合祀。この十二社神社宮司浅見伊吉火防の神たるを知り、毎年赤紙神札作り神前にて鎮火祭厳修し。毎戸かまど等に貼り置き、そのうえ声を大にして火災防止を村内児童婦人に呼び掛け。その効験はなはだしく村民一般に仰がれ、三〇数年間ほとんど無火災村今に至る。

嘗歳七二歳」

浦山地区の皆様にお願い

新春とは申乍らまだ寒い毎日が続き、枯草に火早い時季になりました。寒い時の頼りと日常生活に欠くことの出来ないものは火であります。又大火になったらこれ程危険なものはありません。私は毎年声を大にして皆さんにお願いするのは火の用心であります。新聞、ラジオ等で見聞致しましても各所に火災の多い事は御承知の通りです。いろり、こたつ、山仕事場の焚火、子供等の火遊び、アイロンの掛放し、炭釜、石油コンロガスなどの火の用心には特に注意を願います。

面積六千余町歩の浦山地区に四十数年来大火災のないのは、偏に十二社神社の火防の御神徳と又平素皆様方の並々ならぬ御尽力の賜と深く感謝しております。毎年浦山の十二社神社に於て火災除の祈願を厳修し、赤紙神札を謹んで御領布申し上げております。…以下略。

③ 浦山の伝説

武士平の古い伝説 ―昔武士落人大橋九郎右衛門此の地開発後大鷲黒右衛門と命名―

浦山の最も古い部落と伝えられる武士平は、大昔は仏平《ぶつだいら》と言ったと伝わる。昔大久保の山奥、仏の岩小屋にてカツラの木を切り倒し、秩父三十四カ所の観音の像を刻んだ。それを武士平薬師堂の岩下にて仕上げ、武士平その頃の仏平に留めて、武甲山頂上《うえ》熊野権現様の庭で秩父郡下へ配置した。このように仏を留めたいわれより仏平になったという。後に大橋九郎右衛門と言う落武者が住み開いたので武士平と呼ぶようになったのだと。

今の隣部落の茶平《ちゃだいら》は、伽平《かだいら》と言った。四方より降りてくる山谷を以《も》て加えておる底の部落故、「伽平」と言ったと伝う。

後に大橋九郎右衛門が上って来る時にここでお茶を御馳走になり、「ああうまいお茶だ。ようし自分がもし出世する時が来れば、このうまいお茶を献上してみせるぞ」と思い立った。果たして出世する時が来て、時の将軍様に献上してから「茶平」と命名されたと伝えられている。

また上の有坂《ありさか》部落は、鎗坂《やりさか》と言った。大橋九郎右衛門の落武者が槍を突いて上って来たが、もはや槍を使うことはやめて、ここに納めて上ろうと、姫子婆杉《ひめこばあすぎ》と言う根元に地蔵が祀ってあった大きな古老木の下に槍を立てて行ったので「鎗坂」になったという。その槍をある部落の者が、「このような無用の物を納め置くこと、はなはだ無礼なり」と、ある夜の寅の刻（午前二時頃）、どこかへ埋めてしまった。そのたたりでこの有坂部落は昔から「何度家を建て住むとも、三代四代と続く者が無い」との伝説があるので試してみろ、との言い伝えがある。

さて、大橋九郎右衛門が武士平へ落ち着いた頃は至って貧しく、山を掘りわけ夏刈りと言う山畑を作り、アワ、キミ（キビ）、ソバなどを作って生活していた。正月の餅は、アワ、キミで作り、お客の接待には手打ちそばにて応待したと言う。その頃九郎右衛門は、豊かな生活のためにはカジ炭焼きで生計《くらし》を立てようと思った。当時は、今のような炭釜というものは無く、山の窪地に木を積み上げて火をつけ、その上に細かい土をかけて消し炭を作った。九郎右衛門はそのカジ炭を大宮郷（現在の秩父市）の刀鍛冶に持って行って売り、生計を立てていた。

ある時、九郎右衛門は例のカジ炭を背負って、長い道中を汗だくになって歩いた。この汗と灰だらけの顔で、大宮郷に出るには恥ずかしいからと、ある沢にのそのそ降りて行った。その沢辺には春先のこと故に、世にも美しい一人の巡礼が顔を洗い、口をすすぎ、涼んでいた。この巡礼は何であろうか。

当時、あるお屋敷が大風大火に遭い、多くの女中衆が逃げまどってばたばた倒れるのを見たお殿様は、「足の弱いものが先に倒れるようだ。足を丈夫にするのが先決」と思い立ち、奥方に大金を持たせて四国八十八カ所、秩父三十四カ所などの観音参りに旅立たせた。その道中、今の二十八番橋立寺の観音から二十九番へ行く途中の橋立川の沢で休んでいた時に、九郎右衛門と出会ったのだった。

巡礼が、灰だらけの大男の真っ黒な九郎右衛門の姿を見ると、川天狗が出て来たのかと驚いて、雲を霞《かすみ》と逃げて行ってしまった。その場所に行ってみると、錦の袋が落ちていた。袋を開けると、中には一分金、二分銀、小判がざくざく入っていた。この思わぬ大金を手に入れた九郎右衛門は、例のカジ炭焼きをやめてすっかりのんきに暮すようになった。

ある日のこと、今の橋立山の奥、巣山という黒木山に鷲熊鷹という大きな鷹が巣を作り、子に蛇やカワズを運んで育てているのを発見した。九郎右衛門は、鷹がやや成長した頃を見計らい、生け捕って家に持ち帰り、育て習わせた後、時の将軍に献上した。

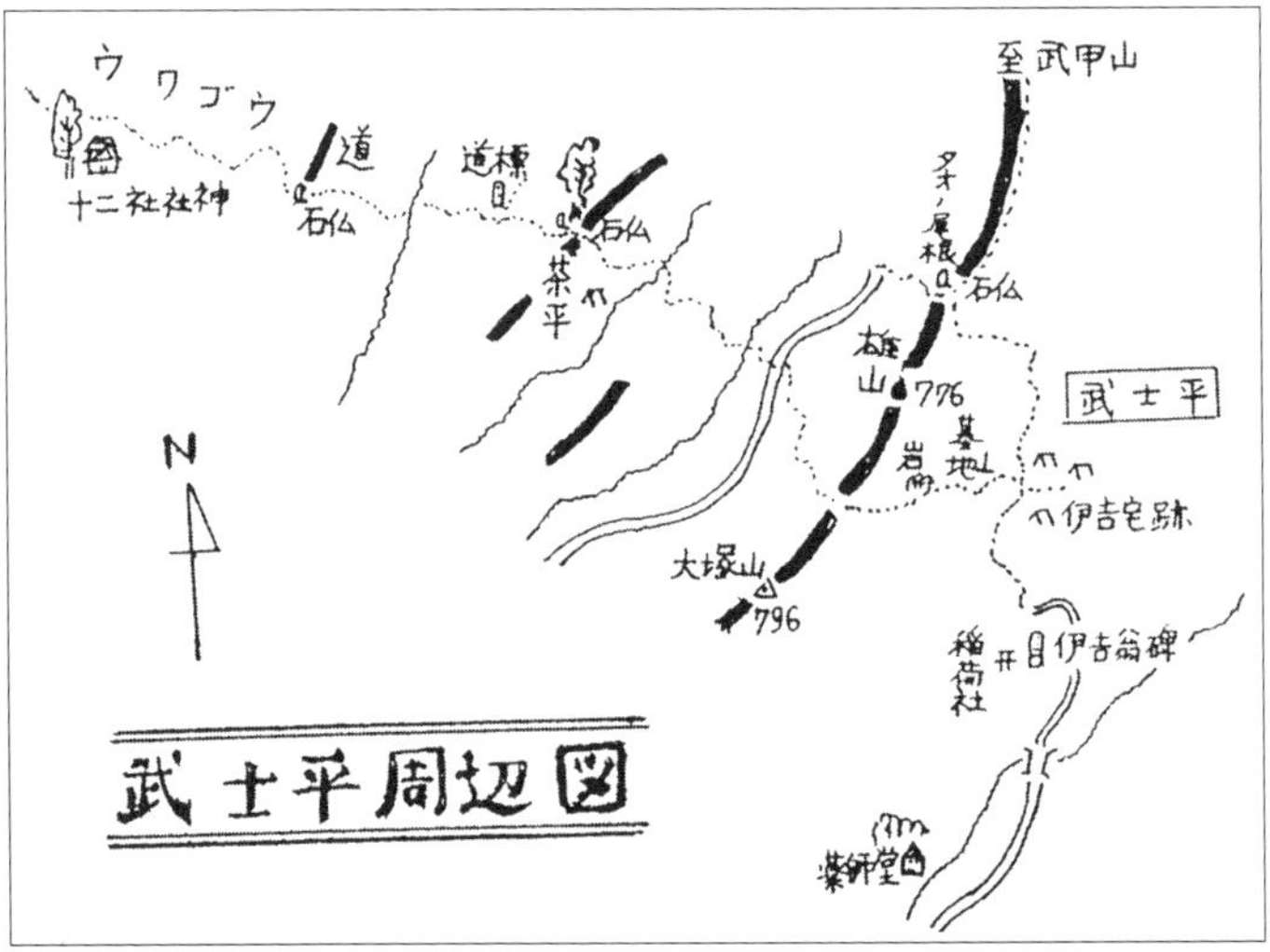

将軍様は大いに喜び、九郎右衛門の献上した大きい鷹は、ものすごい勇気のある鷲熊鷹であるとほめられた。運良く数年の間献上したために九郎右衛門は、御鷹御用として名高くなり、名を大鷲黒右衛門に改めたという。今なお彼の墓や屋敷跡、古井戸などが武士平に寂しく残っている。

大昔の三池の伝説　昔、浦山に三つの池あり。春は花咲き鳥歌うウノタヲの池、夏は涼しく水清らかな細久保の勝負タヲの池、冬は暖かく冬越し出来る巣郷の下の池。この三つの池を飛び回る一つの主あり。飛ぶたびに、ピカピカと不思議な光を放つヌシであったという。

ある夏のこと、毛附の関戸にいた弓の名人が、この主を射止めようと勝負タヲの池に上がった。弓の名人がそっとのぞいて見ると、池の中に魚形の主がいた。この主に向って「正ある者なら池の上に飛び上がれ」と大喝一声すると、不思議や池の主はピタピタと飛び上がった。これを見た弓の名人は、待っていたとばかり弓の矢を三本放って命中させた。射ぬかれた主は池の上に落ちて、仰向けに横たわったかの主と見えしは、歳を経た大緋鯉だった。

この池は、この大緋鯉と勝負したというので、勝負タヲの池と呼ばれるようになった。この主がいなくなると同時に、不思議や三つの池の水も無くなってしまったという。今でも三つの池の跡は、窪地としてあれども水は全くない。

伝説を語る晩年の伊吉翁

黄金伝説　浦山には高根様、大谷沢の奥、冠岩の奥の三カ所に

伊吉翁の建てた道標

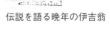

黄金が埋蔵されていると、昔から言われている。また浦山の入口の城山には、金の茶釜が埋めてあるとも言う。それを信じた人が、深く穴を掘って探したが見付からなかった。

昔のある日、黄金を赤城山へ隠すため、何頭もの馬の行列がひそかに浦山を通った。ところが浦山の日向に差し掛かった時に、黄金を積んだ一頭の馬の草鞋《わらじ》が切れてしまった。重い黄金を積んで、しかも悪い浦山の道を馬は歩けないので、近くの民家に立寄って草鞋を作ってもらった。その間に他の馬たちは行ってしまったので、対岸にある高根の岩を目印として、その下に一頭分の二千両の黄金を隠して埋めたという。この黄金も、掘って見付けた人はまだ誰もいない。

猪穴と雨乞岩　武士平は武甲山から南へ伸びる尾根上の突起、大持、小持山の急斜面に開かれた戸数四軒の小集落で、わずか一町歩余りの耕作地を共有して生活している。ここでの収穫物はソバ、アワ、ヒエ、トウモロコシ、大麦、野菜などである。これらの作物を食べに、イノシシなどの動物が畑へやってくる。そこで昔は猪穴《ししあな》という落とし穴を掘って防いだり、狩りをしたりした。金倉集落の猪穴は、保存状態が良く今も残っている。武士平の上方にあったものは、穴の近くで足踏みをすると、「ドンドン」という良い反響音がした。今は、シバなどで埋まっているかも知れない。浦山には猟師が多く、浅見伊吉翁の父久作も熊やイノシシを捕っていた。

農民にとって野獣の害にも増して怖いものは、干ばつで作物が枯れることである。浦山では日照りが続くと、武甲山への尾根上にある雨乞岩に登り、雨が降るようにと祈願をした。方法は小麦粉でお盆くらいもある大きな焼き餅を焼き、それを藤蔓《ふじづる》で縛り、雨乞岩へ供えて祈った。この焼き餅焼きの名人と言われた人が、大越伊世次郎だった。

④ 浦山一〇滝

次の滝名は、浅見伊吉翁の選んだ浦山一〇の名瀑である。

・山掴の下　不動滝
・東沢奥　船岩の滝
・武士平奥　魚止の滝
・滝の元の上　五色岩の滝
・大谷沢下の滝
・細久保谷奥　グミの滝
・有坂沢奥　不動滝
・冠岩の奥　七ツ滝
・大久保谷　ショウジ岩滝
・上横倉谷の滝

冠岩沢遡行　伊吉翁の選になる浦山一〇滝のうち、筆者は冠岩沢七ツ滝への遡行《そこう》を試みたので、概略を紹介して結びとする。

遡行は冠岩集落のすぐ下から冠岩沢へ入る。連続して造られている、三つの砂防ダムを越えると谷は広けてくる。苔むした岩石を飛び石でさかのぼると、四《メートル》の小滝にぶつかる。規模は小さいが、滝壺を持ったかわいい滝らしい滝である。続いて三メートルの滑滝を見て、小さいワサビ田を過ぎると、やや広々とした谷になる。ここからは、しばらく右岸に付けられた山道を取って行く。右手対岸に見下ろす五〇メートル程の大岩峰は「冠岩」の起りという。この岩下からは、豊富な水が湧きだしている。

右岸の石灰岩の大岸壁を過ぎると、谷は小滝の連続で、その奥には一五メートルの美しい滝が懸かる。この滝の上部にも五メートル程の滝が二つあり、この辺りが「七滝」の由来になったと思われる冠岩沢の核心部である。一五メートル滝は左からやや高捲《ま》き、小谷を横切ってから二つの五メートル滝に近付く。

対岸にワサビ田を見て谷の中を行くと、トヨ状とイナズマ状の滝が連続して懸かり、その前方には、二五メートル程の大岸壁が迫る。上部からは、二条に分かれた水が岸壁をはうように落下している。この沢一番の圧巻である。ここは右手から高捲いて、この滝の落口《おちぐち》へ降りる。灌木に身を委ねながら、大岸壁をのぞき込むことが出来る。

これより上流は浅く明るい谷となり、春は新緑、秋は紅葉が楽しめる。次第に谷が狭まり、三メートルの小滝を越えると、赤いチャートの岸壁を滑るように落ちる七メートルの滝にぶつかる。ここは右から捲いてその落口へと降りる。

このすぐ上流で谷は二股に分か

れ、左の谷の方が浅く広い。右の谷を詰めて行く。比較的歩きよく、水量は次第に細くなり、最後は消えて谷は窪になる。この中を上方の尾根を目指して登ると、遡行開始後三時間程で、まもなく稜線の登山道に飛び出す。尾根道を左に取れば、大持山から武甲山方面へ、右へは四〇分余りで、ウノタワを経て鳥首峠に出られる。

秩父の職人と行商人

石屋・鍛冶屋・下駄屋・薬屋

一九九四（平成六）年六月一五日、私家版として『奥秩父に生きる人々Ｖ　秩父の職人と行商人　石屋・鍛冶屋・下駄屋・薬屋』発行。奥付には〈印刷・製本　イイノプリント〉とあるが、ほかの冊子類と同様、著者自らがコピー印刷・製本し、希望者に配布していたと思われる。発行部数は不明。初版以降の改訂版の存在は確認できなかった。

この冊子は、合角ダム及び滝沢ダム水没地域総合調査の際、秩父の職人・行商人を対象に現地取材をしてまとめたものです。従ってここに紹介された人たちの地域に偏りがあります。しかも取材は全て一度だけ、それも二時間程度の聞き取りのため、内容がとても貧弱です。もう一度、取材の機会を得たいと思っています。

貴重な体験をお聞かせいただいた方々、ありがとうございました。

《石屋・鍛冶屋の道具》

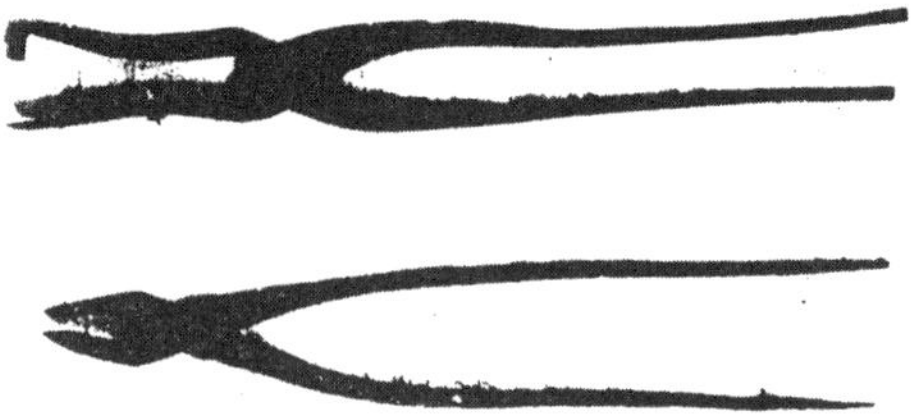

ヤットコ

ビシャン刃

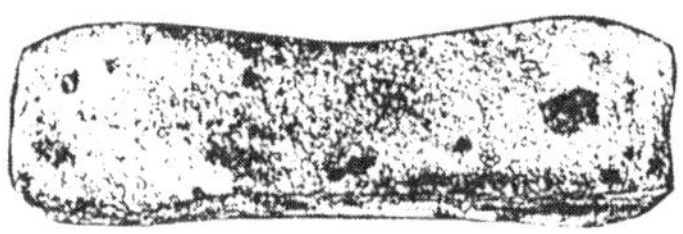

トイシ

ツキノミ

フイゴ

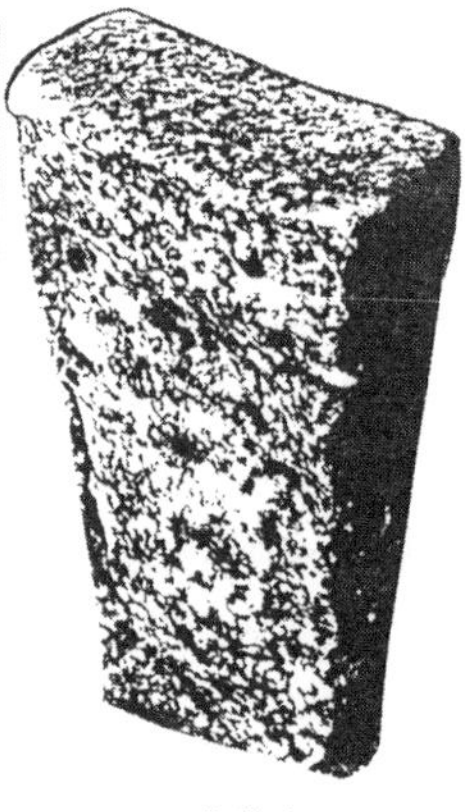

作業台

一　秩父の職人

①　合角・日尾の石屋

合角の石屋

日尾峠口の島田一さんの家は、四代前の慶次郎とその子近吉の代まで石屋であった。石屋の頃は奥の狭い所では仕事に不便なので、黒沢優夫さん前の広い所に出てきていた。ここは合角の中心で、観音山から石材を唐松峠経由で下ろすのに都合よく、作業場も十分に取れたからである。しかしここは大水の度に危険なので、大正の初めごろ石屋をやめて元の森谷戸沢へ戻った。

石は観音山の石切場から野採りをして、牛やソリで引き下ろした。力持ちの若者が頼まれて、背負って運ぶこともあった。観音山の石は、山頂から下りるに従い質が悪くなり筋が入るという。

日尾の石屋

サンジュウ石屋　小室の新井元松さんの家は「サンジュウ石屋」と呼ばれている。四代前に三重郎という石屋がいたからである。三重郎は明治元（一八六八）年、信州の彫工藤森吉弥らと秩父札所三十一番の石造仁王立像を彫った。観音山で野取りをしてそこでほぼ仕上げてから、日尾、三田川の人たちが総出でソリで引き下ろして完成させた。野取りをした所には、疎取《あらど》りのまま放置された未完成の仁王像があるという。仁王像には石工世話人の和田、丸山の名は刻まれているが三重郎の名はない。それは藤森吉弥の名が刻まれてなかったので信州へ帰る時、三重郎の名を削ってしまったからだという。

新井家が石屋をしていたのはその子供の文八までで、孫の源十郎の代には「みなもと屋」と言って、酒、たばこ、雑貨などを商っていた。源十郎はがっちりした体格の人で、外の風呂桶で湯に入ると近所の子供に広い背中を洗わせて二銭くらい与えていた。子供たちはこれで飴玉などを買ってなめていた。

タツ石屋　小室の新井忠助さんの家は「タツ石屋」と呼ばれていた。祖父の辰治は新潟から来た石屋で、サンジュウ石屋で働いていた。暮坪の新井家へ婿に入ってシゲと一緒になり、石屋として独立した。辰治が刻んだものは、石塔や墓碑が多かった。石臼や碾《ひき》臼《うす》も造り、群馬の上野村から注文がきたこともあったが、やはり地元の日尾からの注文が一番多かった。

観音山からの石材の運搬は、新井家で飼っていた肩にこぶのある大きな朝鮮牛に荷鞍を付け、背に振り分けて運んだ。この牛はとても力がある代りに気が荒く、シゲでないと言うことを聞かなかった。辰治は焼酎が好きだったので、牛はその匂いを嫌い辰治にはあまり懐かなかったのである。石を積む時は、シゲが号令をかけて牛を座らせたり立たせたりした。よく逃げ出して暴れた時もシゲでないと抑えられなかった。ある時そのシゲにも角で傷を負わせ、死ぬまで傷跡が残っていた。

観音山から運んだ石材は岸沢家の前で降ろし、サンジュウ石屋の作業場で粗削りして、仕上げは自宅です

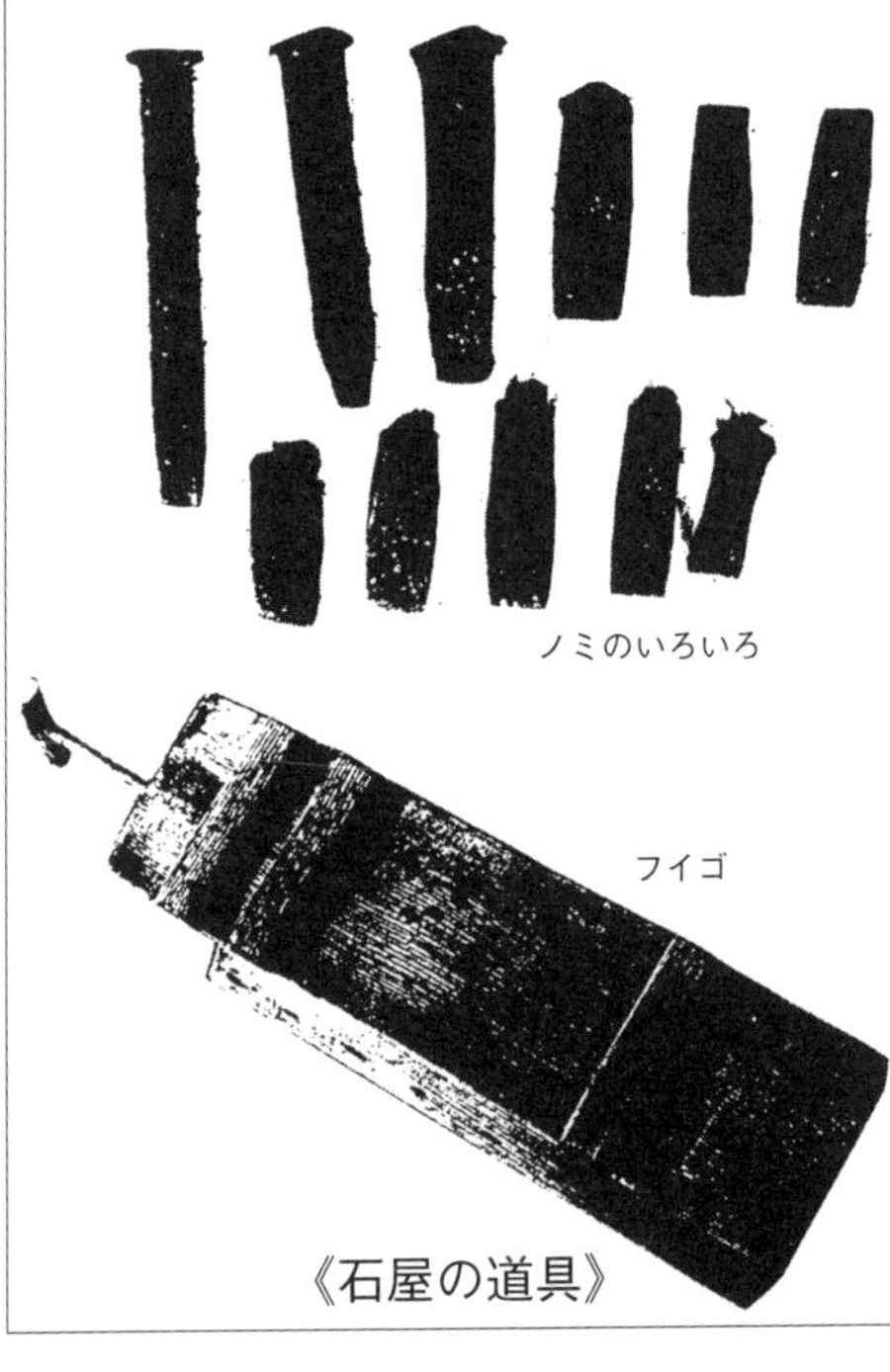

《石屋の道具》

ることもあった。新井家は神葬祭（神道）だったが、石材を運搬するには菩薩寺の地所の道を通らなければならないので、石屋をしていた期間は菩薩寺の壇家に入っていた。辰治の子、政一さんは若い頃父の仕事を手伝っていた。冬場などは手にいっぱいあかぎれを作りながら石磨きなどをしていたが、昭和六（一九三一）年の父の死後はあまり石屋仕事はせずに、砂防工事に出るようになった。昭和トンネル工事の時は、現場監督の田島勝貞に腕を見込まれて工事に携わった。

②塚越の鍛冶屋

鍛冶屋は大抵集落に一軒くらいあった。合角は丸山皓唯宅、日尾は加藤初雄宅、馬上は新井文雄宅などだった。火を使うのでいずれも集落の外れにあった。日尾の人たちは合角の鍛冶屋を「シモッカジャ」と呼んでいた。日尾の鍛冶屋付近を掘ると土の中から金糞《かなくそ》（鉄のかす）が出たという。

しかしこれらの鍛冶屋は古老たちも知らない時代のことで、近年は三田川の松阪や小鹿野の鍛冶屋へ行った。また定期的に万場などから鍛冶屋が巡回してきた。塚越で開業した相馬留六さんもその一人で、製品には瓢箪《ひょうたん》の印が打ってあったので村民からは「ヒョウタン鍛治」の名で親しまれていた。

相馬留六

奉公時代　相馬さんは大正二（一九一三）年、群馬県上野村三岐で生まれた。ここは上野村でも最も奥の集落で、父の正吉はここで山仕事に従事していた。祖母のイヨは日尾の和田名主の出で、上野村楢原の相馬家へ嫁いだ。相馬さんは小学校へはほとんど行かせてもらえず一〇歳の時、兄の働いていた東京の帽子屋へ奉公に出された。

主な仕事は使い走りの小僧や、大八車で材料を取りに行ったり、出来た製品を納めたりすることだった。当時は関東大震災の直後で東京はまだ焼け野原同然であったが、群馬の山奥から出てきた相馬少年にとっては、見るもの聞くもの皆初めてのことばかりで驚嘆の連続であった。

その後は群馬へ連れ戻され、父の指図で吉井町の仕立屋へ奉公にあがった。主人は良い人だったがここには少しいただけで、今度は藤岡の材木屋へ行き三年程働いた。八高線が出来る頃で、線路工事が珍しくて見に行ったりした。主人からは、「工事人は朝鮮人で危ないから近づくな」などと言われた。次に回された所は高崎営林署で、仕事は炭焼きであった。


修業時代　営林署では二年程働いた後、一七歳の時に万場町（編注・現群馬県神流町）の天野鍛冶屋へ修業に入った。親方は天野林吉といい、その父親が鬼石の刀鍛冶で修業を積んで、万場で野鍛冶として独立したその跡を継いでいた。当時はまだ粗末な鍛冶屋だったが、それでも職人が一人いた。親方は講釈人で遊び好きだった。

朝は威勢よく職人などに声を掛けながら炭を起こすが、そのうちいつの間にかいなくなってしまうような親方だったので、主に職人から技を盗んで修業した。相馬さんは立ってただハンマーで打つだけの「向う槌」の仕事で、親方と職人は座って行う「よこざ」だった。

製品は鍬《くわ》、唐鍬《とうぐわ》、ヨツゴ、万能《まんのう》、鎌《かま》、鉈《なた》、鋸《のこぎり》、包丁などで、草刈りや下刈り用の鎌類が一番多かった。炭は毎日二俵くらい必要だったのに、親方は一日に一俵ずつ買う程度であった。粉炭は篩《ふるい》でふるって使い、下に落ちた粉は粘土と混ぜて炭団《たどん》にして不足分の炭を補った。休日は月に一と一五の二日だけで、その日は普段させてもらえない「よこざ」の仕事を、見て覚えた通りに一人で実際にやって修業した。炭は自由に使えないので、粉炭や炭団を炭の代用とした。またこの休日は、汚れた衣類を洗濯したり破れたところを繕ったりで、全然遊ぶことはできなかった。

苦しい修業のかいあって、ようやく一日五〇銭もらえるようになった。親方は金がなくなると、「少し融通してくれ」などと言って借りにきた。全てに節約していた相馬さんは、ある晩に頭髪の刈りっこに近所の友人宅へいったら、夜遊びするなと親方から叱られた。それ以後は、夜一度も外に出ることはしなかった。

相馬さんは万場の鍛冶屋で仕事をすると共に、製品販売と修理の注文取りやそれを届けるために、年間二、三〇回は万場の周辺地域へ巡回に出かけた。荷は背中に当らないようにうまく南京袋に詰めて、帯で越後背負いにした。

持っていく品物は季節や需要に合わせて変えていった。春から夏の期間は、麦刈りや草刈り用の鎌がよく売れた。秋は鍬などの農具の修理が多く、冬は山仕事用の鉈などの需要が多かった。ある年、修理の注文が多くて荷が重くなり、休み休みしながら三里（編注・約一一・九キロ）の道を帰った。万場に着いた時には、明け方の三時になっていた。

天野鍛冶屋の仕事場（群馬県万場町）

巡回した地域は群馬では藤岡、鬼石、三波川、下仁田などで、秩父は倉尾村（編注・現小鹿野町）全域と上吉田の一部であった。当日は早く荷が軽くなるように、届ける品物が一番多い地域から回るコースを決めてから出発した。倉尾村の巡回は次の二コースを用意しておき、その時の状況に合わせて巡る順序を決めた。

(1)万場～相原～矢久峠（坂丸峠）～森戸～長沢～八谷～池原～日尾～長久保～杉ノ峠～万場
(2)万場～土坂峠～小川～明ケ平～塚越～合角～日尾～長久保～杉ノ峠～万場

注文の多い時は午前二時に万場を出て、カンテラを下げながら坂丸峠を越えた。当時は峠の頂に休み小屋があった。この小屋で朝食の弁当を食べた後、森戸へと下って朝早く起きていそうな家を目当てに戸別訪問した。昼間いない家は、紙すきや草鞋《わらじ》編みなどで、よっぱかをしている家を見付けて夜も歩いて商売をした。一度では用が済まず、同じ家へ二、三度足を運ぶことも多かった。中には自分で壊しておきながら不良品だと言って代金を払わなかったり、つけが多く取れない場合もあった。冬場は得意先の家の囲炉裏にあたらせてもらい、よく体を暖めてから夜中に峠を越えて一〇時過ぎに万場へと帰った。

相馬留六氏

塚越で独立　天野鍛冶屋で九年間修業したおかげで腕にも自信のついた相馬さんは、そろそろ独立したいと考えるようになった。その頃万場の街外れの黒田にあった鍛冶屋を、相馬さんが引き継ぐことで話がまとまりかけた。ある日親方に独立の話を持ち掛けると、「俺の近くで鍛冶屋をされてはお客が減ってしまうので、ここでの独立は認めない」と強い口調で言われた。親方の言葉は絶対なので、黒田での独立は諦めた。ちょうどその頃、塚越の旧道にあった商店が新道へ移転することになった。鍛冶屋なら旧道の裏通りでも、あまり商売に影響はないだろうと判断して塚越で独立することになった。

昭和一三（一九三八）年九月一日、大嵐の去った後にいよいよ独立のため万場から塚越へと引っ越すことになった。当初荷物は万場から二里（編注・約七・六キロメートル）の道をリヤカーで鬼石へと運び、鬼石からは軽トラックに積み替えて上武橋を渡り、杉ノ峠から皆野経由で塚越へ運ぶ予定であった。ところが大嵐後の神流川の増水で橋が壊れて通れず、児玉経由になってしまい運賃は倍かかってしまった。

独立といっても、何もないゼロからの出発であった。それでも一〇歳で奉公に出されてから各地を転々としながら働き詰めで、そのかいがあって二六歳で一人立ち出来るのかと思うと夢のようで嬉しかった。三一歳で結婚してからは信用も得られ、鍛冶の商売も軌道に乗り、塚越に腰を落ち着けて現在まで長年やってこられた。

③ 小川戸の桶屋

昔は風呂桶や手桶など、容器は主に木桶だったので、どこの集落でも桶屋は繁盛していた。合角では宮本輝雄さんが三峰口の町田桶屋へ修業に行き、戦後自宅で風呂桶、手桶、漬物桶、肥桶などを作っていた。昭和三〇年ごろ分家して塚越へ移り、その後もしばらくは桶屋を続けていた。日尾では戦後まで丸山初太郎宅が酒などの販売と共に、担ぎ桶、漬物桶などを作っていた。塚越の竹桶屋は、風呂桶などを早く作るので有名であった。小川戸の中川屋でも桶を作っていたことがあった。

風呂桶は「一日風呂」と言って、二五枚の板を使い一日で作るのが原則で、これがまた一人前の証明でもあった。たいていは注文の家へ出張して作った。その家で材料を用意してくれる時と、自分で持参する場合とがあった。風呂桶が出来上ったらすぐ風呂をたき、家の人は「桶屋さん、風呂が沸いたから一番先にどうぞ入って」などと言った。このように桶屋は、自分が作った風呂桶に最初に入る慣習があったという。

小川戸の元桶屋　中川貴愛さんの話

修業時代　戦後復員した私は父の稼業の魚屋を継ごうとしたが、当時は品不足で父と二人でするほどのこともなかった。そこで元来手作業が好きで器用だったので、坂本才一郎さんへ弟子入りして宮大工になろうかとも考えた。迷っている時に桶屋を勧める人があり、皆野の野原桶屋へ修業に出た。

ある時盥《たらい》を初めて作り上げ、その盥で赤ん坊に産湯を使わせることになった。近所の人たちが見ている前で、お湯を入れたら漏れ出してとうとう空になってしまった。慌てて大釜で湯を沸かして継ぎ足しながらようやく赤ん坊に産湯を使わせることが出来たが、顔が真っ赤になる程の大恥をかいてしまった。

親方は私が盥を作っているのを見ていて、教えた通りしていないので湯が漏れることを知っていながら、恥をかかせてよく覚えさせようと黙っていたのであった。昔の親方は厳しく、修業中教えを守らないと言って、ようやく出来上った風呂桶を打ち壊されてしまったことがあった。そのおかげで身に染みて技術を覚えることが出来た。

小川戸で独立　昭和二五（一九五〇）年、五年間の修業を終えて実家へ帰り、店の裏で独立して桶屋を始めた。独立の時、親方からは金敷《かなしき》一つをもらっただけであった。製品は風呂桶、溜桶、手桶、漬物桶、味噌樽、盥などであった。和久井酒造の酒を仕込む六尺樽は酒屋へ出張して作った。底が六尺（編注・約一・八メートル）で上部が九尺（編注・約二・七メートル）の大樽であった。

桶の材料は杉材が主で、御鉢《おはち》などの高級なものはヒノキ、サクラなどで、材料は森林組合から注文で取り寄せた。開業当初は客も少なく、倉尾の奥へ泊り込みで出掛けて注文を取り、作ったり修理したりして歩いた。家内は身ごもった大きなお腹を抱えながら、夜なべに桶を紙やすりで磨いた。注文の風呂桶など大きなものは、自転車の荷台に二本の棒を付けてそれに乗せて配達した。

魚の中川屋と共に桶屋の方も順調に伸びてきた矢先、父が急に亡くなってしまった。昭和三六年、桶屋をとるか中川屋を続けるかで迷ったが、父が長年魚屋の中川屋で地域にもなじみが深いので、桶屋を諦めて中川屋を続けることにした。

④ 日尾の建具屋

勅使河原萬五さんの話

修業時代　私は小学校卒業後、機屋《はた》で働いていたが、何か手に職をつけたいと考えて、昭和一〇（一九三五）年一七歳の時、吉田の建具屋山中磯五郎親方へ弟子入りした。山中家には七人程兄弟子がいた。最初の三年間は掃除、飯炊き、お茶番、子守りなどほとんど女中代わりで一日中働き詰めであった。その間、親方や兄弟子の技術を盗みながら少しずつ仕事を覚えた。

修業時代は、早朝暗いうちに起きて夜の九時までが定刻の仕事で、さらに残業があった。休日は一年のうち正月三日、小正月二日、お盆三日、それと節句、祇園、椋神社大祭の各一日だけで、あとの日は全て仕事であった。実家へ帰ったのは正月とお盆の二回だけで、それぞれ二日泊っただけであった。お金は小遣いがわずかもらえる程度なので、床屋にも行けず、頭は借りたバリカンを使い自分で刈ったのでいつも虎刈りであった。

仕事のしつけは厳しく、親方にはどんな無理難題を言われても口返答は一切出来なかった。何度となく逃げ出そうと考えたが、家へ戻ったら近所の笑い者になって家族も迷惑すると思い我慢するしかなかった。後に兄弟弟子同士で集まった時は、軍隊より建具屋の修業の方がきつかったなどと、いつも修業時代の話になってしまった。

日尾で独立　七年間の修業の後、日尾の実家へ帰り独立した。独立した頃は客や注文もないので、倉尾全域と峠を越えて群馬の神流川沿いの集落や東京方面まで、建具の道具類を背負って修理の仕事を取りながら戸別訪問して巡回した。そのうち信用も生まれ客も少しずつ増えてきたので、実家で仕事が出来るようになって来た。修理の注文などは、その家まで出掛けて行って仕事をした。出張の仕事でも八時には必ず仕事を始めるので、遠方へ行くときは夜の明けないうちに家を出た。

主な道具類は鉋《かんな》、鑿《のみ》、鋸でそれぞれ用途によって幾種類もある中から選んで使い分けた。道具は使った後、油をくれたりして愛情をもって丁寧に扱えば生涯使えた。鑿などは研ぎながら何十年も使っているうち半分くらいに短くなってしまったが、それでも良いものは切れ味が変わらなかった。

仕事はガラス障子の製作が最も多く、頼まれれば戸棚、机、家具、欄間、仏壇など木製品なら何でも作った。製品は大八車で運搬していたが、後にリヤカーが出て来てとても便利になったと思った。当時は注文品を作っても現金ですぐ払ってくれる人はまれで、いつも月末や盆暮は集金で忙しかった。

自分の気に入ったものが完成した時が最高の喜びで、そんな時は注文品でも自分で取っておきたくなった。しかしこのような満足のいく物が仕上がることはまれであった。上達のコツは精魂込めて数多くやること以外になく、五〇年もこの仕事を続けたが、やればやるほど底が深いものである。

⑤合角の下駄屋

黒沢宗次郎さんの話

私は大正四（一九一五）年樋口村（編注・現長瀞町）に生まれた。小学校を卒業する頃は不景気で、これからは手に職をつけなければと考え、下駄屋になる決心をした。当時姉が女工として群馬県尾島町（編注・

現太田市）の群馬製紙で働いていた縁で、その近くの中村履物店へ奉公に上がり、下駄屋職人としての修業に入った。

仕事は厳しく、朝は四時に起床し掃除と飯炊き、そして主人が起きるのを待って朝食を済ませてすぐ仕事に取り掛かった。仕事は冬でも夜の一〇時まで行った。その後で風呂をたいたり自分の衣類の洗濯や翌日の仕事の準備などで、毎晩寝るのは一二時過ぎであった。今までこの店では五人の奉公人を雇い入れたが、下駄屋職人として一人前になれたのは私だけで、後の四人は厳しい修業に耐え切れず皆途中で逃げ出してしまった。

下駄の製造は一日に駒下駄を二、三〇足、足駄《あしだ》（原注・高下駄）は一五足仕上げた。鼻緒は東京の花川戸から仕入れた。来た客がすぐ付けられるように、鼻緒結びは夜なべ仕事で一晩に五〇束くらい作って翌日の用意をした。下駄材は主にキリの木で、一〇月から三月の期間はキリ材を求めて親方と二人で農家へ出向いた。売買の交渉が成立すると枝下ろしをして切り倒し、後は運送業者へ頼んで運んでもらった。親方からの信用も厚くなり、一日百円の売り上げ金を銀行へ預けに行く役もするようになった。

中村履物店で二一歳まで働いて一人前の下駄屋職人となり、一年間前橋、館林など各地を下駄屋の仕事をしながら巡回した。年期が明けた翌年、親方から片腕として敷地内に店を持つように言われたが、これを断った。

二二歳の春、秩父の樋口へ帰り自宅で独立の準備にかかり、キリの木も付近の民家から大量に買い入れた。ところが翌年、合角の黒沢家へ婿養子の話がまとまってしまった。キリの木は塚越の山崎一井さんの運送で、合角へ運んでもらった。

樋口から持ってきたキリ材がなくなると、塚越や女形の農家から調達し

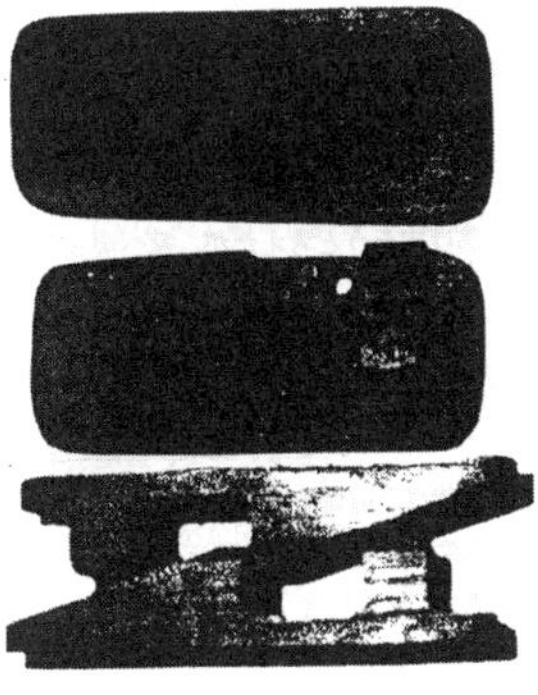
下駄

た。ある塚越の家からは、三十数本も購入した。近所からの調達が困難になると倉尾の奥へ行き、買ったキリ材はモノグサ車で運んだり、当時牛車で木炭を運搬していた八谷の東さんに頼んだりした。

販売は現金が原則だったが、物での交換もやむを得ず行った。当時は布不足だったので、金の代わりに生地やぼろ切れなどを持って来て、下駄と交換してくれという人もいた。藤倉の人でキリ材を担いで日尾峠を越えてやって来て、下駄の注文をして帰っていく人もいた。

自分の仕入れた材で作った下駄はボール箱に入れて背負い、唐松峠を越えて小鹿野の街へ行商に行った。役場や諸官庁へ売りに行くと、大量にさばけることもあった。注文が多くて追い付かない時は、小鹿野の渡辺履物店から買い入れ、わずかの手数料でそれを販売した。

下駄作りをしていて一番うれしい時は、「おまえの下駄はとても履き良いよ」などと言われた時である。「そこに置いておけ、みんなもらうから」などと言ってくれる得意先もあった。下駄は歩いてみて返りが良くないと履きづらく、足の指と下駄の先が丁度同じくらいが履き良かった。

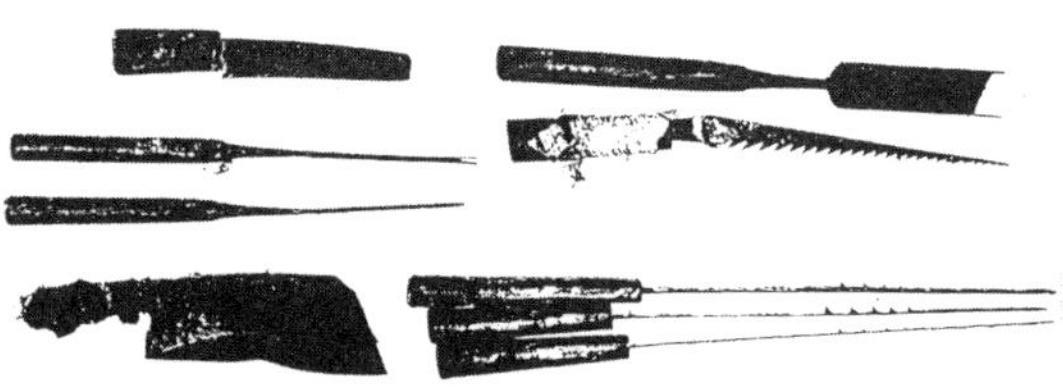
下駄屋の道具類

⑥ 中津川の山下駄屋

宮田七之助　大滝村の山には、下駄屋職人が入っていた。一般には山下駄屋と呼び、七分下駄の半製品に仕上げて、卸問屋や街の下駄屋へ出していた。山下駄屋職人も木地屋同様に、山小屋を作って泊まり込んで生活しながら仕事をしていた。

大滝村（編注・現秩父市）椚平《くぬぎだいら》に住む宮田七之助さんは、若い頃父の竹松（明治一九・一八八六年生まれ）と一緒に山の小屋へ入って、山下駄の仕事をしていた。七之助の他、父の弟子が三人もいた。父は茨城県の出身で、五人兄弟の長男だった。明治の末期に下駄屋職人として、単身大滝村へやって来た。そして椚平の山中志久（明治二三年生まれ）と結婚して大滝村へ落ち着いた。

次は七之助さんの語る、山下駄屋の生活などである。

山小屋作り　小屋の設置場所の第一条件は、付近に下駄材になる川グルミなどの木があることである。更に生活に必要な水場の近いことが条件なので、一般には沢の近くに建てた。七之助さんが父たちと入った小屋は、中津川の中双里下の河原やその支流のオロ沢などであった。

小屋は間口五間、奥行三間で、ひさしを九尺くらい出してその下は、山から切ってきた原木や材料置場とした。屋根は春頃になるべく節のない、太い川グルミの木の皮の部分を三、四尺の幅に、ノコギリでひいてから皮だけへラ鉈《なた》で剝した。この皮を屋根の細木の上に一枚ずつ並べて敷いてから、その上にも細木を置いて皮を押さえて、両端を藤や針金で縛っただけで出来上ったごく簡単な屋根であった。小屋の後ろと横は囲いをしたが、前はむしろやシートを垂らす程度であった。

小屋の内部は表半分を土間にして、水場に近い方を囲炉裏、もう一方を七分下駄の作業場とした。奥の半分は一尺上げて板敷きにし、薄縁《うすべり》を敷いて寝床とした。ランプ生活なので夜は早く寝た。

小屋の食事など　山小屋へは四月から一一月の間、普通一〇人くらいで一グループを作って入った。その期間は時々里へ出て、米、味噌、その他の食料を背板で小屋へ運搬した。冬の間は、里の実家へ材料を運んでおいて、それぞれ自分の家で仕事をした。運搬は、専門の持ち子に頼むこともあった。力の強い持ち子は、二五貫（編注・約九四キログラム）くらい背負う者もいた。

　炊事は、二五人から三〇人用くらいの大鍋を囲炉裏にかけて作った。山菜、キノコなど、食べられるものは何でも食べた。炊事当番は、四時に起きて支度をした。その他の人は五時ごろ起きて、朝食抜きですぐ仕事にかかった。食事の用意が出来たら、食事係もみんなと一緒に食べた。その後の仕事は、山へ入り材料の木を切って小屋へ運んで来る者と、小屋に残って七分下駄を作る者とに分かれた分業体制であった。昼食も当番が支度をしている間、他の者は仕事に精を出した。

　七之助さんは、中双里の小屋には二年くらいいた。付近の川グルミを、この小屋へ運搬して七分下駄にした。普通は二年くらい同じ小屋にいて移動したが、オロ沢には川グルミの木が豊富だったので、オロ沢の小屋には五、六年もとどまって仕事をした。

　この小屋にいる時、七之助さんに招集がかかり戦地へ行ってしまったので、父一人になって仕事がはかどらず、買った原木を半分腐らせてしまった。後に三峰方面へも小屋を建てて住み、戦後も七分下駄を作っていたが、次第に機械が導入され、手作りより五倍も安く出来るようになり、採算が合わなくなってきたので下駄屋をやめた。

川グルミ　山下駄の材に用いた川グルミの木は、軟らかくて木炭にならないので、これを買い取った。カワギリ、ショウジ、カツラ、キワダなども素材として使用した。山林の所有者は元締、営林署、演習林、個人とさまざまであった。

　木は巻尺でその周囲を測り、「何石いくら」の石数で買い、その場で代金を払った。買い取った川グルミは、自分で伐採して八寸（編注・約二四センチ）に切ってそれを割って下駄材とした。川グルミは途中に枝がなく、太さが上方でもそれほど変わらない。老木は直径二尺から三尺（編注・約六〇～九〇センチ）くらいあり、普通は八寸から一尺くらいであった。

川グルミは名前の通り、水辺や窪地の所に多くあり、またこのような所の木はスジオ（原注・木目）が良かった。尾根にあるのは風雪などでよじれたり、痛んでいたりで良くなかった。里に近い木は、暖かいので虫が幹に穴を開けてすみ着いている。その穴は塞いでしまうが、見慣れてくれば虫が入っているかどうかはすぐ分かるようになった。虫がいる木は、白い木肌に茶色の筋が入っている。鉋《かんな》をかけると刃が駄目になる。これを「カナスジ」と言った。

川グルミにつく虫は「ジンドウ」、キリは「トウゴロウ」といい、トウゴロウは癇《かん》の虫として珍重され、炒ってもよいが、生でも食べられた。ジンドウの方はあまりおいしくなかった。

燻し　川グルミは傷みやすい性質の木で、ひと夏過ごさせると駄目になる。雨がかかったり、直接天日にさらしても傷み、水に漬けて置くと保存状態が良く、燻《いぶ》すと腐らなかった。

燻し棚は現地で四本の柱を立てて、三段の棚を作る。それに三尺程に切った川グルミの原木をのせる。燃料は、削った川グルミのくずを燃やした。傍らで仕事をしながら一、二時間程燻すと、白い木肌が次第に赤味を帯びてくる。なるべくたくさん煙が出るように、その火加減が難しかった。燻した原木は、背板で小屋へ運び保存しておいた。

川グルミの乾燥は家の中で行ったが、キリの場合は外で乾燥させないと原木につやが出なかった。しかも、切ってから一〇年寝かして乾燥させたものは一〇年経たないと腐らず、一年ものは一年で腐ると言われていた。キリ材は軟らかいので、かえって切れのよい道具を使わないと、作業が難しかった。鉋《かんな》類もキリ材の時は薄い刃のものを使用した。

運搬　山小屋で七分下駄に仕上げた製品は、木炭を専門に運搬していた持ち子の暇な時に頼んだ。持ち子は必ずニンボウを持っていた。ニンボウは、上部が二股になっているものと、水平の短い横棒のあるものとがあった。二股ニンボウは、股の所へ背板の一番下の横木を乗せて、立ったまま休んだ。やや不安定だが、外れることはなかった。水平のものは、背板の横木にピタリとついて安定感があった。しかし少し動くと外れてしまう欠点があったので、こちらは専門の人でも、よく背負い慣れた人が使用した。

木挽きがひいたケヤ、ショウジの板や角材などの長いものは、背板に枠を取り付けて、あまり材が高くならないよう斜めに傾けて運搬した。垂直に高くすると、木の枝につかえたり、重心が下に来て不安定になるからである。この運搬は熟練を要し、従って木炭運搬より日当が良かった。

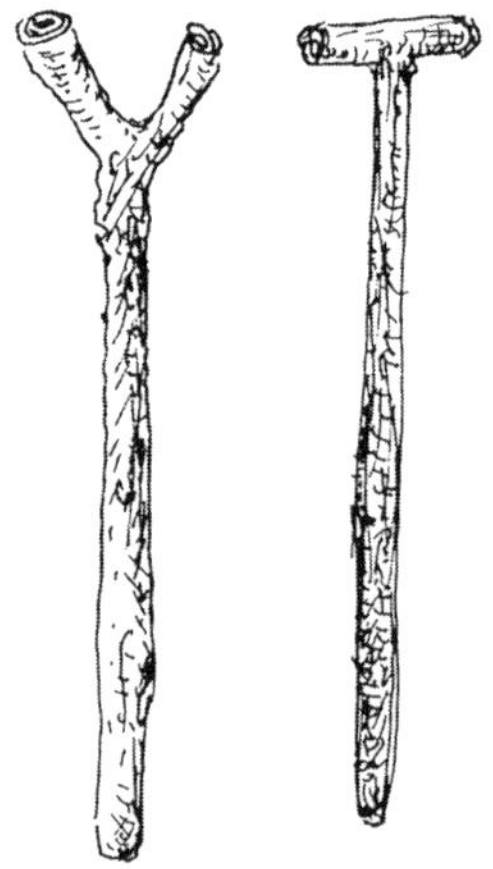
ニンボウ

二　秩父の行商人

①　椚平の行商人　宮田志久

宮田志久さんは、「人が三人集まればシクさんが商売にやって来る」と言われていた程有名な行商おばさんであった。普段は反物を中心とした行商で、秩父の各地を歩いていたが、お祭り、運動会などには必ず餅、饅頭《まんじゅう》、駄菓子などを背負って来た。

志久さんは明治二三（編注・一八九〇）年五月五日、椚平の山中家に生まれた。小学校にも行かずに、八歳で秩父市の今宮様の近くへ奉公に出された。ここで一〇年間、みっちりと仕立職の技術を身に付けた。その後椚平へ戻った志久さんは、茨城県から下駄職人として大滝村へ来ていた宮田竹松さんと結婚した。

志久さんは反物などを一反風呂敷で背負って行商に出るようになり、購入した人には、安く仕立ててやった。一重物《ひとえもの》なら一日に一〇枚くらいは仕立てることが出来た。大滝村の奥の集落や峠を越えて両神村へ行った時は、懇意な家に泊めてもらい、お礼としてその晩、反物を仕立ててしまった。そのうち夫の竹松さんも、一緒に二人で行商へ出るようになった。

志久さんが行商を始めたきっかけは大正九（一九二〇）年ごろ、矢尾（商店・現矢尾百貨店）の番頭が宮田家へ寄った時、「商いをしてみないか」と言われたからである。呉服、雑貨を中心に、その日によって品物を変えて行った。志久さんは小柄で痩せ形だったが、一五貫（編注・約五六キログラム）くらいは背負って歩き、一年中ほとんど家にいなかった。卸しの商品は地元の馬方に頼み、小荷駄で運搬してもらった。小学校にも行かなかったが、文字はカナで書き、商売には不自由しなかった。

昭和五、六（一九三〇、三一）年の不景気の頃、宮田家では旧道の家から新道に面する場所へ、今の家を建て始めた。ところが建前の済んだ頃、夫が病気になってしまった。これでは建前のままになってしまうのではと、近所の人たちはうわさし合っていた。志久さんは一人で前にも増して引続き行商に精を出し、家を完成させてしまった。しかし夫が三年間患っている間に、矢尾などの四軒に二五〇円という大きな借金が出来てしまった。当時は一五円あれば家の建つ時代であった。全快した夫は、行商をやめて下駄屋職人に戻った。志久さんは行商人として夫と共に働き、一〇年かかって返済することが出来た。

宮田家では戦後の食料難の時、山を借り、開墾して畑にした。志久さんはその山小屋に住み、小屋のランプの灯の下で、家族や親戚の人たちの着物をたくさん仕立てていた。志久さんの仕立てたものは着心地が良く、また作るのがとても早かった。村議や三峯神社会計長を永年やっていた滝ノ沢の黒沢勝郎次氏は、志久さんの仕立てた着物でないと絶対に着用しなかった。下駄職人の弟子が四人いた時は、いらなくなった他の着物をほぐして、一晩で四人分の一重ものを仕立ててしまった。朝四人が起きてみると、四人分ちゃんと揃えてあったので、弟子たちはびっくりしてしまったという。

志久さんは行商の他に、お祭り、運動会など地域の人たちが集まる所へは、おもちゃ、駄菓子などのサントウ店（露店商）を出した。大滝村の行商の支部長と共に、地割などサントウ店の仕事を四〇年間もした世話焼きだった。

このように志久さんは、日中家にいることはほとんどなかったので、家の仕事は晩から夜にかけてしていた。春秋の衛生（大掃除）は夜中まで、漬物なども寒い月夜の晩にしていた。晩年は七一歳で亡くなるまで、孫を背負って子守りをしながら、せっせと好きな編物をしていた。

②十々六木の行商人　千島ふく

三〇年程行商をしていた十々六木の千島ふくさんは、大正九（一九二〇）年四月五日、両神村（編注・現小鹿野町）川塩の山中家に生まれた。昭和一四（一九三九）年、十々六木の千島三治さんに嫁いだ。昭和三四年、現在地の道路沿いに家を建てて分家独立した。

この年から家では商店を開いた。商店名は地区の人が「トドロキ屋」と付けてくれた。夫は木材関係の仕事をしていたので、店はふくさんが切り盛りしていた。その夫は、分家後五人の子供を残して三九歳の若さで突然亡くなってしまった。以後はふくさんが女手一つで子供たちを育てなければならなくなった。

店には雑貨を始めいろいろな品物を置くと共に、午後からは滝ノ沢地区四〇軒の行商に出かけた。当時滝ノ沢地区に商店はなく車も入れなかったので、この地区の人たちは買い物が大変であった。週に二、三回は食料品などを箱に入れて背板で背負い、急な坂道を登って行商に来てくれるふくさんを、地区の人たちはいつも喜び、待っていてくれた。行商には子供を連れて歩いたりもしたので、得意先の人が帰りに追いかけて来て、子供に菓子などを持たせてくれたりした。

扱った品物は食品雑貨類を中心に、あらゆるものを商った。主なものは、米、醤油、そばの粗粉《あらこ》、ところてん、サケ、マス、サンマ、イワシなどの鮮魚、トマト、ナスなどの野菜、菓子類、せっけん、たわしなどの日用品であった。そばは俵で、ところてんは一斗缶二つを持って行き、その場で突いて売った。魚は箱ごと買ってくれた家もあった。

ある時、仕入れたタイの粕漬けを売ろうとしたら、中にウジが湧いていた。「少し安くすれば買い取るよ。洗えば何ともないから」と言われた。お日待ちや正月用品の時は、竹輪、昆布、麩、片栗、タコ、鶏のもも肉など持って行った。

雨や雪の日は行かなかったが、行事の前などは頼まれた品を届けなければならないので出かけた。頼まれたものは、特別メモしなくても忘れなかった。つけの支払いの場合は、きちんと帳面に記入した。仕入れは秩父市内から魚類、荒川村（編注・現秩父市）から菓子類と、取り引きの決まっている数軒の商店があった。

滝ノ沢は人情味の厚い地区で、商売を通じて長く付き合っていると、どこの家とも親しくなり、親類以上の交際をする家もあった。千島家が移転場所を決める時は、滝ノ沢の人たちが一四軒も移る横瀬村（編注・現横瀬町）宇根地区を、一番早く申し込んで土地を購入した。若夫婦が、「わたしたちは外へ働きに出るのでどこでもかまわないが、家にいる母は知らない所では寂しいだろうから」と言って、宇根地区にした。ふくさんはこれからも滝ノ沢の人たちと付き合えるので、老後が楽しみだと言う。

③ 日尾のせんべい屋　岸沢貞吉

戦後日尾の岸沢貞吉宅へ、せんべい焼きの老人がやって来て宿泊した。老人はお客が持ってきた米や押し麦を原料として、持参した機械でせんべいを焼きその焼き代を取る商売を始めた。岸沢さんはこれは良い商売になりそうだと思い、助手として一日中付いて回りながら焼き方を覚えた。老人は高齢で商売をそろそろ閉じようと考えていたところだったので、岸沢さんはその機械を譲ってもらうことが出来た。

焼き方は薪でコンロに火をおこし、せんべい焼きの機械をよく熱した。原料は米や押し麦で、これに水と少量のサッカリンを投人して一枚一枚焼き上げ、一升で三〇〇枚焼けた。焼き代は一枚一円取ったので、一升三〇〇円になり、一日で四、五升焼くことが出来た。原料は客持ちなので多少の雑費を引いても一日千円以上になり、当時としては高収入であった。

商売は道端や民家の庭先などを借りて行い、同じ所に一日から一日半程いて他へ移動した。主に巡った地域は土坂峠、杉ノ峠、矢久峠を越えた神流川沿いの集落で下流は藤岡、上流は上野村最奥の白井まで全て徒歩で行った。時期は一〇月から一二月の三カ月間で、約一〇貫（編注・約三七キログラム）以上の荷物は大風呂敷に包み背負って運んだ。

行商を始めた最初の頃は旅館に泊っていたが、これでは一日の収入がなくなってしまうので、民家に泊めてもらうようになった。昼食は特別に厚く焼いたせんべいを食べて済ませ、宿泊もせんべいを少しお礼にやるくらいで無料になり、収入がぐんと増した。

せんべいは風のある日に焼くのが難しく、「火事になるから、どこかへ行ってやってくれ」と追い返されたこともあった。その反対に風が来ないようにと、家の戸をはずして囲いを作ってくれたり、薪を持ってきてくれた親切な人もいた。

せんべいの数は一合で何枚と数を決めておかないと、多い少ないで客から文句が出た。そこで多く焼けた場合は、その数に合わせるためこっそりと数を減らした。あるとき五枚程座っている台の下に隠したところを小学生の女の子に見られてしまい、「せんべい屋さん、ずるい」と言われたので、その子を追い払った。翌年その地区へ行ったら、そのことが広まってしまったのだろう。客が一人も来なかった。商売は「信用第一」であることを、この時はしみじみと感じた。

昭和二四（一九四九）年から始めたこの行商も、昭和三〇年代になると食料事情も良くなり、だんだん売れなくなったのでやめた。最近

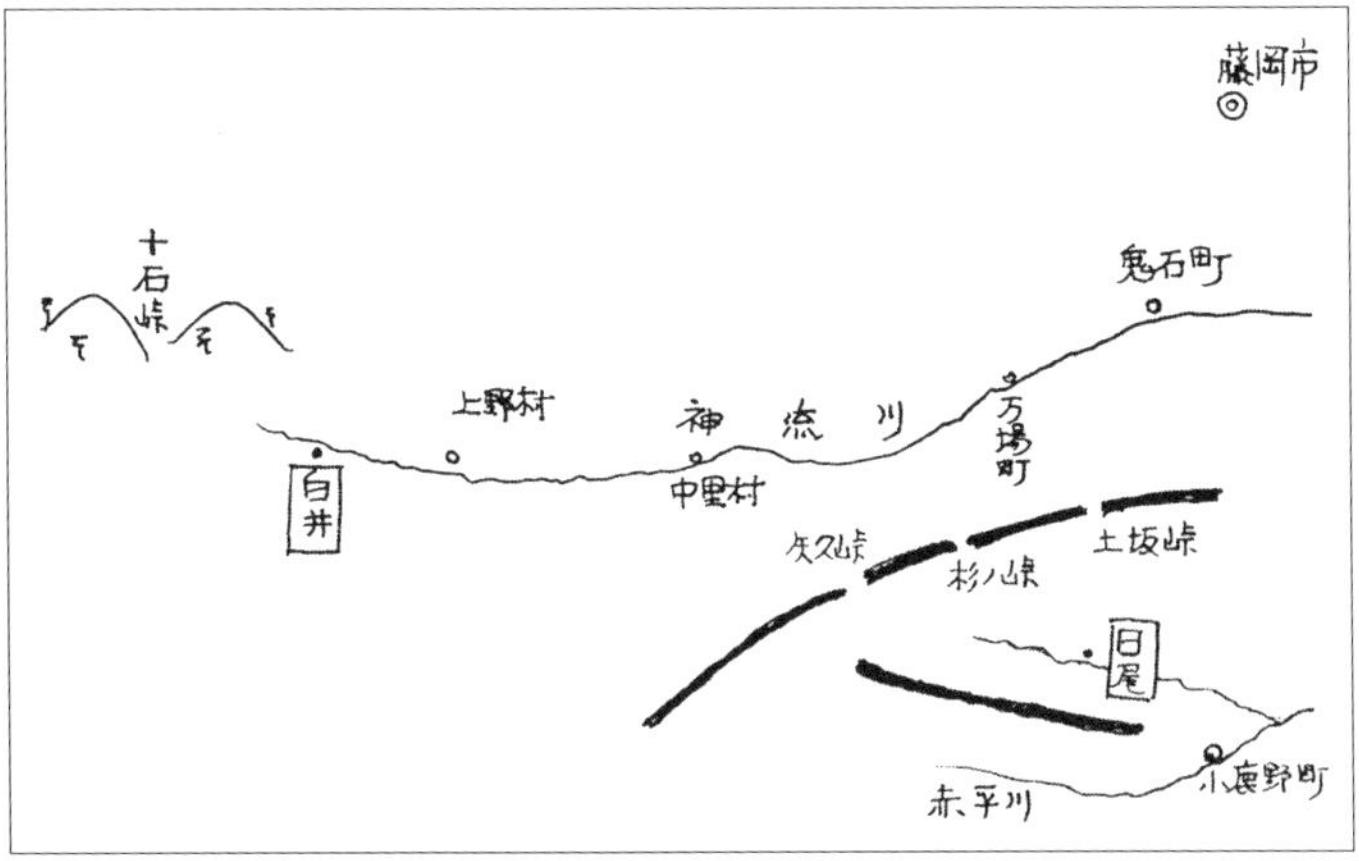

岸沢さんは昔の行商が懐かしく思い出されるので、息子さんの自動車に乗せてもらい上野村の集落を訪ねてみた。三〇年も経っているのに地域の人は覚えていて、「昔のせんべい屋さんが来た」と言って喜んでくれた。岸沢さんは来てみて本当に良かったと思った。息子さんは「車でもこんなに遠いのに親父は四〇キロもの重い荷を背負い、一〇年も商売をしながらよく歩いたものだ」と感心した。

④ 大滝の薬屋　水越直郷

現在大滝村落合で薬店を営む水越直郷さん（平成二年八九歳没）は、大正一〇（一九二一）年に薬の行商人として大滝村へ初めて入村した。この頃、大滝村へ入った同業者は水越青年を含めて四人いたが、一人減り二人減りして、結局村に踏みとどまって商売を続けたのは水越青年一人であった。

奉公時代　直郷さんは明治三四（一九〇一）年一月一〇日、山梨県北都留郡棡原《ゆずりはら》村（現・上野原市）で生まれた。当地は相模川支流の鶴川の渓谷沿いにある山村集落で、近年長寿村として話題になった所である。村の北に連なる尾根の向こう側は、東京のチベットと呼ばれる檜原村である。鶴川をさかのぼれば、小菅村を経て大菩薩峠に至る。

水越家は八代も続いた神主の家柄で、次男の直郷さんは子供の頃から、お祓《はら》い作りなどをよく手伝わされた。母親に早く死に別れたので苦労も多く、番傘すらなかったので雨の時

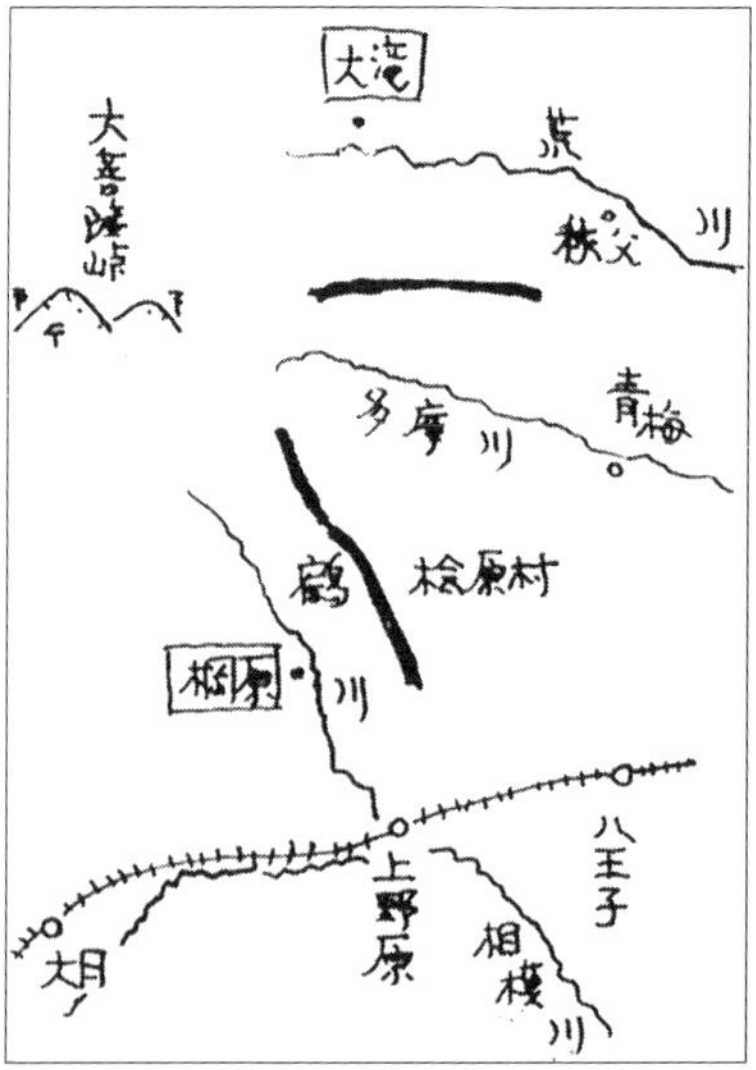

は蓑《みの》をかぶって通学した。祖父は小学校しか出ていなかったが、いろいろなことを独学でよく知っていたので、漢字などを教えてもらった。

一二歳の時、隣村の西原村（編注・現上野原村）の親戚である長田家へ百姓奉公として上がった。畑仕事や養蚕の手伝いが主だったが、奉公先の娘と一緒に唐臼をひくのが一番の苦痛であった。長田家では五年程働き、その後も郷里にとどまり、実家で山仕事などに従事していた。しかしこのままでは、いくら働いても明るい未来は期待出来そうもないと思っていた。

大滝村へ　そんな折、知人の仲介で香川県の日本製薬会社の派遣員に見いだされて、売薬行商の鑑札を手に入れることが出来た。これからは薬の行商人として身を立てる決心をした水越青年は、今までの生活全てを整理して郷里を後にした。時に大正一〇（一九二一）年、二一歳の時であった。前年の徴兵検査では、背が四尺八寸（原注・約一四五チセン）と低かったので兵役は免れていた。本人自身は兵隊になれず、不名誉なこととして大変残念に思っていた。

水越青年が目指した地は、秩父の大滝村であった。当時の大滝村は製炭、製材関係の人たちが多数山へ入り、発電所の建設も進められていて活気に満ちていた。直郷さんは鉄道のある上野原まで二時間かけて歩き、上野原駅から八王子、寄居、秩父と鉄道を乗り継いで来た。秩父からは大滝村入口の強石まで乗合馬車に揺られた。強石からは旧秩父往還の山道を二時間歩いて、ようやく大滝村の中心地落合の伊豆屋に投宿することが出来た。

それからは主に村の宿屋を根拠地として、薬は香川県の問屋から取り寄せ、製薬会社名入りの角張った大きなトランクに各種の薬を詰め、制服制帽に身を包んで、大滝村中を全て徒歩で巡った。

各地を巡回　販売方法は富山や奈良の置き薬と同じで、薬品を預けて半年ごとに集金に回った。よく売れたのは、頭痛薬、腹痛薬、傷薬などであった。大滝村はくまなく歩き、三峰山へも定期的に登り、中津川最奥の集落まで足を伸ばした。当時の中津川の道は「四十八瀬」と呼ばれ、事実塩沢から上流の中津川までは、四八回もの危険な丸太橋で瀬を渡らなければならなかった。中津川の集落を巡回する時は、一週間以上も宿には帰らず、行った先々の山小屋などに泊めてもらった。

山奥の小屋を拠点に炭焼きや木材関係の仕事に従事している人たちは、重い病気にかかっても交通不便のため医者にかかれなかった。唯一の頼みは置き薬であった。普通の集落では、一日で少なくとも二、三〇軒は回れるところを、険しい山奥に点在している炭焼き小屋などでは五、六軒くらいしか回れなかった。山の人たちが薬屋の来るのを待っていると思うと、たとえ採算がとれなくても丹念に一軒ずつ回った。

このように直郷さんは、朝の四時から夜の一一時頃まで大滝村中を売り歩いて働いた。それでも宿賃を払い、生計を立てて行くのは大変であった。そこで雨の日には、山林の植え付けや下刈りをして日銭を稼ぎ、早く自分の店を持ちたい一念で精を出して仕事に励んだ。大滝村へ来てからは、関東大震災の時に親戚の安否を確かめるため、家が焼けてまだ煙の出ている東京へ自転車で行ったぐらいで、一度も郷里へは帰らずに働いたのである。

結婚　直郷さんは二七歳の時、幼少から知り合いだった親戚筋にあたるよし江さんを郷里から招いて結婚した。まだ宿屋暮らしの新婚家庭で、子供も宿屋で次々に生まれた。結局五男三女の子供をもうけ、単身で大滝村の住人になった直郷さんだったが、夫婦合わせて一〇人の大家族になった。後に全員成人した子供たちが集まって、父直郷さんの喜寿の祝いを思い出多い伊豆屋で行った。

直郷さんは三〇歳の頃、ためた金で落合地区に土地を買い、大滝村に来て一〇年にして念願の家を建て、小さいながらも薬店を持つことが出来た。若い頃からの夢だった畑や山も少し手に入れ、名実ともに村にしっかりと根を張った大滝村民となった。特に山を持つのが夢だったので、山が買えた時には天にも昇る程の喜びであった。無一文の若者が右も左もわからない土地に来て、家や土地を持つまでには並大抵のことではなかった。

第二次世界大戦中の直郷さんは、高齢だったので徴集を免除されたが、銃後の守りを女子供たちと共にしていた。軍事工場へ働きに行ったり、兵隊にとられ男手のない農家の畑の手伝いなどもした。食料増産のため、歩いて二時間もかかる山に入って焼き畑をして、豆類やサツマイモなどを栽培した。終戦後は貨幣価値が変わり、戦時中以上に生活は苦しく、家族皆で一所懸命に働かなければ食べて行けなかった。

親戚の姉さんたちと記念写真（大正 13 年）
左端が制服制帽姿の水越氏。右前の幼女はきみ江さん（後に水越氏の後妻となる）

戦後の苦しい生活から水越家もようやく立ち直りの兆しの見えてきた昭和二九（一九五四）年、二六年間苦楽を共にした四五歳の最愛の妻よし江さんを心臓病で亡くした。その日は、二月一七日の寒い日であった。妻に先立たれたくさんの子供を抱えた直郷さんは、「便利すぎると人は怠け者になる」を信条に、更に昼夜を問わずに働き、二軒目の家も建ててしまった。そして郷里からよし江さんの妹、きみ江さんを招いて再婚した。今は次男の正行氏が薬店を継いでいる。

⑤ 日尾の薬屋　植山広士

置き薬と言えば、まず第一に富山、奈良の置き薬が思い浮かぶ。昔は羽織に角帯《かくおび》、手甲《てっこう》、脚半《きゃはん》、地下足袋《じかたび》姿で、黒い大風呂敷に薬の入った柳行李《やなぎごうり》を背負い、お得意先を戸別訪問しながら巡回した。

合角の大場倉治さんの話。

「現在わしの家には富山の山下薬品、奈良橿原市の雪の元本店、大宮市（編注・現さいたま市）の富士薬品など四つの薬屋が入っている。これらの薬屋さんは大体六月と一二月ごろの年二回やって来る。昔の薬屋さんは、矢立《やたて》という真鍮《しんちゅう》で作った筆の入る墨壺付きの筆記具を必ず持っていて、預けた薬の数を調べて補充し、その結果を元帳に筆ですらすらと上手に書いたもんだった。帰りには紙風船などをくれるので、子供たちは薬屋さんが来ると大変喜んだ。薬屋さんを泊めた家には、その御礼に薬を少し置いていった」。

このように倉尾へやって来ていた薬屋さんの中に、とうとう日尾に住み着いてしまった人物、植山広士さんがいる。

植山家　植山広士さんは昭和七（一九三二）年九月一日、奈良県北葛城郡新庄町（編注・現葛城市）に生まれた。植山家は、「貫誠堂」という薬の製造元であった。父の作治が亡くなる昭和四〇年ごろまで製造していたという。叔父の常太郎の家でも家内工業的に三、四人で薬を製造していた。この薬を一二、三人で近畿地方を中心に南は九州沖縄、北は青森、北海道まで売り歩いていた。奈良には、このように零細な薬の製造元が三〇〇軒程あったが、現在は二七〇軒程という。

植山さんが薬の行商に出たのは一六歳の時で、大阪の天王寺方面へ行ったのが最初であった。戦後まもない当時は線路沿いにバラックがぽつぽつあるくらいで、まだ焼け野原同然の状態であった。

昭和二七年、植山さんは父に伴われて群馬県の山間部へ来たのが、関東への最初の縁であった。木賃宿などに泊まりながら、大風呂敷で薬を背負って山間僻地《へきち》を巡回しながら歩いた。主な訪問先は、鬼石、下仁田、富岡、上野村は三岐、浜平などで、更に奥の方にあった官林へは、坂下の越後屋に泊まり込んで販売した。父は群馬県の他に、静岡、岡山、広島の各県にも販売網を持っていた。ただし一年中行商していたわけではなく、普段は実家の田んぼで米作りと、冬場の麦作りをしていた。

巡回は年二回で、一回目は八月末から九月、一〇月の二カ月間余り、二回目は麦まきを終えた一一月から一月で、この時期は日も短く寒いので三カ月間であった。

日尾で独立　叔父の常太郎は、戦前から長く西秩父方面へ薬行商に来ていた。昭和三〇年の夏、植山さんはこの叔父に連れられて秩父へとやって来た。小鹿野の新井に家を借りて住み着き、叔父と一緒に自炊をしながら行商を開始した。叔父とは半年程で別れて独立した。

昭和三一年からは日尾へ移り住み、それ以後は日尾を拠点に自転車の荷台に薬の入った柳行李を付けて、小鹿野、長若、三田川、倉尾、吉田、両神などの西秩父を中心に行商した。

小鹿野は伊豆沢を除いた全域、三田川は最奥の坂本まで、吉田は阿熊を除いた全域、両神は薄谷が最奥の日向大谷、小森谷は川塩まで行った。全域を巡回した倉尾の訪問戸数、及び日数は、次の通りである。

・合角…二〇戸（二日）・長久保…一五戸（二日）・馬上…一三戸（一日半）・池原…一二戸（一日半）

・強矢八谷…一五戸(二日)・富田…八戸(一日)・大石津長沢…一〇戸(一日)・中平太駄…一二戸（一日半）・遠岳森戸矢久…一四戸（二日）

植山広士氏

日尾の得意先四〇戸は、雨の日など合間をみて訪問した。倉尾最奥の矢久には三戸の得意先があり、山道を登って販売した。普通は一日で一五戸から二〇戸巡回出来たが、倉尾のような山間地ではこのように能率が悪かった。

訪問販売　巡回の日は朝七時三〇分ごろ家を出て、夏などは陽が傾いて涼しくなった夕刻に帰った。一軒の訪問時間は短い家で二〇分、普通は三〇分くらいであるが、懇意な家ではつい二、三時間も長居をしてしまった。弁当なども懇意な家でお茶などを御馳走になりながら食べたので、ちょうど昼頃その家へ行くように、前日に順路計画を立てておいた。

一カ月の巡回日数は二七日くらいだったが、今はサラリーマン並みに二四、五日くらいである。中には月三〇日丸々巡回する頑張り屋の仲間もいる。

一人の薬屋が持っているお客は、二〇〇〇戸から二五〇〇戸、多い人は三〇〇〇戸も持っている。植山さんは、二八〇〇戸持っていたこともあった。こんなに多くの客でも、ほとんどの名前は覚えていると言う。昔はいつ訪問しても家には誰かいたものだが、今は二軒に一軒は留守である。五、六回訪ねてようやくいた家もあった。

戸別訪問の時、入り口は応答があってから初めて開け、「みなさんお変りありませんか」などと言いながら薬の荷を置いた。まだあまり顔見知りでない嫁さんなどの時は、これこれこういう昔からの薬屋ですからと、断わってから荷を解いた。

会話は地域の話の他、病気、嫁、子供のことなどが多かった。話す時には、相手に決して嫌な気持ちを持たせないよう気をつけた。商売で最も大切なことは、人間関係を損なわないことである。それには誠実が第一で、身だしなみ、礼儀はもちろん、荷の置き方や風呂敷を広げる時にも気を配った。置き薬は「義理飲み八分」と言われ、よい信頼関係が生まれると薬屋の顔を立てて、その薬屋の薬を飲んでくれるものである。

植山さんは「無理に代金の請求はしない」ことをモットーに商いをしてきた。昔は、「薬屋さん、代金はちょっとあとで」という家が多かった。そんな時は「少し入金していただければ結構ですよ」と、にこにこしながら応対した。従って集金は一軒で四、五回行く場合もあった。

以前は行った先々でお茶など出してくれたが、今は義理と人情が薄くなったというより、ほとんど無くなってしまった。

行商行李　薬などの品は、大きなものから順に五段重ねになっている柳行李の中へ入れ、風呂敷に包み、背負って運搬した。植山さんの行商行李には、およそ次のような順序で薬などが入っていた。

・一番下の大行李には、重い大きな薬を入れた。
・二番目の行李には、仕切りのある桐箱を入れておき、一般的な薬を分類して入れた。
・三番目の行李には、自分で作った小さな座布団を敷き、壊れたり潰れやすい薬を入れた。
・四番目の行李は空にしておき、引き取った古い薬を入れた。

薬屋の行商行李

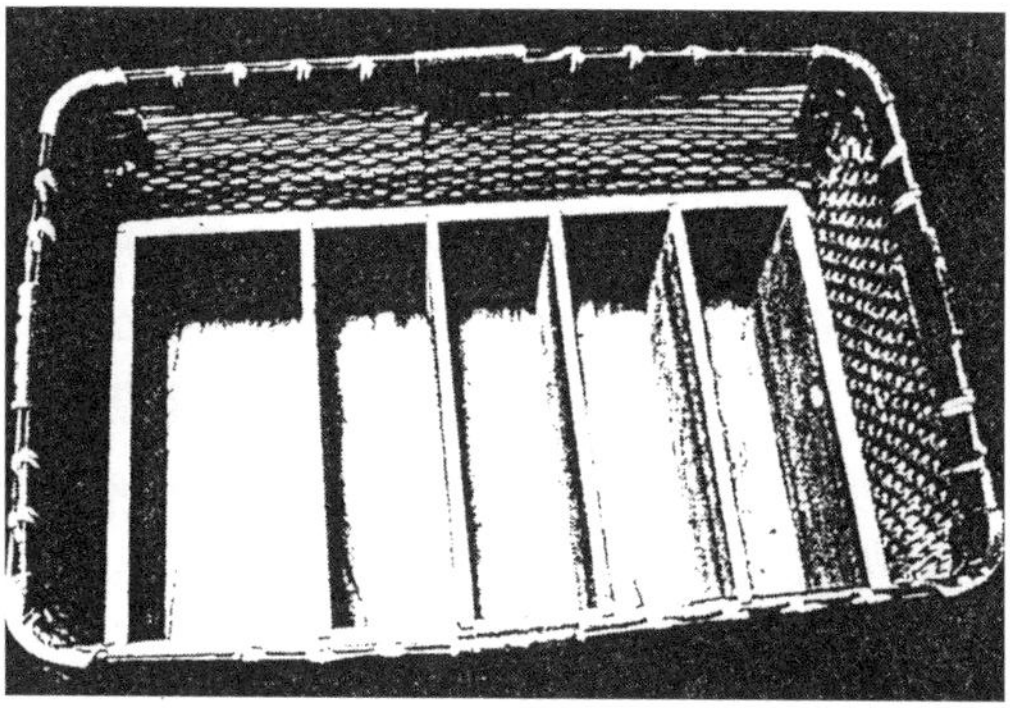
行李の内部

・五番目の一番小さい行李には、そろばん、おみやげの風船、弁当などを入れた。懸場帳《かけばちょう》（原注・置き薬販売の顧客名簿）を入れることもあるが、これは大事なものなので主に腰にぶら下げたりした。

荷を開いて商売をする時は、行李を互い違いに積み上げて、その隙間から薬を取り出した。現在は皮製の大きな鞄になってしまったが、行李の方がたくさん入ってしかも使いやすかった。今は時代の流れで、余程の年寄りの薬屋でないと行李を持ち歩かなくなってしまった。

得意先の各家庭に置かしていただく、薬の入れ物も時代と共に変化してきた。昔は製造元の商標や、人気のある薬名の書かれた袋の中に入れてつるしておいた。薬屋によっては、折りたたみ式の状差しのような小型のものもあった。その後は紙製の箱に代わり、桐などの木箱になり、現在はプラスチック製の容器になった。薬の種類が増すに従い、容器もだんだんと大きくなっていった。

昔の子供たちは、薬屋さんの来ることがとても楽しみであった。戸別の訪問販売が終わり、精算が済んだ後などに、子供のいる家庭には四角にふくらむ紙風船をくれたからである。現在は、製造元の会社名の入ったゴム風船になってしまった。

山間部では小さい子供のいる家も少なく、また子供自体が欲しがらないので、あまり持っていかない。子供のいない家で「孫が時々遊びにくるので、一つ置いていってくれないか」などと、大人が欲しがる場合や、時には「昔の紙風船ありませんか」と言われることもある。食い合わせの紙は全ての家に配っていたが、今はあまり貼りたがらないので、請求されたらあげる程度である。

貫誠堂の薬袋

折り畳み式薬入れ

薬屋の組織　薬屋には江戸時代からの組織があり、今は「家庭薬配置商業協同組合」という。組合の本部は奈良県と富山県にあり、その支部が各県にあって、薬屋は一つの県に登録して販売している。普通は登録した県内ならどこへ巡回してもよいが、登録以外の他県は禁止されている。ただし地形的な関係で吉田町（編注・現秩父市）の太田部のような所は、群馬の薬屋が入るという例外的なケースもある。

販売の行商人はおよそ富山県二万人、奈良県一万二千人、滋賀県三千人、佐賀県三百人くらいという。現在は後を継ぐ若い人がいなくなり、また薬はどこでも手に入るようになって売れ行きも伸びず、行商人はどんどん減少している状態である。

現在秩父地域には七、八〇人の薬屋が販売網を持っている。小鹿野地域には一四、五人が入っていたが、今はその半分の七、八人である。秩父全体からみても、最盛期の三分の一くらいに減ってしまっている。

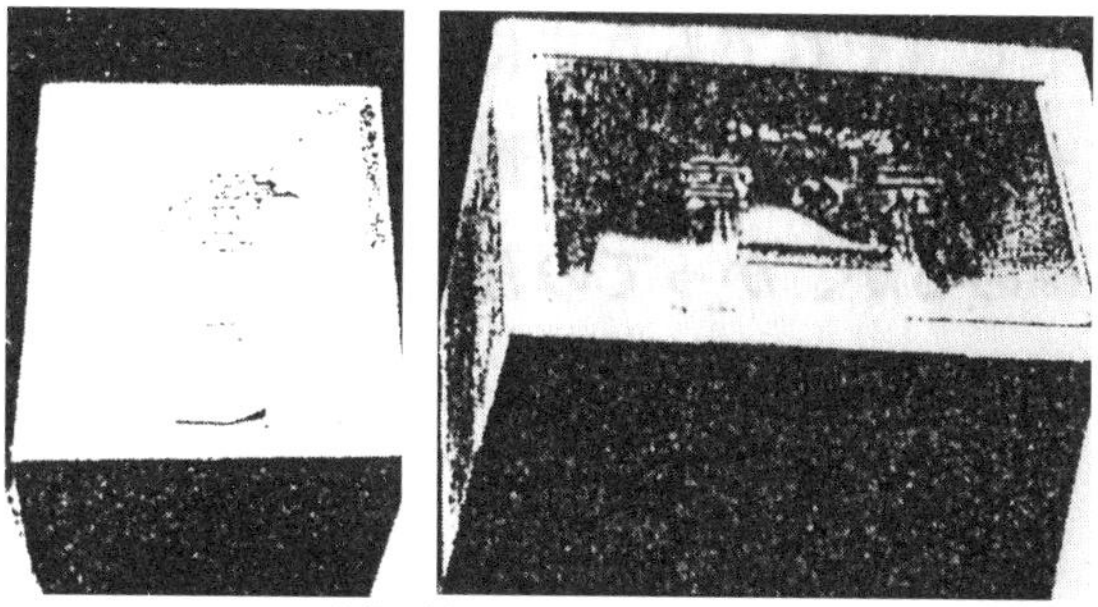
薬箱（木製とプラスチック）

薬の仕入れ　置き薬は生産者から消費者までの間に、行商人の薬屋が入るだけで中間マージンが少なく、宣伝費もほとんどかからないのが特徴である。薬の仕入れは、行商人が直接製造元へ注文する。昔は「頓服幾つ」というように手紙で製造元へ郵送したので、注文した品物が届くのに早くても一週間から一〇日くらいかかった。風船など得意先へのおみやげ品も仕入れの時一緒に購入した。

今は富山や奈良の製造元もみんな東京に支社があり、そこへ電話で注文すると翌日にはもう宅配便で届く時代になっている。支払いはお互いの信用で、その月に半額なり三分の二くらい入金しておく。残りは大（総）勘定といって、八月の盆と一二月の暮の半年ごとに一度に全部精算をして区切りをつけた。

薬の変化　今は薬の種類も多くて、しかも変わりやすいのでなかなか大変である。現在よく売れるものはトクホン（肩凝りの人が増えている）、軟膏、絆創膏《ばんそうこう》、目薬（子供も使うようになった）、ドリンク類（重いので車で販売している人が多く持ち歩く）などである。昔はよく売れたが今は売れなくなった主なものは、虫下し（それでもたまには、ありませんかと言われる）、マッチ（あかぎれの人がいなくなった）、アマコ（膏薬でたまに年寄りの人が欲しがることもある）、救命丸（今も需要はあるが、かっての五分の一程度）などである。風邪薬は今も昔もよく売れる。

【昭和六三年取材】

秩父の木地師たち

消え行く漂白の職人

一九九五（平成七）年一月一五日、私家版として『秩父の木地師たち　消え行く漂白の職人』発行。『奥秩父に生きる人々Ⅰ～Ⅴ』の後にまとめられたルポである。『奥秩父に生きる人々』シリーズがワープロで出力した版下をＢ５判の用紙でコピーして作成した手製の冊子だったのに対し、この冊子は秩父市内の印刷会社で印刷製本されている。奥付に〈限定１５０部　頒布（編注・原文ママ）１５００円〉とあり、以前の冊子類とは異なり、有料で頒布していたと思われる。初版以降の改訂版の存在は確認できなかったが、訂正用と思われるコピーが存在しており、著者が何らかの形で復刻しようと考えていたのではないかと思われる。今回はその訂正用コピーを原本とし、部分的に訂正メモを反映させた。

はじめに

現在では「木地屋《きじや》」と言っても、何のことだか分からない人が多いであろう。木地屋または木地師とは、山中の木を伐って木鉢、盆、杓子などを作る木工職人たちのことである。彼らは原料の良材を求めて、山から山へと漂移しながら良い原木があると、そこに一定期間木地小屋（出小屋）をかけて製造に励んだ。江戸時代から明治の中ごろまでは、まだ全国各地に多くの木地屋が山中で生活していた。

木地屋の本拠地は、滋賀県愛知《えち》郡東小椋《おぐら》村（編注・現東近江市）で、蛭谷の筒井八幡宮と君ケ畑の大皇大明神の二系統があった。どちらも文徳天皇の皇子、小野宮惟喬《これたか》親王を職祖と仰いでいる。江戸時代までは、筒井八幡宮か大皇大明神のどちらかの頒布を受けた御綸旨《ごりんじ》、御免状などの木地屋文書により、七合目以上の山林を自由に伐採して使用することが出来た。

秩父に木地屋がいたと思われる古い記録としては、『新編武蔵風土記稿』中津川村の項に次の記述が見られる。

「農隙に男子は稼山に行て木を采り、挽板・折敷板・鞘木・下駄・棒木・笹板・桝木・木地椀・木地挽物・白箸などを作り云々」

風土記が編纂された文政八（一八二五）年には、秩父の中津川村にはすでに木地師がいたことが知れる。浦山最奥の集落冠岩は、木地屋が開いたという伝承がある。両神村（編注・現小鹿野町）大平の木地屋小椋家の祖先が、最初に入った山も浦山の奥だったという。

明治時代になると、山林所有権の確定などにより、次第に木地屋の村落への土着が始まった。秩父では、明治中期ごろから両神村や大滝村（編注・現秩父市）などの里へ土着するものが現れるようになった。しかし土着した後も、山中に出小屋を作って一定期間住み、木鉢や椀作りなどをしていた。

木地屋の出小屋は、炭焼小屋の移動ともほぼ一致していた。それは木炭用の木を伐採する時、木炭にならないトチノキを木地屋が利用したからである。秩父の木地屋が作る製品は、このトチノキを材料としたうどんなどをこねる木鉢が中心であったので、「木鉢屋さん」と呼ばれることが多かった。

大正時代になると大滝村の入川、栃本などの奥地に出小屋を建てながら移動していた。昭和年代に入ると次第に、三峰、大輪など大滝村のとばに移って行き、最後は荒川村（編注・現秩父市）へと移り、戦時中にはほぼ山中の出小屋はなくなってしまった。

この滅びゆく漂白の民、秩父の木地師たちを語る前に、木地屋伝承や木地屋文書などを紹介しつつ、その歴史からたどってみる。

第一章　木地屋伝承

一　惟喬親王伝説

平安時代の初期、惟喬《これたか》親王は紀氏出身の母と文徳天皇（八五〇～八五八年在位）の第一皇子として生まれた。ところが勢力を伸ばしてきた藤原良房が、人臣では初めての摂政となり実権を握った。そして良房の娘が生んだ第四皇子の惟仁親王が皇位を継承、五六代清和天皇として即位した。当時藤原氏は、ライバルの有力者を次々と排斥していった時代である。

貞観元（八五九）年、身の危険を感じていた惟喬親王は重臣藤原実秀など、わずかの家臣を伴って仏の道を求めて都を逃れた。一行は近江国鈴鹿の山に分け入り、愛知《えち》川の深い渓谷をさかのぼって小椋谷の小松畑（一説に筒井峠）に落ち着き、ここを仮御所と定めて後に金龍寺などを建立した。金龍寺は「高松御所」と呼ばれるようになり、小松畑も「君ケ畑」と改めた。更に藤原実秀は、姓を小椋姓に改名した。

貞観一四（八七二）年、惟喬親王は出家されて素覚法親王となり、御読経の日々を過ごされていた。そんなある日、法華経の巻物の紐を引くと、経軸がくるくる回転する原理から手引きろくろを思い付かれた。親王自らの考案したろくろで、どんぐりの実のヘタからヒントを得た椀の製作を杣人《そまびと》に習得させた。里人たちもこの技術を習い、ろくろを回して椀、盆、膳などを作って都に出すようになり、貧しかった生活が潤うようになった。

元慶三（八七九）年、親王が崩御されると時の天皇は深く悲しまれ、当地に大皇大明神として祀ることを勅名された。これが現在全国の木地屋関係者が、親王を轆轤《ろくろ》祖神として崇拝している君ケ畑に鎮座する大皇《おおきみ》器《き》地《じ》祖《そ》神社であると。

惟喬親王像（筒井峠）

二　木地屋文書

木地屋の発祥地

現在木地屋の根拠地は、滋賀県の旧東小椋村の君ケ畑と蛭谷の二集落ということになっているが、古くは鈴鹿山脈の愛智山中に南畑と北畑という広い地域にわたって木地屋集落があったという。

木地屋は杣人と関係が深く、造都や造寺には奈良、京都に比較的近い当地の山中から、杣人たちにより沢山の木材が切り出された。彼らの中には多くの木地師もいて、仏像、仏具も作られていたという。東北地方のコケシも、木地屋に由来している。一般には、会津の蒲生氏郷が、君ケ畑系の木地師を呼び寄せ、東北各地へと散在していった。彼らの中で、温泉の湯治に来たお客用の土産品としてコケシを作るようになったのだという。

北畑地域の木地屋は早くに四散してしまったが、北畑には小椋谷六カ畑といって、君ケ畑、蛭谷、箕川、政所、黄和田、九居瀬の集落に木地屋が居住していた。そのうち一番山奥の君ケ畑と蛭谷の二集落が残った。近世に入り、この二集落から全国各地へ、木地屋は良材を求めて移動して行ったという。

慶長二（一五九七）年に、蛭谷帰雲庵の僧によって書かれたという『愛智太山草《えちのみやまぐさ》』は険しい山間の当地を次のようにつづる。

「夫《それ》愛智の太山は伊勢の国をさかえて峰高く、尾は百千《ももち》に祢《ね》ざし其あいあいに澗《たに》、洞《ほら》あまたあり、岡は稀《まれ》にして谷も少なし。嶽《たけ》は所々にそびえて見ゆる。山の巓《いただき》に沢の有も珍らしく川辺は岸高く巌石《がんせき》にて渕瀧《えんろう》多し。

蛭谷（木地屋発祥之地）

嶺《みね》を越える峠は九折《つづらおり》にて辿《たは》を越す坂はゆるなり。岨道《そはみち》にはけあれば梯《かけはし》あり。昔時《そのかみ》の事を傳《つたへ》聞くに大木枝をすり、日あしもささぬ深山の中へ杣人《そまびと》の入り来りて小屋かけいたる所へ惟喬親王《これたかしんのう》のわけ入りたまい、山夫をかたらい筒井峠に皇居を定め宣皃《のたまいけり》。此所に惟喬親王の縁起あり。轆轤《ろくろ》師ら写し求めて諸国に散りはむ」

御縁起

木地屋たちは蛭谷の筒井公文所、または君ケ畑の高松御所発行の木地屋文書と呼ばれる由緒書、御倫旨の免許状、宗旨及び往来手形などを大切に所有している。

秩父木地師小椋市蔵氏所有になる、惟喬親王の縁起に関する由来書の巻物は、桐の紋章の書かれた漆塗りの箱に納められている。ここに原文のまま紹介してみる。

抑惟喬親王御位清和天皇奪取儀宣親王鱗乱座宛迫身捨宣貞観初暦己卯三月五日階出白馬乗東路飛宣悉
達太子壇徳山飛宣不異太政大臣実秀卿堀川中納言其外一両輩無準御供駒歩皃江州愛智郡岸本城橋着宣
遥後悉覩皃日輪日没及爰一塔仏閣見有立寄一夜可明宣翁一人見此所謂語聞宣翁答言昔年聖徳太子守屋
大臣軍宣時城槨構被掛渡橋城名付八棟作千盤屋経奈良都被立置春日大明神七堂伽藍本堂春日御作薬師
如来並聖徳太子御社是々侍言玉或阿誰彼時太子殿親王奉移三日三夜平籠満八日朝催愛智河上駒歩皃弓
手山流出河原珍敷在岩下益雄問宣此所小椋郷言昔千手姫此河上岩居有御経読誦宣雲明方太政大臣食宣
小椋郷滞在自今以後小椋太政大臣実秀卿号可愛智河上駒早所山坂　駒足不立源行宣山里家間荒棘道行
皃杣人聲山彦谷峯響深山皃。

御　製

世をいとふ愛智の深山の呼子鳥ふかき心を誰か知るらん

讀宣偃行皃所亞小屋二三間在寺々親王奉移白地溢旅放御座杣人交先假屋立皃都公家人々御跡慕有奏聞皃

峯雲谷月詠詩歌管絃慰宣公家人々杣人近付器木地作世営君運歩年月送皃常仏道不懈宣大乗妙典経教訓讀釈迦大日弥勤迴向御座皃同七年乙酉霜月八日筒井峠正八幡宮勧請簾上十一両掛貴賤運歩本意叶宣天下奇特霊夢御座逆風迷雨雷電或旱魃冷気病国土民不易公家殿上人寄集有評定座皃有正占宣艮等両勘惟喬親王東山家飛宣謂也占詰左有宣旨立御領付皇大明神可守護宣皃勅使當畑有下向此奏聞親王難不非叡覧御座小椋大政大臣敬拜領畢皇御領等傍示之事近江国愛智郡内岸本愛智川堺八風峠迄伊勢堺峰雨分犬上郡堺峰雨分筒井堅木坂迄百濟寺堺峰雨分大覚寺門前迄自是愛智領小椋卿仍如件

有時河上分入宣一池汀松櫻榊瀾迄枝垂新

御　製

深山辺の池の汀に松たちて都にも似し住居とぞ思ふ

中　納　言

漣の御池に木々野枝たれて今たつ君に相生の松

月宮殿学宣柴菴引結心寂座所鹿鳴声紅葉散行見宣発心修行菩提涅槃悟宣元慶三己亥年御年三十三此山住十九年霜月九日崩御被成宣當畑社丘奉宮移颯々鈴音迷殿上堂堂皷響聞宮前南無皇大明神守護宣御子神主愛貴同寫愛智郡岸本太子殿南表皇大明神正八幡宮甍並立宣毎月八日九日小椋大政大臣出仕畢

大蔵卿雅仲

干時承久二庚辰年九月十二日　民部卿頼貞

藤原　定勝　　筒井神主印

このように小椋谷から伝えられた木地屋の由来記は、句読点のない漢字の羅列で非常に分かりにくいものなので、その大要を現代風に言い換えてみる。

そもそも惟喬親王は、皇位の継承を兄弟で争っていたが、ついに弟の惟仁親王が勝って清和天皇として位についてしまった。そこで惟喬親王は身の危険を感じ、世を逃れるため、貞観三（八六一）年三月五日、白馬に乗って東路を目指して旅立った。従う者は太政大臣藤原実秀、堀川中納言他一、二の家来だけであった。これは悉達《しった》太子（出家前の釈迦の名）が修行のため檀特山《だんどくせん》という山へ入られたのによく似ている。

一行は近江国愛智《えち》郡岸本の城ケ橋に着いたところで、太陽は西に傾いて日没になってしまった。ちょうどここに一つのお寺があったので、今夜はここで一夜を明かそうと立ち寄り、そこに居合わせた老人に、この寺のいわれを聞いてみた。

老人は答えて、昔ここで聖徳太子が物部守屋と戦をした時、城を構えて橋を架け渡したので、城ケ橋と呼ぶようになった。寺の建てようは奈良の春日神社に倣った。この所に薬師如来と聖徳太子の御社があるのもこのためであると。

さっそく親王は太子殿に入って、三日三夜ここに籠られた。八日の朝に、愛智の山の川上へと馬を歩ませた。弓手山《ゆんでやま》から流れ出て来た河原が珍しいので、当地の男に地名を問いただしたところ、ここは小椋の郷といい、昔この川上の岩山は、千手姫（観音）が籠もって読経され、天上界の仏を供養した所であると答えた。

これを聞いた親王は、この旧跡のある嶮岨《けんそ》な山へ分け入って登ったところ、九尺（編注・約二・七《メートル》）四

御縁起の巻物（小椋市蔵所有）

方程の岩屋があった。親王はこの旧跡の岩屋へ籠もって、一昼夜法華経を唱えられた。そして明け方に太政大臣の実秀を招き、小椋郷の滞在を記念して今日から小椋太政大臣実秀卿と名乗ることを命じた。

一行は更に愛智の川上へと分け入ったが、山坂ますます険しくなって馬も立ち往生する程の荒れた難路であった。杣人の声は山びことなって谷や峰に響く深山で、親王は心境を一首歌に詠んだ。

「世をいとう愛智の深山のよぶこ鳥、ふかき心を誰か知るらん」

歌い終ると親王は、そこに二、三軒の杣小屋などがあるのを見て、ここを皇居にしようと心に決めた。さっそく杣人に命じて仮の御殿を建てさせて、親王はここにお移りになった。これを伝え聞いた都の公家たちは、お痛ましいことだと、天皇に申し上げた。

公家たちは、峰の雲や谷の月を詠じて、詩歌、管弦で親王を慰めた。そして杣人に近付いて木地の器などを作って生計を立てていた。親王もこのようにして、年月を送っていた。

仏道修行に怠りない親王は、常に法華経を唱えて釈迦、大日、弥勒菩薩などを信仰していた。そして、貞観七（八六五）年一一月八日、筒井峠に木地ろくろの氏神として八幡宮を勧請した。人々は上下の別なく参拝に足を運び、親王の本意がかなって喜ばしいかぎりである。

一方都では、奇異な霊夢があって、突風、大雨、雷が起こったり、日照りや寒さが襲い、人々は不安におののいた。そこで公家、殿上人などが寄り集まって相談し占ってもらったところ、これは惟喬親王を東方の山へと追放したので、神様がお怒りになったのだと。

これを聞いて驚いた帝は、親王に領地を与えて怒りを鎮めようとして、すぐに使いを筒井へ立てた。小椋太政大臣がありがたくこれを受けた。拝領した土地は、近江国愛智郡のうち、岸本の愛智川堺から八風峠まで、伊勢堺は分水嶺の尾根まで、犬上郡堺は嶺の分水嶺から筒井堅木坂まで、百済寺堺も嶺の分水嶺から大覚寺門前までで、これらが愛智領の小椋郷となった。

ある時、親王が領地の川上へ分け入った折り、一つの池のほとりに松、桜、榊の枝が水面まで垂れていたのを見て次の一首を作られた。

「みやま辺の池のみぎわに松たちて、都にもにしすまいとぞ思ふ」

これを受けて、お供の堀川中納言も一首詠んだ。

「さざなみのみ池に木々の枝垂れて、今たつ君に相生の松」

親王は皇居にならって行ない、柴で造った草庵で静かに心を落ち着けて座っていた。そして鹿の鳴く声を聞いたり、紅葉の散って行くのを見ていて出家を思い立った。修行のかいあって世俗の迷いからも離れ、悟りの境地に達することが出来た。

元慶三（八七九）年、親王は三三歳、この山に住んでからすでに一九年の一一月九日にお亡くなりになった。親王の神霊は皇大明神となって、八幡宮に甍《いらか》を並べて合祀された。小椋太政大臣は毎月、親王の命日に当たる八日、九日には出向いて神務を勤めた。

御綸旨と免許状

小椋市蔵宅には、それぞれ二つの御綸旨と免許状を大切に保管している。綸旨とは、天皇の意を受けた者が自分の名の元に出した文書のことである。

御綸旨（その一）

筒井千軒址

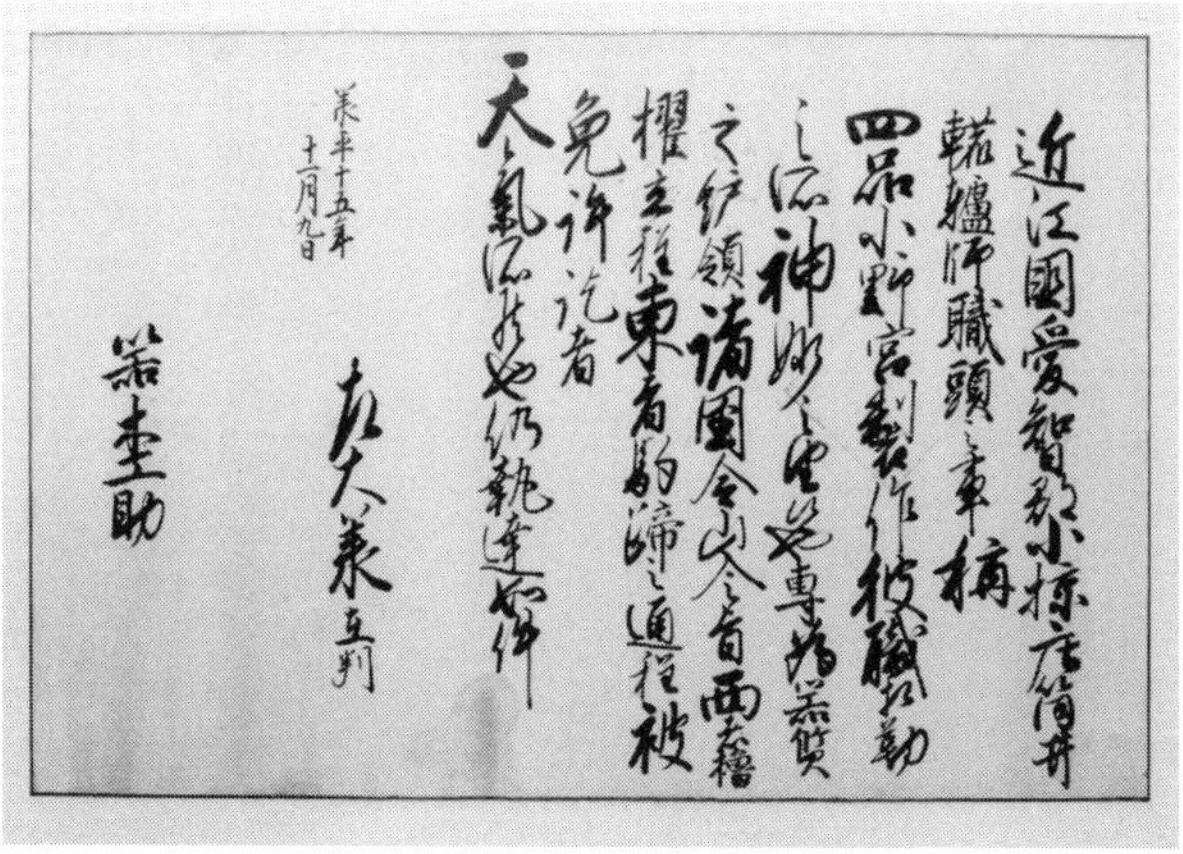

御綸旨（その一）

近江國愛智郡小椋庄筒井
轆轤師職頭之事稱
四品小野宮製作彼職相勤
之所神妙之由候也専為器質
之統領諸国令山入之旨西者櫓
櫂立程東者駒蹄之通程被
免許訖者
天気所候也仍執達如件
承平十五年
十一月九日
左大承在判
器杢助

これは承平五（九三五）年、（＊原注・原文の一五年は誤り）朱雀天皇の綸旨と伝えるもので、最初の「近江國愛智郡小椋庄筒井轆轤《ろくろ》師職頭之事」が、この御綸旨の題目にあたる。職頭とは奉加金を筒井公文所に納めてこの御綸旨を受け、一人前として認められた木地師ほどの意味であろう。大意はおおむね次のようである。

「筒井轆轤師職頭のお前が、四品（＊原注・轆轤師、杓子師、塗物師、挽物師のことか）の位である小野の宮様（＊原注・惟喬親王のこと。親王は山城の小野に住んでいた。筒井八幡宮の古社名でもある）が製作を創始された、この木地職に励んでいることはなかなか良い心掛けである。従って器類の製作に専念している木地師の職頭として、諸国の山々を自由に入山することを認める。その伐採については、西の方は舟の櫓《ろ》櫂《かい》が役立つ所、東の方は馬の足が及ぶ所まで（＊原注・全国の意で、このような言い回しがすでにあった）許可を与えることになった。このような次第によって、天皇の御気持ちを伝えるものである。」

御綸旨（その二）

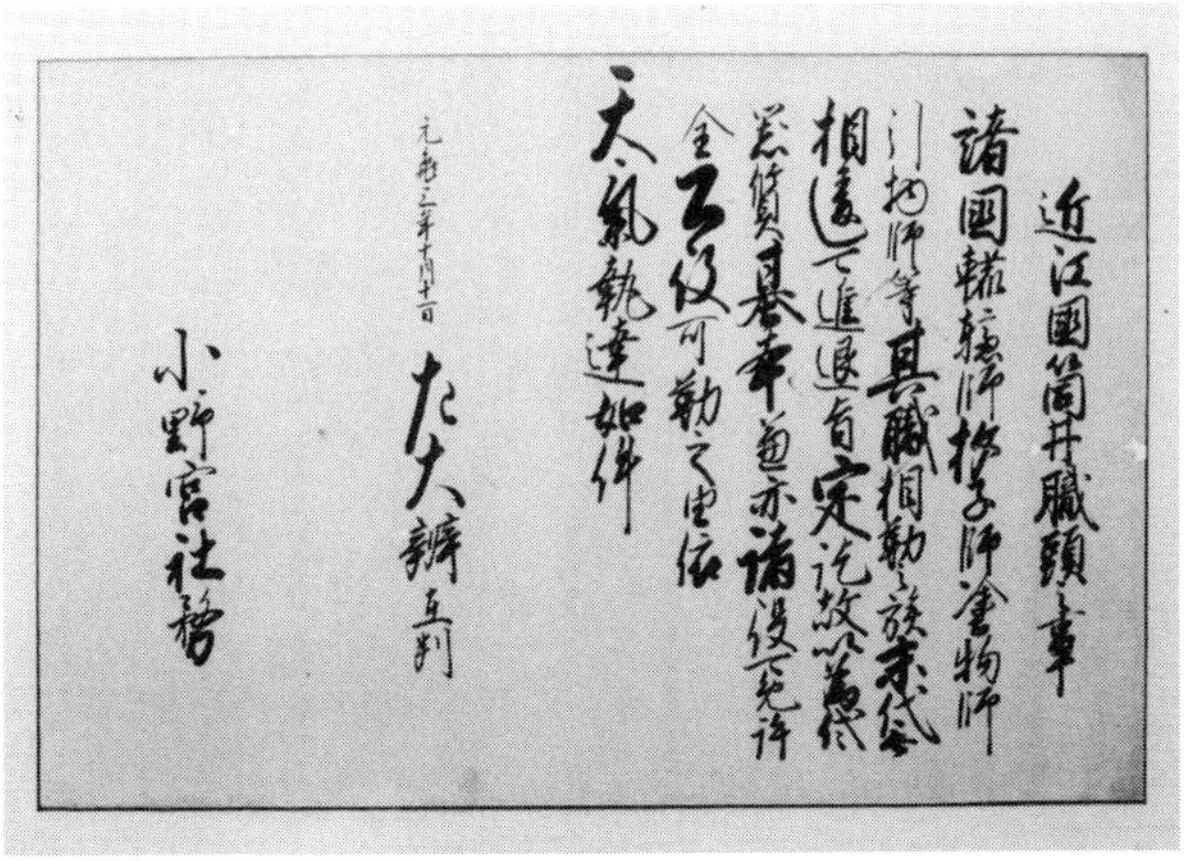

御綸旨（その二）

近江國筒井職頭之事
諸国轆轤師杓子師塗物師
引物師等其職相勤之族末代無
相違可進退旨定訖故以為代々
器質基本兼亦諸役可免許
全公役可勤之由依
天気執達如件

元亀三年十月十一日　左大辨在判
小野宮社務

これは元亀三（一五七二）年、正親町天皇の次のような文意の御綸旨である。

「諸国の轆轤師など、その職にたずさわっている者たちは、末代までも、間違いなく振る舞えることはすでに定められている。故に代々、器製作の支えとなる者として、前々からいろいろな課役を免除している。しかし公の課役には一所懸命に勤めなさい。以上、天皇の御意思を伝える」

免許状（その一）

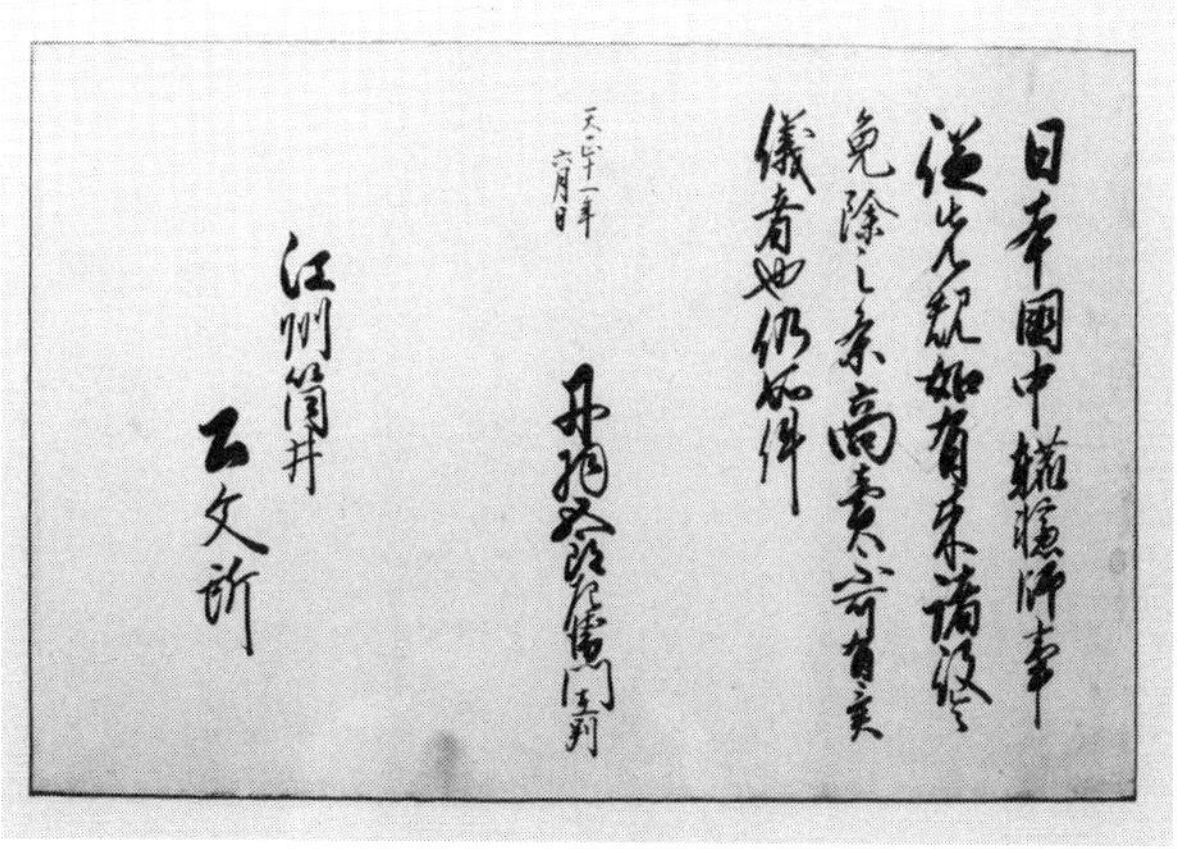

免許状（その一）

日本国中轆轤師事
従先規如有来諸役令
免除之条商売不可有異
儀者也仍如件
天正十一年　丹羽五郎左衛門在判
六月日
江州筒井
公文所

これは織田信長免許状と言われ、信長の重臣丹羽長秀の名の元に、筒井公文所が出している。内容は、「日本中の轆轤師は、前々から決められている通りに、諸役を免除し、その商売に対しても何の異議もない」という意味の許状《ゆるし》である。

免許状（その二）

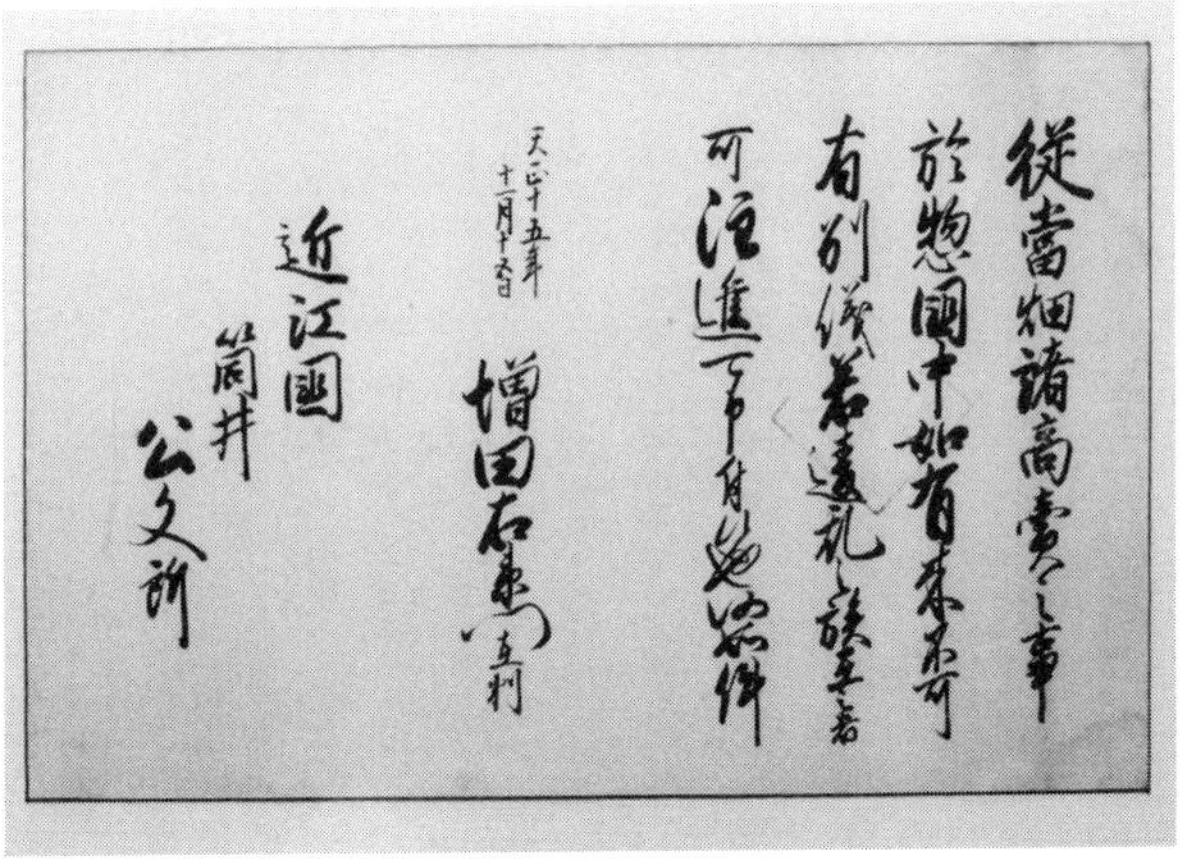

免許状（その二）

従當畑諸商売之事
於惣國中如有来不可
有別儀若違乱之族在之者
可注進可申付候也仍如件

天正十五年
十一月十五日　　増田右衛門在判

近江國
筒井
公文所

これは豊臣秀吉免許状と呼ばれるもので、増田右衛門長盛は秀吉の重臣、五奉行の一人である。文意は次のような内容であろう。

「小椋谷の六ケ畑から出て、いろいろな木地関係の商売をするに当たっては、日本全国今までのままでよい。もしも異議を唱える者がいたら、進言するように申しつけるものである」

宗旨手形

両神村の小椋宅（木鉢屋）には、由来書、御綸旨の他に江戸時代に筒井公文所から出された、次の宗旨手形と往来手形が残されている。なお、往来手形は、秩父の木地屋「小椋弥市」の項を参照されたい。

一此木地師住右衛門ト申者生国江州愛智郡筒井正八幡宮之氏子ニ而則当庄垣那代々禅宗旨ニ紛無御度候諸国山々住居致シ山木相尽候得者折々住所替仕リ候而諸国散在之義ニ候間宗旨印証差出シ人別令改正候自然脇ヨリ切死丹宗旨之由訴人出於者拙僧罷出急度可申分候為其手形依而如件
文政十年日本国木地師惣本山
亥七月江州筒井歸雲庵
雄山印
諸国御奉行所

このように木地屋文書は各種あり、由来書では彼らの職祖が親王という皇族から出ているということになっている。全国の木地師たちは、親王の家臣の末裔であると自負していた。この御縁起発祥地の江州小椋谷の筒井八幡宮へ奉加金を寄進すれば、日本全国自由に用材の伐採などが許されるという特権の綸旨が与えられた。従って、木地屋文書は木地師たちにとっては大変ありがたい家宝として、丁重に保管されていたのである。

しかし木地屋研究者たちの多くは、由来書や綸旨は江戸時代になってから書かれた偽文書であると主張している。やはり氏子狩りが盛んになった、江戸時代中期前後に成立したものであろうと思われる。

三　氏子狩

木地師たちに特権を与え保護してくれる木地屋文書は、本来小椋谷君ケ畑の高松御所や蛭谷の筒井公文所へ行って受けるべきものである。しかし特に遠方の木地師が、山深い小椋谷まで行くには、費用と日数もかかり簡単に出向くことができない。そこで政庁の役人がこちらから諸国の木地師の元へ巡回して、木地屋文書の他にいろいろな名目を設けてその費用を木地師から徴収すると共に人別改めなどもした。これを高松御所では「順回」、筒井公文所では「氏子狩」または「氏子駈《がけ》」と呼んだ。木地師は巡回役人の持参した台帳に、自分の名前を書いて捺印してその氏子になった。

筒井公文所に残る「大岩助左衛門日記」には、最初の氏子狩りは天正四（一五七六）年になっているという。ただし現存する氏子駈帳は、正保四

木札のいろいろ（氏子狩の巡回人などが主に携帯していた）

（一六四七）年のものが最も古いものである。大岩氏は惟喬親王第一の重臣、太政大臣藤原実秀卿に始まり、親王から小椋の姓を賜り、後に大岩氏に改姓したのだと言われる。この日記は、大岩氏第三三代の重綱が元禄八（一六九五）年にまとめた氏子狩りの点検活動の記録である。

筒井神社社務所発行の説明書には、次のような文面が見られる。

筒井神社に伝わる文献によれば、天文永禄の頃より今の氏子総代とも云うべき人々は、当社の再建や修繕に付遠く諸国の山村に依する木地師を訪問し、持参の神薬を土産として寄附金を勧誘したり、之を氏子駈と称せり。

元来諸国に分散する木地師は、その根源は皆此の小椋谷より出でし人が森林地帯を尋ねて転々移住したるものなりと伝う。大岩助左衛門日記に、永禄五年九月十三日丹羽国野々村山の木地屋西村助左衛門より来状のことをいひ、助左衛門は大岩助殿の甥にて若名を右衛門次郎といふ一族の丹波山中に移住を記すること明かなり。又氏子駈については、「天正四年四月十九日筒井八幡宮修覆の為、諸国轆轤師へ回国し氏子駈を仕始める。大岩助左衛門願人にて土産、アイスといふ黒薬を神酒にて粘り、筒井招源丹と銘を書き之を持参しける。此の丹は東白庵の調合なり。後代に持参しけるは大覚寺来乗坊の製法なり」と記し、近江高島郡麻生山の木地師二十一軒に帳始めを為したるをいふ云々。

巡回は先触れがまず立って、琵琶湖西岸近江の麻生木地山が氏子駈の帳始めと帳仕舞いになっていたという。当地は本拠地の小椋谷から、最初に出稼ぎに行って移り住んだ所であった。

氏子駈は、高松御所と筒井公文所からそれぞれ別々に行なっていた。現在金龍寺に残る氏子駈帳は、元禄七（一六九四）年から明治二六（一八九三）年間の五一冊、戸主の木地師名は総計九七三四人、筒井神社には正保四（一六四七）年から明治一五（一八八二）年に至る三二冊、戸主の総計四九九九〇人記載の氏子駈帳が保存されている。

巡回の地域は、どちらも東北から九州までの北海道を除く全国に及んでいる。巡国の回数は近畿、中部諸国がどちらも二〇数回と多く、武蔵へは高松御所の方が三回、筒井公文所は八回となっている。

このように諸国の木地師たちは君ケ畑系と筒井系の二派に分かれていたが、御綸旨などをどちらからも受けた木地師もいたという。君ケ畑、筒井の二派はそれぞれ自分たちの方が正統であると主張して譲ず、氏子確保のため両派の角逐があった。

次に、筒井公文所の氏子駈帳に記載されている木地師の数を紹介する。

正保四（一六四七）年…三五五人	宝暦十（一七六〇）年…四四八人
明暦三（一六五七）年…一一一七人	安永三（一七七四）年…三三三五人
寛文五（一六六五）年…二二四四人	安永・天明・寛政年間…一九六二人
寛文十（一六七〇）年…二二二二人	寛政九（一七九七）年…三九九人
延宝七（一六七九）年…一一六九人	享和・文化・文政年間…一五八一人
貞享四（一六八七）年…一一四五人	天保・嘉永・慶応年間…三〇四三人
元禄七（一六九四）年…五二〇二人	天保年度（一八三一）…一六九人
宝永四（一七〇七）年…四一四四人	弘化・嘉永年度…二九七人
享保五（一七二〇）年…二四五七人	安政年度（一八五四）…四一八人

享保十二（一七二七）年…二三六四人
享保二十（一七三六）年…二八八〇人
元文五（一七四〇）年…三一二八人
延享元（一七四四）年…三四六二人
寛延二（一七四九）年…五二四人
寛延四（一七五一）年…二五八人

慶応年度（一八六五）…二七八人
其の他…七二人
明治十一（一八七八）年…一四一人
明治十三（一八八〇）年…三〇八人
明治十四（一八八一）年…二一六人
明治十五（一八八二）年…四七六人
（筒井神社木地屋資料館）

氏子駈はこの資料から推察すると、江戸時代中期ごろが最も盛んだったようである。また木地師の数も多かったのであろう。明治時代の新制度になってからも、しばらくは引き続き行なわれていたことがわかる。

御綸旨などは高額の奉加金を必要としたから、全ての木地師が手に入れたものでもなかった。人別改などの氏子狩りに応じないこともまれではなかったという。また氏子狩りをしながら、諸国をくまなく歩くことは不可能である。従ってこの数字が、当時の木地師の実数を示すものではない。

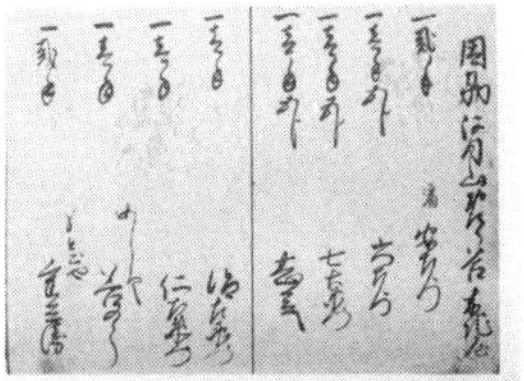

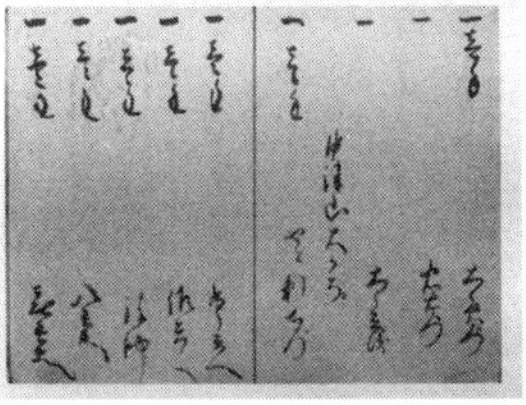

氏子狩帳と記載事項（筒井八幡神社：所蔵）

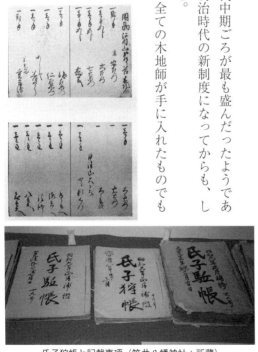

四　地域と木地屋

里人と木地屋

里の人たちは木地屋について、明治の中ごろまではよく理解していなかったという。彼らはほとんど里人とは接触がなかったので、里人の中には、彼らを山に住む気の荒い、別世界の怖い存在と考えていた人もいたという。また接触しようとしても彼らは小屋掛けしながら、短期間に山から山へと渡り歩いているのでなかなか出会う機会もなかった。私有林の盗伐も彼らの仕業ではないかと思い込み、それをなじるとどんな仕返しをされるかわからないと恐れてもいた。

その後次第に彼らと接触することにより、特別に変った人間でないことが分かってきた。それどころか里人が驚いたのは、彼らは惟喬《これたか》親王の重臣だった太政大臣小椋実秀の子孫と称して、その古文書類を大切に保管して高い自尊心を持っていたのである。しかもこの古文書類の中には、諸国の山木を自由に伐ってもよいという、免許状まであったのである。

江戸時代までは木地屋が製品などの荷を発送する時は、荷物の脇に一六弁の菊花紋が焼印された筒井社務所の木札を立てておくと、運送問屋では他よりも早く発送してくれたという特権もあった。

大滝村　山中又太郎談　「地元の人たちは木地屋を、木に関しては優れた技術を持った特殊な人たちであるとみていた。山に小屋を掛けてそこで長期間生活し、男たちは小屋から十キロ四方位の木を伐採し疎取《あらどり》して小屋へと運び、女たちがそれを木鉢などの製品に仕上げていた。子供たちも小屋で、小さい頃から仕事をしている母にまとわりついたりしながら生活していたので、自然に親の仕事を覚えてしまったようだ。木地屋は立木を倒す時に、受け口を切りながら鉈《なた》一丁だけで、木鉢の材料をそこからえぐり取ったりも出来た程の腕前の者もいた。私は器用な方だったので、一度木地屋が捨てていったトチノキで木鉢を作ろうとしてみたが、うまく出来るはずがなかった」

元締

木地屋は里から離れた小屋で生活しているので、里との間をつないでくれる者が必要であった。これが元締で、山小屋での生活必需品などを仕送りしてくれたり、木鉢などの製品も引き取って問屋などへ販売してくれた。里の旧家や大商店などが元締に当たった。大滝村では前者が栃本の大村家であり、後者が強石の吉井家などであった。

大村家は、元は甲州から雁坂峠を越えて栃本へ移り住んだといわれている。江戸時代には代々栃本関の関守りとして、大滝村の名家の一つであった。大村家は官林、演習林などに対しても権限を持っていたので、木地屋に山小屋を作らせたり、材料のトチノキなども切らせることが出来た。

木地屋の作った製品は、専門の持ち子が背板に付けて大村家へと運んでいた。大村家では運ばれてきた製品を選別して等級を付けて、小荷駄や後にはトロッコなどで出荷していた。

栃本関跡の大村家

運搬人

木地師たちの小屋での生活は、それほど不便なものではなかった。日用雑貨類は秩父の矢尾商店などに手紙で注文すると、運送会社が三峰口まで運搬し、後は持ち子が背板で小屋まで運んでくれた。正月に実家へ帰らない年には、持ち子に頼んで餅米を持ってきてもらい、小屋の中で餅をついて正月を祝った。

強石の浜田商店などからもいろいろなものを取り寄せることが出来た。栃本や川又に小屋があった時は、強石から馬トロで運んでもらうこともあった。取り寄せた品物の支払いは、盆と暮でよかった。その代わり木鉢などの代金もこの時に支払われた。信用を得ると、必要な時は支払い期間前でも現金を貸してくれた。

しかし病気にかかった時は大変であった。荒川村（編注・現秩父市）の贄川《にえがわ》に小櫃《おびつ》医院という立派な医者もいたが、遠いのでかなり重い病気でも診察してもらわなかった。せいぜい宮平にいた骨接ぎの先生に行く位だった。そのために手遅れで若くして亡くなることも多かった。

第二章　秩父木地屋の系譜

系統と系図

秩父の木地屋は蛭谷系で、全て「小椋《おぐら》」姓を名乗り、江戸末期以降では、小椋実太郎、小椋藤兵衛、小椋林左衛門、小椋左善、小椋高太郎の五系統程の小椋家があった。

木地屋は、妻女を助手として作業をするため、小さい頃から親の仕事を手伝って技術を身に付けていた、木地屋の娘を妻に迎えることが有利であった。従って、秩父の木地屋も、これら五系統の小椋家同士での婚姻が圧倒的に多かった。

次に、五系統の小椋家を紹介してみる。

実太郎系小椋家

この系統は、秩父木地師の代表的小椋家である。明治二二（一八八九）年、滋賀県蛭谷の本籍地から秩父郡大宮町（編注・現秩父市）へ転籍した。文政一〇（一八二七）年生まれの実太郎は六二歳、子供の丹次郎が二〇歳の時で、初孫の健次が生まれた年である。多分実太郎の父（名前は不明、母はクニ）の代の頃に秩父の山へ入ったものであろうか。大正時代初期に、両神村（編注・現小鹿野町）大平の現在地へ定住した。

丹次郎の後を継いだ健次は、秩父木地師の中心的な人物として、秩父の山々に出小屋を建てて移動しながら木鉢製造に励んだ。妹たちもそれぞれ秩父木地師の小椋家に嫁ぎ、夫の仕事をよく助けた。健次の弟の市蔵は、昭和三〇年代まで中津川に住み、秩父木地師の伝統を受け継いでいた。

健次の子、左内の代になると農業や山林業が主となり、木地屋仕事はほとんどやらなくなってしまった。現在は、大血川平野家から嫁いだ左内の妻久子が、本家の小椋家を守っている。

■実太郎系小椋家系図

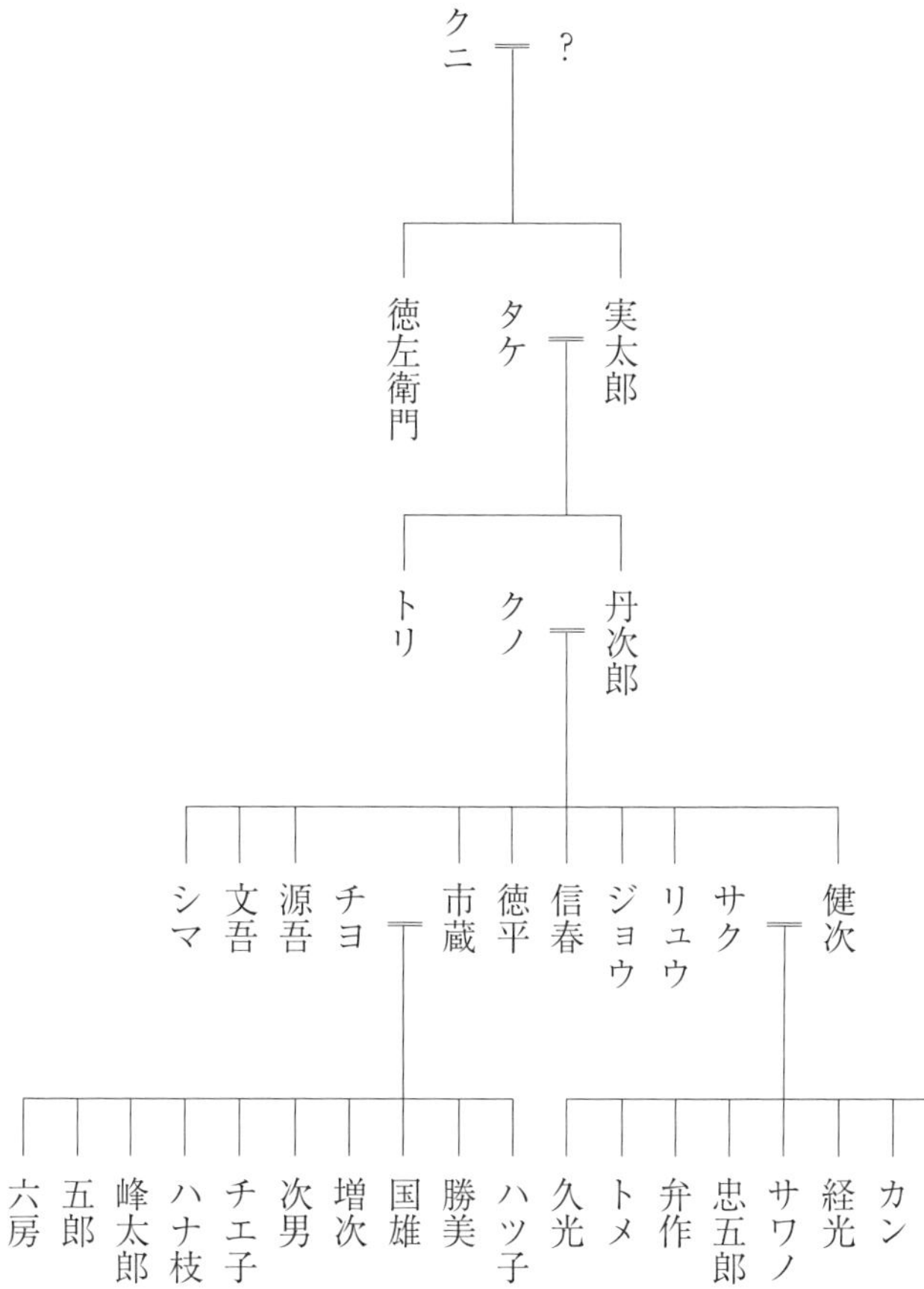
クニ
？
実太郎
タケ
徳左衛門
丹次郎
クノ
トリ
健次
サク
リュウ
ジョウ
信春
徳平
市蔵
チヨ
源吾
文吾
シマ
左内
仲次郎
カン
経光
サワノ
忠五郎
弁作
トメ
久光
ハツ子
勝美
国雄
増次
次男
チエ子
ハナ枝
峰太郎
五郎
六房

藤兵衛系小椋家

この小椋家は、実太郎系小椋家と共に両神村大平に定住した。藤兵衛の父、住右衛門の代に秩父へ来たともいわれ、当家には文政一〇（一八二七）年、筒井公文所から受けた住右衛門の宗旨手形が残っている。藤兵衛の子、七之助の時に両神村に定住した。その子供たちは出小屋を作り、秩父の山々を移動しながら木地屋仕事を続けていった。

七之助の弟の亀松は、大滝村（編注・現秩父市）大血川の黒沢家へ婿に入り、現在その孫の武次が旧家を継いでいる。七之助の孫の弥市は、秩父最後の現役木地師として、今も両神村大平で木鉢製造などに励んでいる。

■藤兵衛系小椋家系図

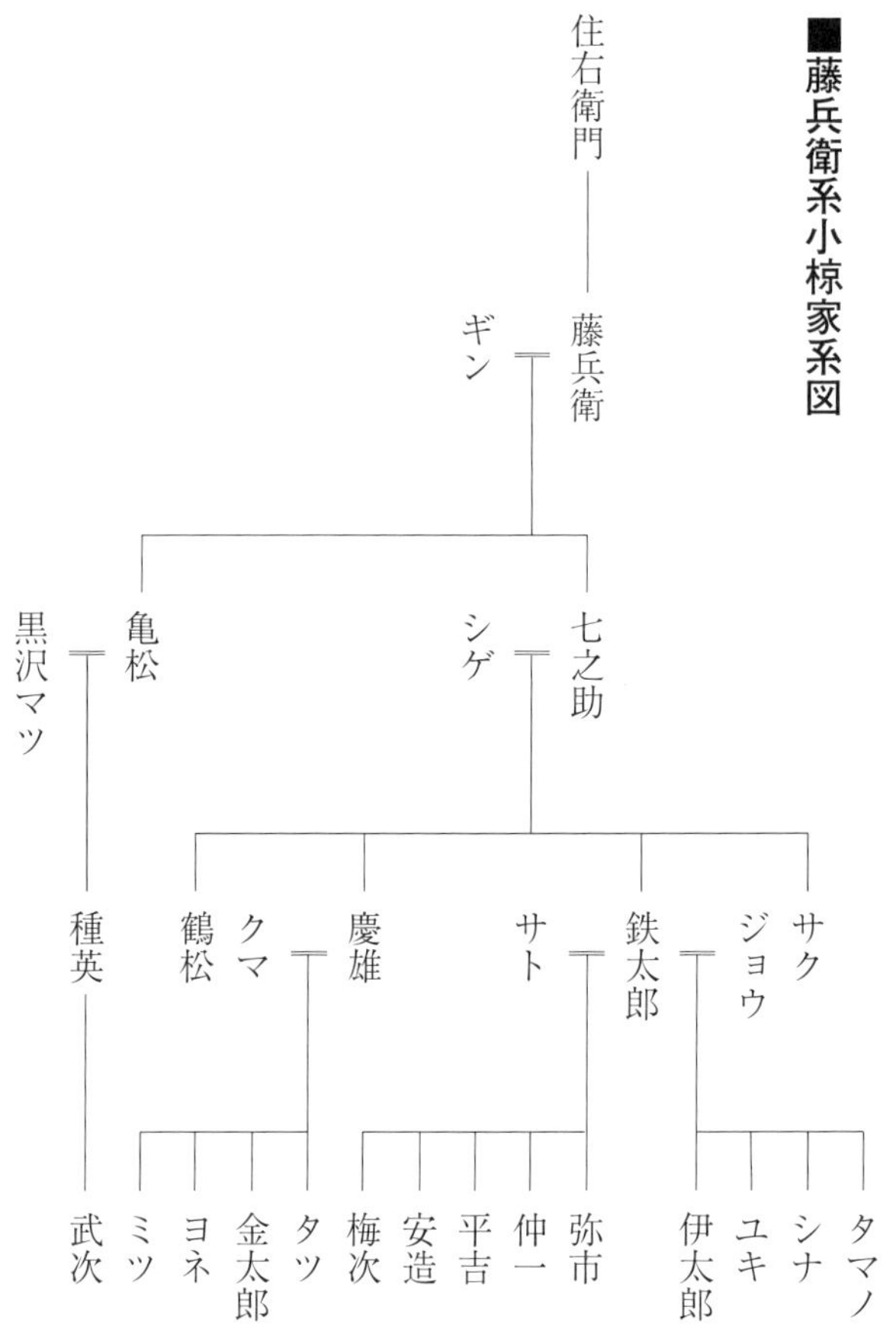

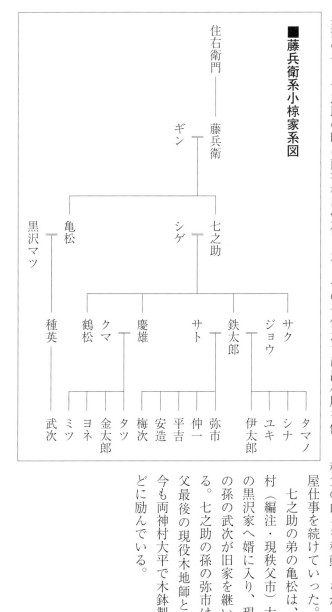

林左衛門系小椋家

この小椋家の祖とも言うべき林左衛門は、当初秩父とは県界尾根を一つ隔てた、群馬県上野村の山々を渡り歩いていた木地師であった。その子の蔵之助の時に秩父へ移り、大滝村の奥山に小屋を建てて、他の山仕事の人たちと共に木地師として働いた。

現在秩父市野坂町に住む小椋明は蔵之助の末子で、兄の源次郎と共に戦前まで木鉢の製造を続けていた。源次郎の子宗次は、秩父では希少な昭和生まれの木地屋経験者である。

■林左衛門系小椋家系図

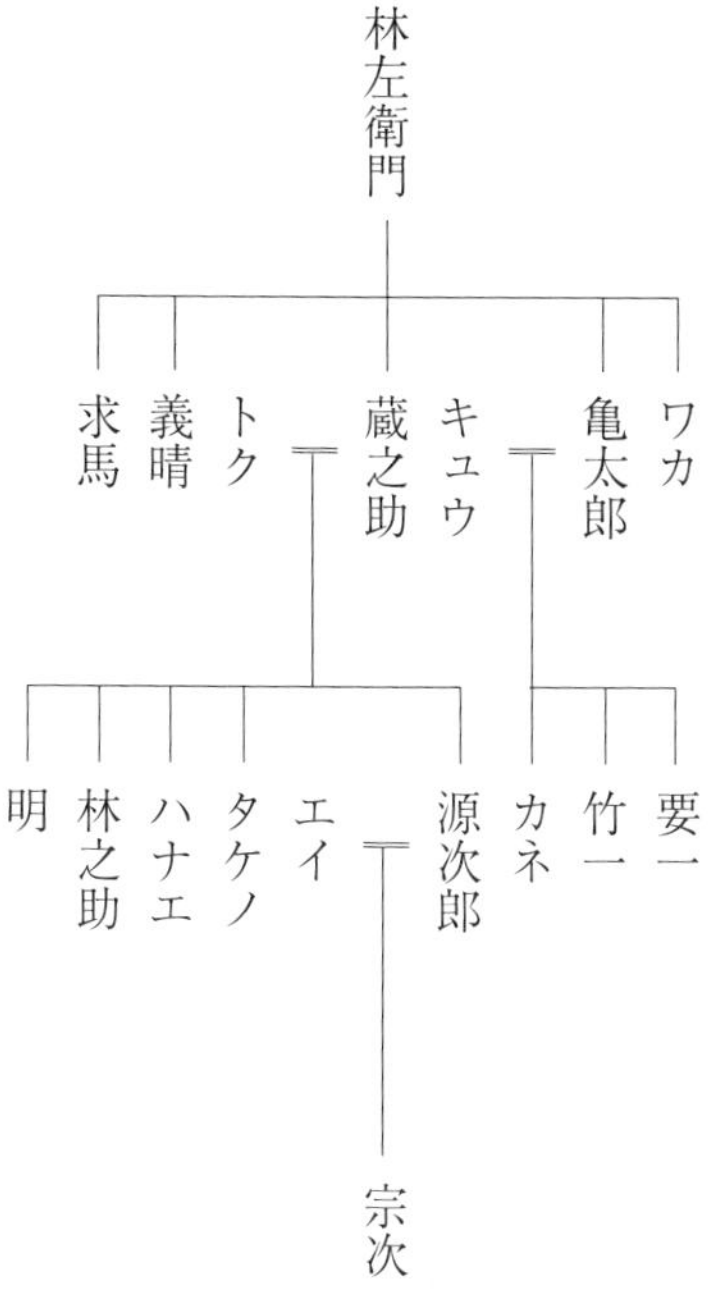

左善系小椋家

この小椋家は大滝村に定住し、現在宮平で末孫の多助が健在である。多助の曽祖父に当たる左善が、その父高光と共に秩父の山々を漂移しながら、木地屋仕事をしていたものと思われる。親子共に最後は、秩父の浦山村で亡くなっている。

祖父の良佐の晩年は、大滝村強石で立場を経営し、父の高光（先祖と同名）は一時期、馬方稼業であった。多助は若い頃には、父の木地屋仕事を手伝ったりしていたが、戦時中から戦後にかけて秩父鉱山に勤めたりした。このように大滝村に定住してからは、木地屋の仕事だけでは生活が大変であった。

■左善系小椋家系図

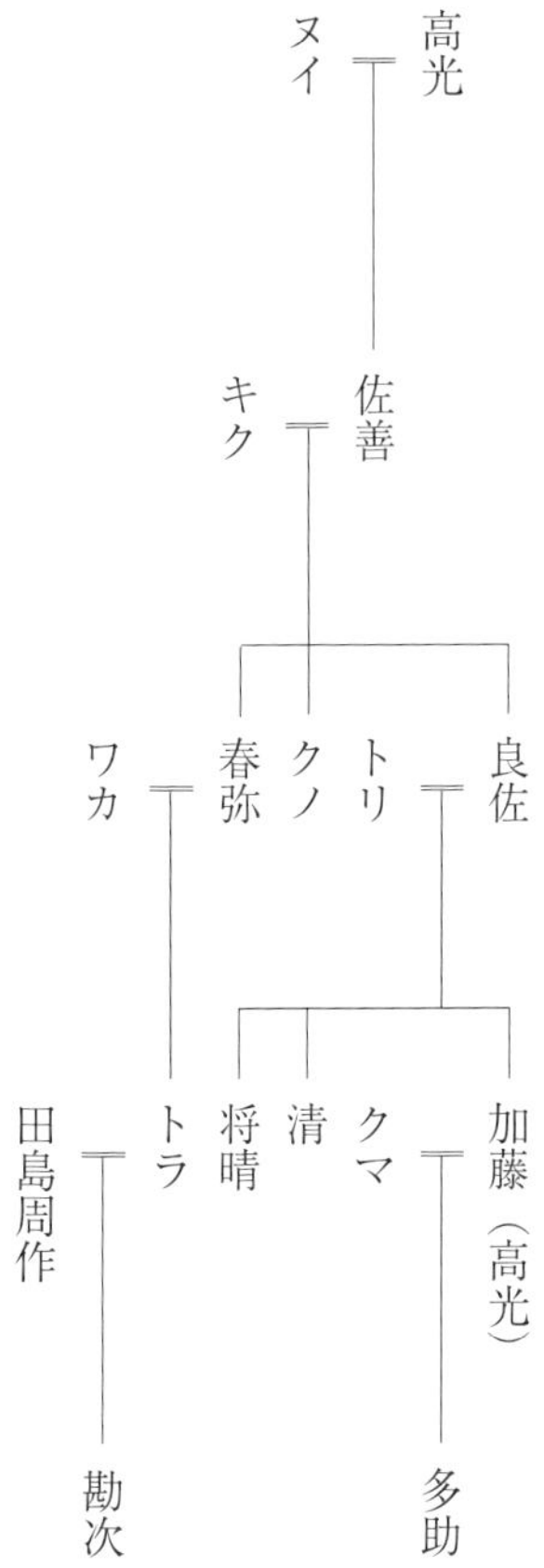

高太郎系小椋家

高太郎は、群馬県の磐戸村（編注・現南牧村）や倉渕村（編注・現高崎市）などの山々で木地屋稼業に専念していたが、清作の代になると、一族は秩父へと移ってきた。清作の姉シゲは両神村の木地師小椋七之助に嫁ぎ、末娘のチヨは、同じ両神村の小椋市蔵と結婚し、秩父の木地屋と姻戚関係になった。

市蔵チヨ夫妻は後に高崎へ転居し、明治四三年生まれのチヨは現在も健在である。チヨの甥国雄が当家を継ぎ、現在は横瀬町に住んでいる。

■高太郎系小椋家系図

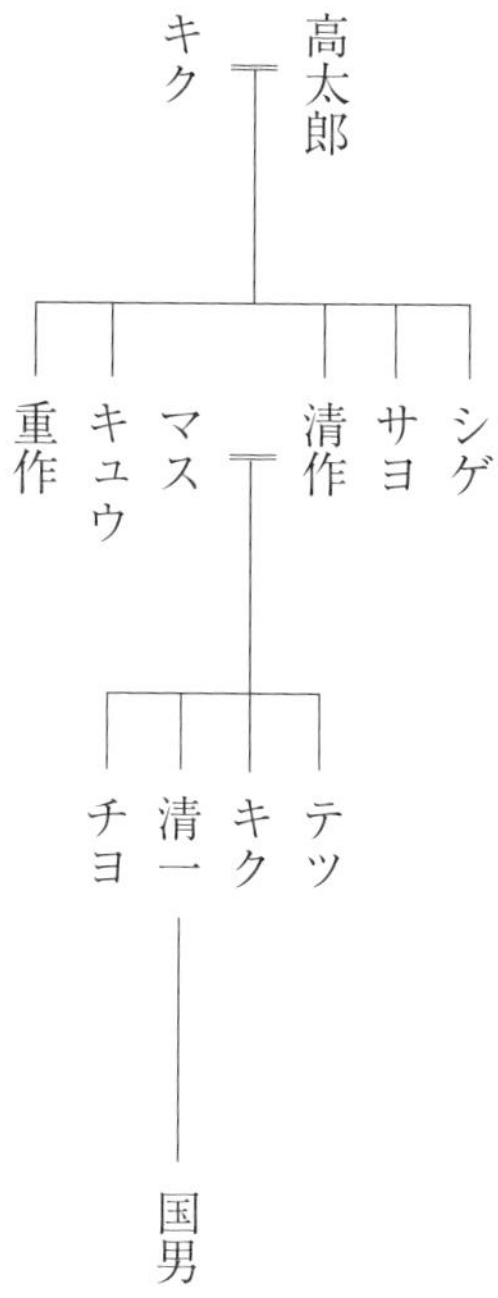

このように近代における秩父の木地屋は五系統程であるが、その他にも単身で秩父の山へ入った木地師もいたようである。いずれも滋賀県蛭谷系とみられ、筒井公文所からの木地屋文書を携えて木と共に生きた。

第三章　秩父の木地師たち

一　木地師一代　小椋市蔵

その大きな手には皺があったものの、長くてしなやかな指の一本一本に艶があった。これが八六歳の老人の手とは到底思えない。昭和六三（一九八八）年八月七日、私が初めて秩父木地師最長老の小椋市蔵に会った時のことである。

祖父実太郎

浦山へ　高崎市石原町に住む小椋市蔵は、秩父の木地師としては最長老であったが、平成二年一二月に八八歳で他界された。市蔵は明治三五（一九〇二）年二月二八日、小椋丹次郎、クノ夫妻の四男として、秩父郡両神村浦島で生まれた。浦島は薄谷から少し南の小谷へ入った、修験寺金剛院のある集落で、ここの山には、祖父実太郎と小椋藤兵衛の木地小屋があった。

実太郎は文政一〇（一八二七）年一〇月一五日生まれで、本籍は滋賀県愛知郡東小椋村大字蛭谷百二十五番地である。おそらく江戸時代の末頃、郷里を離れて諸国の山野を遍歴しながら秩父へとやって来たのであろう。秩父に来て最初に住んだ山は、浦山の大日様の奥の山という。この浦山最奥の冠岩は、木地屋が開いた集落との伝承もあり、昔から木地屋との関わりのあった地域であった。

明治時代になると法が変わり、木地屋の特権も失なわれて自由に伐採出来なくなった。更に祖父のいた山一帯は官林となったので山を追われて、両神村の奥山へ移ったものと思われる。祖父の弟の徳左衛門は、木地屋を断念して第一次北海道開拓の屯田兵として、十勝支庁の帯広町へ渡った。

秩父へ転籍　滋賀県旧東小椋村蛭谷に残る除籍簿によると、「明治二十二年七月二十二日埼玉県秩父郡大宮町大字大宮第六十八番地へ転籍ス」と記入されている。この頃いろいろとめどのついた実太郎は、木地屋として秩父に腰を据えてやっていこうと思い、知人宅へ籍を置かせてもらったのであろうか。

市蔵の話　「祖父は体格も立派で、とても豪気な人であった。明治の初め頃までは、〈氏子狩り〉と称して、滋賀県の筒井八幡宮から大岩助之丞という人が、奉納金を集めるために諸国の山々を巡りながら、秩父の木地屋の所へもやって来ていた。ところがある年、助之丞と名乗る偽者がやって来て、木地屋から金を集めようとした。祖父はこれを見破り、逃げる偽者を見事捕えて警察に突き出し、感謝状を受けたことがあった。

祖父は長寿を全うし大正三（一九一四）年、今のわしと同じ八八歳で亡くなった。天保五年生まれの祖母のタケも同じ年八一歳で亡くなったが、長年祖父の助手を務めていた働き者であった」。

氏子名簿（除籍之部）

父丹次郎

長男の出生　丹次郎は明治二（一八六九）年六月二日生まれで、小椋左善の娘クノと結婚した。明治二二年二月四日、長男健次が生まれた。この年に、まだ滋賀県蛭谷にあった祖父と父の本籍が秩父へ移された。跡取りの健次の出生が転籍の契機となったのであろう。

ある日赤ん坊の健次が、風邪をひいてせき込んでいるうちに、へそが長くせり出して来て命の危険な状態になってしまった。木地屋の跡継ぎをする大事な最初の子でもあり、夫婦が相談して神主に占ってもらったところ、「三百年前秩父浦山の奥山に祀った〈コウラタマタレ大明神〉（高良玉垂命）を粗末にしているからだ」とのお告げがあった。

浦山は近江の木地屋が最初にやって来たとも言われている、いわば秩父木地屋のルーツの地である。それを信じた丹次郎は、熱心に浦山の山野を跋《ばっ》渉《しょう》してようやく探しあてた。さっそくその朽ちかけた社を祀りなおすと、健次のへそは日に日にへこんですっかり治ってしまった。

死ぬところだった健次は、その後元気な子供に成長し、成人後は秩父の木地屋の中心人物として八六歳まで長生きをした。後に健次の子トメは、小椋弥市に嫁ぎ三人の女児をもうけたが、なかなか跡継ぎが出来なかった。ようやく待望の男児が生まれたが、トメは出血多量で亡くなってしまった。そこで市蔵らが相談して、生まれた子に長生きをしたトメの父健次の名前を継がせて健司と命名した。

丹次郎の購入した家（両神村大平）

当家の伝承　丹次郎には、次のような伝承がある。ある日、丹次郎が大滝村の山奥で、木鉢の荒《あら》木《き》取《ど》りをしていた時のことである。突然上方から異様な物音がしたかと思うと、一俵の米俵が、山の斜面をゴロンゴロンと転がりながら、仕事中の丹次郎の目の前に落ちて来た。丹次郎がその俵を開けてびっくり、中には小金がぎっしりと詰っていたのである。

丹次郎はこの金で、大正三（一九一四）年頃に両神村大平に土地家屋と向いの二つの沢を購入した。人々はこれを「山からぼたもち」と言ってうらやんだという。

この話の真意の程はわからない。おそらく丹次郎一家が、木地屋として働いて貯めた大金で定住する土地などを購入したことを言っているのであろう。

丹次郎は大正一〇年、まだ働かなくてはならない五二歳で亡くなったが、妻のクノは長寿で、昭和二九（一九五四）年の八四歳まで生きた。

兄健次と姉たち

一七歳で独立　丹次郎の長子健次は、妻サクとの間に六男三女、九人の子をもうけた。健次の兄弟も六男三女の九人で、いずれも子だくさんであった。そして子供たちは小さい頃から男女共に、木地屋の仕事を手伝った。長じては、男子は一人前の木地師として、女子は同族の木地屋の家へ嫁いで、夫の助手として働く場合が多かった。健次の妻サクも同じ両神村の小椋七之助の長女で、左手に子供を抱いて乳を飲ませながら、右手で木鉢作りをしたという、生まれながらの木地屋の女であった。

父丹次郎に期待をかけられてみっちりと仕込まれた健次は、一七歳ですでに一人前の木地師として独立した。弟の市蔵は一三歳も年が離れていることもあり、主に兄健次から木地師となる手ほどきを受けた。

木地師頭　健次は父が比較的早く亡くなったこともあり、一族の柱として、更に秩父系木地屋の中心人物としても精力的に働いた。清水武甲の『ふるさとの想い出写真集　秩父』には、木地師の一家と題した

市蔵の母　クノ

市蔵の兄　健次

一枚の写真が載せられている。中年の健次を中心にして妻のサクと、その子供や小さい孫たちの総勢一八名の一族が写し出されている。健次の弟信春は「秩父鉱山柳瀬鉱業所」、四男忠五郎は「秩父鉱山木鉢製造」と染め抜かれた半てんをきている。背景には、普請中と思われる小屋が見える。この写真は昭和初期、中津川の秩父鉱山の山で写されたものである。

市蔵の話によると、当時石灰沢の下方に二軒の小屋があった。その一軒は兄の健次一家、もう一軒は健次の娘サワノとその婿の鉱山勤務だった山内福次郎の小屋で、この二家族の集合写真という。

健次は秩父の山々はもちろん、栃木、千葉などの関東周辺、更に食料難の戦中戦後は、遠く山形の山へも一家で移住したこともあった。このように健次は、両神の実家にいることはまれであった。

姉たち　市蔵の姉のリュウとジョウは、それぞれ両神の木地屋の小椋家の兄弟へ嫁ぎ、夫の助手として木鉢作りをよくした姉たちであった。七之助の子、鉄太郎の妻になったジョウは、四人目の伊太郎を生んだ後、感冒にかかりあっけなく亡くなってしまった。

その時は大滝村落合の奥の出小屋にいたので、背板でジョウの遺体を運びおろした。ただし死体はそのまま移動出来ないの

木地師の一家

で、背板で医者に行く途中で亡くなったことにした。赤ん坊の伊太郎はジョウの実母クノが引き取って育てた。

リュウは、鉄太郎の弟の慶雄の妻になった。慶雄は大滝村の麻生、栃本、三峰などの出小屋を根拠地に木地屋を続けていた。昭和の初期、中津川集落の南斜面に木地小屋を建てて四人の子供たちと一緒に住むようになった。このすぐ上には妻の弟市蔵の小屋があり、二軒が協力しながら木地屋稼業をしていた。慶雄はこの小屋から市蔵と二人で、更に奥の中津川の山谷に分け入って仕事を続けた。

慶雄夫妻は、この中津川の小屋に九年間程いた後、木地屋をやめて秩父鉱山に勤めるようになった。そして慶雄は鉱山で亡くなった。

佐内夫婦

農林業へ　健次の長子左内は明治四一（一九〇八）年二月二五日生まれで、両神村大平の小椋家を継いだ。現在の家は大正初期、祖父の代に家、屋敷、畑などをそっくり購入したものである。地元の山林農家は、金に困ると、「木鉢屋なら買うから山をおっつけろ」などと言った。当時現金を沢山持っていたのは、手に職のある木地屋などであった。

当家には、二基のろくろが保存されているが、左内が父と一緒に木地屋の仕事を始めた時は、すでにろくろは使われておらず木鉢製造専門であった。

左内の代になると次第に農業、養蚕などで生計を立てるようになった。購入した山には、左内が一人で一所懸命杉苗を植えた。戦後木鉢の製造はほとんどやめて、実家で農業や山林の仕事をするようになった。立派に育った杉も今は、切り出すのに大金がかかり、手入れもされないまま杉山は荒れてしまっている。

小椋家墓地　昭和五二（一九七七）年、左内が六九歳で亡くなってからは、妻の久子が小椋家を守っている。久子は明治四二（一九〇九）年一月、大滝村大血川の平野家に生まれた。隣の黒沢家には、小椋七之助の弟亀松が婿に入っていた。このような関係で木地屋と縁があり、昭和初期に左内と結ばれた。久子は木地屋の出でないこともあり、結婚後夫の仕事を手伝うことはほとんどなかった。もっとも戦後は左内も木地屋をやめて、実家で農林業や時には、土木仕事などをしていた。

今までは小椋家先祖の墓地もなく、実太郎を始め多くの古い木地師たちは、現地の山や両神の鳶岩などに葬られていた。そこで久子は夫の死後、宝円寺の一隅を購入して小椋家の墓誌碑と夫の墓碑などを建てて供養した。

小椋家墓地

小学校時代

鳶岩　浦島で生まれた市蔵は、三田川と倉尾境の牛首峠付近の小屋にいたこともあったというが、これは親から聞いた話で、幼少の頃だったので覚えていない。その後、家族と共に両神村の鳶岩《とんびいわ》へ移った。ここは両神山から発する小森川が、深い渓谷を作った谷間で、小屋は小森川を挟んだ鳶岩の対岸にあった。

「鳶岩」とは飛岩とも書き、昔大嵐の時飛んできて落ちたという、鳶にとてもよく似ている大岩があるので名付けられた集落名である。この岩下は木地師を始め、亡くなった山職人たちの定まった墓地がない場合など、一時的に埋葬しておく所でもあった。

市蔵は鳶岩の木地小屋から、三キロ程歩いて煤川小学校へ通学することになった。当時の煤川小学校は、一年生から六年生まで全校でも二〇人位の小規模校で、一つの教室で学年ごとに机を分けて勉強していた。校長は薄の薬師堂に下宿していた加藤国作で、両神村の他の小学校長も兼ねていたので、慶弔や式典の時だけやって来て、講話をするとすぐに帰った。釣り鐘のようなとても声の通る校長だった。直接の勉強は、学校の宿舎にいた吉野佐金次夫妻に教えてもらった。その頃は、煤川の更に奥の広河原にも分校があり、小松松次郎先生が教鞭をとっていた。

市蔵と机を並べて学んでいた、煤川の黒沢太三郎（明治三四年生まれ）は、小学校の思い出などを次のように語る。

「その頃、鳶岩の対岸に木地屋の小屋があり、この小屋から木地屋の子供たちが煤川小学校へ通学していた。丹次郎の子の市蔵とは同級生で、一緒に勉強したり遊んだりした。真面目な優しい子で喧嘩などしたことはなかった。七之助の子の鶴松も通って来ていて、後に彼も一人前の木地師になったが、三〇歳くらいの若さで亡くなってしまった。鳶岩の後ろ側の岩下は木地屋や炭焼人などが、山で不慮の事故死を遂げた時に埋める場所であった。私も一度だけ、ここに穴を掘って山で亡くなった人を埋めたことがあった。

先生は小鹿野の泉田出身の吉野佐金次先生で学校の寄宿舎に泊り、妻のアイ子先生と一緒に教鞭を執っていた。佐金次先生は学校の近くの私の家へ、着替えを抱えながらよく風呂をもらいにやって来た。時には川で捕った魚などを手土産に持ってきて、風呂から上がると父とひとっぱなしして寄宿舎へ帰っていった。途中朝鮮の暴動で三カ月程出兵していたが、すぐに学校へ戻って来た。このように軍隊上がりで、歳も三〇歳を少し出たくらいの若さだったので大変気力の充実した怖い先生だった。先生の男の子もとても元気のよい暴れん坊で、よく石を投げられたり

鳶岩の古い墓石

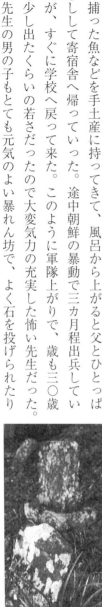

していじめられた。その子が来たら気を付けろなどと、子供仲間では言っていた。後に吉野先生は丸共が滝前分校を作るとそちらの学校へ移られた」。

独習　市蔵は勉強がとても好きだった。ところが通学時間もかかり、家の雑用などで毎日学校へは行けず、勉強時間はほとんど持てなかった。そこで教育熱心な祖父がお盆に薄く灰を入れ、人差指で字を書いて教えてくれた。それを市蔵が真似て練習をした。間違えると祖父がお盆を揺すって消し、何度も何度も書き直させられて覚えた。後に市蔵は、手紙や得意先の注文票などを見て、文字や文章の書き方などを独学で勉強した。

木地師は専ら仕事中心で、字の書ける人は少なかったので、頼まれてよく手紙などを代書してやった。市蔵自身も週に三通ぐらいは、得意先などへ手紙を書いていた。

木鉢の原木のトチノキは、鳶岩と小学校の中間の山に多くあった。父の丹次郎は、この山で疎木取《あらきど》りをしていた。市蔵は時々、小学校の帰りに父の仕事場に立ち寄って、木鉢一個分の疎木取りしたトチノキを背板に付けて、鳶岩の小屋まで運搬した。まだ生木なので重く、小学生にとってはとても厳しい重労働であった。

木地師として

修業時代　市蔵は小学校を卒業した年、父と両神村白井差の一之谷の奥へ移った。そこは集落のある反対側で、この山には炭焼人が大勢入っていたので、炭にならないトチノキをもらい受け、父の木鉢作りを手伝った。

一年後父は、三峰山表参道の清浄ノ滝上の木地小屋に移った。ここには既に兄の健次、姉リュウとその夫、慶雄の二軒の小屋があった。市蔵の二人の弟たちも兄の小屋へ移って来た。弟たちはこの小屋から尾根を登って、向こう側の三峰小学校へ通学するようになった。木地小屋は一世帯では狭いので、間口六間、奥行二間の大きなものを作り直し、中央の土間を挟んで健次一家と、市蔵や弟たちの丹次郎一家、総勢七、八人が住んだ。

市蔵は兄と二人で、朝の暗いうちに小屋を出て、提灯《ちょうちん》を下げて山へ入った。昼食は、丸一日の力仕事で腹が減るので、メンパのふたにも飯をぎっしり詰めて持って行った。メンパとは、ヒノキ材などの薄片を楕円形に曲げて底を付けたふたのある容器である。「飯はメンパで仕事はハンパ」などと言われた。

大滝村の人たちは、畑や山仕事は急斜面や険しい山の重労働なので、一回り大きなメンパを使用した。そのため他からは「大滝メンパ」などと呼ばれて皮肉られた。それでも夕方遅くまで働き、提灯をつけて小屋へ戻る頃は腹の虫がグーグー鳴った。

三峰から麻生へ　この三峰の山一帯には炭焼人が入っていて、広範囲に渡り広葉樹の伐採を行なっていた。ただしトチノキは炭に適さないので、木地屋がそれを木鉢用の原木に安くもらい受けたりした。従って木地屋は、木炭業者と一緒に山を移動することが多かった。

市蔵は、早く一人前の木地師になって良い製品を作り、信用を得なければと思い、兄の技術を盗みながら一所懸命仕事に励んだ。三峰の小屋には三年程いた後、兄と大滝村巣場山の稲岩という所に移った。ここの山には八カ月いただけで、更に大滝村の麻生集落下の荒川沿いへ移動した。兄は市蔵が一人前の木地師としてやって行ける見通しがつ

小椋市蔵（86 歳当時）

いたこともあり、当時は「柳瀬」と言っていた中津川鉱山の山の方へ別れて移って行った。

市蔵は、麻生の小屋に四、五年いて引き続き木鉢作りをしていたが、その後、震災のあった大正一二（一九二三）年ごろより四年間程、東京のビール会社へ勤務した。東京には先に源吾、文吾の二人の弟たちが働いていていたからである。

妻 チヨ　東京から帰郷してからは、両神村大塩野の名医だった堤医院の側に住んだ。近くの大平の実家には、兄一家も住んでいた。時代も大正から昭和に変っていた。二五歳になった市蔵は、当時秩父市内の機屋に勤めていた、小椋清作の娘である一七歳のチヨと結婚し、新たな再出発を誓った。

チヨは明治四三（一九一〇）年五月五日、清作、マスの三女として群馬県で生まれた。チヨの小椋家も市蔵の小椋家同様、滋賀県東小椋村蛭谷であった。天保一〇（一八三九）年九月一五日生まれの祖父高太郎の代に、群馬県北甘楽郡磐戸村大字磐戸参十四番地へ転住した。

チヨが生まれた頃、父は祖父とともに木地師として、群馬県倉渕村で木鉢作りをしていたが、トチノキが少なくなり炭焼きなどもしていた。後にトチノキを求めて、秩父の山へと移った。叔父の重作も群馬県の川原湯を根拠地に、ろくろを使ってお椀、お盆、とうがらしの壺などを作っていたが、兄清作を頼って秩父の影森へと移って来た。

母のマスは若くして亡くなった。しかし父が山を移動しているので墓がつくれず、他人の墓地を借りて仮埋葬していた。チヨの姉キクは倉渕村の原田家に嫁いでいたので、最近ようやく原田家の墓地に母の墓を建ててやることが出来た。

小椋チヨ

父 清作　清作は妻の死後、トキと再婚した。トキは小椋家の出ではなかったので、夫の仕事はうまく手伝うことが出来なかった。そのようなこともあり、父は一度木地屋を断念して、秩父市内でリヤカーによる野菜や魚の引き売りを始めた。時には背板で商品を担ぎ、秩父市郊外や、遠く両神村方面へも行商に出掛けて行った。幼少の頃、父に伴われて秩父へ来たチヨも娘に成人し、市内の機屋で働くようになっていた。

　行商人へと転職した清作ではあったが、木地屋の仕事には未練があり、その思いはますます強くなっていった。その頃木地屋から馬方に転職していた、大滝村の小椋高光を誘い、一緒に大滝村奥の豆焼沢や赤沢谷へと入山し、木地屋に戻って再び木鉢を作るようになった。その父も昭和二九（一九五四）年、七六歳で亡くなった。

中津川へ

仮小屋生活　市蔵、チヨ夫妻は住まいを中津川に求め、昭和六年五月一二日、二人の女児を連れて旧家幸島家に寄留《きりゅう》番地を借り、両神村から移り住んだ。ここは中津川の集落を見下ろす南斜面で、市蔵の下隣りには、姉のリュウとその夫慶雄夫妻も、木地小屋を建てて住むようになった。隣同士の二軒で協力し合いながら、新しい木地屋の生活が始まった。

　市蔵は慶雄と二人で、中津川の奥の山へ入った。そして水の得られる沢に、六畳程の寝泊まりするだけの小さな出小屋を建てた。材料は現場の木を利用し、屋根も木の皮で葺いただけの、すぐに撤去出来る仮小屋であった。冬場を除いてほとんど中津川の木地小屋には帰らず、この現地の仮小屋に泊まって仕事をした。入った沢

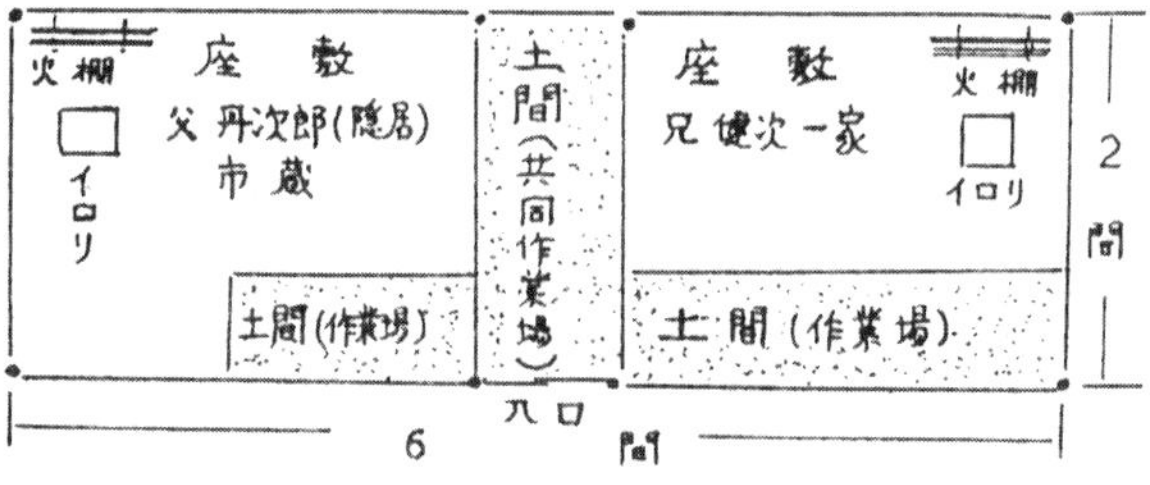

二軒長屋の出小屋

は鎌倉沢、ユタテ沢、ガク沢、大カブリ、大山沢のとばのコグラなどであった。とばの大滑沢では、大々的に原生林を伐採したことがあった。炭焼人も小屋を建てて、多数入って炭を焼いていた。市蔵も一時ここで、炭焼人の風呂をもらいながら仕事をしたことがあった。

仮小屋では飯盒炊さんの最低限のランプ生活で、鹿が小屋に飛び込んで来たこともあった。風呂がないので、体はヤカンにお湯を沸かして拭く程度であった。後にはドラム缶の湯に入ったりした。中津川の家からは背板で、米、うどん、味噌、醤油、塩などを仮小屋へ運んだ。当日は、三時に起きて家を出た。味噌汁には山のミズナを入れて食べた。おかずがなくなった時などは、御飯に冷たい清水をかけて食べたりした。

大滑沢の盆作り

昭和の初期、中津川支流の大滑沢の原生林が大量に伐採された。当時、大滑沢の谷には六、七軒の山小屋が建てられ、杣《そま》や木挽き職人、炭焼き人など他の地域から移って来た人たちが、家族と一緒に住んで木材関係の仕事に従事していた。

小屋の食料や日用雑貨品は、専門の持ち子がいて、頼めば何でも小屋まで運搬してくれた。持ち子は二股の荷棒《にんぼう》を持ち、背板に山高く積んで運んでいた。途中で休む時は、その棒を背板の横木に立てて、本人は立ったまま休んだ。

食料などは大滑沢から尾根を一つ越えた中津川奥の大若沢へも運んでいた。当時大若沢でも伐採事業が盛んで、造林小屋が幾つも建てられていた。ここで伐り出された木材は、鉄砲出しで中津川本流へと集められ、本流からは、鳶《とび》を持った木屋が秩父市の武の鼻まで流した。中には、泊まり込みで熊谷まで流しに行った人もいた。

大滑沢の奥では、ショウジやケヤキ材を使って、お盆作りも行なわれていた。中双里の山中輝男は兄と二人で大滑沢に入り、このお盆作りに加わってその製作に従事した。

山中輝男の語る製作過程は、次のようであった。

最初に原木を、一尺二寸(編注・約三六センチ)くらいに疎木取《あらきど》りした。この材から厚さを一寸二分(編注・約三・六センチ)くらいに切り、丸く削ってお盆の原形を作った。これを足踏み用ろくろで、中央部をえぐり取ってお盆の形にした。ろくろにかけて七、八分程度仕上げたお盆は、乾燥させるために室《むろ》に入れて二昼夜燻《いぶ》した。室小屋は、周囲をトタン張りにして、五尺(編注・一・五メートル)くらい石垣積みをしたその上に建てた。お盆は割れないように、ろくろでえぐった内側に紙を張り、室の棚へ煙がよく回るように隙間を開けて積み重ねた。

室の炉には、一番下へ燃料の木端《こっぱ》を置き、その上に木挽き糠《ぬか》を積んで火をつけた。燃え出しそうになったら、水をかけてよくくすぶるように調節した。二昼夜程くすぶらした後、お盆を室から取り出し、二五枚ずつ重ねて一まるきにした。これを神奈川県平塚の加工工場へ出荷した。工場ではこれを完成品にして、商品として仕上げた。

山中輝男は中双里の長老として、地区の良き相談役であったが、昭和六三(一九八八)年一〇月三日、七六歳で亡くなってしまった。その日の夕刻、風呂の薪を一輪車で運搬している時、誤って自宅脇の井戸沢へ一輪車ごと転落してしまったのである。それほど深い沢ではなかったが、打ちどころが悪く、ほとんど即死の状態だったという。

運搬　製品は人の背で運搬したので、大雨後は、沢が増水して道が荒れたり無くなってしまったりして、背負い下ろすのに大変であった。中津川の奥まで軌道が敷かれ、トロッコが入るようになると、出来た木鉢を運んでもらうようになりとても便利になった。

中津川からは木鉢などの製品は、専門の持ち子が三人ぐらいいて、背板で塩沢まで運搬した。塩沢のヤチという所の萩原家が、物資の中継所になっていた。ヤチのすぐ下に岩井という世話焼きでなかなかの講釈師の親子がいて、岩井天狗、小天狗などと呼んでいた。昔は人の集まる所には、よくこのような人物がいたものである。

塩沢からは、秩父方面へ馬で物資を運搬した。米、味噌、うどんなどの食料品は、強石の浜田商店などで購入した。秩父の矢尾、いずみやなどへは手紙で品物を注文すると、持ち子が中津川の小屋まで運搬してくれた。

戦時中は食料不足で、食い扶持《ぶち》を減らすため市蔵は先に行っていた兄の健次を頼り、上の子供二人を連れて山形へ行った。現地では木鉢と交換で、米を手に入れることが出来た。ある時、長女のハツ子が山形から米を秩父へ持ち帰る途中で、警察に見つかってしまった。「これは父の作った木鉢と交換した米で、家族大勢が飢えて待っているので」と言うと、ハツ子がまだ少女だったこともあり見逃してくれた。しかし山形はとても雪の深い所で、木地屋の仕事も思うに任せず、一年程で中津川へ戻った。

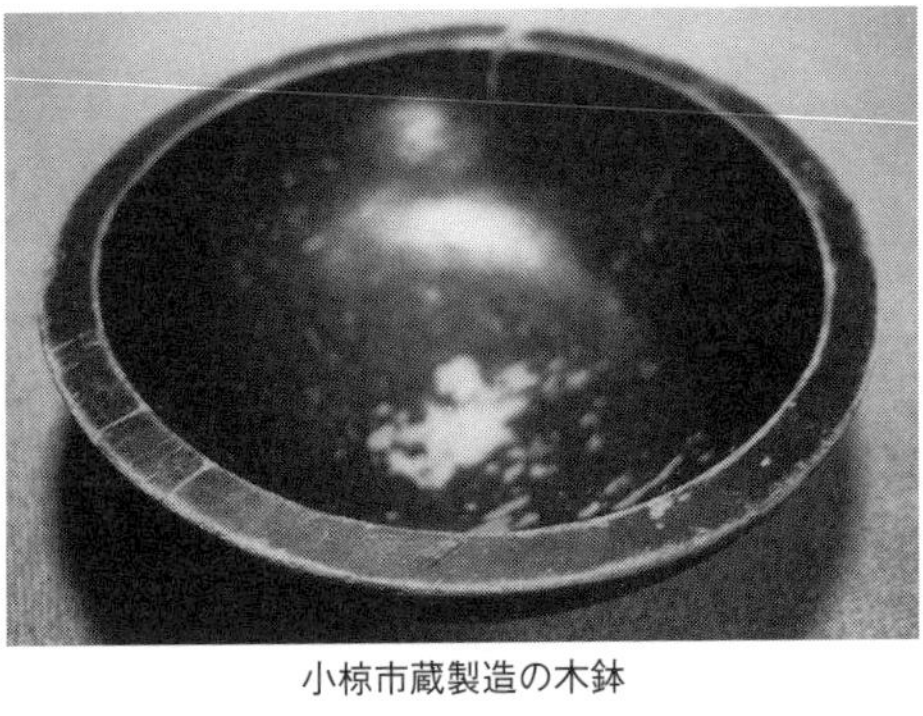
小椋市蔵製造の木鉢

子供たち

長男の死　市蔵夫妻は、九人の子宝に恵まれた。昭和三（一九二八）年一月二七日に長女ハツ子が生まれてからは、昭和五年勝美、昭和七年国雄、昭和一〇年増次、昭和一二年次男、昭和一四年チエ子、昭和一七年ハナ枝、昭和二〇年峰太郎、昭和二二年五郎、昭和二五年六房と、次々に子供が生まれた。このように大勢の子供たちで大変だったが、兄姉が下の子の面倒を見るなどみんなで協力し合い、子供たちもよく家事を手伝った。近所の人たちからも、「市蔵さんの子供は、みな優しく素直に育っている」と言われた。

長男の国雄は、生まれつき病弱であった。市蔵は好きな酒を三年間断ち、チヨは大事な髪を切り落とし、それを身延山に納めて元気な子に育つようにと祈願した。木地屋の後継者に育てたいと思う夫妻の期待も空しく、国雄は四歳の短かい命で亡くなってしまった。

国雄の病気が悪化した時、荒川村贄川《にえがわ》の小櫃《おびつ》医院に連れて行き見てもらった。すでに死に際で力なくだらりとしていた国雄に、先生が一本注射を打つと体がピクリと動いた。その拍子に注射針が骨まで刺さり、針が抜けなくなってしまった。これをみていた夫妻は、出来れば身代わりになりたいと思った。他の子供たち八人は、それぞれ立派に成人した。

長女の思い出　長女ハツ子は戦時中、父に命ぜられ一人でリュックサックを背負い、中津川から強石の浜田商店へ木鉢の代償として米と麦を受け取りに行ったことがあった。とても嫌であったが、父の命令には口答えなど絶対出来ない時代であった。

大滝村のとばの強石までは七里（編注・約二七・五キロ）、往復で一四里もあったので、当日は暗いうちに起きて、草履《ぞうり》を一足持ち早朝六時に家を出た。秩父往還が交差する宮平までの五里は、険しい道を中津川に沿って下った。宮平からは往還沿いに二里の道を強石へ向った。浜田商店で米三升と麦二升を受け取り、リュックに背負って帰路についた。最初は軽かった荷も、くたびれてくるに従って重く感じるようになり、だんだん休むことが多くなってしまった。途中の大滑トンネルでは、薄暗い不気味な天井からポタリポタリと水が落ちてきて顔に当り、今でも思い出すたびにとても怖かったという。

中双里まで来ると、暗くなってしまった。次の相原沢の菅ノ平に来た時は、とうとう真っ暗になってしまったので、ここの山中忠吾宅に立ち寄って休ませてもらった。山中宅ではずりあげうどんをごちそうになり、ようやく元気を取り戻した。そしてローソクを一本いただいて、再び夜道を帰路についた。家に着いた時は、足が自分のものではないように疲れて、山道には慣れているとはいえ少女の足では、五〇キロ余りの道程は大変きつかった。

高崎市へ

中津川を去る　戦後、中津川では次第にトチノキが少なくなり、手に入れることが難しくなって来た。幸島氏の斡旋《あっせん》で県有林からトチノキを分けてもらったり、風倒木なども利用しながら木地屋の仕事を続けた。しかしついにはトチノキの調達もつかなくなり、更に木鉢などの需要が少なくなったので、昭和三七（一九六二）年六月、長年住み慣れた中津川を去って、高崎市に一家転住した。市蔵が去ると慶雄も木地屋はやめて、秩父鉱山へ勤めるようになった。

中津川の山の斜面の生活から一転して、今度は平地生活になったので、市蔵は足が弱らないようにと、努めて歩くように心掛けた。高崎駅へ行く時も家族が「バスに乗って行ったら」と勧めても、歩いた方が体に良いからと言って、四、五〇分かけて駅まで歩いた。また仕事の合間を見ては、高崎公園などを歩いて来たりしていた。そのおかげだったか、年を取っても足腰はしっかりとしていた。

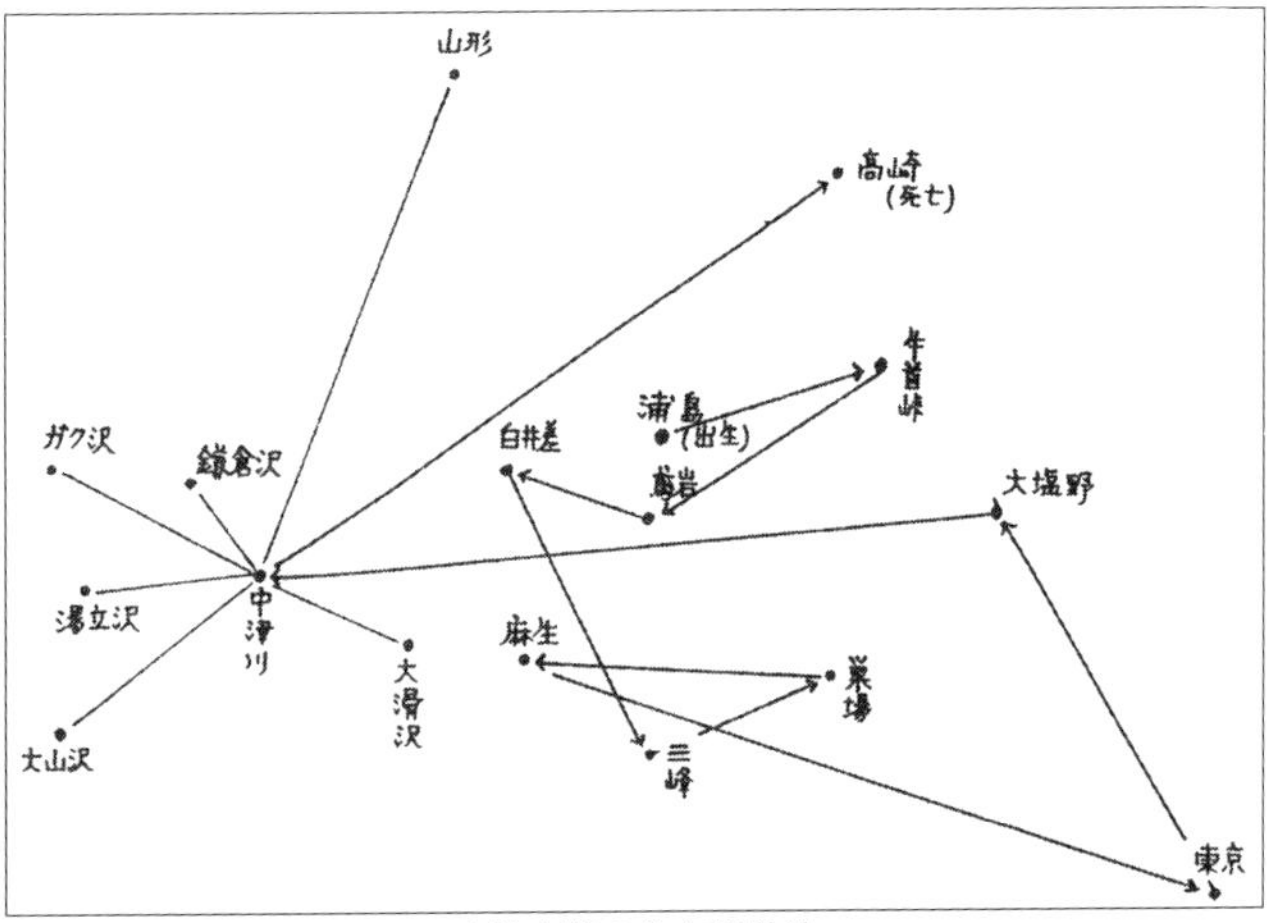

小椋市蔵の主な移動地

後継者　高崎市の郊外に移ってからは、木地屋の仕事はやめるつもりでいたが、沼田の周辺にはまだトチの良材があることを知り、市蔵は再び木鉢作りを始めた。その間、体調を崩してしばらく仕事を中断したこともあったが、七六歳くらいまで現役木地師として働いた。

市蔵は、自分の代で木地屋は終わりと思っていた。ところが十数年前のある日、高校卒業後民間会社に勤めていた五男の五郎が、木地屋を継ぎたいと言い出した。「これからは木鉢の時代ではないから」と市蔵は止めたが、その反面とても嬉しかった。

木鉢は売れなくてもよいから、木工の仕事をしたいという五郎の強い意思に負けて、市蔵はその申し出を許可した。そして会社を辞めた五郎は、本格的に木鉢作りに取組み、現在に至っている。父の仕事を見て育った五郎は、小中学生の頃から彫刻が好きで器用でもあった。今も木鉢作りの合間にクスノキで、恵比寿大黒などいろいろな彫刻の製作にも励んでいる。

二　最長老の元木地師　小椋明

幼少年期

上野村で出生　秩父市野坂町に住む小椋明は、戦前まで秩父の木地師として活躍していた。祖父林左衛門の頃は、木地小屋が群馬県上野村乙母にあり、そこは今も「木地屋敷」の名で残っているという。父の代になると、更に奥の乙父集落の沢へ移った。大正五（一九一六）年七月一日、明は乙父沢の木地小屋で蔵之助、トク夫妻の三男として生まれた。

小椋一家は明が二歳の時、元関所のあった十石峠口にあたる同村の白井に移った。そこはもう神流川の河原の近くであった。母は無理がたたって神経痛とリュウマチにかかり、医者にも見せないうちに、明が四歳の時にここの小屋で亡くなってしまった。母は下仁田の神宮家から嫁いだ人で、木地屋とは縁のない家の出であった。結婚後は、木鉢作りを習い夫を助けていたのである。

明は母のことはほとんど覚えていない。七〇年前に上野村から秩父へ移った時のことは、今でも静かに眼を閉じれば、鮮明に脳裏に浮かんでくるという。

父と大滝村へ　明の話。

「わたしが七歳の時、大滝村川又の奥、矢竹沢へ移ることになった。この沢には既に、叔父義晴と兄源次郎などの木地小屋があった。兄はわたしより一五も歳が上だったので、結婚して一人前の木地師として独立していた。後にこの兄から、木地屋の手ほどきを受けた。いわばわたしの師匠格となった人だった。

矢竹沢への出発の日、父はスカリの中へわずかばかりの道具類、メンパに詰めた昼飯などを入れて背負い、わたしの手を引いて上野村白井を後にした。家財類は既に馬方に頼んで、小荷駄で運搬してもらっていた。この日のことを思い出す度に、父の大きな手のぬくもりを感じる。

早朝に白井を出発し、神流川沿いに十石街道をとって中里村（編注・神流町）神ケ原《かがはら》へ出た。ここで神流川の谷と分かれ、更に間物《まもの》から志賀坂峠を越えてようやく秩父へ入り、三田川の坂本へと下った。坂本からは両神山の八丁峠を目指したが、すでに陽が暮れかかったので、峠の途中にあった知人の炭焼き小屋に泊めてもらうことにした。小屋の主は、もと乙父沢にいた炭焼き人であった。

季節は初夏の頃であったがまだ肌寒く、小屋の主人は囲炉裏に「ゴズ」という、白炭窯のたき口に使うごみの炭をたくさんくべてくれた。暖かく赤い炭の色だけは、はっきりと目に焼き付いている。当時の気候は現在よりもずっと寒く、緑薫る初夏とはいえ、山中では囲炉裏の火が必要だった。

翌日は八丁峠を越えて秩父鉱山へ下った。出合で中津川へ出てからは、本流の渓谷沿いに鶉平《うずらだいら》へと向かった。ここで一休みの後、小さなホウキ峠を越えて大久保、麻生、上中尾と秩父往還をたどって、陽が傾く頃に栃本へ着いた。すぐに栃本関址の旧家である大村宅へ立ち寄り挨拶を済ませた。

当時の大村家は、山林関係の大元締であった。栃本で唯一の宿でもあり、その日は当家に泊めてもらった。大村家は金がなくても、困っている旅人を快く泊めていた「お助け宿」でもあった。

次の日大村家に礼を述べてから、川又を経て荒川本流の入川をさかのぼり、ようやく目的地の矢竹沢に着くことが出来た。わたしにとっては初めての、二泊三日の大旅行だった」。


矢竹沢の小屋　矢竹沢には叔父義晴と兄源次郎の他に、小椋清作なども木地屋の生活をしていた。また小椋嘉六という老人が、一人で足踏みろくろを回しながら椀や盆を製造していた。

父と明はしばらく兄の小屋でやっかいになっていた。しかしいつまでも、独立した兄の元にも居られないので、父は矢竹沢の上流の通称「ナガトロ」という所に木地小屋を建てることにした。昔ここは「検地場」と呼び、公用材の木材を集めて検査をしていた所であった。叔父と兄の協力により、小屋造りに取り掛かった。

材料は全て付近の山で調達し、三、四日で座敷一二畳、仕事場になる土間八畳程の木地小屋が出来上った。

この年の九月に起こった関東大震災では、小屋付近の山も数カ所にわたって崩壊した。夜になるとこんな山奥からでも、東京方面の空が何日間も赤く染まっているのがよく見えた。

木地小屋の近くには、山岸という木挽き職人の小屋があった。ある日父が、その山岸宅へ遊びに行っている留守中に灯明から火がつき、父の小屋が火事になってしまった。この火事で、ゴタクセンという桐箱の中に入っていた木地屋関係の巻物、免許状、群馬一之宮や大山祇命《おおやまつみのみこと》の掛け軸、それに小椋家系図などの大切なものが全て焼失してしまった。

小学校時代

上中尾小学校　明は一年遅れの満八歳で、上中尾小学校へ入学した。当時は一年や二年遅れの入学も、あまり珍しいことではなかった。小学校の側に寄宿舎が出来る前で、特に木地屋や山仕事関係の小屋に住む子供たちは通学が大変だったからである。矢竹沢の小屋から川又まで三キロ、更に栃本を経て小学校までは五キロ以上あった。子供の足では片道に二時間以上かかるので、いつも提灯《ちょうちん》を用意していた。

明はいつも矢竹沢の小屋近くにあった、炭焼小屋の同級生と通学した。栃本の同級生の中に、よく勉強の出来る足の悪い子がいた。栃本から小学校までは、上り下りの山道であったので、明はその子のカバンをよく持ってあげた。彼は卒業後山梨県へ移り、歩かなくても済む洋服屋として身を立てた。

上中尾小学校は炭焼きや入川にあった丸共という木材関係者の子供も多く、それでも一学年二〇人くらいであった。明が卒業した昭和四（一九二九）年の卒業生名簿を見ると、男子一三名、女子四名、翌年の昭和五年は男子二〇名、女子八名となっている。女子が極端に少ないのは、就学年齢でも学校へ行かなかったためである。

上中尾小学校の児童たち（後列右から二人目が小椋明）

男子の同級生には、現在栃本の民宿西川屋の山中国辰、有名な山案内人山中小三郎の子夏三郎、木地屋仲間の子小椋伊太郎がいた。女子では、現在宮平に住む小椋多助の妻みつの姉名古屋ウメ、栃本関址の大村房子などであった。

房子はとても気立ての良い子だった。昭和一三年春、村本達郎（埼大名誉教授）と結婚した。山好きな村本は若い頃、大村家にしばしば投宿して奥秩父登山を楽しんでいた。その際に大村家の房子を見初めた。彼女がいかにも純真で、奥秩父の山の娘のように感じられたからという。

寄宿舎　明が入学してから小学校のすぐ近くに、埼玉県の小学校では初めてという、総二階六〇坪程の寄宿舎が出来た。矢竹沢より更に八キロも奥の小赤沢などにも炭焼き小屋があり、ここの子供たちは寄宿舎に泊まっていた。最盛期には五、六〇人もの児童がいて、土曜日の午後に両親のもとへ帰り、日曜日の午後に戻って来た。寄宿舎では、おシモさんという賄いのおばさんと、娘のフミが食事を作ったりして子供たちの面倒を見ていた。

小学校の勉強は修身、読み方、書き方、算数、歴史、地理、図工、体育であった。運動会は、春秋の二回行なわれた。ただし秋の運動会は、選手だけが本校の鶉平小学校で、各分校から選ばれて集まってきた代表と競技をした。一般の子は遠いので応援にも行かなかった。展覧会と学芸会は一緒で、明は学芸会に友人と二人で、歴史物語の講釈をして好評だった。遠足は鶉平の本校や光岩の分校、栃本の両面神社などへ行った。

遊び　当時の遊びはボール投げや、学校に一つきりないドッジボールを蹴ったりした。またカゾ（編注・楮《こうぞ》）の皮をむいていらなくなった棒で、チャンバラゴッコなどをした。

ある時女の子が校庭で、行商のおばさんから買った風船の割れたゴムを口で吸って遊んでいた。ところが口の中でふくらんだ小さな風船がはねて、ゴムの破片がのどに張りついてしまった。その子は桜の木の周りを苦しげに三回りしたかと思うと、ばったり倒れてそのまま動かずに死んでしまった。初めて死ぬところを見た明は、まったく命はあっけないものだと子供心にしみじみ思った。

弁当は地元の農家の子は、サツマイモ、ジャガイモ、トウモロコシ、塩あんのそば饅頭《まんじゅう》などであった。炭焼き、杣《そま》、木地屋の子供たちは梅干しの入った米の握り飯を持って来た。地元の子がうらやましがり、時々交換などして食べた。山仕事の家の方が金に裕福で、食事はいつも米の御飯だったのである。

先生　教師は四、五人いて、三峰から裸足でやってきた先生もいた。その中で特によく教えてもらったのは、両神村出身の髭をはやした出浦信義先生であった。普段は両神の実家へは帰らず、寄宿舎に寝泊まりしていた。大正四（一九一五）年から在職していた出浦先生は、剛健実直で厳しかったが反面優しさがあり、児童からはとても慕われていた真冬でも毎日学校の前の池で、気合いを入れながら泳いでいた。

昭和四（一九二九）年、出浦先生が転任することになった。全校生徒で先生を村はずれまで送ってあげた。お別れの時は、ほとんどの子がおいおいと泣き出してしまった。別れの際に、児童が泣いたのはこの先生くらいのものであった。

最初は複式学級であったが、木材関係者が奥の山へ入ってきて、次第に生徒数も増えて来た。とうとう小さな校舎では収容しきれなくなり、地元の山中加津先生宅でも勉強するようになった。しかし生徒がうるさく騒いだりしたので、家人に嫌がられて追い出されてしまった。石水寺も一時教室として使われた。男子はお堂の裏に隠れて、その近くを通りかかった女の子を驚かして喜んだりした。

マムシのしょう松

明が子供の頃、酒を飲むと大暴れをする通称「マムシのしょう松」という男がいた。ある日一人の持ち子が栃本の商店で十円札をくずし、炭俵を背負って川又へと向かった。これを見ていたしょう松は、途中の休み石で一休みしている持ち子の頭を鉈《なた》で斬り付けた。

「ヒャー、助けてくれー」と、持ち子が大声で叫んだので慌てたしょう松は、栃本へ逃げ戻って来て民家の床下へ隠れ込んだ。栃本の人たちは長い竹さおでしょう松を突っ突き出し、みんなで取り押さえ、針金で縛りあげてしまった。それでも暴れたので針金が体に食い込み、痛くなったしょう松は「針金を早く解けろー」と、怒鳴り散らした。栃本の人たちは、「頭を割られた人はもっと痛いんだぞ」と言ってなかなか解かなかった。こんなしょう松なので、村の駐在所でも手を焼いていた。

ある年のこと、消防団の人たちがしょう松に酒をたくさん飲まし、だまして川又の崖っ縁へと誘い出した。そして後から背中をドンと押して、崖下へ突き落としてしまった。ところが血だらけのしょう松が、恐ろしい形相で崖からはい上がってきた。びっくりした一同は、周りから棒などで叩いて殺してしまった。検死にきた強石の駐在は、「みんなよくやってくれたな」と言って褒めたという。こんな時代であった。

首つり事件

死者の訪問　大正時代の中ごろ、矢竹沢奥の小林区という山に首つり人がいた。それを最初に見付けたのは、その山一帯で仕事をしていた一人の木地師であった。彼は、「何か木につるしてあるな」と思いながら、近付いてみると人間だったのでびっくりした。すぐに仲間の木地師たちにも伝え、みんなで現場へ戻り恐る恐るよく確かめてみると、すでに硬くなっている男の死体であった。木地師たちは事件に巻き込まれて、取り調べを受けたりすると面倒になるので誰言うことなく「みんな黙っていべぇ」と、そのままにして帰ってしまった。

ところがその夜、木地小屋へ一人の男が訪ねてきた。戸を開けると、顔からヌーと音もなく入ってきた。ランプのうす明りに写しだされた青白いその顔は、何と昼間見た首つり人にそっくりだった。その男はびっくりしている小屋の人たちに向かい、「俺は甲州の生まれで、継母に育てられた男だが、家を出て当地へ来たのだけれど、故あってこんなことになってしまった。お願いだから是非惨めな俺の姿を隠してくれ」と哀願した。これだけ言うと、消えるように立ち去ってしまった。この家の人たちは怖くなり、近所の小屋へみんなで集まり、その晩は震えながら全員寝ないで夜を明かした。

継母の来訪　翌日このことを、山林の元締だった栃本の大村與一に話した。大村が強石の駐在所に伝えると、サーベルを腰に付けた巡査が息せき切って現地へやって来た。検死をした後、死体をみんなで代わる代わる背負って栃本へと運搬し、大村宅下の共同墓地へ手厚く埋葬した。この事件は評判になり、当時の新聞にも紹介された。

それから数日後のことである。「私は新聞の記事に出ていた男の継母で、もしや家出した息子ではないか」と言って、一人の婦人が山梨から栃本へ訪ねてきた。そして人の止めるのも聞かずに、埋めた共同墓地を掘り返した。息子だと確認すると、死体から頭の髪の毛を少しむしり取って持ち帰った。帰り際に、「地元のみなさんに迷惑をかけたから」と言って、栃本の人たちへ五円の大金を置いて行った。

よみがえった男　この栃本の共同墓地はバクチ場でもあった。ある日バクチが行われていた時、近くで「ゴトゴト」と何か変な音が聞こえてきた。そのうちに地下から唸るような声がしたので、そこに居合わせた人たちはびっくりしてしまった。

すぐそばには埋葬されたばかりの新しい墓があり、その声はそこから出ていた。一同で墓を掘り返して棺を開けると、男が息を吹き返していた。焼酎を飲み過ぎて数日前にぽっくり死んだ男だった。その後その人は、九〇歳まで長生きをした。

滑沢へ移動

卒業　「首つり事件」があってからまもなく、父は矢竹沢を離れ、入川の関東木材合資会社、通称「丸共」と呼ぶ製材所の対岸に小屋を建てて二年程住んだ。丸共は後に歌人前田夕暮が関係した会社で、彼自身も短期間ここに住んだことがあった。明が小学校四年生の時、滝川谷の滑沢へ移り、上中尾小学校卒業までの三年間、ここの小屋で生活した。

滑沢一帯には、炭焼き人が七、八人入っていて炭を焼いていた。木挽き職人もいて天然カラマツの四寸角を挽き、持ち子が二本くらいずつ背負って栃本の大村家へ運搬した。大村家は山林の元締で、山の木を買って炭焼き、木挽き、木地屋などの職人に製品を作らせていた。これらの製品は、大村家から馬の小荷駄や馬トロッコで宮平まで出した。

父は小屋付近のトチノキを使い果たすと、その後はカツラで、お蚕上《こあ》げ用の小木鉢であるコゾロなども作った。

千軒地蔵　父は信仰心に厚く、山の神の他に栃本の外れにある「千軒地蔵」を信仰していた。地蔵堂の天井絵は、大正年間に父が奉納したものである。

この地蔵尊は、大滝村の奥の谷にあった武田家の金山が栄え、千軒になったのを記念して作られ当地へ祀ったものといわれ、次のような話がある。

武田家滅亡後、ある強力の人が、「廃墟の金山にお地蔵様が一人でいるのはかわいそうだ」と言って、休み休みしながら山から背負い出して来た。今もそこは「地蔵休み」の地名が残っている。ようやくのこと、栃本の近くまで来ると不思議や、急に地蔵が重くなり動かなくなってしまった。さすがの強力もしかたなくここに下ろして祀り、地域の信仰を集めるようになった。

千軒地蔵尊

奉公人、結婚、招集

都会へ奉公　明は小学校を卒業と同時に次兄の林之助を頼り、横浜の東柳堂という文房具屋へ奉公に出た。主な仕事は子供の子守りや雑用、自転車で雑誌類の配達などであった。ところが大滝の山奥で育った明は、自転車に乗れなかった。雑用の合間をみて毎日練習した結果、短期間で乗れるようになり、世の中にこんな便利なものがあったのかと思った。

配達には、多摩川辺や川崎の方まで行った。途中でくたびれてくると自転車に乗りながら、トラックの後に片手でつかまって走ったりした。当時はのんびりした時代で、都会でも車の数が少なく、また車のスピードも遅いのであまり危険ではなかった。雑用中心のこの店に長く居ても手に職がつかないと思い、結局一年余りで辞めてしまった。

次に勤めたところは、浅草の星野名木店であった。経営者は群馬県の赤城の方の人で、主にここでは、杉、ヒノキ材に、薄くしたモミジを貼り付ける仕事であった。給料は七円ぐらいとまずまずだったので、兵隊検査の年の二〇歳まで当店で働いた。兵隊検査が済むと、久しぶりに秩父へと戻った。

結婚と招集　秩父へ帰ってからは、三峰方面の小屋へ入り木鉢作りなどをしていたが、昭和一八（一九四三）年二月に両神村大谷《おおがい》の婦久《ふく》と見合い結婚した。婦久の父増吉は養蚕の先生で、折木《おりき》の俳号をもつ俳句の師匠としても知られていた。婦久は木地屋とは関係なかったが、夫と一緒に山へ入り木鉢背負いなど、新妻として夫を助けた。

昭和一九年九月一日、招集がかかり竈《かまど》三《み》柱《はしら》神社で出兵祝いをしてもらい、横須賀の海兵団へ配属された。明は眼が近視と乱視で悪かったので、外地の戦地へは行かずにすんだ。

この頃は、既に日本も負け戦さ続きであった。同じ部隊で秩父の柿原と戦友になり、「こんな所にいてもしょうがないから、二人で逃げ出そう」と彼から相談を持ち掛けられた。「そんなことが出来るのか」と聞き返したら、「おれに一切任せろ」と言って、柿原は知人の軍医に結核の証明書を書いてもらい、まんまと二人そろって除隊になった。結局明は、海兵団に九日いただけだった。秩父に帰ってみると、長女が生まれたところであった。

小椋明、婦久夫妻

木地師として独立

三峰山で　明は小学校の頃から、父の仕事を見様見まねで、木鉢などの荒彫りを手伝っていた。東京から奉公を終えて帰って来てからは、木地師として身を立てようと思い、三峰山の鮫沢にあった父の出小屋へ入った。鮫沢には先に移っていた兄源次郎の小屋があった。二キロ程離れた梨尾根のダンゴ平には、小椋鉄太郎と信春の小屋もあったので、いざという時には、木地屋仲間でお互いに協力し合うことが出来た。

トチノキは大洞《おおぼら》谷の支沢、市之沢付近に良材が多かった。この山一帯は栃本関の大村家、麻生加番所の千島家、中津川の幸島《さしま》家など、大滝村を代表する旧家の共有林であった。昔この山林は、三峯神社と大村一族との間に所領争いが起り、裁判で大村側が勝訴したと言われていた山であった。

この山では、三十槌《みそつち》の横田氏が炭焼きをしており、木地屋が炭にならないトチノキを利用して木鉢、おこあげ用のコゾロ（オコボン）、果物用の盆の舟形などを作っていた。これらの製品は、山林の総元締をしていた栃本の大村家へ納めた。米《よね》さんという専門の持ち子が、定期的にやって来て運搬して行った。

明が鮫沢小屋にいたのは一年余りで、その後は結婚したての婦久を連れて、梨尾根の下の小屋で二年程生活していた。その頃襲った台風後のことである。大水がどっと出て、流木が谷につかえダムのようになった。そこへ大きな厚い木の板が流れてきたので、明が岸へ引き寄せて拾おうとした。それを見ていた妻の婦久は、手伝おうとして水際まで来て、誤って増水した川のダムへ落ちてしまった。すぐに明が手を出してつかまえたので、幸い妻を引き上げることが出来た。一瞬遅かったら、すんでのところで新妻を失うところであった。

兄 源次郎　明は主に兄の源次郎を師匠として、木地師の修業を積み一人前となった。兄は一五歳も年長だったので親のように、何かと明に目を掛けていてくれた。

源次郎の子宗次の話。

「父は明治三一（一八九八）年生まれで、昭和四六（一九七一）年七三歳で亡くなった。体格はがっちりしていて、とても力が強かった。昭和三〇年ごろまで木鉢、立臼などを作っていた。私は、一〇歳頃から仕事を手伝わされた。

父の性格は几帳面で、全て自分できちんとしないと気が済まなかった。曲がったことは大嫌い、はっきりと男尊女卑の面のあった明治人であった。食事は囲炉裏では取らずに、きちんと座って箱膳で食べた。これを家族全員にもやらせた。

趣味は魚釣りで鳥の羽根を使い、自分でいろいろ工夫しながら毛針を作っていた。暇さえあれば山奥の谷へ入り、ヤマメやイワナを釣って来てはよく家族に食べさせたが、自分ではほとんど箸をつけなかった。父の作った茶盆などは残っているが、木鉢は私の子供たちに分けてやってしまった」。

明の兄　源次郎

戦後の生活

戦後の明は秩父市に移り住み、木地屋はやめてしまった。代わってわずかの期間だったが、シオジで裁断板を削り、行田の勇足袋《いさみたび》という呉服製造の会社へ卸す仕事をした。ガスマキ（編注・木炭ガス）のトラックに板を積んで行田へ運び、現地で裁断用の板に組み立てた。当時としてはよい金になったので、その金でヤミ米を買い、トラックのシートの下に隠して秩父へ帰って来たりした。

薪屋《まきや》もよくしたが、これもかなりの収入になった。近所にナリクラさんという、暇そうなバイオリン弾きがいたので、その人に薪を割ってもらった。

その後は兄の源次郎と一緒に、ケヤキの仲買を始めた。大ケヤキのある秩父市郊外の旧家や農家へ行き直接交渉をした。売買契約が成立すると、二人で伐採をして熊谷のケヤキの名木問屋へ卸した。

ある日、久那の神主の大杉を買った。切り倒す時、そばのケヤキが邪魔だったので、その木も一緒に切り倒した。そのケヤキで兄に手伝ってもらって、いくつもの立臼を彫った。これがきっかけとなり、立臼も作るようになった。

昭和二八（一九五三）年ごろからは、ケヤキの赤味の部分を使って、電柱のカンザシ棒であるコウガイ棒も作り始めた。長さは一メートルから三メートルぐらいのもので、これを影森の加藤家へ卸した。ここでは鉋《かんな》をかけて仕上げていた。ケヤキの赤味は粘り気があり、割れにくいので良い製品になった。ケヤキの根元や二股に分かれたところはコウガイ棒に適さないので、このようなところは立臼にした。

この仕事は、昭和三〇年代まであった。その後も建具や大工仕事など、いずれも木製品と関わる仕事を続けて来たが、十数年前から化粧品の販売関係に切り替えて現在に至っている。

自作の木鉢を持つ小椋明

旧東小椋村訪問

夢の実現へ　明は、木地屋をやめてから四十数年経ったにもかかわらず、いつも頭の中には、自分は木地師であるという自負があった。そしていつかは父祖の地、木地屋発祥地である滋賀県の旧東小椋村を一度訪問してみたいと思っていた。そんな夢を見続けているうちに、既に歳も七〇の坂を越えてしまった。

平成二年に筆者が旧東小椋村へ行ったことを伝えると、いよいよその思いは募るばかりであった。「何をおいても、来年は是非行ってみよう」と固く決心をした。

ところが翌年の初めに、ちょっとした弾みで腰を痛めてしまい、座るのもやっとという程の重傷で動けなくなってしまった。しかしその年の夏には、滋賀県へ行きたい一念でリハビリに努めた。

経過はなかなか良くならず、夏も過ぎようとしていたので、医者の勧めで腰に太い注射を三本打ってもらうと、不思議にも腰の状態がぐんぐん良くなり、少しは歩けるようになった。そこで念願の滋賀県行きを実行に移すことにした。

電車を乗り継いで行くのでは、駅の階段の上り下りが大変である。娘の房子にこのことを話すと、それを聞いた孫の徳幸が明の熱意に感動して、「それなら僕が車を運転して、滋賀県まで行ってやる」と名乗り出た。決局は明夫妻と、娘房子、孫徳幸、曾孫まなみの四世代五人で行くことになった。

念願叶う　平成三年九月二四日、早朝五時に秩父を出発した一行は、関越、東名の高速道路を乗り継いで、午後三時頃に永源寺町の国民宿舎に到着した。翌日は旧東小椋村の政所、蛭谷など、元の木地屋集落を経て、最奥の君ケ畑に着いた。ここで現地の小椋栄太郎、牧谷辨治の両氏に、轆轤《ろくろ》祖神惟喬親王を祀る器地祖《きじそ》神社や金竜寺など、木地屋ゆかりの地を案内していただいた。明が両氏に、はるばる埼玉の秩父から車で来たことを話すと大変喜ばれた。
その日は引き返して名古屋に泊まり、三日目の夜半に秩父へと帰った。費用は四〇万円もかかってしまったが、長年暖めていた夢が叶えられた明にとっては、感激ひとしおであった。明は死ぬまでにもう一度当地へ行ってみたいと思っていたが、平成六年に七八歳で他界した。婦久は平成二〇年まで健在であった。

三　木地と木挽きと鉱山　小椋多助

家系と曽祖父

大滝村宮平に住む小椋多助は、若い頃に父と一緒に木地屋の仕事をしていた。多助の小椋家は滋賀県の蛭谷で、戸籍によると両神村大平の小椋弥市の先祖とは一番違いの番地になっており、隣同士であったようにも思われる。しかしこの住所番地は筒井八幡宮の氏子の順番であろうか。秩父へ来たのはいつ頃だったか。大滝村小椋家の伝承では、多助の祖先は長野からやって来たと言われており、祖先が故郷の蛭谷を出たのはかなり前だったのかも知れない。

蛭谷の氏子名簿によると、天保四（一八三三）年生まれの小椋高光と、その子の安政二（一八五五）年生まれの左善が共に、「秩父郡浦山村に於いて死亡」と記されている。浦山最奥の冠岩集落は、木地屋が開いたという伝承があり、浦山の深山は早くから木地屋が入っていたと思われる。

左善は多助の曽祖父にあたり、信州諏訪で一時行者をしていたこともあるという。木地屋仕事の傍ら、山で修行して祈禱《きとう》などの心得もあったのであろう。同行した娘のクノは、諏訪の製糸工場で働いた。後に秩父へ帰り、両神の小椋丹次郎と結婚した。

祖父　良佐

馬喰に転職　祖父の良佐《りょうさく》は、江戸が明治に変わった年に生まれた。最初は両神村で木鉢作りをしていた。妹のクノが両神の丹次郎に嫁いだのが縁で、丹次郎の妹トリを妻に迎えた。その後は両神村から大滝村へ移った。山を移動しながら木地屋の仕事を続けていたが、次第に馬喰の仕事をするようになっていった。転職の理由を、「木地屋は山から山へと渡り歩くきつい仕事だから」と人には言っていたが、元来何よりも馬が好きだったからである。しばしば頼まれると十文字峠を越えて、長野県南牧村の馬市で子馬を買って来たりしていた。

立場経営　その後の良佐夫妻は、大滝村入口の強石で運送業者の休息所である「立場《たてば》」の経営を始めた。立場とは、現在のドライブインとガソリンスタンドを合わせたような店のことである。強石は大滝村の各地から、馬の背に木炭などを積んだ小荷駄が沢山集まって来てにぎやかであった。店は「木鉢屋」と名付けて、昭和七（一九三二）年、良佐が六五歳で亡くなるまで、立場は馬方たちの立ち寄る中継所として繁盛した。

木鉢屋では、大釜にいつも湯をたっぷり沸かしておき、小荷駄や荷車が来ると、フスマを湯で溶いて馬に与えた。その間馬方たちは、酒を飲んだりして休息した。店には、めし、うどん、そば、駄菓子なども備えてあった。良佐の死後、立場は祖母のトリだけになってしまったので、店をたたんで祖母は宮平の実家へ戻った。

叔父春弥　大滝村方面で木地屋をしていた良佐の弟春弥は、日露戦争に従軍した軍人でもあった。小椋林左衛門の長女ワカと結婚して家庭を築いた。ところが頼りとしていた長男が行方不明となってしまったため、晩年は吾野の材木屋出身の田島周作に嫁いでいた、娘のトラを頼って秩父の田島家の世話になった。田島家では最後まで二人の面倒を見て、葬儀まで出してやった。

周作トラ夫妻の子、田島勘治は子供の頃、大滝村にあった祖父春弥の小屋へ行ったことがあった。強石までは馬車で行き、あとは歩いてようやくたどり着いた。現在も元気に秩父市上町に住む勘治は、長年にわたり秩父夜祭上町の運営一切を司る、町会祭事長の大役を務めてきた町会の重鎮である。

父 高光

馬方稼業 良佐には、三人の男児がいた。長男から順に、加藤、清、将晴と名付け、丈夫な子に育つようにと、三人合わせて「カトウキヨマサ」と命名した。ところが親の願いも空しく、次男の清が早世してしまった。占師に見てもらったところ、名前が強過ぎると言われた。そこで、長男の加藤を高光に改名させた。高光は加藤の曽祖父にあたる人の名で、いわば大滝村小椋家で由緒のある始祖の名を継いだのである。

成人した高光は両神村の小椋クマと結婚し、その父七之助からみっちりと木地屋の仕事を仕込まれた。そして木鉢作りに精を出していたが、馬喰になった父良佐の勧めもあって、その後は運送業に転身した。

昭和八年、大滝村宮平境内に建てられた「軍馬表功碑」には、九〇余名の馬方の中に小椋高光の名も見える。当時大滝村内には、百名以上の運送業者がいた。この碑は大滝村の馬方の有志が相談して村の馬方に呼びかけ、軍馬として徴発されていった愛馬のために建てたものである。

高光は父母が強石で立場を開業していた関係で、強石から秩父大宮へ木炭を荷馬車で運搬するのが主であった。秩父の街へ行ったその帰りに、米、味噌などを村へ運んでいた。当時強石までは秩父方面から車道が通じていたので、強石には「吉井」「上石」「浜田」などの大きな問屋があり、大滝村の物資の集散地になっていたのである。

軍馬表功碑（大滝村宮平）

再び木地師に　昭和六年の満州事変以来、軍馬の徴発で馬の調達が次第に難しくなって来た。そこで昭和一二年ごろ、運送業を断念して、再び木地屋で生計を立てる決心をした。同じく木地屋から行商に転職していた小椋清作を誘い、一緒に大滝村の奥山へ入った。しばらく木鉢作りはしていなかったが、道具を手に持つとすぐに慣れて木地屋の腕がよみがえって来た。

その後は妻の兄にあたる両神村の小椋鉄太郎が、大血川の入口に出小屋を建てて木鉢を製造していたので、その隣に同じく小屋を建てて木地屋の仕事をしながら生活していた。

大血川の小屋に数年いた後、大滝村奥の滝川の豆焼沢へ、妻と子供二人を連れて入った。更に木鉢のトチノキを求めて、荒川本流の入川の赤沢へと移って行った。戦後もしばらくは木鉢作りをしていたが、昭和二五年、五七歳のまだ働ける時に亡くなった。

多助

強石で出生　小椋多助は、大正七（一九一八）年六月一八日、大滝村強石で生まれた。父は宮平の実家を根拠地として、深山に入って木鉢作りをしていたが、祖父母は、強石で立場経営をしていた。多助の母クマは、両神村の木地師小椋鉄太郎の妹で、小さい時から木鉢作りを手伝っていたので、父の助手として山にいることが多かった。従って多助は、主に祖父母によって強石で育てられた。学校は、近くの光岩小学校へ通った。

卒業後は、東京の半蔵門近くの飯田自転車店へ住込みで奉公し、自転車の修理工を目指した。しかし二年間頑張って続けてみたが、どうも性に合わないので辞めて秩父へ帰った。その頃叔父の将晴が、影森の昭和電工に勤めていたので、その縁故で入社した。将晴は、宮平の実家の所へ父が小さな家を建ててくれたので、強石の立場と同じ屋号の「木鉢屋」という飲食店を経営していたこともあった。

木地師として　昭和電工に勤めて三年くらい経った時、馬方をやめて再び木地師に戻っていた父が、「俺の仕事を手伝って木地師になれ」と言ったので、父の仕事を継ごうと決心して、二歳年下の敏一と一緒に父母のいる出小屋へ入った。昭和一三年の大嵐のあった年であった。

父の小屋は豆焼沢奥の「六本松」と呼ばれる所で、近くには「ゴゼ滝」があった。昔盲目の瞽女《ごぜ》が一本橋から落ちて、この所で死んだといういわれのある滝であった。この滝壺には、大きなイワナが沢山いた。付近は東大演習林であったが、山仕事人たちの総元締は栃本の大村家であった。

そこの山には、木地屋、杣、木挽き職人などが働いていた。専門の木材運搬人がいて、シオジや枕木用のクリ材などを運んでいた。特に四寸角、一二尺の長いツガの柱は三本、強い人は四本も背板で運搬していた。長いものなので、台をした背板に柱を斜めに付けて、頭の上方へ長く伸ばして器用に運んだ。職人は外部の人が主だったが、運搬人は栃本などの地元の人が多かった。

山の生活　六本松付近に木鉢の材料のトチノキがなくなると、今度は入川の奥の赤沢谷へ移った。ここには木地屋の他に木挽き職人や杓子師も仕事をしていた。

下の矢竹沢では、シオジを利用してお盆作りをしている木地屋がいた。シオジは皮も役に立ち、これで小屋の屋根を葺くと一〇年くらいはもった。

赤沢谷で再び木地屋稼業を開始した父の出小屋は六畳三つ程の広さがあった。多助は父母と弟の四人で小屋生活をした。父は酒好きで、焼酎を一斗の土瓶に入れておき、毎晩生でぐいぐい飲んでいた。焼酎がなくなると、「隣の小屋から借りてこい」などと父に言い付けられた。

赤沢谷にはイワナで沢が黒くなる程たくさんいた。夕方頃に沢へ行き、ミミズを餌に付けた置き針を一〇本程沢に沈めておいた。翌朝暗いうちに上げると、大きなのがかかっていた。これを串に刺して、囲炉裏の灰の周りに刺しておき、こんがりと焼いて食べたり保存食とした。山の動物は、ヤマドリ、山ウサギ、カモシカなどを捕獲して食べた。

毎月一七日には、近くにある四、五軒の山職人たちの小屋と共同で、山ノ神の祭りを行なった。当日は仕事を休み、山ノ神社に「大山祇神《おおやまつみのかみ》」と書いた旗を立てて、みんなでお日待ちをして楽しんだ。

妻ミツ　昭和一六年になると太平洋戦争が始まり、物資もだんだん統制されてきた。また父と一緒に仕事をしていると、何かと口うるさく言われるので、その年に、特配のある中津川の鉱山へ入社した。翌年二四歳の時に、名護屋ミツと結婚した。

小椋ミツの話。

「私の祖父半次郎は富山の出身で、炭焼き人として最初は大滝村の大血川の山へ入った。後に一家は栃本の木地小屋の近くへ移住した。そこには木炭倉庫があり、トロッコも走り炭の集散地であった。私は木地小屋の小椋鉄太郎にはいつも可愛がられ、同じ年頃の弥市さんとは遊び友達であった。父の兼吉が、多助の祖父良佐に籍元になってもらった関係で、後に私は多助と結婚することになった。

この小屋には小学校三年までいて、大除沢《おおよけざわ》の山へ移った。不動滝より一里も奥の炭焼小屋から、小学校への通学は女の子の足では大変だった。途中で木地小屋へ寄り、弥市さんと小学校へよく通学した」。

木挽職人として　昭和一八年、多助は招集されて北支（編注・北支那。現華北）へ渡った。現地で終戦を迎え、昭和二一年四月復員して鉱山に戻った。ところが復職はしたものの、北支でマラリアにかかり、午後になると急に寒気が起りガタガタと震えがきた。そこで仕事は午前中だけにしてもらい、午後は家に帰って、夏でも布団を頭から被って寝ていた。夕方になると、不思議と熱は治った。こんな状態では会社にも居づらくなり、二年程で鉱山をやめてしまった。

しばらく家でぶらぶらしながら養生したかいがあり、マラリアも快方に向ってきたので、何か仕事を見付けなければと考えた。木地屋職人に戻ろうかとも思ったが、父とはけんか別れのような形でやめたので、今更言い出しづらかった。しかしいずれにしろ自分にはやはり木工関係の仕事が一番向いているので、当時赤沢谷にいた木挽き職人の田村仲次郎に弟子入りした。

仲次郎は父の所蔵に連れられて、吉田方面から大滝村の川又へ移って来た人で、狩猟などもよくして後に木挽きの名人と言われた。三〇歳の多助は、新しく技術を身に付けるには少し歳を食ってはいたが、木地屋仕事で木の扱いには慣れていたので、木挽きの仕事にもあまり抵抗なく入って行けた。

最初の主な仕事は玉切りと言って、木材を運び出しやすいように切ることであった。木挽き職人は二五円、運搬人の倍くらいの高給であった。仲次郎について二年程仕事の修業をした後、一人前になり木挽き職人として独立した。

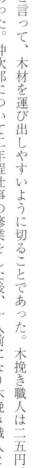

師匠の仲次郎は、木挽き職人と共に秩父のサンカ、マタギのような人だった。小さい頃から大滝村の山の奥で長い間生活し、最後も一人山で亡くなった。

今も残る木挽小屋

杓子作り

杓子師は、木鉢や椀、盆を作る木地屋同様に木地師として扱っている。秩父では大滝村の入川奥の小赤沢に、山本貞一という杓子作りがいた。貞一は、明治二二（一八八九）年二月七日、群馬県の六合村《くに》（編注・現中之条町）に生まれた。

六合村の山本家一族は、「宵の山本」「明の山本」と言われ、その由来伝承もある古い家柄であるという。しかし、由緒のある家の一族でも、後継者でない次男、三男は山奥の寒村ではこれといった仕事もなく、他地域へ出る者が多かった。

杓子作りの職を手につけていた貞一は猟師でもあったので、鉄砲一丁と柳行李に猟犬を一匹入れて、大滝村へ単身やって来た。そして柳行李に入れて連れて来た犬を放すと、喜んだ犬は山の中へと走り去ってしまった。いくら呼んでも、犬は貞一のもとへは戻らず、後に実家からの便りで知ったところでは、貞一が放してから一二日目に六合村の実家へ帰ってしまっていた。

実家では「犬が戻って来たので、サダコウもそのうち帰って来るだろう」と家族の者は話し合っていた。しかし貞一はその後、昭和四四（一九六九）年二月三日に八〇歳で亡くなるまで、一度も実家には戻らなかった。

栃本に草鞋を脱いだ貞一は、大村家の職人として本格的に杓子作りをすることになった。技術は既に、群馬県にいた杓子師から習得していた。作業小屋は、荒川本流の入川支流の小赤沢に設置した。ここには木鉢作りをしていた木地屋たちの出小屋があった。貞一はその後、栃本の山中タイと結婚して土着した。

貞一が作っていたものは、飯盛杓子と味噌汁のおたま杓子であった。杓子は七寸と八寸もので、ミズブナ、シロブナ、ミズクサなどの原木を正目に割った材料で作っていた。完成品には、「宮島」の焼印を押して栃本の大村家へ納めた。名高い厳島神社の杓子は、秩父でも作っていたのである。

おたまは疎木取《あらきど》りをしたものを、一斗缶に入れて湯で煮て柔らかくしてから作った。後に皆野の気楽流柔術の吉岡家から、吉岡萬兵衛という人が弟子入りし、二人で戦時中まで作っていた。その他、ミズクサという木で木箸も作った。製品は「西川はし」といい、これは奥多摩の日原方面で盛んに作られていた。

現在、山本貞一の子息喜市は川又に住み、入川渓谷の観光釣場を経営して、釣りの愛好家や自然を満喫にやって来る家族連れなどから大変親しまれている。

秩父鉱山

鉱山の様子　多助が勤務したことのある秩父鉱山について、多助の話を基にしてその生活などを紹介してみる。

戦前の鉱山の最盛期には、大滝村の人口の半分程の二千人近くいたこともあったという。秩父市内の人はまれで、大滝の地元民の他、吉田、三田川、倉尾などから多く来ていた。

社宅は独身の男子寮、女子寮の他に家族寮があり、多助は妻と長女の三人で家族寮住まいであった。寮は会社の近くにあったが、寮が増えるに従い、狭い山間の小倉沢ではその用地がなくなり、後に中津川集落奥の猿市に厚生年金の社宅が出来た。鉱山から猿市まで会社のバスが出て、従業員を送迎していた。

鉱山には採掘の仕事の他、電気、木工、土木、山林班などに分かれていた。新入社員には、ある程度適性と本人の希望を聞いて、それぞれの班に配属した。鉱山では、お店、娯楽、医療施設などなんでも整っていたので、全て鉱山内で間に合い、しかも村民税までも会社が出してくれたので貯蓄するにはよい所であった。

鉱山で採掘していた鉱物は亜鉛、鉛、黄鉄鉱、硫化銅などであった。坑内の勤務体制は三交代制で、一勤は八時～一六時、二勤は一六時～二四時、三勤は〇時～八時だったので、坑内では一日中採掘していた。二、三勤には、夜勤手当がついた。

大黒坑道の場合、本坑は深さ二〇〇メートルあり、ウィンチのエレベーターで降りた。本坑には一番坑から四番坑まで、五〇㍍間隔で横坑が四本あった。本坑の一番下はため池になっていて、地下水がここに集められ、ポンプで地上にくみ上げた。鉱毒を含んでいるので、更に濾過《ろか》池できれいな水にしてから流した。

朝事務所へ行くと、「今日は何番坑に入れ」と指令を受けた。坑内は年間を通して一〇度くらいと変わらず、夏は涼しく、冬は暖かく感じた。下着一枚の上に油ぎった作業着を着けるだけでよかったので、冬は坑内から地上へ出ると寒さが身にこたえた。着替えの時に風邪をひいたり、体調を崩したりする坑夫が多かった。

坑道には所々に電灯が付けられていたが、坑夫は腰と頭にガス灯を付けて作業をした。ダイナマイトで爆破した鉱石は、一トントロッコに乗せられて三番坑へ集められ、トロッコごと地上に運ばれて選鉱所に送られた。ここで選鉱された鉱石は、空中の索道で八丁峠を越えて納宮へ集積され、ここからはトラックで皆野方面へ運搬された。後に索道は納宮から三峰口駅へ延長され、貨車に積まれて秩父鉄道で運搬された。

一勤の労働時間の終了は午後四時までとなっていたが、三〇分早く作業を切り上げて三時三〇分には地上へ出た。外の勤務は三五〇円くらいだったが、鉱夫は倍の七〇〇〇円でかなりの高給であった。おまけに坑内で仕事をしている時間は、半分くらいのものであった。

坑内には、木の枠で囲まれた休憩所が設置されていて、中央にはストーブがあり、いつでも椅子に腰を掛けてお茶が飲めるようにヤカンに湯が沸いていた。少し仕事をしてはここで休んでいたが、巡回している監督は主に危険箇所を点検するのが目的なので、鉱夫の勤務に対してはあまりうるさく言わなかった。

坑内に入るのは監督や技師を除くと、若い人が多くせいぜい四〇代までだった。日曜日は休みであったが、選鉱所の機械は正月元旦と盆の二日ぐ

秩父鉱山採掘の鉱石（小椋多助所有）

らいしか運転を休止しなかった。鉱山の人たちは、日曜日でも他地域へ行く人はほとんどいなかった。交通不便なこともあるが、鉱山の街だけで全て用が足りてしまうので、他へ出掛ける必要はなく、むしろ他地域より快適な生活をしていたのである。

商店は大黒抗に一軒、本抗の両側に二軒と、秩父市内の三商店が入っていて、いずれの店も何でもそろっているよろず屋であった。行商人は入れないことになっていたが、特別に落合の水越薬屋だけは許可されていたらしく、時々黒いカバンに薬を沢山詰めてやって来ていた。床屋は二軒あり、料金は一般の半額であった。郵便局や病院もあり、常時医師と看護婦が待機していた。治安維持のため派出所には、警察官が泊り込みで詰めていた。

娯楽施設の映画館では、週に一度無料で上映した。風呂は一度に二〇人くらい入れる大衆浴場が三つもあり、風呂番がいて一日中沸かしているのでいつでも入浴出来た。一つは幹部用だったが、二つは一般用で、鉱山関係の人なら誰でも自由に入ってよかった。

毎年一月一七日の山ノ神の日は鉱山祭で、小倉沢小学校を休校にして広い校庭で盛大に行なった。芸能大会や相撲大会、柔剣道の試合なども行なわれ、酒は伊丹樽で飲み放題であった。これら祭りの準備から実施まで、全て会社の幹部たちがしてくれたので、他地域のような祭りの年番や当番などはなく、一般の人たちは楽しく参加するだけでよかった。

中津川に長年住んでいた小椋市蔵の話。

「むかしは中津川から鉱山への道は険悪で、埼玉県知事が鉱山視察に来た時は、お駕籠《かご》に乗ってやって来た。当時鉱石は、人や馬の背で峠を越えて、群馬県の神流川の谷へと搬出していた。鉱山街には雑貨屋を始めとして、病院、ダンスホールなどもあり、生活や娯楽にも不自由しなかった。カリカケ沢には、鉱山で経営していた旅館があり、本社から社用で来た人や当地を訪れた芸能人なども泊った。小椋慶雄は一時ここで、風呂炊きなどをしていた。後には鉱山の寄宿舎に使われたりした。

鉱山の最盛期には、八〇〇人もの人たちが働いていた。その中には朝鮮の人たちもいた。鉱山の山林部には、炭焼人や木地屋も雇われて働いていた。年に一度山神祭といって、鉱山だけの祭りがあり、八木節などの郷土芸能などを出し合い、一日大いに楽しんだ。鉱山だけは、地域と隔絶された別世界の観があった」。

四　最後の現役木地師　小椋弥市

栃本で出生

両神村大平で息子と一緒に建築業を営む小椋弥市は、現在も木鉢や立臼を製造している秩父で唯一人、最後の現役木地師である。

弥市は大正一一（一九二二）年、父鉄太郎母サトとの間に大滝村栃本で生まれた。そこは「馬つくり場」と呼び、馬に注射をしたり、ひづめを切ったりした所の下方であった。近くには馬トロッコ道が通っていて、父の他に叔父慶雄、それに小椋信春、市蔵の小屋もあった。またここは松倉という、炭焼きの元締が管理していた木炭の集散地であった。荒川対岸の大除沢には、炭焼き人たちに信仰の厚い不動滝があり、この山一帯には五〇軒もの炭焼小屋があった。

弥市は父の小屋から、三年生まで上中尾小学校へ通学した。大除沢奥の炭焼き小屋からも児童が朝早くか

鉱山祭

ら提灯《ちょうちん》を持って小学校へやって来た。弥市が三年生の時、父と信春は三峰へ、慶雄、市蔵は中津川へと移って行った。

家系と曽祖父

弥市の小椋家も滋賀県の旧東小椋村で、江戸時代の末期ごろ、住右衛門という人が息子の藤兵衛を連れて秩父へやって来たのに始まるという。藤兵衛は弥市の曽祖父にあたり、明治三五（一九〇二）年に亡くなっている。同じ年に祖母シゲも三五歳の若さで亡くなった。

小椋家には、筒井八幡宮から住右衛門に出された文政年間の宗旨手形と、次のような藤兵衛宛ての嘉永二（一八四九）年の往来手形が残されている。

此木地師藤兵衛申者当庄支配之者ニ而県免許相渡置候諸国山々住居いたし山木相尽候得ハ折々住所
替仕候諸国散在之義ニ付往来之節ハ妻子拳属不残相連レ仕リ候江は其節は所々御関所無滞御通し可
有候為其手形依而如件
　嘉永二年九月　　　　　　　　　　　諸国木地職支配所
諸国所々　御関所　　　　　　　　　江州筒井　公文所
御役人御中

祖父 七之助

藤兵衛の頃までは、秩父の山々を移動しながら木地屋の生活を続けていた。両神村に定住するようになったのは、明治二三（一八九〇）年ごろであったという。祖父七之助の代になると小鹿野のヒトモトを籍親として、滋賀県蛭谷にあった本籍を移動した。籍親は「籍元」「ワラジぬぎ」とも言い、木地師などのように住所がはっきりと決まっていない人たちの親代わりとして、身元引受人になってくれた家のことである。

七之助は文久二（一八六二）年三月一〇日生まれで、両神村薄谷の出原や小森谷の本沢、大滝村栃本などの出小屋で木鉢作りなどをしていたが、明治三五年に妻シゲに先立たれた。七之助が四〇歳の働き盛りの頃、山で作業中に事故で左足を潰してしまい、足先の半分を切断した。そのため足袋を履く時は、綿を半分足袋の先に詰めて仕事をしていた。おとなしい性格であったが、明治気質の意地のある人だった。

晩年は子の鉄太郎に出小屋での木地職を任せて、両神村大平の実家に隠居し、農業や購入した山の手入れ、芝掃きなどして過した。温厚な性格のため近所の人たちからの信頼も厚く、神社の氏子総代も永く務めていたが、昭和一五（一九四〇）年七八歳で没した。

父 鉄太郎

父の鉄太郎は市蔵の姉ジョウを妻にした。ジョウはタマノ、シナ、ユキ、伊太郎と四人の子供をもうけた後、感冒にかかりあっけなく亡くなってしまった。そこで鉄太郎は、秩父の機屋《はた》に勤めていたサトと再婚した。サトは新潟から奉公に出て来た娘だったので、木鉢作りはあまり出来なかったが、とても従順で夫をよく助けて小まめに働いた。弥市は、このサトの最初の子である。後に弥市は本家の隣の現在地に分家独立した。

鉄太郎は厳しく仕事熱心で、朝から晩までよく働いた。酒好きでいつも一斗瓶に酒を入れておき、誰が来ても機嫌良く「さあ、一杯飲んでけ」と勧めた気さくな人だった。ところが酔いが回るとくどくなるので、人からは「ぐず鉄」などと呼ばれていた。子供が大好きで出小屋にいた時は、近所の木地屋や炭焼き人の幼い子供たちの面倒をよくみていた。鉄太郎一家の栃本の小屋は、トロッコの軌道のすぐ下にあり、軌道を挟んだ上には弟の慶雄一家の小屋や炭焼き人たちの小屋もあった。

現在大滝村宮平に住む、小椋ミツの話。

「私の父は木炭関係に携わっていたので、小さい頃は栃本下の炭倉庫のある所に住んでいた。近くには小椋鉄太郎さんの木地小屋があり、いつも木地小屋へ行き、鉄太郎さんに可愛がられていた。茶碗に水を注いで飲んでいると言いながら、実際には酒を飲んでいて、来た人に酒をよく勧めていた。しかし、良い仕事をすることでは評判であった。性格は愛想の良い気の優しい人で、私が小屋へ行くと膝の上に乗せて抱いてくれたりした。本当に神様のような人だった。弟の慶雄さんはその反対で愛想がなかったが、仕事は同じく熱心であった」。

鉄太郎は両神村と大滝村を中心に、二〇カ所も山々を渡り歩きながら、木地屋の仕事をしてきた。野宿をしたことも再三あったという。晩年は両神村大平の実家で農業の傍ら、頼まれれば木鉢やお蚕皿《かいこざら》を作っていた。

昭和三三（一九五八）年、鉄太郎は孫の健司を風呂に入れた後床に就いたが、翌朝起きてこないので家族が見に行くと、既に心臓麻痺で亡くなっていた。七一歳であった。その日弥市は、仕事のため早朝四時頃に家を出たが、呼び戻されて父の死を知った。山里ではまだ春浅い四月で、弥市は子供好きな父にふさわしい最後だったと思った。

弥市一代

小学校を転々　弥市が上中尾小学校三年生の時、父鉄太郎は信春と共に三峰のダンゴ平へ移った。ここは三峰集落の下方の少し尾根の張り出した所で、近くには森林軌道も通っていた。ここから二キロ程上流の鮫沢には、蔵之助と源次郎、鉄太郎の弟の鶴松の出小屋があった。三峰集落の人たちとの交流はなかったが、木地屋仲間の両地域とは何かとよく行き来していた。特に山の神のお日待ちの時は一緒にお祭りを行った。

昭和八年、鮫沢小屋の叔父の鶴松が風邪をこじらせて、四〇歳の若さで亡くなってしまった。残された幼い子供は、父の鉄太郎が引き取って育てた。このように木地屋同士は、お互いに助け合いながら生きた。

弥市がダンゴ平にいたのは、六年生の五月までであった。五年生までは三峰の小学校へ通学したが、六年生になると、片道だけで二時間もかかる中津川の鶉平の小学校へ通学しなければならなかった。わずか二カ月間だったが、早朝暗いうちにカンテラを下げて小屋を出発し、一度秩父往還に出て大久保集落からホウキ峠を越えての通学であった。

次に移動した所は、大輪の大血川の谷の入口の出小屋であった。大滝村宮平の小椋高光の妻は、鉄太郎の妹クマだったので、隣に小屋を建てて夫婦で移って来た。ここは大血川の内藤家の山で、現在の大洞発電所のある所である。大血川の山には小椋一家だけで四、五〇本も利用出来る自然林のトチノキがあった。鉞《まさかり》一

小椋弥市の一家（前列中央父・鉄太郎、左祖父・七之助、後列左から母・サト、兄・伊太郎、弥市）

丁で現地で疎取《あらどり》をして、背板に付けて小屋へ運び、木鉢に仕上げた。

弥市は六月から近くの光岩小学校へ転校し、二学期からは祖父七之助のいる大平の実家へ戻り、両神小学校で卒業式を迎えた。結局、小学校六年間で五つの小学校を経験した。

実家で木鉢作り　大輪の小屋には四年程いた後、昭和一一年ごろから父や弟たちは荒川村の日野官林のタルオトシに移った。猿の沢山いる山で、ここへは後に健次、仲次郎も来て、しばらく一緒に木鉢作りをしていた。父が引き取った鶴松の子供も大きくなり、日野駅前の雑貨屋へ預けられ、店番などを手伝いながら小学校へ通学するようになった。

弥市は大平の実家へ戻り、祖父の農業の手伝いや、木鉢作りに精を出した。実家の近くには健次一家も住んでいたので、地元の人たちは祖父の方を「木鉢屋」、健次の方は「木地屋」と呼んで区別していた。

弥市は時々、実家の畑で採れた野菜類などを自転車の荷台に付けて、日野官林の父や弟たちのいる出小屋へと運んだ。両神村から荒川村へ出るには、途中で「夜泣き松」という伝説のある寂しい峠を越えなければならなかった。自転車を一所懸命に押し上げながら峠を越えて、柿平の民家の屋根が見えるとほっとしたものだった。ここのオハナさんというおばあさんには、食べ物などをいただいていつも親切にしてもらった。

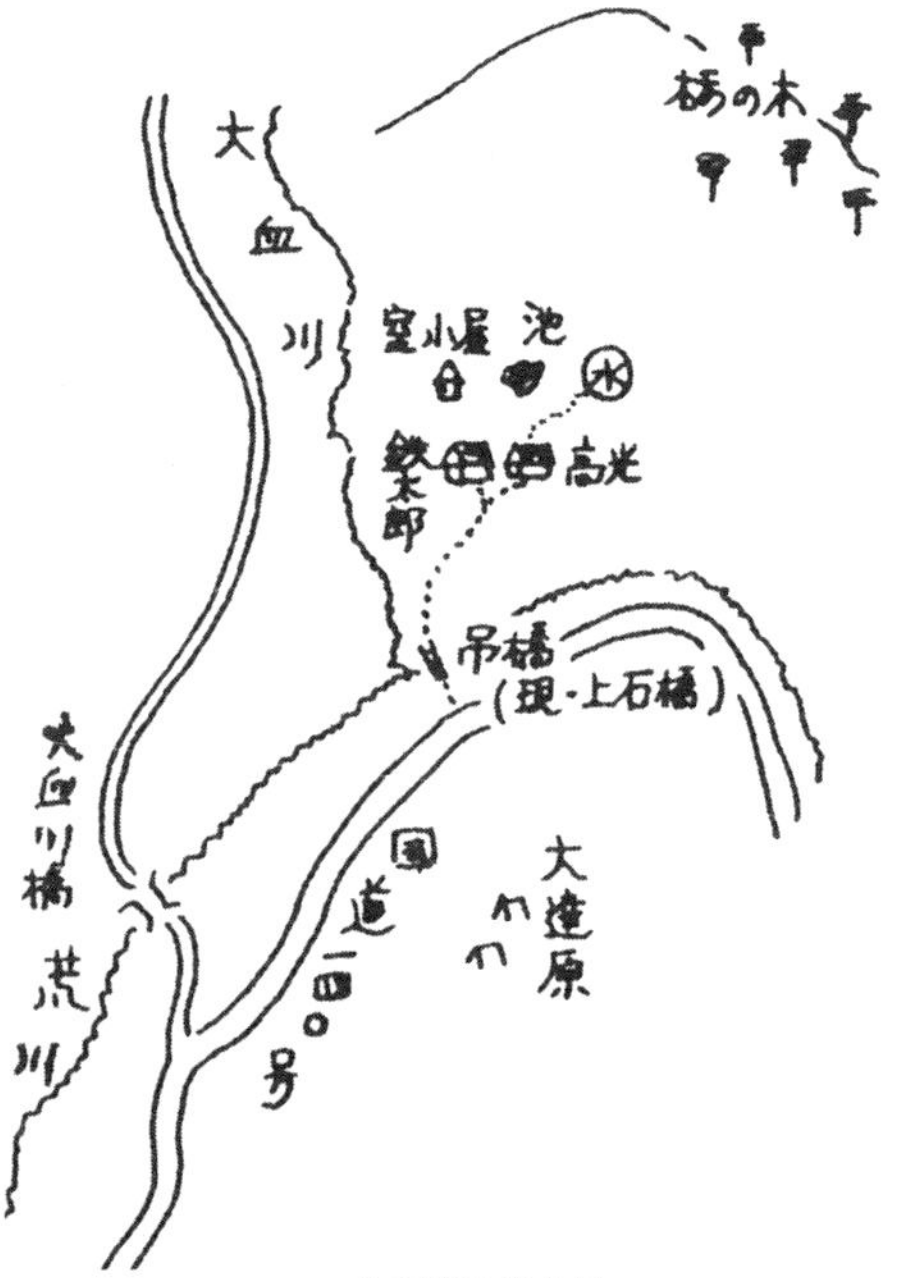

大血川の出小屋

現役木地師として　戦時中の弥市は、昭和一八年一月から飛行機整備兵として軍役に服し、中島飛行場で終戦を迎えた。戦後もしばらくは木鉢作りをしていたが、次第に金属製品の器などが普及し始め、ほとんど需要がなくなってしまった。近年になり、木製品が見直されて木鉢の注文もあるようになったので、建築業の傍ら再び木鉢作りにも精を出すようになった。

十数年前から両神ふるさと祭りが開催され、パンフレットで立臼を彫る弥市が紹介されたことから、東京、神奈川、千葉などの他県から立臼と杵の注文が来るようになった。最近は九州方面からの注文もあり、個人の他、幼稚園などからの購入希望が多い。一臼彫るのに一週間程かかり、年間で二〇臼くらい彫っている。

昔の立臼は麦などをついたので、一尺くらい深く彫ったので大変だったが、今は餅つき用なので六寸くらいの浅めの臼である。臼の材料はケヤキ、杵はシャラというナツツバキが一番適しているが、なかなか手に入らないので、ムクの木を枯らして作っている。杵の棒は、臼同様ケヤキである。

弥市はこれからも体の動く限り、秩父最後の現役木地師として、昔ながらの道具と方法で木地屋の伝統を守っていこうと思っている。

小椋弥一

家紋

秩父系小椋家の家紋はみな「桐紋」である。昔は表紋に一六弁の菊紋、裏紋が五七の桐紋だった。明治の天皇親政になり、菊紋では恐れ多いので、裏紋の桐紋を使用するようになったのだという。ただし王政復古の明治になってからも、菊紋に執着した木地屋が多かった。

菊紋を使用していたのは、木地屋が皇族の出であるという伝承からである。杣人、木挽き、木馬引き、山下駄屋、炭焼き人などの山仕事人たちはそれぞれ自分たちの仕事に誇りをもっていたが、木地屋たちは、彼らとは出が違うのだというプライドと強い同族意識があった。

秩父の山で木地屋の仕事をしていた五系統の小椋家は、全て姻籍関係で結ばれていた。それは木地屋に入る嫁は、原則として木鉢などの作れる女でないと駄目であった。男が外で疎取《あらどり》した木鉢の原木を、小屋で仕上げるのは女子供であったからである。

ろくろを回転させるひもも一般的には、妻が引いて夫が椀などの製作をした。従って小椋家の者はみな、椀や木鉢を作れる職人であった。後に木地屋は里に定住して、農業や他の仕事にも従事するようになると、この原則も次第に崩れていった。

五　現代のろくろ師　瀬戸兄弟

父 瀬戸朋保

小田原から両神へ　秩父市上町の瀬戸進と、同市阿保町の瀬戸二郎の兄弟は、動力によりろくろを回して椀、盆などを作って生計を立てている現代の秩父ろくろ師である。

瀬戸兄弟の父朋保《ともやす》は、神奈川県小田原市内山の出身であった。木工の盛んな小田原方面には瀬戸姓が多く、昔祖先が、陶器で有名な愛知県の瀬戸方面から移り住んで来たという。陶器の製作にはろくろを使用するので、椀、盆をろくろで作る木工職と関連があったからである。

朋保は妻のセキと一緒に、大正時代の中ごろに小田原から、両神村の小森谷にやって来た。セキは山梨県道志村の生まれで、朋保に嫁いでまだ間もない新婚であった。この頃、歌人の前田夕暮の経営になる関東木材、通称丸共という会社が、小森谷の原生林を伐採して、木材、木炭などを大量に生産していた。

原生林には盆の材料によいシオジも多かったので、朋保が見込まれて盆作りに来たのであった。セキの生まれ育った道志も山深い村であったが、小森谷の険しい山谷にはさぞ驚いたことであろう。それでも新妻は、子供を育てながら盆作りに従事してよく夫を助けた。

丸共は小森谷の滝前に事業所を設けて、最盛期には多くの従業員を抱え、木材搬出の森林軌道まで敷かれた。学童も急増したため、滝前には分校が出来た程であった。しかし小森谷の伐採事業も大正年代までで終了し、次に大滝村最奥の入川谷へ事業所を移した。当地は荒川本流の谷で、山も大きく広いのでここだけで一集落が出来た。

大滝、浦山、秩父へ　瀬戸一家も入川谷へ移り、疎取《あらどり》による盆の半製品を作って小田原へ出荷した。ろくろを回す動力源は、直径二メートル程の水車であった。沢の高所に水をため、そこから鉄管で水車まで送水した。水車には、陶器で出来たうちわくらいの大きな椀が幾つも付けられていて、これに水が勢いよく当たって水車が回り、それを幾つかの歯車で回転数を上げてろくろを勢いよく回した。

昭和十年代になると入川谷の原生林も少なくなり、この谷に見切りをつけた瀬戸一家は、昭和一二年に一旦秩父市上町へ引き上げ、朋保は小田原へ帰る決心をした。ところが浦山にはまだシオジが沢山あることが分かり、再び盆の半製品を作って小田原へ卸し始めた。しかし浦山は谷の奥が浅いので、数年で材料のシオジがなくなってしまった。

次の仕事を考えている時、秩父では機屋で使っている木管や糸巻の多くを、群馬県の桐生から取り寄せていることを聞いた。そこで今度はブナ材を使ってこれを作り、秩父の機屋へ卸すようになった。この仕事は戦後も、秩父の機屋が衰微するまで続いた。

彫刻師として　朋保は彫刻が趣味で、若い頃から仕事の合間に彫っていたが、四人の子供たちも一人前にろくろを回すようになると、仕事より彫刻をしていることの方が多くなっていった。どんなものでもよく彫ったが、その多くは欲しい人に譲ってしまい、残ったものは秩父市立民俗資料館へ寄贈してしまった。従って現在息子の進宅には、翁と天狗の面くらいしか保存されていない。横瀬町の札所五番の仁王像は、朋保が一人で彫って奉納したものである。

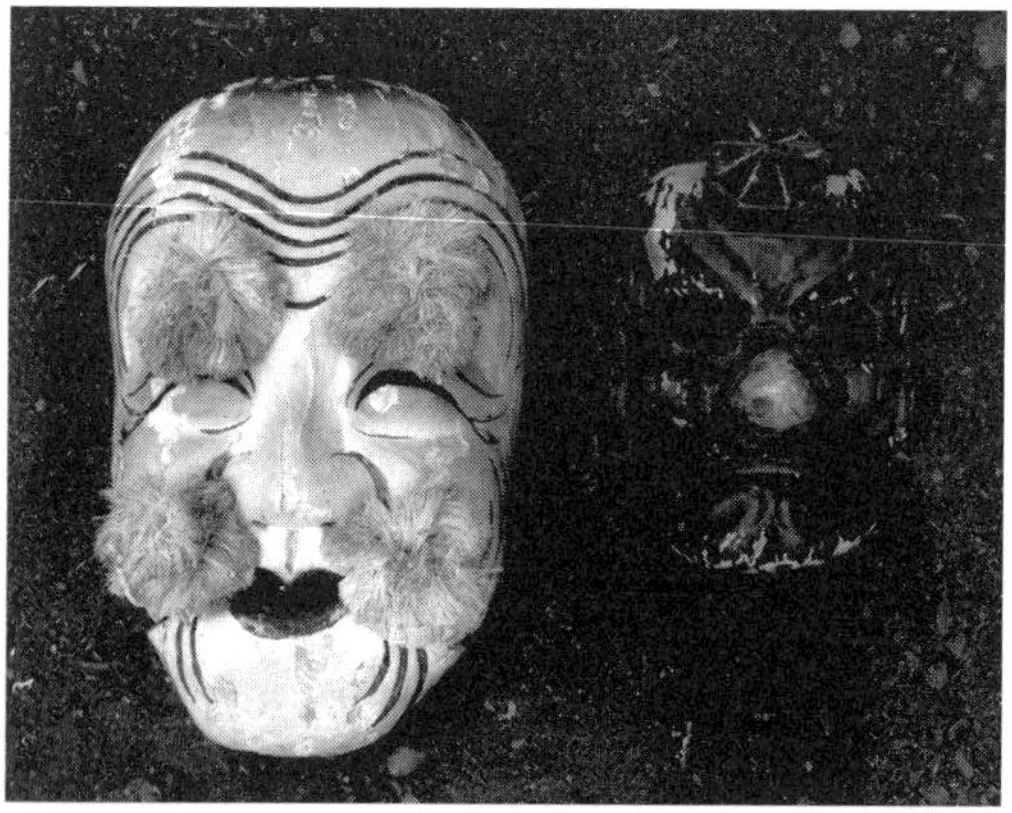

瀬戸朋保製作の面

朋保が入川谷にいた同じ頃、同所の木地小屋にいた小椋明の話。

「瀬戸さんは彫刻の名人で、大きなものから小さなものまで、器用に何でも彫った。川又から少し入川谷へ入った所の、岩庇の中に祀られている不動様は、瀬戸さんが彫刻して納めたものです。私の父蔵之助が作った舟形にも、瀬戸さんがすばらしい役行者《えんのぎょうじゃ》を彫った」

朋保は七〇歳くらいまで、趣味の彫刻を中心に仕事をしていたが、昭和三六（一九六一）年七九歳で他界した。

瀬戸兄弟

進　朋保には、長男利喜衛《りきえ》、次男明、三男進、四男二郎と四人の男の子がいた。利喜衛と明の上の二人はそばにおいて仕込むより、外で修業させた方が良いと考えた朋保は、故郷の小田原へ奉公に出して木工の技術を習得させた。下の進、二郎の兄弟は、家に置いて仕事を手伝わせた。従って進と二郎兄弟は父の仕事ぶりを見ながらろくろの技術を身につけた。

成人した四人兄弟のうち長男利喜衛は上町、次男明は宮地町、三男進は上町、四男二郎は阿保町と、それぞれ秩父市内で独立して父の仕事を継いだ。利喜衛と明はすでに亡くなり、現在は進と二郎が引き続きろくろを回しているが、次の後継者は育っていない。

進は大正一二（一八七九）年七月二四日、両神村小森の滝前で生まれた。ここには丸共本部とその社宅があり、一集落を形成していた。滝前とはこのすぐ奥の小森川支沢の滝越沢に、秩父随一と称せられている、丸神滝があるところから名付けられたものである。

幼少だった進には、この谷での記憶はほとんどない。大滝村の入川に移ってから、上中尾小学校へ入学した。小学校までは、大人の足でも大変な距離であったが、頑張って毎日通学した。卒業後は、父について修業した。父は明治人特有の頑固者で、自分から仕事を教えることはなく、進は父の仕事を盗みながら少しずつ覚えて行った。

進は戦地へ行っていた期間を除いて、全てろくろ師としての仕事に従事してきた。現在は主にケヤキ材を使って、茶盆と飾り物の大型壺を完成品として製作している。茶盆は新築祝いなどによく使われる。壺は北海道の網元から、直接注文されたこともあった。

瀬戸進製作の壺

二郎

昭和六（一九三一）月二二日に大滝村入川で生まれた。幼少を入川谷の自然の中で過ごし、六歳の時に秩父市上町へ家族と共に移った。長じては兄たちと一緒にろくろを回すようになったが、後に独立して今の阿保町に住むようになった。現在は注文に応じてケヤキ、シオジ、トチなどを材料としていろいろ製作しているが、主なものは椀、菓子盆、茶盆などである。

材料は硬いケヤキが多いので、ろくろのそばに砥石を置いて、かなり頻繁《ひんぱん》に道具を研いでいる。道具は鉋《かんな》、バイト、ミゾキリなどで、これらの刃物類はふいごで火をおこし、使いやすいように自分で製作している。刃物類の善し悪しで製品の出来が違ってくるので、ろくろ師は鍛冶の技

椀を製作中の瀬戸二郎

術も持ち合わせていなければならない。

　半製品にしたものは、作業場の天井に棚を設け、その上に少し隙間を開けながら積み重ねて、三カ月以上乾燥させている。昔は最後の仕上げはトクサで磨いたが、今は何種類かの布ペーパーで磨きをかけている。製品は東京都の青梅市や奥多摩町の業者などへ卸している。

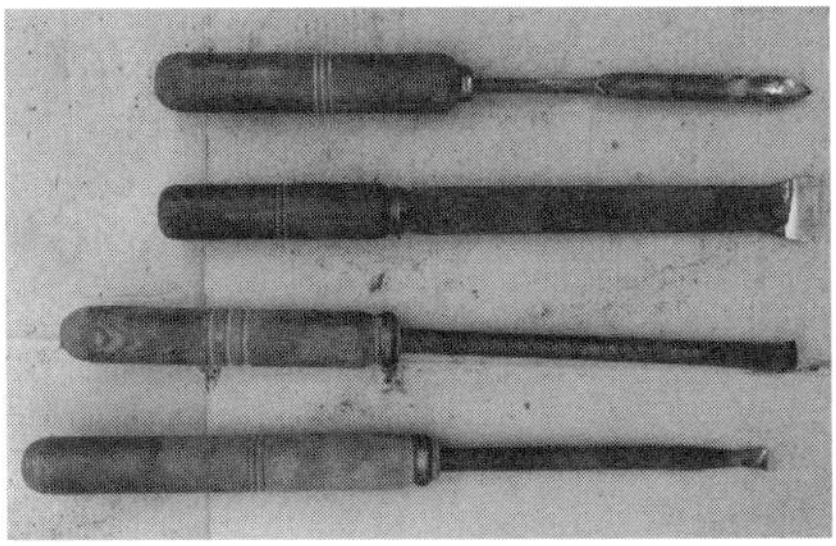
道具類

乾燥棚に積まれた椀

第四章　木地師の生活

一　木地小屋

小屋掛け

木地師は良木と思われる山を見つけると、山見（小屋の立地条件）や当見（原木の評価）などをする。その結果、条件がそろうと元締やその山の持主などと交渉をして、そこに木地小屋を建てた。この小屋は「出小屋」「出作り小屋」などと呼び、山で生活をする根拠地であり、木鉢作りの作業場であった。

出小屋の立地条件は、陽当たりの良い水の便に恵まれた平坦地の所であるが、最も重要な条件は、付近にトチノキの良材が沢山あることである。よく山見をしてから小屋掛けの場所を決めると、次に整地をして小屋の材料を付近の山から調達した。

柱や梁などの主材料は、栗材などの雑木が多かった。板材などは、前にいた小屋を壊して背板で運んだりした。柱は二又の木を利用したりして、鋸《のこぎり》やクギは一切使わずに、普通は一カ月以内で建てた。小屋が半分くらい出来上がって屋根が葺《ふ》けると、すぐに使わない荷物や道具類などは、合間をみて新築中の小屋へ少しずつ背板で運んだ。

屋根は、シオジやカワグルミの皮をむいて、六尺くらいに切って伸ばし、乾燥させたもので葺いた。周囲の壁は、カツラやショウジの皮などを伸ばして利用し、突き上げ窓も作った。この窓は棒で突き上げて開け、棒はそのままつっかえ棒になった。雨の日に開けても、雨が吹き込むこ

木地小屋（大滝村中津川）

とがなくて具合が良かった。この小屋掛けには一族の他に、他の木地師たちが協力してくれることが多かった。

出小屋の大きさは、間口六間、奥行二間または三間くらいであった。この小屋に一世帯、場合によっては、近親者二世帯が入ることもあった。昔は、竹の柱に笹の葉だけの屋根や、簡単な片屋根だけのわずかに雨露をしのぐだけのもので移動していた木地屋もいた。

間取り

小屋の内部は、土間と座敷に分かれていた。土間は「ニワ」とも呼び、ムシロを敷いた作業場で、木端や削りかすなどが一面に散乱していた。窓際の明るい所などには、「ナカキリ石」という片面平らな幅一尺二寸（編注・約三六センチ）、縦二尺くらいの台石を半分埋めて置いた。この石の台の前に座布団などを敷いて座り、疎木取《あらきど》りの木鉢を両足で押えて木鉢の中をえぐった。「アテ」というカシやトチの洞《うろ》などを利用した台も置いてあった。

座敷は、寝間と普段の生活をする所で、板敷きの上に薄縁《うすべり》を敷き、冬の寒い時は、その下に米俵などをほごしたコモを入れたりした。丸太で作ったすのこの棚には、更に乾燥させるため、ムロから取り出した木鉢が並べられていた。

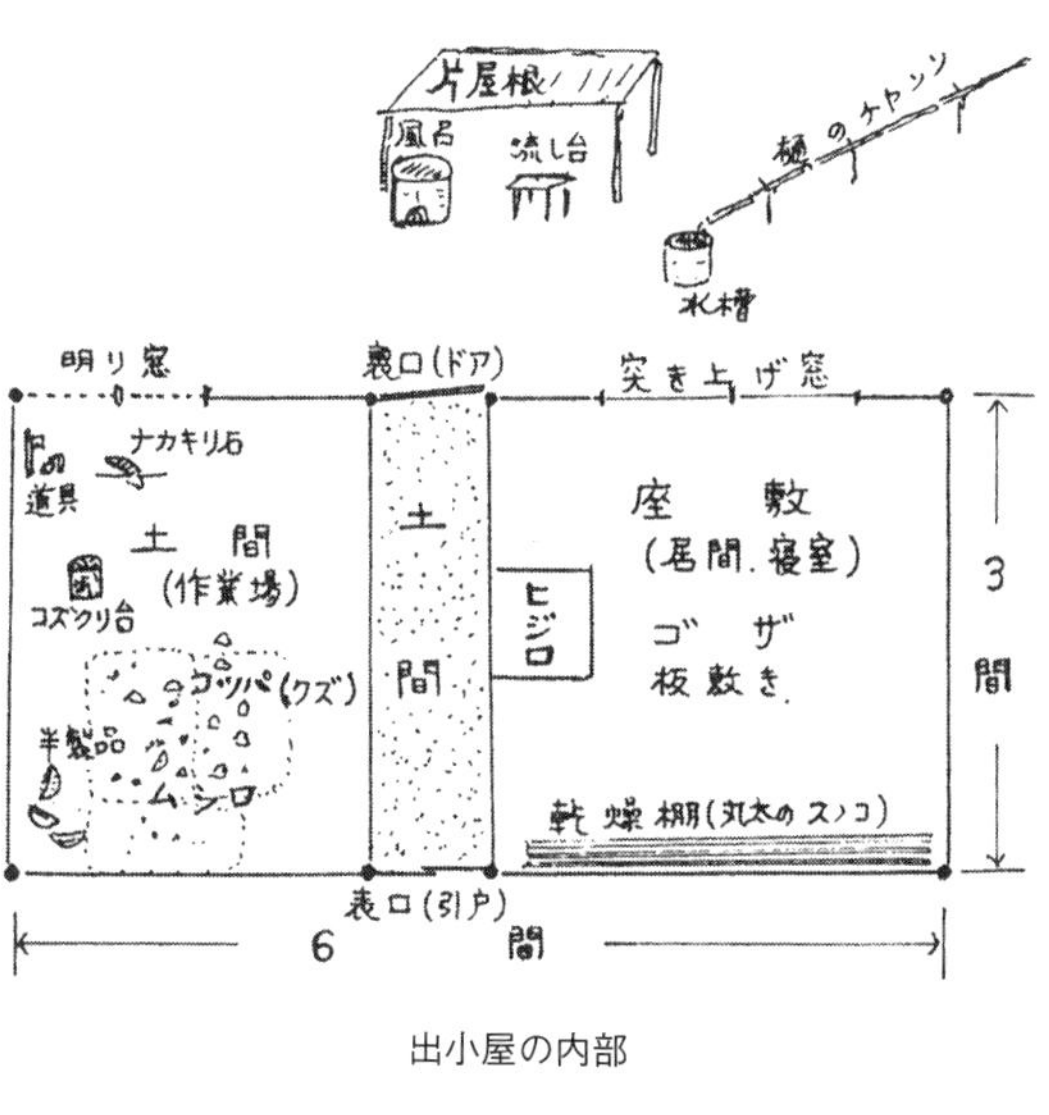

出小屋の内部

囲炉裏

土間に囲炉裏（ヒジロ）を作る場合は、四尺四方くらいに五〇センチ程掘り下げた。上から自在カギをつるして、大鍋などを掛けておいた。

囲炉裏には「ホタ」といって、いつも直径一尺くらいのすぐに燃え切らない、太い生木のシオジ、ブナ、モミジなどの丸太をくべてとろとろと燃やしていた。ホタの尻は藤蔓《ふじづる》などで結び、少し持ち上げてつるしておいたりした。こうしておくと、火が消えにくかった。

このように囲炉裏では、火を燃やすというより燻《いぶ》していたので、小屋の中は煙だらけになった。夜も火を絶やさなかったのは、野獣に襲われない目的もあったという。

乾燥棚と火棚

出小屋の中には、作りたての木鉢を乗せて乾燥させるためのすのこの乾燥棚があった。木鉢に囲炉裏の煙を当てると、更に良い製品になるといわれていたからである。

囲炉裏の上には、四隅を針金などでつるした火棚があった。この火棚には、囲炉裏で燃やす薪、木端《こっぱ》を積んでおいた。木鉢を載せておく乾燥棚は、この火棚の上に作ると具合が良かった。火棚の木端などの隙間を通った囲炉裏の煙はうまく分散して、すのこの乾燥棚の木鉢に満遍なく行き渡った。

乾燥棚

火棚では、納豆が出来た。作り方はゆでた大豆を、ほぐした米俵のわらの中に入れて、その両端を縛る。これを火棚の木端の中に入れておいた。三日くらい経ってから箸や棒をわらの中へ差し込んでみて、その先に粘り気のある細い糸が付いてくれば、即席納豆の出来上りである。粘りがない時は、もう幾日か置いておいた。

ランプ

小屋の灯は、昔は松や杉などのヒデを、いらなくなった鍋などに入れ、ひもでつるして燃やしていた。後に、ランプや「トウガイザラ」と言って、お皿に石油を入れて芯を一《チセン》程出して灯をともした。ランプ掃除は、手がホヤの中へ入る小さな子供たちの仕事であった。いずれも暗い灯であった。

共同生活

出小屋は、山の中に一軒だけということは少なく、普通は二、三軒が固まって協力し合いながら生活していた。前述したように小屋掛けの時なども、これら木地屋仲間が協力した。ところが仕事の時は、協力体制はなかった。たとえ一緒に同じ山へ入っても、作業は家族単位の別々であった。山へ入って伐採し、疎木取《あらきど》りをするのは男たちで、女たちは出小屋で木鉢に仕上げた。

一般には出小屋へ入ると、何カ月もその山にとどまって仕事をした。正月やお盆などで実家へ帰る時は、道具類は盗まれないように、木端などの下へ隠しておいたりした。

二　木鉢作り

トチノキ

秩父の木地屋は、当初ろくろを回して椀、盆などの製品を作っていた。明治末期ごろからは木鉢を専門に作るようになってきたので、木地屋というより「木鉢屋」の名で呼ばれるようになった。今も両神村大平の小椋二軒の本家と分家は、木鉢屋で通っている。

木鉢の材料は、主にトチノキが使われた。「木鉢と喧嘩は栃（土地）がよい」と、木地屋仲間では言われていたという。トチノキは乾燥すると軽くなり、しかも丈夫で加工しやすいので、木鉢には最適であった。

木地屋は山見をして、三百年くらいたったトチノキを探す。何十本か見付けると、その持主に話をつけて安く買い取った。江戸時代までは、その土地の名主などから許可書をもらい、後で木鉢などの製品を少し納めるくらいで自由に伐採出来たという。

トチノキの善し悪しは、幹の木肌を見る。表皮がねじれているようなものは、製品にすると割れたり、ゆがみが大きくなるので良くない。トチノキの幹は、日照の関係で南側が丸く、北側は細くなりがちである。なるべく全体が丸い方が良い。

伐採と服装

伐採するトチノキが決まったら、まず初めに倒す方向を見極

トチノキと小椋明（旧大滝村入川谷）

める。その目安としては、トチノキの枝振りの良い方（南側）に倒す。これは枝の多い方に倒れやすいからである。この際に、倒した後の作業がしやすいかどうかの地形も考慮しなければならない。一般には、斜面に対して水平になるように倒す位置を決めた。

倒す方向が決まったら、両足にしっかりと力が入るように、足場をよく固めた。そして最初に「ウケグチ」という、倒す側の根本近くを鉞《まさかり》で、幹の芯に達するまで切り込んだ。次に反対側に回り、木鉢一個分取れるくらいの高さの所を切り込んだ。この「ヤリクチ」の方は、必ずウケグチの位置より少し高い所でなければならなかった。

倒れる瞬間は、「根が引かれる」と言って、ヤリクチの方の根が引かれて持ち上がり、危険な時があった。そこで根を引かれないように、事前に根の張り具合などをよく確認しておく必要があった。更にトチノキが倒れる時に、付近の他の木を痛めないことも考慮に入れておいた。この伐採に使用する道具は、鉞一丁で鋸《のこぎり》など一切使わず、太いトチでは、一日掛かりであった。

伐採の仕事は主に冬場に多く行なっていたので、鉞が凍ると「刃が飛ぶ」といって、鉞の鋼《はがね》の部分が取れてしまうことがあった。そこで厳冬の時は、鉞などの道具類を、遠火でよく暖めてから使うようにした。

切り倒したトチノキも水分を多く含んでいるので、凍ってしまって木鉢の材料としては、使えなくなってしまうことがあった。従って切り倒したトチノキに、切り屑や木端などをかぶせて凍らせないように気を付けた。

このように苦労しても冬場によく伐採したのは、この時期の木

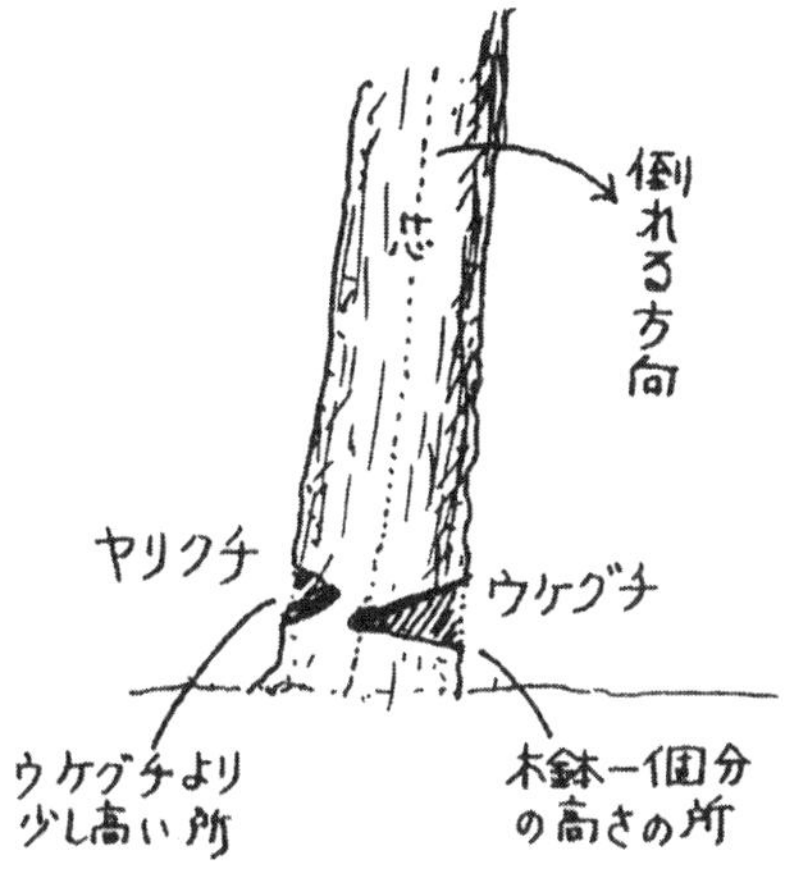

伐採

の肌が白く、仕上がりが良かったからである。

木地屋の服装は、ジバンにハンテンをまとった。ハンテンの袖は、仕事の邪魔になりやすいので、自分で小さい袖に改良した。ただし、ハンテンは仕事を始めると暑くなるので、その時に応じて脱ぐ場合が多かった。冬場の寒い時期は、綿入れのチャンチャンコなどをまとった。下は「タッケバカマ」という、両脇の割れたモンペのようなものをはいた。頭には、汗拭き用の手ぬぐいを鉢巻きにしていた。

足ごしらえは、時代によって変化が見られた。明治の頃の冬は、サシのある底の厚い足袋に草鞋掛《わらじが》けであった。夏は素足に草履のことが多かった。大正の初めごろから、薄い地下足袋がはやって来た。

疎木取り

切り倒したトチノキは、幹の上部を根元の方から、木鉢一個分ずつ順に剝がしていった。ただし枝の部分は、木鉢にした時に節が付いてしまうので避けた。この作業は山で行なうので山取りといった。また、おおまかに木鉢の材料をとる作業なので、疎木取《あらきど》り、疎取《あらどり》とも呼んだ。これは小屋への運搬のための、素材の軽減が目的であった。

まずこの作業の初めは、鉞《まさかり》で表面の幹に三角形の溝を彫る。この時、芯まで彫らないことが原則である。熟練しないと溝を広く彫って無駄を出してしまい、一本のトチノキで数個分の木鉢の材料を失ってしまう。鉞《まさかり》で打ち下ろす時は、高所からの方が力が入るので、又に組んだ棒の間へ二本の丸太を斜めに載せ、それを踏み台にして鉞を振るった。

次に「ホノヤ」と呼ぶ、イタヤやコクワで作った木のクサビを、木目に沿って三本から、太いものでは五本くらい打ち込んで、木鉢一個分ずつ順に剝がしていった。割れにくい場合は、順に太めのヤに変えながら打ち込んでいった。特にコクワのクサビは硬くて粘り強いので、鉞の背で叩いても割れず、トチノキに打ち込むと跳ね返す性質を持っているのでとても具合が良かった。

木鉢一個分ずつ順々に五メートルくらい剥がした所で、一度鉞でトチノキを切断する。この仕事は、あまり難しい作業ではないので、子供にやらせる場合もあった。小椋弥市は、小学校四年の時から鉞を持ってこの仕事をしていた。

切断したら今度は、下の裏側の方を表にして、もう一度同じ作業を繰り返して、木鉢の疎木取《あらきど》りをした。原木を裏側にする時、太くて重いトチは少々の力では動かないので、「寝踏み」という方法をとった。トチの横腹に穴を開け、そこへ長さ六尺（編注・約二・二メートル）くらいの棒を差し込み、仰向きに寝てこの棒を両足で強く押上げて原木を転がし、裏側を表にして今度は反対側を剥がした。太いトチノキの根元の部分では、三方から取ることが出来た。

疎木取《あらきど》りの時は、転がしてリン台に載せる場合もあった。リン台は二本の棒を藤蔓で縛って又にして、直径二〇センチ程の丸太を、その又の間に乗せて作った。支えの又の棒が沈まないように、棒の下に石を埋めたりした。

疎木取《あらきど》りは、芯を入れないで取るので一本の太いトチノキでも、三〇から多くて五〇個分の木鉢くらいしかとれなかった。芯を入れると割れてしまうからである。従って大きな木鉢を作る時は、かなり太いトチノキが必要であった。赤味の部分も、芯同様に割れやすくひずむので捨てた。このように使えないトチのくずを「ドンガラ」と呼んだ。このように無駄な部分が多く、原木からよくて三分の一くらいしか木鉢用の材料が取れなかった。

木鉢の疎木取《あらきど》りは、普通一日一人で四、五枚取れたが、トチノキの性質に

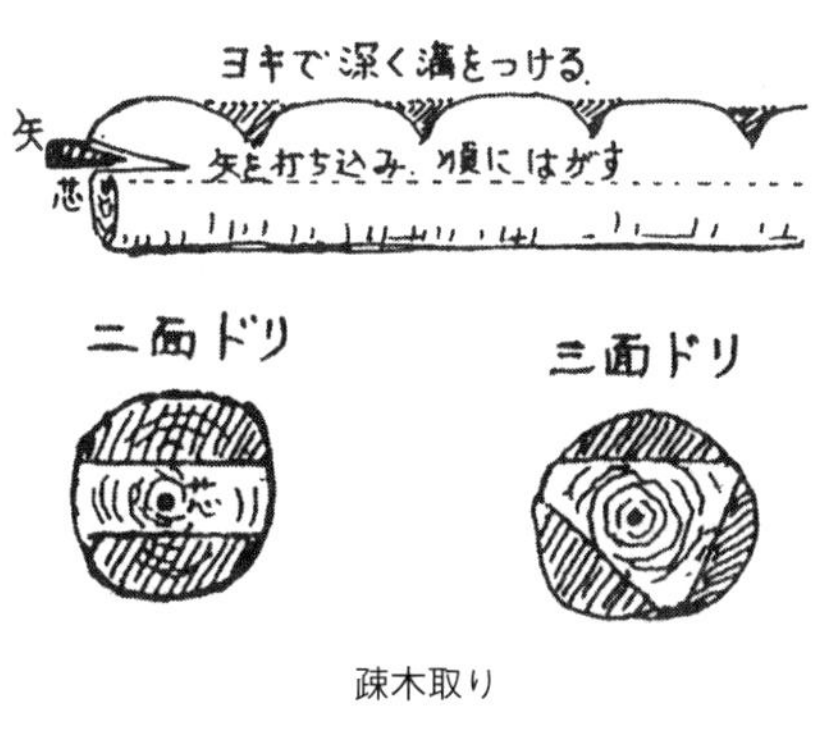

疎木取り

より剝がれにくいものは、半日かかって一個分がやっとという時もあった。生木なので、大きなものは木鉢一個分でも七〇キロくらいの重量があった。これを背板に付けて出小屋へと運搬した。一般には、男三枚、女一枚くらいを一度に背板で運ぶのが基準とされた。

トチノキを切り倒した現場で、ほぼ木鉢の形にしてしまうこともあった。このような仕事場を「ノドリノチョウバ」といった。作業の邪魔になるので、雨が降ってきても蓑《みの》を着けずにそのまま仕事を続けた。雨に濡れても、仕事に夢中になのであまり気にならなかった。

木鉢作りの工程

木鉢作りは、現地で疎木取《あらきど》りして小屋に運んだ原木を材料にして仕上げまでした。木鉢の大きさは、作った時外側から直径を測り、「何尺の木鉢」と呼んだ。これが乾燥して軽くなると柾目に沿って縮むので、作った時正確に丸いものでは、乾燥するといびつになってしまう。そこで乾燥した時、丁度丸い木鉢になるように、柾目に沿った方を少し大きくしておくのがコツである。次に、木鉢作りの工程を紹介してみる。

①最初に「尺棒」という定規で、作る木鉢の大きさを決め、「ブンマワシ」と呼ぶ手製のコンパスを使って疎取《あらどり》した木鉢の原木に墨を付ける。

ブンマワシで墨をつける

小作り台

尺棒で木鉢の大きさを決める

②次は、その原木を小作り台に固定させて、その上に木地師が乗って「粗削り」をした。これはハツリヨキと呼ぶミジカエの広い鉞《まさかり》で、外側の周囲を粗く削り、木鉢のおおよその形に整える作業である。
③粗削りが済んだら、今度は木鉢を裏返して、底になる部分にもブンマワシで墨を付けた。それに沿って鉞で裏側を削った。
④木鉢をもう一度上向きにして、中側を「粗彫り」した。この作業には、ホリヨキという幅の狭いナガエの鉞で、中を粗く掘った。この時、「ヘソ」といって、中央の部分を少し残しておいて最後に取った。へそがあると、作業中に木鉢が割れないという。普通一日、粗彫りまで二尺（編注・約七六センチ）もの四枚で一人前とされた。
⑤次に木鉢を伏せて、ヒラクチという小さな手斧《ちょうな》で、外側のささくれた部分を削り鉞の目を落とした。
⑥木鉢を上向きにして「ハタガケ」と言って、鉋《かんな》で木鉢の口の部分を滑らかに削りとった。
⑦ナカキリで木鉢の中側をえぐってから、次にナカキリよりやや薄刃のヨリナカでえぐって掘り進んだ。
⑧更に足で木鉢を押さえながら、ツボウチで中を丸く削った。最後はササ鉋《がんな》で、木目に直角にかけながら滑らかに削って内側を仕上げた。
⑨「ソトシアゲ」は木鉢を伏せて、小さい鉋《かんな》で滑らかに外側を削って仕上げ、完成品にした。普通一日に疎木《あらき》取《ど》りから仕上げまで、尺五寸も

完成した木鉢

ササ鉋で仕上げ

ツボウチ

の一枚完成させて一人前であったという。

男衆は外で伐採から疎木取《あらきど》りなどの力仕事をしていたので、このような小屋での仕上げは、主に女衆の仕事であった。忙しい注文などの時は、男も仕上げを手伝い、夜遅くまで暗いランプの下で作業をした。よく見えなくても、長年の勘で腕に狂いはなかった。出来上がった木鉢は、縁の周りに濡した障子紙を張っておいた。

木鉢作りの作業台は、河原などからツラ（表面）のよい大石を見付けてきて、作業場の土間に半分くらい埋めて台とした。この石の削り台が、しっかりしていて一番具合が良かった。アテという高い木の台を使う時以外は、ほとんど座って作業をしていた。作業場の周囲の土間は、削リカス、ドンガラの木端などで一面敷きつめられていた。

木鉢は、それぞれの小椋家や作った木地師たちの特徴が多少出るものである。木鉢で良いものは、薄手で内側の縁にかぶりのあるものである。このかぶりがあると外に粉などが飛ばずに、うどんをこねても返りが良かった。また、「女のけつと木鉢のけつは座りがよい」などといわれ、底の座りの良いものが上等とされた。

このようにして出来た手作りの木鉢は、一方向から削る今の機械彫りと違い、いろいろな方向から削って彫るので、うどん粉などをこねても木鉢にくっ付かないので具合が良いという。

一人前の木地師になるまでには、仕事を覚える順序があった。最初は、山での鉞《まさかり》使いから仕込まれた。小屋での木鉢作りは、最後の仕上げのササ鉋《がんな》が自在に使えるようになって、初めて一人前とされた。

木鉢の縮み

木鉢は作った時点で外輪の直径を測り、何尺何寸の木鉢の製品としていた。木鉢はよく乾燥すると、一〇分の一くらいに軽くなって縮む。二尺の木鉢では、一センチから二センチも縮む。ただし全体が縮むのではなく、木目に沿って縮むのである。作った時に正確に丸い木鉢では、乾燥した時いびつになってしまう。

従って木鉢の製作に当っては、トチノキの質、乾燥具合、木鉢の大きさなどを考慮し、長年の勘を働かして、木目に沿った方を少し大きめにした。少し楕円形の木鉢として彫るのが、難しい所であった。このように木鉢を作る時は、縮むことを考慮して五分くらい大きめに作った。完成した木鉢の底には、それぞれの木地屋の焼判を押した。

木鉢の基準

小椋明によると、木鉢の大きさの基準は、外輪の直径一尺五寸の木鉢八枚（個）を一サオ、または一本と呼んでいたという。昔は馬の小荷駄で運んでいたので、一駄とも言い、これが基準となったのであろう。直径が一寸（編注・約三・八センチ）大きくなると、木鉢の値段は二倍になった。従って一尺六寸（編注・約六〇・八センチ）の木鉢は、四枚で一サオになった。ただし二尺の木鉢は二枚で一サオであった。

小椋市蔵は、一尺五寸物は二〇枚、一尺六寸で一八枚、一尺七寸で一六枚を一本と呼んでいたと語った。一本では重くて一人ではどうにもならないので、後にこの半分で荷造りするようになったという。取引には、段の単位で問屋を通して行われた。一段は木鉢の径の合計が二〇尺だったという。

今までに小椋弥市が彫った木鉢の中で一番大きかったものは、両神村野沢で伐採したトチノキから作ったもので、直径七五㌢（二尺五寸）、高さ二六㌢、深さ二一㌢、縁の厚さ五・二㌢であった。

木鉢の運搬

完成した木鉢は二尺物の大きなものから、最後は一尺五寸の小さなものへと順に八枚程タケノコ状に重ねた。これを傷つけないようにコモで包み、藤蔓などでしっかりと縛った。太い藤は芯が空洞なので、皮をむいて使った。細いものは、そのまま二つに裂いて使用した。

荷の長さは一・五㍍程、重量は六〇キロ以上になった。この荷は、依頼しておいた運搬専門の持ち子が来て、背板に付けて運んで行った。一度頼むと持ち子は二、三日おきくらいにやって来て、専属になる場合もあった。

三　室小屋

木鉢の燻し

出来上がった木鉢は、室小屋の棚の上に乗せて燻《いぶ》した。室の中央に熾《おき》を置き、その上に木端や木屑を重ねて、更にその上に大きめの木端を積み、一晩中くすぶらせた。火が燃え上がらないようにするのがコツであった。夕方火をつけて、朝方までくすぶるように、木端の量を考えてくべた。

くべる木端は、トチノキのドンガラが最適であった。トチの木端は、茶色の煙が出て室の棚の上に置いた白い木鉢を、黄色味がかった渋味のある色にした。木の肌も締まり、割れにくくもなった。

一晩燻した木鉢は、翌朝室小屋から取り出して、あとは出小屋の棚に上げておいて、一カ月程じっくり乾燥させてから出荷した。製品は、大きな順に重ねてコモで包み、藤蔓でしっかりと縛った。これを持ち子が、背板に付けて元締へ運搬した。栃本の大村家などの元締では、それぞれの出小屋から運ばれてきた木鉢などを保管すると共に等級を付け、小荷駄や馬トロッコを利用して、各地へと発送した。

室小屋

室小屋の場所は、山の斜面をうまく利用して作る場合もあった。斜面を縦に削り、室の土台を平らにならして、その上に六尺四方くらいの室小屋を建てた。斜面を削った方が室小屋の裏になった。

室小屋は屋根も周りも杉皮で囲み、入口だけは、ムシロを二枚重ねてつり下げた。煙は杉皮の隙間から、多少漏れて出るようになっていた。煙が出過ぎても、全然出なくても木鉢の仕上がりは悪くなるので、杉皮の葺《ふ》き方加減が難しい。

室小屋で一番肝心なすのこの棚は、六尺くらいの高さの所に丸太で作った。木鉢が一〇枚くらい、少し重ねながら並べて置ける広さで、木鉢は必ず伏せて棚の上に乗せた。これは下から上ってくる煙が、彫った木鉢の中へよく入るようにするためであった。

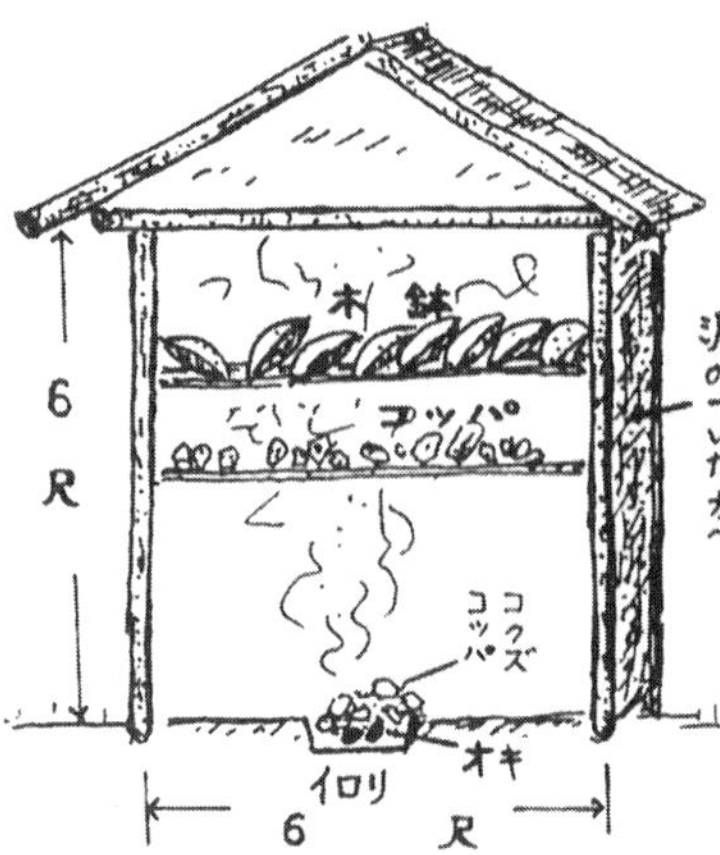

室小屋の内部

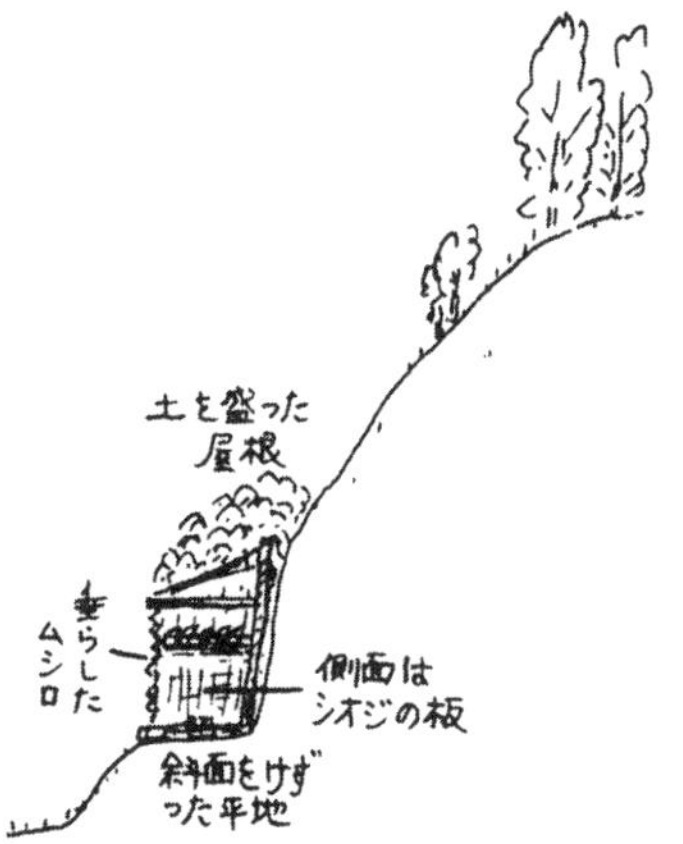

山の斜面の室小屋

四　道具類

ろくろ

明治期の木地屋の多くは、山の小屋でろくろを回して椀や盆などを作っていた。女衆はろくろの綱引きの役で、夫婦一体で作業をしていた。しかし、次第に木地屋が山を下って里に定住するようになると、主に妻や子供たちは祖父母たちのいる里の実家で生活するようになり、男衆だけが山に出小屋を掛けて作業するようになっていった。従ってろくろを回す者がいなくなったこともあり、ろくろを必要としない大きな木鉢作りが中心となっていった。

現在両神村大平の小椋久子宅には、二基のろくろが残されている。どちらも台は厚いケヤキ材を使ったもので、重くてどっしりとしている。その一基の台の長さは九二㌢、鉄の心棒は六一㌢、他の一基の台は五七㌢、心棒四六㌢で、どちらもその先には四本の爪の出ている直径一〇㌢の鉄製の円盤のろくろがついている。この爪に椀などの裏側になる部分を打ち付けて固定し、ろくろの回転によって製作していた。

この二基のろくろは、丹次郎（明治二・一八六九年生）の代までは使用していたもので、その長子の健次（明治二二年生）の代には、木鉢専門となったのでほとんど使わなかったという。

鉄太郎（明治二二年生）が生前語ったところでは、自分が

ろくろ（小椋久子蔵）

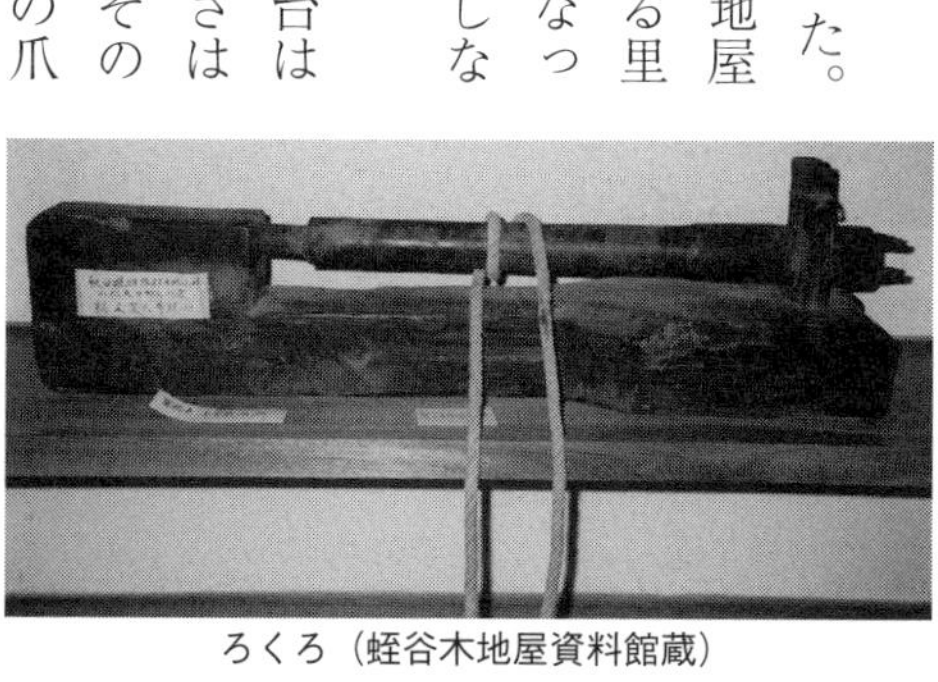

ろくろ（蛭谷木地屋資料館蔵）

二〇歳頃までろくろを使用していたが、それ以後は使わなかったという。これらのことから、秩父では木地師の手引きろくろの使用は明治末期ごろまでだったようである。

丹次郎の三男、市蔵（明治三五年生）の話。

「手引きろくろは、母が心棒に巻き付けた紐を手で交互に引っ張りながら回し、祖父や父がこれでお盆、お椀、おたま杓子などを作っていたのを見たことはあるが、私は使ったことはなかった。明治の末ごろからは、水車で回すろくろも登場した。後に一人でも仕事の出来る足踏みろくろなども出て来たが、木地屋はこれらのろくろを使用しないで、木鉢を主に作るようになった」

道具と柄

木地屋の使用する道具類は、以前は自分たちで製作したり、壊れた場合も修理したので、昔の木地師は鍛冶の腕も持っていた。後に鍛冶屋に注文するようになったが、柄はみんな自分で据えた。

ナカキリの柄はフジキ、シオジなどの木で、自然に曲がっているものを使った。股の部分などを使うと、力を入れた時に股のところから柄が裂けてしまうからである。

小椋市蔵は、荒川村の猪鼻に行きつけの鍛冶屋があった。修理する道具は直接背負って行った。新しく調達する道具は、見本を持って行き、「このようなものを作ってくれ」

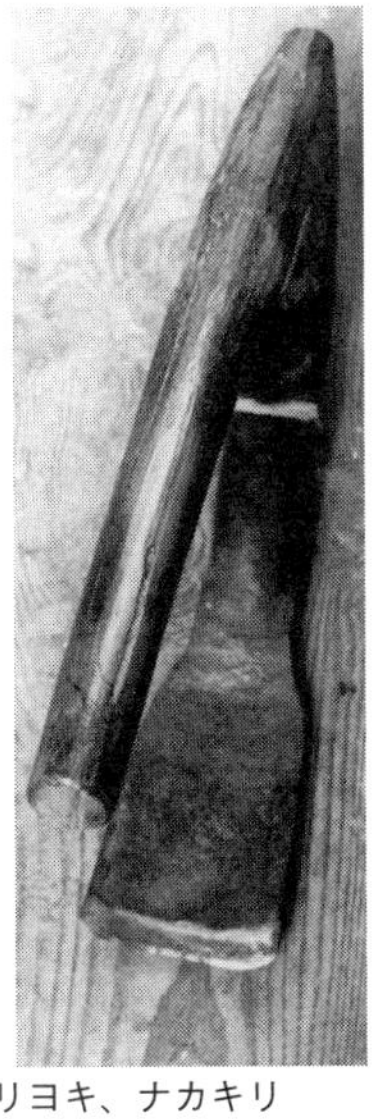

（左から）ハツリヨキ、ホリヨキ、ナカキリ

といろいろ注文しながら依頼した。

ある時市蔵は、ノドリをして道具類をコヅクリ台の下に隠して小屋へ帰った。ところがその晩から大嵐になり、嵐が治ってからその現場へ行ってみると、コヅクリ台や道具類も流されてしまっていた。道具がなくては仕事が出来ず、とうとう一週間以上も休んで、鍛冶屋へ泊まり込みで、あれこれ注文を出しながら道具を作ってもらう羽目になってしまった。

小椋弥市の場合は、ツボウチなどは栃本のハゲシゲという鍛冶屋で、ササ鉋《がんな》は越前の刃物屋に特別注文して作ってもらった。道具類はそれぞれ同じものでも、二つはそろいのものを手元に持って仕事をした。これは一つが壊れても、仕事が続けられるためである。

砥石

鉞《まさかり》などの刃がまくれたりしたものは、削《けず》り庖丁《ぼうちょう》でその部分を削って、刃を滑らかにした。削り庖丁には、柄が片方のものと、両方に付いていて力を入れて両手で削るものとがあった。

砥石《といし》は、最初に粗砥《あらと》という粗い砥石で研いだ。これにはトラド、アオドなどがあった。次に金剛砂《こんごうしゃ》のハツケ砥石を使った。これは普通の砥石で、鉈《なた》、鎌などもこの砥石で研いだ。仕上げは、目の細かい滑らかな鉄の砥石で研いだ。最後はコバッケという、羊羹《ようかん》くらいの小さな砥石で、手で触ると少し引っ掛かる刃の先端の返りをとった。ササ鉋《がんな》のような小さな刃のものも、このコバッケで研いだ。

クサビ

クサビは「ヤ」と呼び、カシ、イタヤ（大モミジ）、コクワ、カショウシメなどを雨の日などに、鉞《まさかり》で長さ八寸（編注・約三〇センチ）くらいに削って作った。よいクサビを作るコツは、片側を平らにして、先をほんの少し曲げておくと具合がよかった。

特にコクワのクサビは、干して乾燥させると非常に粘り強く堅くなり、トチノキに打ち込むと跳ね返す性質を持っている。鉞の頭などで叩くと「カンカン」と金属音がする。木鉢の疎木《あらきど》取りなどをする時は、ホリヨキで木に少し傷を付けて、そこへ三本から五本くらい打ち込んだ。トチノキの性質などにより、ヤを打ち込むとすぐに剝がれるものもあるが、中にはなかなか剝がれず、半日かかってやっと一個分取れるくらいのものもある。平均的に加減をみながら、鉞のミネ（頭）で打ち込んでいく。

コクワ

尺棒

尺棒の先端はカギ型の鉄製で、本体は竹で作る。尺棒は定期的に検査を受けなければならず、検査官が巡回して来た。合格した場合は、尺棒の竹の部分の後に、小さな番号の焼印を押してもらった。

普段は合格したこの尺棒を基にして、シオジなどから自分で代用品を作っておいて、これを使用することが多かった。尺棒の長さは二尺五寸（編注・約九五センチ）くらいで、一番小さい木鉢（八寸）の長さの所から目盛りを付けていった。

ブンマワシ

これは手製のコンパスで、木鉢の大きさを決める時に使用した。ホウノキやシオジで作り、ホウノキのものは非常に軽くて扱いよかった。長さは六〇センチくらいで、中程に竹のヒゴを差し込み、片方は固定させておく。もう片方は伸縮自在で、大きさが決まると竹の小さいヤを隙間に差して止めた。正目の方は乾燥すると縮むので、一尺五寸の木鉢は正目側の幅をブンマワシで三分程長くして書き、縮んだ時に丁度丸くなるようにした。

固定させておく先端は、釘などを刺しておいた。もう片方の墨を付ける先端には小穴を開けておき、細く削った竹や、通称ウシゴロシと呼ぶマユミなどをその穴へ差し込んだ。そして墨が良く含むように、その先端を叩いて柔らかくしておいた。後には、鉛筆を差し込むようになった。

墨壺

墨壺は竹で作り、長さ三寸くらいの竹筒の底に、三分の一程真綿を詰めて墨を染み込ませ、その周りを木綿のボロ布で包んでおいた。この中に、ブンマワシの先を入れて墨を付けた。竹筒には、掛けられるようにヒモを通しておいた。

ブンマワシ

上からヒラクチ、ツボウチ、ササガンナ

五　その他の製品

秩父の木地屋の製品は、古くはろくろなどを使用して椀、高杯、たばこ盆、杓子などを作っていた時期もあったが、次第に木鉢中心になった。木鉢以外では、次のような製品も作っていた。

コゾロ

これは蚕のお蚕上《こあ》げ用に使用した養蚕木鉢で、お蚕盆《こぼん》、お蚕皿とも言った。直径一尺程の小さくて浅い木鉢である。材料はトチの他に、カツラなどが用いられた。外側は手斧《ちょうな》で削っただけで、座りを良くするために底を広くした。養蚕の盛んな秩父地方では需要が高く、養蚕農家では二〇枚前後は持っていた。

青梅木鉢

直径一尺二、三寸くらいのコゾロよりやや大きめの木鉢である。特徴は、底を広くしたもので、座りがとても良かった。外側も鉋《かんな》で削ったので見栄えも良かった。

フナガタ

お盆の一種の楕円形の容器で、果物などをのせるのに使用した。舟の形に似ているところからこの名になった。大きさは長径一尺、短径八寸が標準であったが、その他に長

コゾロ

径が八寸と一尺二寸の、全部で三種類の大きさのものがあった。外側は手斧《ちょうな》で削り、内側には花などを彫刻して、漆塗りで仕上げて飾り木鉢などの製品になった。ただし木地屋の作業は、手斧削りと中をくりぬく段階まででであった。

キリバン

木地屋のアイデアになる独特のキリバン（切り板）を使用した。木鉢の中央に「ヘソ」と呼ぶ、鉢の縁より一センチ程高く彫り残した方形の部分を作り、これがキリバンとなりその上で野菜などを切った。切ったものは周りに落としても鉢の中へおさまり、とても具合がよかった。キリバンにでこぼこ傷がついたら、何度もなめらかに削って使用した。座敷や外などどこででも使用できるので、移動する木地屋にとっては便利なものであった。

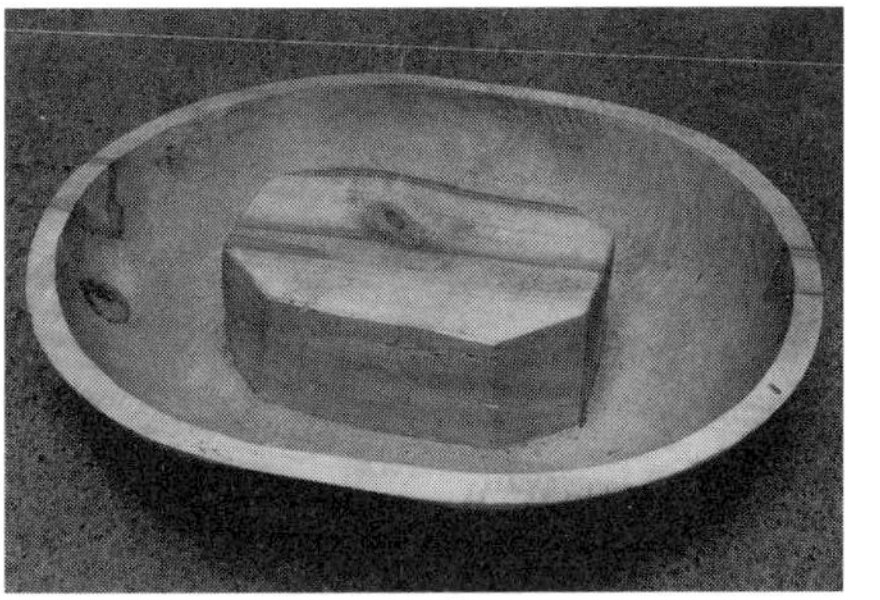
キリバン

立臼

立臼は、生木のケヤキで彫った。「一升一人」という言葉があり、一般には一人で一日に一升彫れた。従って、三升臼を一人で彫るには三日かかった。三升臼は、内径が一尺、深さ八寸五分が標準とされていた。最初にケヤキを、縦横一尺六寸の同じ大きさに切った。次にブンマワシで、大小丸い輪を二本引き縁の厚みを決めた。枕木を置きその上に少し斜めに立臼の原木を倒して、外の周りを鉞《まさかり》で最初は粗削りして徐々に仕上げげた。原木の上に登って削る場合もあった。

内側も最初は鉞で、その中心から粗く彫っていった後、更に片手手斧で彫り進み、最後はササ鉋《がんな》で仕上げをした。良い立臼を彫るコツは、適度のカブリを付けることである。カブリがあると、餅をこねても内側へめくれて、決して外へは出ない。米をつく時も、米が外に飛ばない。このカブリ具合が大変難しかった。内側が仕上がったら、外側の底の中央部分を二寸くらいえぐった。こうしておくと、立臼の座りが良く、餅をついている時も安定性があり動かなかった。最後に立臼の胴の周りに等間隔に、移動させる時に手を掛ける「テガケ」を彫って出来上がりとなった。

六　材料

トチ（栃）

木鉢の材料のトチノキは、高さが最高三〇メートルにもなる落葉樹の喬木である。木地師はまず山見をして、最低百年以上から四百年くらいの太い木に目をつける。気に入ったものが見つかったら、山の地主に話をつけてその木を買い取った。

トチノキは柔らかいので木炭に適さず、すぐに燃えてしまうので良い薪にもならなかった。木炭業が盛んな頃は、主に木地屋は炭焼き業者たちと行動を共にしていた。山仕事の伐採者も下刈りの時、小さいトチノキは残すようにしていた。大きくなるとトチの実をつけ、里人はこの実を、非常食や栃餅などをついて食料としていたからである。

明治の初めごろまで木地師は、山奥のトチノキを自由に伐採できた。トチノキは大きな老木には、あまり実をつけないという。里の人たちは山麓の山の木々の恩恵を受け、木地師たちは、それより奥の木を利用しながら住み分けていたので共存出来たのであろう。

トチノキは「白栃」と言って、白い部分の多いトチが最上とされた。中心部の赤身は割れやすく、ひずむ（そる）ので捨てた。昔の木地小屋の付近には、製品にならない赤身のトチの原木が沢山転がっていた。これを木地屋仲間では「ドンガラ」と呼んでいた。

カツラ（桂）

主にコゾロやフナガタの材料にしたカツラは、トチと比べるとあまり粘りがなかった。一本だけ独立して生えているものは、「デッチリ女と一本桂は、くどくに及ばず」と言われて敬遠されていた。この一本桂は、黒くて目も粗く、表皮の溝が深かった。また割れにくいので、加工しにくかった。

良い桂とされていたものは、同じ根から何本も生えているようなもので、色が茶色味がかり、皮も薄くて剝げやすかった。ピリッと割れやすい性質があり、原木から製品にする材料を取りやすかった。このような木を「サクイ」と言った。人間のように、気性が良いという意味である。

七　食生活など

炊事場

出小屋の場所を決める条件は、付近にトチノキがあることと共に、水場のあることも重要だった。従って出小屋は、沢の近くが多かった。炊事場は小屋の軒下の場合もあるが、ほとんどは小屋から少し離れた外に、簡単な片屋根を設けてその下で行なった。キリバンはどこへでも持って行けるので、沢などのそばがすぐに調理場になった。

水はソソヤケという、幹が空洞の植物を長くつないだ樋で炊事場まで送水した。それを流しのそばのイタミ樽などの水槽にためて、炊事や飲料水その他に使用した。ソソヤケは竹に似ているので「竹似草」、また振るとガラガラ音がするところから「夕立ガラ」とも呼び、比較的山のどこにでも見られる植物で、樋として三年くらいは使用出来た。

風呂場と便所も外に設けた。風呂は、鉄砲釜の木風呂に入った。便所は柱を四本立てて片屋根を葺《ふ》き、片開きの戸も針金で上下を結び、回転する戸の芯は一升瓶を逆さに埋めて、へこんでいるけつに立てたりした簡単なものであった。

ソソヤケ

食事と食料

主食の穀類などは里の実家に田畑のある木地屋は、里から背板で運んだりした。一般には米、うどん、味噌、醤油などの食料は、街の問屋や商店へ注文して、持ち子に頼んで出小屋まで運んでもらった。炭焼き人は米の飯を食べていたが、木地屋は米七分、碾割《ひきわ》り三分くらいであった。当時の農家はその逆で、米三分、碾割り七分くらいか、もっと麦の方が多かった。おかずにするシャケ、ニシンの魚類、ヒジキ、カンピョウなどの乾物類も取り寄せた。

出小屋の近くには、小さな焼き畑を作ったりした。土地が肥えているので、五、六年は肥料なしでもジャガイモ、インゲン豆、菜っ葉などの作物がよく採れた。山菜も大いに利用して食べた。食用になった主なものはセリ、ミツバ、ウリッッパ、ママッコ、タラッペ、ウド、カタクリ、アカザ、ヤマブドウなどであった。アザミは胡麻よごしにするとおいしかったが、ときどき口にとげが刺さったりして食べづらかった。アザミの根も、細いゴボウのようで食用になった。フキノトウに似たミズナは、茹《ゆ》でこぼして食べた。クリモタセ、ヤマドリモタセなどのキノコ類は、山で疎取《あらどり》した木鉢の間に入れたりして、一緒に背板で小屋まで運搬した。

木の実も食用とした。トチの実はあくを抜いてから、「栃粥《とちがゆ》」にして食べた。栃餅は、トチの実二分、米七分の割合でつくと、とても香りの良い餅になった。「ヤシャビシャ」は大木の股の間に、鳥の糞から生える寄生の植物で、青い実がなった。これを干して乾燥させてから煎じて飲んだ。神経痛や産後の肥立ちなどに良いとされていた。

時には、知り合いの猟師から熊、鹿、イノシシの肉をもらって食べることもあった。熊の肉は脂っこくて、体がよく暖まった。イノシシの肉は精が強過ぎるから、女の人は食べるなと言われていた。事実、イノシシの肉を食べて頭がおかしくなった女性もいた。

食事の時は、「マッコ」と呼ぶ小さい台を用意した。これはカツラ、シオジ、ブナ、サクラなどの広葉樹を、直径四、五寸四方に切ったもので、個人用のちゃぶ台である。これにおかずや味噌汁などをのせた。子供は、一つを共同で使用したりした。

主人は「箱膳《はこぜん》」などを使っていた。食べ終わると最後に茶碗へ白湯を入れて、箸も洗いながらよくかきまぜ、茶碗の中をきれいにしてから飲んでしまった。それを箱膳の中に入れて、次の食事は、そのまま取り出して使用した。洗う手間と水の節約が出来た。

動物

小屋の回りには、野ギツネ、野ウサギ、イタチ、野ネズミなどのいろいろな動物がやって来た。大物では猟師に追われた鹿が、小屋の中へ飛び込んできたこともあった。オコジョはどういうわけか大切にしていた。魚釣りをしているとついて来て、釣り損なった魚を素早くくわえて持って行ってしまった。オコジョが現れたら釣りは取りやめた。川ネズミは川に潜り、魚をみんな追い飛ばしてしまうので、これが川に入った時も中止した。

昔、栃本と川又の中間の路傍に一本の大木があって、その木にカケスが一羽すみ着いていた。栃本の木地小屋にいた酒好きの人が、川又にあった居酒屋へよく飲みに行っていた。そのうちにその人が大木の下を通ると、上から舞い降りて来て肩に止まるようになった。「また帰りにな」とその人が言うとカケスは舞い上がり、その人が一杯飲んで木の下を通るのを待っていた。そして気分よく鼻歌まじりで戻って来ると、また舞い降りて来てちゃんと肩に止まった。人と鳥とが、感情で結ばれていたほほ笑ましい話である。

八　行事と信仰

山ノ神祭り

山ノ神　木地屋、杣《そま》、木挽き、木炭などの山仕事の人たちは、それぞれ山ノ神を祀っていた。小屋を移動する時は、山ノ神の社はそのままにして、大山祇神《おおやまつみのかみ》と書かれた木札だけ取り出して持っていった。この木札も、その前の小屋の時に祀っていた古いものであった。

小屋を造ったらまず最初、その近くに山ノ神の社を祀る所を探した。祀る場所は、岩陰や大木の根元などで、特に三本くらい大木がある所などが好まれた。これら大岩や老木には、神が宿ると信じられていたことと、風よけのためもあった。社の中へ入れる木札は、前の小屋近くで祀っていたもので、あまり古くて文字が読みにくくなったり、何かのきっかけの時には、古いものはそのままにして、新しい木札を新調することもあった。

小屋の仕事場にも、山ノ神の神棚を作り、「キリハライ」（幣束）を飾った。作り方は、わらを束ねて三カ所縛り、上下両端をすっぱりと切り取る。これを立てて倒れないように、下に竹か木の細い棒を四本刺す。上の切り口の中心には、幣束を一本刺してこれを御身体として祀った。

神棚は東向きで、毎朝ローソクを一本立てて「家内安全」などと唱えながら、柏手を打って拝んだ。これが済むと、危ないので火はすぐに消してしまった。一年経った御身体は、外の山ノ神へ持って行くか、ドンドン焼きの時に燃やしてしまった。

祭日　毎月一七日が山ノ神の日で、この日は仕事を休み、回り番の小屋で、酒、さかなで子供ともども祝った。

特に一月一七日と一一月一七日の「ヤマノコー」（山の講）は盛大で、木地屋、杓子師、下駄屋、杣などが小屋に集まり、共同で一日中行なった。食事は持ち寄り、その他準備のために、酒や必要なものを里まで買い出しに行ったりした。山ノ神へは注連縄《しめなわ》を張り、竹筒に入れた御神酒、尾頭付きの魚、季節の野菜類、モミジの枝にさした繭玉、松の枝、大山祇神の旗、オッカドの木で作ったササラなどを供えた。

神酒を入れた竹筒は「オリスズ」といい、長さ八寸くらいの細い竹筒を二本作った。竹筒の下は節の所から切り、上は斜めに鋭く切った。この二本を一緒に麻縄で三カ所縛り、一番上の麻縄は長くしておいて、目通りくらいの高さで、山ノ神のそばの木へ縛った。魚は昔はオコゼを供えたが、近年ではどんな魚でもよくなった。

大山祇神の旗

旗は長さ六尺、巾一尺くらいの寒冷紗（荒目のさらし）に墨で「大山祇神」と書き、篠の棒につるして納めた。ひもで社の近くの木の枝につるす場合もあった。ササラは、長さ三寸くらいのオッカドを削って作った。このササラの芯に、半分に割った竹の一片を更に節の所まで三つに割り、先を尖らして差し立てた。

山ノ神の日以外でも、よいトチノキが見付かったり、よい取引が出来た時など、お神酒を持って行き、山ノ神へ供えて感謝した。

四月と一一月の七、八、九の三日間は、祖神惟喬親王のお祭りもした。当日は同業者の木地師たちが宿に集まり、親王様と聖徳太子の尊像の掛軸の前に道具類を飾って、赤飯、尾頭付きの魚などを供えて祝った。

惟喬親王尊像の掛軸

仕事休みなど

正月休み　正月は仕事を休み、道具類を仕事場に並べ、その前に門松を立てて注連縄も張り、弊束を立てて餅などのお供えをした。臼の周りも、自分でなった縄に弊束を付けて飾ってから餅をついた。餅つきの時は「セッカイ、ナギナタ、ワラボウキ」と言って、一人が餅の返し手となり（セッカイ）、臼や杵にくっ付いた餅をよく取り（ナギナタ）、時々水をかけて餅の張り付くのを防いだ（ワラボウキ）。

一月七日から一〇日にかけては木地屋の祭りで、仕事を休み神様を祝った。七日は、良い材料になる大木が手に入るようにと山ノ神に祈った。八日は、仕事が繁盛するようにと八幡様に祈った。九日は道具に感謝する日で、金山様に祈った。この日はコヅクリ台の上に道具類を並べ、御神酒を供えた。一〇日は、金比羅様に祈った。

一月二一日も山仕事はしなかった。この日に木を切ると、木の幹から血が出ると言われていたからである。その他に仕事は、長く続けた時や強い雨の日、村の付き合いの時に休む程度であった。戦時中は、仕事を休んで里まで配給の品を取りに行ったりした。

山の子ダンス　一月七日から一〇日の祭日、二月一七日の山ノ神の日などには、米の粉を熱湯でこねて「山の子ダンス」という、繭玉くらいの丸い小さな団子を作った。この団子を親指で押して窪みを作って、椀や木鉢に見立てた。この団子をたくさん作って山ノ神へ供えると共に、日頃世話になっている近所に配ったり、おしるこに入れて食べたりした。

ごへい餅は米の御飯をつき潰して、箸などの先に平たく延ばして付け、囲炉裏の遠火であぶり、味噌などを付けて食べた。

ホタ神様

小椋市蔵の話　「一二月暮れの二八日ごろ、二、三人で山へ入り、細いトチノキを切ってこれを小屋まで（引き）ずって運び、六尺くらいの長さで二つに切った。直径三〇㌢程の太い方を「オボタ」と呼び、これを元旦から一五日までの大正月の期間中、囲炉裏にくべて、燃え残りが少し出来るようにとろとろと燃やした。翌一六日は、直径二〇㌢程の「メボタ」を、燃え残りのオボタの尻につけた。オボタが燃え尽きると、メボタにも火がついて、小正月の二〇日まで燃え続けた。オボタやメボタが燃えている時、その上にお供え餅を乗せて置いたりした」。

小椋明の話　「長さ六尺、太さ二、三〇㌢の黒ブナやモミジ（黒木の針葉樹でなければどんな木でもよい）の生木を、火棚からひもや針金で、ホタの燃えやすいように吊った。ひもには、半紙で作った幣を付けておき、ホタの上には少し塩をのせた。ホタが燃えて短くなると、次のホタをその尻につけて、火を絶やさないようにした」。

このように囲炉裏は、火の神の宿る神聖な場所とされ、絶対に汚してはいけない所だったので、いつもきれいに使用していた。子供が囲炉裏の中へうっかりつばなどをすると、叩かれるほど親から叱られたものであった。

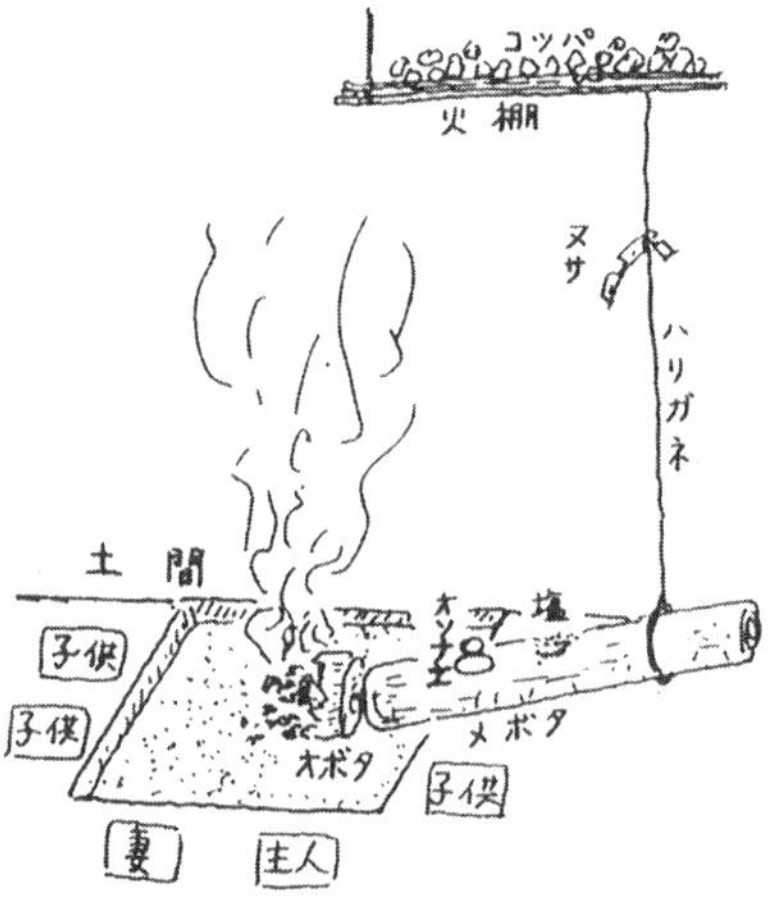

ホタ神様

忌禁

木地屋仲間では、いくつかの忌禁があった。その中で切ってはいけないとされていたものは、次のような木であった。

①三本同じように並んで立っている木。
②「マト木」と言って、弓の的になるような幹に穴の開いている木で、特に穴が東に向き、朝の太陽が穴から見えるような木。
③「カブト木」と言って二股になっていて、特にその下に穴など開いている木。
④「トオリテンパク」通称天狗の腰掛けのある木。

また、コブのある木で、それが人や石仏に似ているものには、切る前にお酒をかけて清めてから切るようにした。

切り倒した根株の中心には、「いっときぼい」と口で唱えてから、笹を一本切って挿した。近くに笹がなければ、生き生きとした木の枝でもよかった。これは切った木の付近が、寂しくならないようにとの配慮からであった。

道具類は木地師の命にも等しいもので、日頃から大事に扱っていた。女性が道具を跨《また》ぐのさえ嫌った。

株祭り

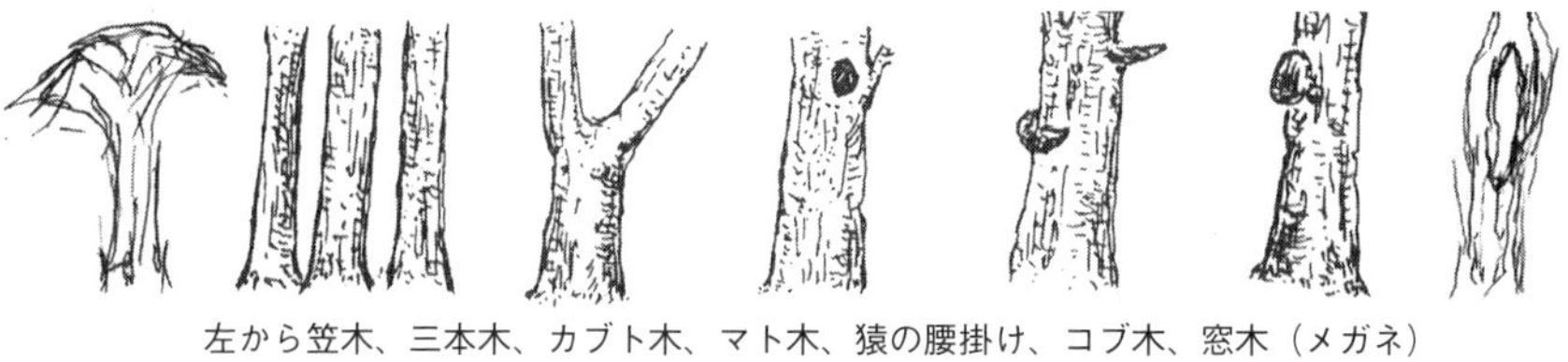
左から笠木、三本木、カブト木、マト木、猿の腰掛け、コブ木、窓木（メガネ）

第五章　木地師のふるさとを訪ねて

一　永源寺

木地屋発祥の地といわれている滋賀県の旧東小椋村（編注・現東近江市）へは、かねてより一度は訪ねたいと思いつつも、交通の不便さから延び延びになっていた。平成二年の春、山村民俗の会の会合に参加した際、小野洸、羽賀正太郎の両氏から訪問を勧められ、今年こそ訪れてみようと決心した。さっそく永源寺町（編注・現東近江市）の教育委員会へ、交通機関や木地屋関係などの問い合わせをした。数日後、松吉寛三永源寺町教育長から、丁寧な返信と共に資料が送られてきた。

その年の夏、夜行列車で米原まで行き、近江鉄道の一番電車に乗り八日市駅で下車した。ここで七時発のバスに乗り換え、永源寺へ向かった。七、八人いた乗客は、八日市の街中を過ぎる頃には全員降りてしまった。私一人を乗せたバスは、約四〇分程で終点の永源寺前に着いた。旧東小椋村君ケ畑行きのバス発車まで二時間近くもあったので、古刹永源寺を見学することにした。

当寺は、臨済宗永源寺派の総本山で、町名もこの寺名からとったものである。早朝のこともあり、見学者は広い境内に私一人で、大きな本堂には圧倒させられてしまった。よく整備された境内には、随所に枝振りの良いモミジが配されている。紅葉の名所として、特に秋の季節には多くの観光客でにぎわうという。

二　蛭谷

蛭谷へ

永源寺から小椋谷の終点、君ケ畑行きのマイクロバスに乗り込んだのは、私と地元高校の山岳部員の一〇名程であった。ただし大きなリュックも一緒なので、小さなバスは人と荷物でたちまち満員になってしまった。

高校生たちは夏山合宿で、これから鈴鹿山脈の縦走に向かうところであった。私は二〇年前の三月に、鈴鹿山脈の藤原岳、竜ヶ岳などに登山したことがあった。この時にはこの山の谷が、木地屋発祥の地であることなど知る由もなかった。バスに揺られながら元気な高校生たちの話を聞いているうちに、鈴鹿の山にはまだ雪が深かった当時の記憶が少しずつよみがえって来た。

バスは永源寺ダムの湖面を左に見ながら、狭い道を奥へ奥へと進む。高校生たちが途中で降りてしまうと、バスの中は私一人になってしまった。渓谷沿いの道は、曲りくねりながら更に狭くなってきたが、バスの運転手さんは、谷底へ落ちるのではないかと冷や冷やしている私を無視するかのように、慣れたハンドルさばきでスピードを上げる。

政所、箕川を過ぎ、一〇時頃に木地屋発祥の蛭谷集落へ着いた。あらかじめ電話連絡をしておいたので、バスから降りると小椋清子さんが出迎えてくれた。がっしりとした構えの小椋家は、バス停からすぐであった。

清子さんの話によると、蛭谷は戸数六軒の小さな集落で、いずれも小椋姓である。既にかなり以前から、当地には木地屋をしている人はいない。ただし当地出身者で、名古屋方面に一度出た人が蛭谷へ戻り、今は機械により木工品の製作をしているという。

筒井八幡神社

小椋家でお茶をごちそうになり少し休んでから、清子さんに案内をしていただく。全国木地師の本所とされた帰雲庵の前から、石段を登って筒井八幡神社に詣でる。惟喬親王を祀る当社は、「筒井公文所」の名で全国の木地師たちを氏子として統轄していた。この社の半開きにした狛犬の口の中には、同じ石材の丸い玉が入っている。開いている口より大きいので、絶対に口から出すことは出来ない。どのようにして入れたのか、不思議の一つというが、多分狛犬の口の中を彫る時に、玉も彫って残したのであろう。

筒井神社について永源寺町教育委員会の案内板は、次のように記す。

「貞観七年（八六五）一一月、人皇五十五代文徳天皇第一皇子惟喬親王は、この地より約二粁（編注・キロメートル）北にある筒井峠に宇佐八幡宮を勧請せられて筒井八幡宮を創建された。

その後、筒井峠はロクロ発祥の地、木地都市として栄え、筒井千軒の豪華さと謳われるようになった。また後世まで全国津々浦々にわたって轆轤《ろくろ》師に免許を与え、且つこれらを支配して来た公文所（役所）も設けられていた。

近代精密工業発展の今日に至ってもロクロ師の業挽物関係の工業を継ぐ物は当神社を崇敬し遠隔をとわず常に参拝者が後を絶たない状況である。尚現在の神社は明治初年管理の都合上、筒井峠から当地に遷宮されたものである。」

神社のそばには、昭和五四（編注・一九七九）年に建てられた木地屋資料館があり、管理者の小椋さんに鍵を開けていただく。資料館の中には、御倫旨、氏子駆帳、往来手形、宗門手形、筒井公文所印鑑、ろくろ、伝統木製品などが保管されていた。

小椋宅へ戻るとご主人の久作氏は留守であったが、清子さんからいろいろな木地屋関係の資料を見せていただいた。杉本寿、橋本鉄男を始め、木地屋研究者も当家を訪れ、その分厚い著書類が当家に送付されて来ていた。しばらくして清子さんが、除籍の部の氏子名簿を出してきてくれた。表紙には自明治廿年、至大正六年四月と記されている。埼玉県の項には二九名と記され、これをめくると、全て秩父地方の小椋家の名前が、続々と出てきたのでしばし感激した。

三　筒井木地屋遺跡地

筒井峠へ

台風の影響で天候は優れなかったが、筒井峠にある木地屋遺跡地を訪ねることにした。小さな蛭谷の集落を抜けるとすぐに道は分岐、右は君ケ畑、左が筒井峠への道である。一五分程登った頃、道端の草刈りをしていた人に峠までの時間を聞くと、あと五分くらいだろうと言う。ところがかなり歩いても、峠らしき所に着かない。高原状の所に出ると、右に日本習字皇学園があり、ようやく峠の頂に「惟喬親王御陵」の標識があった。

峠の左手一帯が「筒井千軒」といわれていた所で、筒井神社も元はここに祀られてあったが、明治初期に蛭谷へ遷座したものである。旧社地の神域に入ると、右に昭和五三年に建設された惟喬親王尊像がある。全国の木地屋関係者により建てられたもので、寄進者は、小椋、大蔵姓が圧倒的に多い。関東の寄進者は少なく、埼玉県からは一人もいない。

惟喬親王御霊塔（滋賀県筒井峠）

筒井千軒跡

奥へ進むと、親王幽棲の地と伝える旧社があり、社の周囲には黒い河原石が敷き詰められていた。「まなごいし」と呼び、次のようないわれがあるという。

「御社の敷内には、数百年前よりこの石が数限りなく敷き詰めてある。ろくろ師の人たちは、資材を求めて筒井を離れ、旅をして全国各地に住み着いた。故郷の当社へ詣でる時は、その土地の清流早瀬で、永い年月をかけて黒く磨かれた小石を一個求めて、これを御供えして祈りをささげた」。

神域の杉林の中には「筒井千軒跡」の石碑があり、昔はこの付近一帯に多くの木地師が住んでいたという。惟喬親王御陵と伝える一番奥まった所には、石柱の囲いの中に五輪塔があり、石碑には「神道皇大明神延宝六年十一月九日願主大岩助左衛門」と刻まれた文字が読み取れる。

一人の若者が、バイクに乗ったまま神域の中まで入って来たかと思うと、そのままUターンして爆音を立てながら、何も見ないで行ってしまった。また神域の入口で車を止めたドライバーは、窓越しに外を眺めると車から降りないで発進してしまった。いずれも木地屋に関心のない人たちには、何の見るべきものもなく興味の湧かない所であろう。一方充実感に満ちあふれた私は、軽い足取りで筒井の旧跡を後にして、次の目的地である君ケ畑へと向った。

四　君ケ畑

君ケ畑

分岐まで戻ってから、深い御池川の渓谷を右下に見て、三、四〇分歩くと君ケ畑であった。蛭谷に比べ広々と開けた大きな集落で、民家の屋根の勾配はどれも急傾斜である。当地は一月から三月の期間、大雪が降り二尺（編注・約七六センチ）も積もることがあるという。このため屋根に積もった雪が、自然に落ちるように勾配が急なのである。

緩やかな斜面には茶畑が多く、「政所の茶」として知られている。飲料水は、周囲の山から豊富に湧き出した水をコンクリートの水槽にため、共同で使用している。

器地祖神社と高松御所

最初に轆轤《ろくろ》祖神の惟喬親王を祀る、大皇器地祖《おおきみきじそ》神社を訪ねた。大杉に囲まれた昼なお暗い神域で、地元の人たちが熱心に清掃をしていた。聞けば一カ月に一度は、全国各地から参拝する人たちのために、分担で清掃活動をしているとのことであった。

次に、高松の御所と呼ばれる金龍寺に行ってみた。山門をくぐると、菊の紋章の幕が掛かった立派な本堂があった。寺伝によると都を追われた惟喬親王は、わずかの家臣を連れて深山の小松畑に分け入り、ここを仮御所と定め金龍寺などを建立した。そこで里人は小松畑を君ケ畑と改め、当寺を「高松御所」と呼んで崇拝したという。蛭谷の筒井公文所と共に、全国の木地屋を支配したが、両者の間で本家争いも起こったという。

金龍寺の見学後、民家の土間が店となっている小さな雑貨屋へ寄り込むと、近所の人たちが数名集まって雑談をしていた。「ゆっくり休んでお茶でもどうですか」と誘われたが、三時のバスの発車まであまり時間がなかったので、少し休ませてもらってからバスの停留所へと急いだ。しかし小椋谷は、バスの走る道であればどこでも止めて、乗せてくれるのんびりした所であった。

大皇器地祖神社（滋賀県君ケ畑）

高松御所金龍寺（滋賀県君ケ畑）

五　政所

八幡神社

三時のマイクロバスの乗客は、私一人であった。その日は政所に宿を予約しておいたので、君ケ畑を後に蛭谷へと戻り、更に箕川を通過してお茶で名高い政所で下車した。まだ時間が早かったので、宿に荷を置いて付近を散策することにした。当地の八幡神社も、祭人は惟喬親王であった。境内には木地師の祖、小椋実秀の墓とも伝える宝篋印塔があり、室町末期からの古能面も当社に保存されている。その中には木地師の彫った面もあるという。

境内の案内板は次のように記す。

「当社の祭神は譽田別之命であるが、一説には木地師の元祖惟喬親王が、此の地に幽棲のみぎり勧請せられたともいわれ、御陵社には現在も惟喬親王が祭祀されている。また正面左手の丘上には、コセチ千軒趾から移された親王の墓と伝えられる宝篋印塔があり、小椋千軒趾、藤川千軒趾、木地山、皇園の段など木地師にちなむ旧蹟が多い云々。」

政所の由来

政所の地名は、古代の小椋荘政所や中世の荘園の政所などに由来するという。『愛智太山草』は、次のように当地名の起こりを述べている。

「小椋岩といふは政所渓にあり、大きさは小山を見る如し。此所にて親王ますらをに近づき庄園を問たまへば、小椋の郷とこたえし故、さあらば当山中に皇居を定めんと思召し、忠臣を小椋太政大臣になし給ふとや。去によって此巌を小椋岩とは言ふなり云々。親王しばらく御座し、実秀卿に命じて名字を小椋と改めさせ給ふにより、院宣承知し筒井峠に在居を定め、忠孝をはげましけるにあんこととて、御門より宣使を下して、当小椋の郷を所知に宛行たまふ所、実秀卿所務の儀式をたて、政を専らにして彼瑞相の見て詔ありし土地なれば、其因縁のきざしたる事を重く思召し、後に政所澗《まんどころだに》と字あらためられしとなり」

本居宣長が『玉勝間』で紹介し、彦根藩は高額の運上銭を課したという有名な政所茶は、永源寺五世の禅師が伝えたものという。当地を中心に小椋谷六ケ畑で栽培していたもので、一万貫に達したこともあった。古くは蛭谷、君ケ畑の他、箕川、政所なども同じ木地屋集落だったのである。

神木に囲まれた涼しい八幡神社の境内で、無心に遊んでいる子供たちと別れを交わしながら、五時半頃泊まり客は私一人の宿へと戻った。

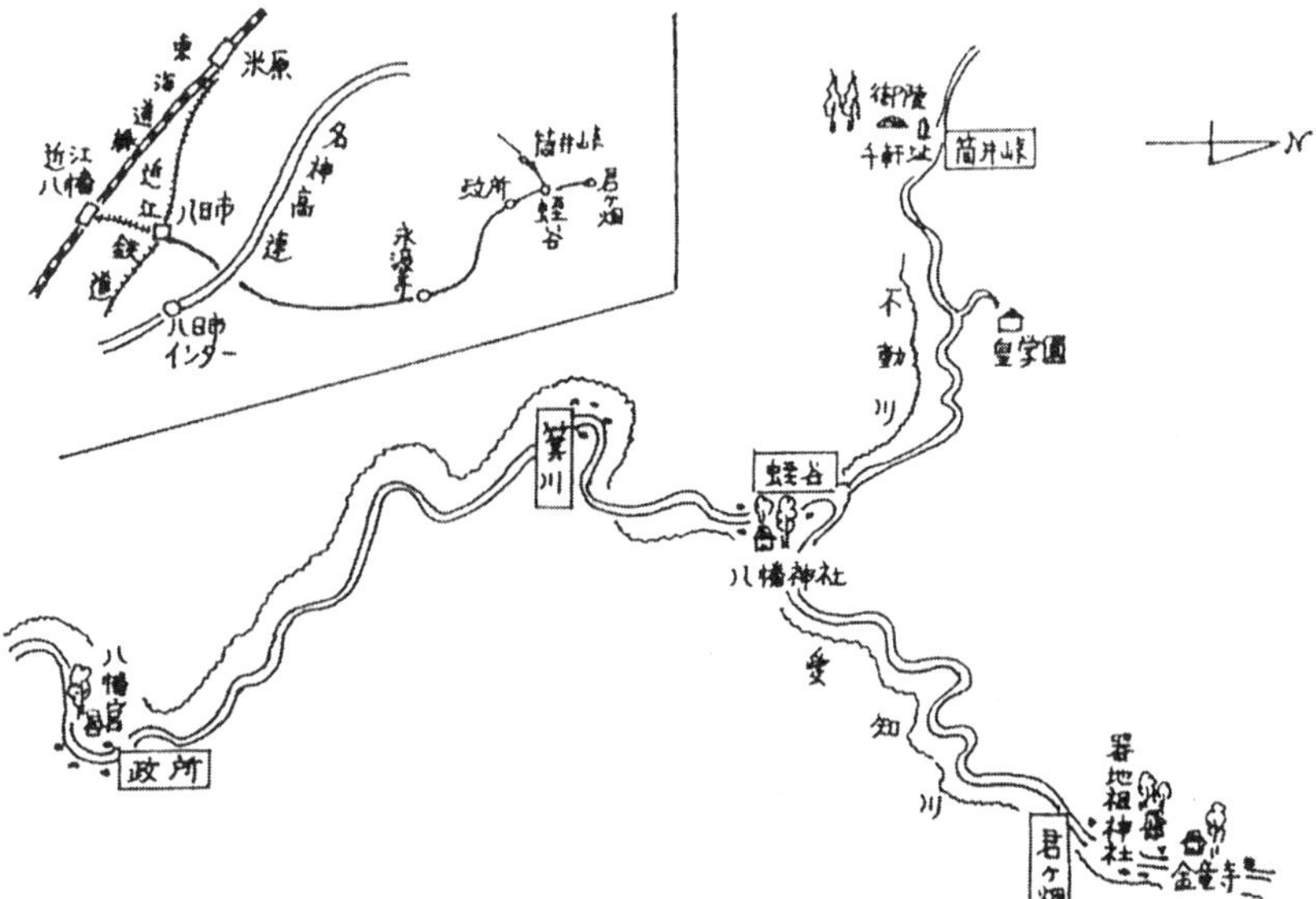

蛭谷・君ケ畑付近

あとがき

私が木地屋を意識し始めたのは昭和四五（編注・一九七〇）年ごろで、当時埼玉県立小鹿野高校教諭の山崎泰彦さんから、かつては秩父にも木地屋が活動していたことを教示していただいた時からである。その木地屋を探して一緒に調査しようとの誘いを受けたが、その時は、話だけでそのままになってしまった。

その後は久しく私の脳裏から、「木地屋」という言葉は消えかけていた。昭和六二年、埼玉県立秩父高校社会部の生徒と大滝村の集落調査をした際、大血川の黒沢武次さんから思い掛けなくも、木地屋という言葉が出てきた。黒沢さんの話によると、祖父は小椋亀松という木地師で、黒沢家へ婿養子に入った。両神村には今も木鉢を彫っている、小椋弥市さんという木地師がいるということであった。

「現役木地師が、秩父にまだ現存していた」ということに驚嘆した私は、さっそく両神村大平の小椋宅を訪問した。そこで初めて木地師の仕事を実際に見る機会を得た。

これが契機となり、秩父における木地屋関係の人たちへの聞き取り調査を始めた。中津川の黒沢ヨネさんからは、当地で長く木地屋をされていた最高齢者の小椋市蔵さんが、まだ高崎市に健在でおられることを教えられ、数度にわたり高崎の市蔵宅を訪問した。病身にもかかわらず快く応じていただき、貴重な話を伺ったが、その後容態が悪化して亡くなられてしまった。

秩父市内の小椋明さんは、私の勤務地に近い関係から度々訪問した。本書の内容のかなりの部分は、明さんの口述に負うところが大きい。

この小著のきっかけは、平成元年に山村民俗の会編になる『杣と木地屋』に、秩父の木地屋と題した私の小文が載せられたことである。今まで秩父の木地屋関係の報告は少なかったので反響もあり、更に詳しく知りたいという声を耳にしたことからである。

本書の内容は、橋本鉄夫氏の『ろくろ』、松山義雄氏の『深山秘録』などの文献を若干参考にしたが、大部分は関係古老たちから直接聞き書きしたものである。従って私の聞き違いや、話者たちの勘違いのことも多少あると思われる。更に私の調査期間も短かく、内容に不備なところも多い。このように未完成な内容ではあるが、諸先輩方の御批判、御教示を仰ぎたく、ここに小著を著した次第である。

最後に、御協力いただいた方々の芳名を記して謝意としたい。

・秩父市：小椋明　小椋婦久　小椋宗次　瀬戸進　瀬戸二郎　田島勘治　中沢史典
・両神村：小椋弥市　小椋久子　黒沢太三郎
・大滝村：小椋多助　小椋ミツ　黒沢武次　山中緑　黒沢ヨネ　山中輝男　山中又太郎
　　　　　山本喜市　田村ヨシエ
・高崎市：小椋市蔵　小椋チヨ　小椋五郎　黒沢ハツ子
・永源寺町：小椋清子　永源寺町教育委員会

平成六年一〇月二五日

著者しるす

［著者略歴］

飯野頼治（いいの　よりじ）

山岳地理研究家。日本山岳会、山村民俗の会、ＮＰＯ法人野外調査研究所、ＮＰＯ法人秩父まるごと博物館、山里探訪会に所属した。

経歴　一九三九年　東京都福生市生まれ。早稲田大学卒。小中学生より社会科地図帳（帝国書院）に親しむ。早大在学中から地図帳の著者で国境政治地理学者の岩田孝三博士に師事。二七歳のとき、明治百年にちなみ、三〇〇日をかけ日本全国の百山に登頂し、『百山紀行』を著す。秩父の高校に三三年間在職中、荒川総合調査、合角ダム・滝沢ダム水没地域の民俗調査に従事。その間おもに関東周辺の山岳、関東甲信越のすべての主要街道を歩く。定年退職後、徒歩での日本一周野宿旅。東海自然歩道、首都圏自然歩道、坂東札所など踏破。ウォーキングガイド、講演、旧道整備にも関わる。生涯に一二〇〇余山に登り八〇〇超の峠を越え、東京周辺の河川二〇〇余りを遊歩した。二〇一四年七月、逝去。

主著　『百山紀行』（産経新聞社　一九六九年）、『両神山』（実業之日本社　一九七五年）、

『秩父ふるさと風土図』（有峰書店新社　一九八二年）、『山村と峠道』（エンタプライズ社　一九九〇年）、『秩父往還いまむかし』（さきたま出版会　一九九九年）、『旅は歩いて』（八月舎　二〇〇四年）、『地図で歩く秩父路』（さきたま出版会　二〇〇六年）、『埼玉の川を歩く』（さきたま出版会　二〇一二年）、『東京の川を歩く』（さきたま出版会　二〇一五年）ほか

共著

シリーズ山と民俗『狩猟』『杣と木地屋』『峠路をゆく人々』『山の歳事暦』『山の怪奇百物語』（エンタプライズ社　一九八九年）、『埼玉県の歴史散歩』（山川出版社　一九九一年）、『新日本山岳誌』（日本山岳会　二〇〇五年）、『やさしいみんなの秩父学』（さきたま出版会　二〇〇七年）、『やさしいみんなの秩父学・自然編』（さきたま出版会　二〇〇九年）、『秩父甲州往還調査報告書』『荒川総合調査報告書』『合角ダム水没地域総合調査報告書』『滝沢ダム水没地域総合調査報告書』ほか

著者
（2014 年撮影）

飯野《いいの》頼治《よりじ》 著作集《ちょさくしゅう》 1 【奥秩父《おくちちぶ》人物《じんぶつ》風土記《ふどき》】

二〇二二年七月二日　初版第1刷発行

著者　飯野頼治
編者　『飯野頼治 著作集』編纂室
発行　『飯野頼治 著作集』編纂室
〒三六七－〇〇五三
埼玉県本庄市中央一－三－三
電話　〇四九五－五五－九二五二／〇九〇－二七六八－九九〇五

販売　まつやま書房
〒三五五－〇〇一七
埼玉県東松山市松葉町三－二－五
電話　〇四九三－二二－四一六二
郵便振替　〇〇一九〇－三－七〇三九四

印刷・製本　株式会社シナノ

ISBN978-4-89623-184-7 C0320